播音主持话语表达教程

Language Performance Tutorials for Broadcasting & Hosting Arts

崔梅　周芸　主编

图书在版编目(CIP)数据

播音主持话语表达教程/崔梅,周芸主编. —北京:北京大学出版社,2014.8
ISBN 978-7-301-18138-6

Ⅰ. ①播… Ⅱ. ①崔… ②周… Ⅲ. ①播音—语言艺术—高等学校—教材 ②主持人—语言艺术—高等学校—教材 Ⅳ. ①G222.2

中国版本图书馆 CIP 数据核字(2014)第 101707 号

书　　　名:	播音主持话语表达教程
著作责任者:	崔　梅　周　芸　主编
责 任 编 辑:	胡利国
标 准 书 号:	ISBN 978-7-301-18138-6/G·3819
出 版 发 行:	北京大学出版社
地　　　址:	北京市海淀区成府路 205 号　100871
网　　　址:	http://www.pup.cn
新 浪 微 博:	@北京大学出版社
电 子 信 箱:	ss@pup.pku.edu.cn
电　　　话:	邮购部 62752015　发行部 62750672　编辑部 62753121　出版部 62754962
印 刷 者:	北京虎彩文化传播有限公司
经 销 者:	新华书店
	787 毫米×1092 毫米　16 开本　19 印张　427 千字
	2014 年 8 月第 1 版　2019 年 7 月第 2 次印刷
定　　　价:	40.00 元

未经许可,不得以任何方式复制或抄袭本书之部分或全部内容。
版权所有,侵权必究
举报电话:010-62752024　电子信箱:fd@pup.pku.edu.cn

前　言

随着我国广播电视事业的快速发展和社会对播音、主持人才需求的增加,播音教育事业也迅速发展起来。《播音主持话语表达教程》是依据国家教育部颁布的高校播音与主持艺术专业规范而编写的,为云南省普通高等学校"十二五"规划教材。本书立足于教学,从知识目标和能力素养两个维度出发,按照"播音主持话语表达概述""播音主持话语表达基础""广播电视播音主持话语表达""公共主持话语表达""双语双言播音主持话语表达""播音主持话语表达案例分析"的章节顺序编排,每个章节都由理论知识的讲解与实践训练两个部分构成。

本书的主要特点是:第一,注重理论与实践的结合。现有的同类教材较为注重训练环节,拥有大量的训练材料,而理论的讲授相对较少。本书在夯实学生的播音主持话语表达基本理论和基础知识的同时,引导学生进行系统性的学习和重点性的实践。学习者可以将理论知识和实践训练融会贯通。第二,扩大了传统的播音主持话语表达的外延,增设了"公共主持话语表达"的理论及训练内容。本书提出了"公共主持话语表达"的概念。所谓公共主持话语表达是指在公众传播活动中常见的,为了完成某种公众传播目的而进行的,非媒体节目形式的公共活动主持话语表达。它主要包括仪式性活动主持的话语表达、会务性活动主持的话语表达和社会民俗性活动主持的话语表达。第三,兼顾"教"与"学"的关系。在进行知识的讲解时,本书尽量考虑教师在教学中有发挥的空间和余地,同时,能够方便学习者进行自我学习。

本书由崔梅、周芸教授提出总体构想,于2011年11月在昆明召开第一次编写会议,2012年4月在昆明召开第二次编写会议,2013年6月,书稿由崔梅、周芸统一修改、整理和定稿。各章节的编写分工及撰稿人具体如下:

第一章:张超、周芸(第一节);李红营、崔梅(第二节);李增芳、周芸(第三节)。
第二章:杨颖(第一、四、五节);牛凌燕(第二、三节)。
第三章:褚彦(第一节);吕丹、念宇翔、崔梅(第二节);褚彦(第三节)。
第四章:朱腾(第一节);牛亚凡(第二节);杨明月、王男(第三节)。
第五章:熊梦琪、龙柯廷、褚彦(第一节);牛亚凡、牛凌燕、褚彦(第二节)。
第六章:邱昊(第一节);鲁丹(第二节)。

本书在编写的过程中,难免会出现一些疏漏,真诚希望读者能够提出宝贵的意见和建议,以便教材再版时得以进一步完善。

教材在编写过程中,参阅了前辈时贤的论著,从中汲取了丰富的营养,在此表示衷心感谢。教材的编写得到了云南省教育厅高教处、云南师范大学教务处、北京大学出版社领导及编辑同志、评审专家的大力支持,在此表示最诚挚的谢意。

目录

▶ 前 言 / 1

▶ 第一章 播音主持话语表达概述 / 1
　第一节 话语 / 1
　第二节 话语表达 / 18
　第三节 播音主持话语表达 / 30

▶ 第二章 播音主持话语表达基础 / 47
　第一节 情感与想象 / 47
　第二节 停连 / 60
　第三节 重音 / 70
　第四节 语气 / 81
　第五节 播音主持话语表达基础训练 / 94

▶ 第三章 广播电视播音主持话语表达 / 110
　第一节 广播电视话语表达的特点和要求 / 110
　第二节 广播电视话语表达的类型 / 122
　第三节 广播电视话语表达训练 / 134

▶ 第四章 公共主持话语表达 / 167
　第一节 公共主持话语表达的特点和要求 / 167
　第二节 公共主持话语表达的类型 / 174
　第三节 公共主持话语表达训练 / 185

第五章　双语双言播音主持话语表达 / 223

第一节　双语播音主持话语表达 / 223

第二节　方言播音主持话语表达 / 236

第六章　播音主持话语表达案例分析 / 245

第一节　广播电视播音主持话语表达案例分析 / 245

第二节　公共主持话语表达案例分析 / 274

第一章 播音主持话语表达概述

第一节 话 语

一、话语的界定

(一) 话语的内涵

"话语"作为语言学的术语,是由瑞士语言学家费尔迪南·德·索绪尔(Ferdinand de Saussure)提出来的。此后,"话语"一词便被运用到诸多的学科领域,与之相关的理论也相应成为20世纪人文社会科学理论的重要内容之一。

在西方,涉及话语研究的主要有语言学、政治学、宗教学、教育学、法学、历史学、社会学等领域。例如:苏联文学理论家、批评家巴赫金(M. M. Bakhtin)主要从文学理论和哲学的角度对话语进行研究。巴赫金认为,话语不同于语言,语言是一种本身不构成意义的纯粹的工具,而话语是一种具有意义和生活交际参与性的语言。在此基础之上,巴赫金提出了"超语言学"的观念,即把研究视野从音位、语法、词汇等单纯的语言要素转向交际对话中不断变化的、活生生的话语实践。[1] 法国哲学家米歇尔·福柯(Michel Foucault)主要从哲学和政治学的角度进行话语研究。福柯认为,"话语"有狭义和广义之分:狭义的话语类似于"语言的形式",广义的话语则是指"文化生活的所有形式和范畴"。话语同权利、知识交织在一起,不仅关涉能说什么和想说什么,而且涉及谁有权力说、什么时候说,以及用什么样的权威说。所以,控制话语的团体或阶层往往被赋予了莫大的社会权力。[2] 荷兰著名学者冯·戴伊克(Van Dijk)认为,广义的话语是指某个交际事件,包括参加交际行为的参与者(说者或作者、听者或读者)或者特定的场景(时间、地点、环境)。狭义的话语是指"谈话"或"篇章",是完成的或正在进行的交际事件的"成品"。[3] 冯·戴伊克是将话语引入传播学和媒介研究领域的第一人,他认为话语分析和媒介研究紧密联系,二者都涉及话语研究,而且大众媒体本身就是一种公众话语。[4] 他运用话语宏观语法—结构理论对新闻话语进行了细致的分析,在大众传播话语分析方面取得了大量成果。

我国的话语研究主要受西方话语研究的影响,始于20世纪80年代初期。当前,话语研究已在话语语言学、文艺学、传播学、哲学、思想史和文化学等领域展开,并逐渐走向成熟。例如:严峰从哲学的角度指出,话语"是指任何具有类似语言结构的表意方式和表意单位,它是形式的,也是内容的。"[5] 曹顺庆从思想史的角度指出,"所谓话语,是指在一定

---

[1] 赵雅茹:《话语权的语言学研究》,西安:陕西师范大学硕士学位论文,2011年。
[2] 陈丽江:《文化语境与政治话语》,上海:上海外国语大学博士学位论文,2007年。
[3] 姜望琪:《语篇语言学研究》,北京:北京大学出版社2011年版,第139页。
[4] 〔荷〕梵·迪克:《作为话语的新闻》,曾庆香译,北京:华夏出版社2003年版,第2页。
[5] 严峰:《现代话语》,济南:山东友谊出版社1997年版,第6页。

文化传统、社会历史和文化背景下所形成的思辨、阐述、辩论、表达等方面的基本法则。"①崔明石从法律文化的角度将话语界定为"一种在特定语境下言语信息的交换,在人们的生活世界里以一种'日用而不自知'的方式体现着规范秩序和生活形态。"②

语言学范畴的"话语"可以从以下几个方面来把握:

第一,在话语交际过程中,话语的参与者通常包括发话人和受话人。

第二,任何话语都出现在一定的语境中。这里说的语境,既包括社会环境因素,如时代背景,具体的时间、地点、场合、对象等,也包括话语参与者的身份、职业、思想、修养和心境等因素。语境对话语具有解释和制约功能,话语对语境具有反作用。

第三,交际性是区分话语和语言的重要因素。语言只是交际的工具,只有当语言运用于交际时才能成为话语。不同的交际目的制约着人们的交际行为,人们根据语境选择恰当的话语来实现其交际目的。

第四,话语是由话语意义和话语形式共同组成的有机整体。话语意义是发话人所要表达的思想内容,属于话语的深层结构,要求意义连贯。话语形式是发话人表达思想内容的载体形式,属于话语的表层结构,要求前后衔接。话语意义和话语形式相互依存,密不可分。

第五,话语传递和接收的方式既可以是口语形式,也可以是书面语形式。由此,发话人可能是说话者,也可能是写作者;受话人可能是听话人,也可能是阅读者。

综上所述,话语是为了达到特定的交际目的而根据语境所形成的语义连贯、形式衔接的口语或书面语。

(二) 话语的类型

按照不同的标准,话语可以分为不同的类型。在此,我们根据话语的表达方式,将话语划分为叙述性、议论性、说明性、描写性等四种类型。

1. 叙述性话语

叙述是对人物的经历、事件的发展变化过程和场景、空间的转换所进行的叙说和交代。叙述性话语是采用叙述的方法进行表达的话语。

叙述性话语的特点主要有:多用时间词语,句式灵活多变,多用生动形象的修辞格;语篇结构自然顺畅,语义表达脉络清晰,具有明显的时间特征。例如:

> 刚才大家都讲了"难忘的一次播出",我想讲讲因为播出而发生的一次难忘。不久前我作为上海慈善基金会的理事去上海唯一的一家程桥老年痴呆病医院看望病人,因为老人们大多失去了记忆,对我们的到来并无多大反应。忽然间,有一位老人盯住我看了好长一会儿,拉住我的手说:"我认识你,你是电视台的主持人,姓叶,那张嘴特别会说。"我一下子愣住了,边上的医生护士却大笑起来:"他连家人都不认识,倒认识你!"当时我的心在颤抖:"老人啊老人,你太可爱了,你把仅剩的一点记忆留给了节目主持人,我还有什么理由不把主持人工作搞好呢?"③

---

① 曹顺庆等:《中国古代文论话语》,成都:巴蜀书社2001年版,第8、26页。
② 崔明石:《话语与叙事:文化视域下的情理法》,长春:吉林大学硕士学位论文,2011年。
③ 林可行:《主持人社交礼仪技巧》,北京:改革出版社1999年版,第103页。

这是著名主持人叶惠贤在节目中说过的一段话,使用了"刚才""不久前""忽然间""当时"等时间词语,时间线索清晰,语义流畅自然。

由于叙述性话语能够清晰、有序地表达出时空转换、事件经过等内容,因而属于使用频率较高、适用范围较广的话语类型。

2. 议论性话语

议论是运用概念、判断、推理的方法来表明发话人对客观事物或现象的观点、看法和评价,其目的是阐明道理、驳斥谬误。议论性话语是采用议论的方法进行表达的话语。

议论性话语的特点主要有:词语语义明晰,句法结构较为完整,多用语势畅达的修辞格;语篇结构逻辑严密。如著名主持人敬一丹曾在一次节目中谈到教师的"流失"现象:

> 这里说了半天的"流失",我想起了小时候第一次听到"流失"这个词时,是在一部介绍泥石流的科教片里,伴随着泥石流爆发的可怕画面,从此每逢听到"流失"这个词,似乎就有一种不祥之兆。现在眼前的教师"流失",对教育来说,恐怕也不是个好兆头。土地流失了,秧苗怎么办?教师流失了,教育怎么办?今天教育搞不好,明天我们的经济会怎么样呢?冰心老人曾痛心疾首地说:"我们不能坐视堂堂中华民族在 21 世纪变成文化沙漠,绿洲一点点流失,于是就变成沙漠。"从这个意义上来说,眼前的教师流失不是我们应当关注的信号吗?[1]

敬一丹使用设问句和反问句,从土地流失谈到教师流失,用土地和秧苗的关系说明教师和教育的关系,明确表达了"教师流失现象应当引起人们的关注与重视"这一观点。话语虽短,但却发人深省。

3. 说明性话语

说明是对事物的性状、特点、构造、功用等进行简明扼要、客观准确的介绍。说明性话语是采用说明的方法进行表达的话语。

说明性话语的特点主要有:用词客观严谨,句子结构完整严密,语篇的连贯性和逻辑性比较强。如中央电视台《为您服务》节目主持人关于如何洗葡萄的话语:

> 观众朋友,现在是葡萄大量上市的时候,我们可以仔细看这个葡萄,它表面有一层白霜,白霜上面还黏附着一些泥土,你洗的时候很难,手重了洗烂,手轻了洗不掉,怎么办?
>
> 我教给您一个简单的办法,但是非常有效。把这个葡萄放在水里面,然后拿面粉也行,淀粉也行,一般用两勺就可以了,放进水里。然后你不要使劲地去揉它,你要这样子来回倒腾,然后在水里来回地涮洗,面粉和淀粉都是有黏性的,它会把你看到的那些脏东西包括残留的农药都给带下来。好,现在大家看一下,基本上这个葡萄现出它亮晶晶的本色了。[2]

这段话重在阐明知识、说明事理,话语表达的逻辑性和连贯性都比较强,受众可以依

---

[1] 陈振、田方:《主持人节目策划艺术》,北京:中国广播电视出版社 2011 年版,第 137 页。
[2] 王峥:《语音发声科学训练》,北京:中国传媒大学出版社 2009 年版,第 157 页。

据主持人的话语进行实际的操作。

4. 描写性话语

描写是对人物、事件或环境进行传神逼真、详尽具体的描绘和刻画。描写性话语是采用描写的方法进行表达的话语。

描写性话语的特点主要有:词语生动形象,句子结构灵活,多用艺术化的修辞格,常用于抒发感情和渲染气氛。如中央电视台国际历史频道关于山西壁画《酒楼市井图》的解说词:

> 这个近100平方米的壁画——《酒楼市井图》就是岩山寺金代壁画中特别具有生活气息的代表作之一,在画面的池塘上建酒楼一座,楼内备有桌凳,楼外挂有招幡,上书"野花钻地出,村酒透瓶香",用于招揽过路游客;在楼内品酒喝茶、说唱卖艺、凭栏赏景者甚多,酒楼门外为商贩云集的市场,热闹非凡;正在叫卖的小贩布满街头,或推车,或挑担,或手提;而在形形色色的人群中,有的在为顾客伏案切肉,有的提着两条大鱼回家,有的为主人撑伞,有的手捧鸟笼等等,这些人既有盲人、达官贵人,又有婴孩、僧侣等等,这种世俗场景真实地反映了当时的社会风貌。①

这段话生动、详实地描绘了《酒楼市井图》从酒楼内到酒楼外市场上的场景,使受话人仿佛置身于熙熙攘攘的市井之中,真切感受到当时繁华、热闹的市场风貌。

二、话语的特点

话语由话语意义和话语形式构成,二者相互依存、不可分割。因此,话语的特点可以从语义特点和语形特点两方面进行说明。

(一)语义特点

1. 多义性

话语的多义性,是指同一个话语表述形式可以理解为两个或两个以上不同的意义。话语多义性产生的原因比较复杂,如语言中某些词语或句子本身所具有的多义性导致的、口语表达中大量的同音现象引起的、句法成分组合关系的多义性导致的等等。例如:

① 我明天来找你算账。
② 医生:叫什么名字?
   病人:刘惠。
   医生:哪个huì啊?
   病人:"优惠"的"惠"。(医生写下"刘会")医生,错了!是"优惠"的"惠"。
   医生:这不就是"幽会"的"会"嘛……
③ 你们老师很辛苦呀。

例①中的"算账"是多义词,有"计算账目"和"吃亏或者失败后与人较量"两个意思。例②中的"优惠"和"幽会"是同音异形词,引发了交际中的歧义和误解。例③中的"你们老师"既可以理解为同位关系——"你们"就是"老师",也可以理解为偏正关系——"你

---

① 王峥:《语音发声科学训练》,北京:中国传媒大学出版社2009年版,第157页。

们的老师"。

话语的多义性可以依靠语境进行消除,如例①、例③,就可以通过重新编码或者增加辅助信息来帮助消除歧义,如例②可以说成"恩惠"的"惠"或"价格优惠"的"惠"。

2. 模糊性

话语的模糊性指的是人们认识中关于对象类属边界和性态的不确定性在语言中的反映,是作为思维物质外壳的语言的特征。① 话语模糊性产生的原因主要有:

首先,由于人的认识具有一定的局限性,从而导致人们对客观事物的认知及其相关言语表述产生了一定的模糊性。例如:有一味珍贵的中药材叫虫草,主要分布在云南、西藏等地。但"虫草"这个名字很容易让人产生疑惑——"虫草"到底是虫还是草呢?也有人认为,"虫草"是"冬虫夏草"的简称,所以它冬天是虫,夏天就变成草了。其实,虫草既不是虫,也不是草,而是蝙蝠蛾幼虫与麦角菌类的真菌在特殊条件下形成的结合体,本质上是一种真菌。由于人们在给虫草命名时,只抓住了它的表面特征或突出特征,从而导致了语义的模糊性。

其次,在话语交际中,发话人为了达到某种目的或者避免某些尴尬、为难的情形,故意运用不明确的言语进行表达。如电影《岁月神偷》中有这样一个片段,清明节时奶奶带着小弟在烧纸钱,她告诉小弟自己不久之后就要走了,要到"苦海"的另一边去找小弟的爷爷:

小弟:奶奶,别走啦。奶奶,别走。
奶奶:不行啊,一定要走的。你不舍得奶奶吗?
小弟:是啊,奶奶不准走。
奶奶:傻瓜。奶奶一定要走。
小弟:那将来我想再见你该怎么办呢?
奶奶:唉,好难啊。不过我讲个故事给你听。奶奶的奶奶倒是说过,有那么一个办法。她说呀,如果你想跟亲人重逢,你就要把你最心爱、最喜欢的东西全都存起来,然后全部都扔到苦海里,把苦海填满。这样就可以跟你的亲人重逢了。
小弟:(笑)真的啊?
邻居小孩:洒铜钱啦!
(小弟高兴地跑去跟孩子们一起捡铜钱了……)

在这段对话中,奶奶是一位具有传统思想的老人,她相信人死之后可以去到"另一个世界"。她想告诉孙子自己已经时日不多了,却委婉地说成是要"走"。当被孙子问道如何才能重逢时,奶奶则用一个隐晦的故事说明人必须放下一切才能脱离苦难烦恼的世间。奶奶要表达的意思是清楚的,但考虑到小弟年幼不易理解,也不忍让他伤心难过,便使用了模糊的语言。可见,如果模糊话语用得好,是能够提高话语表达效果的。

3. 相对性

话语的相对性是指话语所反映的内容总是依靠一定的语境而存在,随着语境的变化

---

① 刘佐艳:《关于语义模糊性的界定问题》,载《解放军外国语学院学报》2003年第4期。

而变化。话语语义相对性产生的原因是:作为认知主体的人们在地域、文化、民族、社会角色等方面均有差异,人们总是习惯从自身的角度来看待和区分不同事物,加之人们在认识事物时存在着一定的模糊性,从而导致人们用言语来描述不同事物时出现了语义所指边界不明的情况。例如,有一个脑筋急转弯是这样的:

有一根2米长的绳子,现在不准使用工具把它剪短或割断,那么怎样才能让它变短呢?正确答案是:拿一根更长的绳子放在它旁边。

例句中提到的绳子还是2米,但同一根更长的绳子相比较,它确实"变短"了。可见,绳子本身的长度是相对而言的,一旦条件发生变化,就很有可能发生"长""短"的变化。

(二)语形特点

1. 灵活性

在话语交际中,话语成分在句法层面往往具有一定的位移性,即某些句法成分在不改变句法结构和语义关系的前提下,临时离开其通常的句法位置而移动到其他位置,如主谓结构中一般是主语在前,谓语在后,但在话语交际中会出现谓语在前、主语在后的情况。这就是话语语形的灵活性,它与话语的语用功能密切相关。

话语语形的灵活性,主要表现为以下几种情况①:

(1)主谓移位

通常,现代汉语的主谓结构是主语在前,谓语在后。发生位移之后,谓语在前,主语在后。主谓移位一般出现在表示感叹和疑问的句子中,其目的是为了强调谓语,谓语所指代的内容是发话人要表达的重点信息。例如:

① 好可爱啊,这小孩儿!(这小孩儿好可爱啊!)
② 还在吗,你?(你还在吗?)

(2)定中移位

一般来说,现代汉语的定中结构是定语在前,中心语在后。发生位移之后,中心语在前,定语在后。定中移位后,处于中心语之后的定语一般有两种情况:第一是"……的"的格式。这种格式一般是为了强调,或者是为了补充信息。第二是数量短语,这类位移是为了强调事物的数量。例如:

① 我买了本书,韩寒的。(我买了本韩寒的书。)
② 这里种着梨树两棵,桃树三棵。(这里种着两棵梨树,三棵桃树。)

(3)状中移位

现代汉语的状中结构一般是状语在前,中心语在后。发生位移之后,中心语在前,状语在后。例如:

① 下雨了,已经。(已经下雨了。)
② 我吃过饭了,在食堂。(我在食堂吃过饭了。)

---

① 刘顺:《汉语句法成分的移位分析》,载《绥化师专学报》2003年第1期。

（4）述宾移位

现代汉语的述宾结构通常是述语在前,宾语在后。发生位移之后,宾语在前,述语在后。述宾移位一般出现在口语交际中。例如：

① 这是骗人的,我觉得。（我觉得这是骗人的。）
② 一条围巾,他送给我。（他送给我一条围巾。）

（5）连谓成分移位

现代汉语中的连谓成分大多按动作发生的先后顺序排列,但在口语交际中,可以打破这一排列顺序。例如：

① 你可以告他,找律师。（你可以找律师告他。）
② 他不上课,请假了。（他请假不上课了。）

（6）兼语成分的移位

现代汉语的兼语结构是由一个述宾短语和一个主谓短语套叠在一起的,"述语+宾语(主语)+谓语"的位置顺序往往是固定的。但在口语交际中,当前面的述语是使令动词时,谓语可以放到最前面,表示强调。例如：

① 打电话回家,母亲提醒我。（母亲提醒我打电话回家。）
② 别难过了,我劝她。（我劝她别难过了。）

2. 丰富性

话语的丰富性是指话语的结构形式具有丰富多彩、风格各异的特点。这里的结构形式主要是指可供语用主体选择的句式和语体类型。

（1）句式选择的丰富性

在话语交际中,相同的语义可以使用不同的句式进行表达,不同的句式具有不同的表达效果。现代汉语常见的同义句式主要有长句和短句、整句和散句、主动句和被动句、常式句和变式句等。在具体的话语使用中,灵活搭配使用不同的句式,可以使话语形式富于变化,避免呆板和单调。

长句和短句是相对而言的。一般说来,长句结构复杂、形体较长,短句结构简单、形体较短;长句严密周详、气势畅达,短句简洁明快、易于记忆。例如：

① 消防部门提示:从现在到正月十五前仍是烟花爆竹燃放高峰期,大家要在指定的正规销售点购买合格烟花,燃放烟花爆竹时要选择当地指定地点或开阔地带,不要在窗台阳台和室内燃放,儿童一定要在大人陪同下燃放烟花爆竹,以免发生危险。

（中央电视台《新闻联播》,2013-02-15）

② 戴军:说到这个嘉宾啊,当年红到什么程度你知道吗?我小时候听着他的歌长大的。

杨童舒:听你这句话感觉好像人家好大年纪,其实跟你差不多。

戴军:对啊。我也不老对不对?而且他小时候是童星出身的嘛。

杨童舒:对对对!

戴军：是在他十几岁还在读书的时候。
杨童舒：对。
戴军：哎呀，我们有一起见证过的岁月。
杨童舒：那时候我好喜欢听他的歌。
戴军：因为他的歌每一首都非常红。

(北京电视台《超级访问》吴奇隆专访，2004-04-03)

例①是长句，字数多且结构复杂。例②是主持人在访问之前向观众介绍今天的嘉宾，两位主持人所用句子均为短句，句子字数少且结构简单。

整句是结构相同或者相似，形式匀称的句子；散句是结构不同，形式错落的句子。整句形式整齐，气势贯通；散句灵活多样，丰富多彩。例如：

① 十几岁的小女孩，她的心是玻璃做的，你可以看见里面，里面也可以看见外面，是透明的；二十几岁的女孩，她的心是木头门做的，里面看不见外面，外面也看不见里面，但是，炙热的爱情可以把这扇门熊熊地点燃、烧毁，你就可以直接进去；三十几岁的人，她的心门就是铁栅栏做的，火也烧不开，但是，你有钥匙，你就可以打开进去，可是钥匙就只有那么一两把……

(湖南卫视《天天向上》，2009-04-17)

② 年底，人们在做各种盘点，其中也有对善行善举的回望。这让人们看到了好人有好报，让人们看到了做好事逐渐成为一种习惯。意在善，贵在行，倡导人们把内心的善意转化成日常生活中的行为选择。远离冷漠，心怀善意，相互搀扶、彼此温暖。让善举，蔚然成风。

(中央电视台《焦点访谈》，2012-12-31)

例①是整句，几个分句的结构相似，所表达的内容也是紧密联系的。例②是散句，几个句子形式富于变化，错落有致。

主动句是主语表示动作或者行为的施事的句子。被动句是主语表示动作或者行为的受事的句子。从表达效果上看，主动句直接明确，可以突出施事；被动句富于变化，强调受事。例如：

假鱼翅究竟是由什么成分组成的呢？中国农业大学的朱毅副教授及其课题组对样本进行了检验，发现它的成分最主要的就是明胶、海藻酸钠，还有一点氯化钙。据专家介绍，海藻酸钠是从海带中提取的天然多糖碳水化合物，经常被用来制作人造凝胶类仿型食品。

(中央电视台《焦点访谈》，2013-01-09)

上面例句中，第二句是主动句，强调的是检验假鱼翅的专家；第三句是被动句，强调的是海藻酸钠这种成分。

常式句是按照现代汉语语法结构顺序组合而成的句子。变式句是根据某种语用需要，故意超脱和违背一般语法结构顺序而组成的句子。常式句具有结构清楚、语义明晰的表达效果，常用于实用语体；变式句具有重点突出、情感鲜明的表达效果，常用于文艺语体。

(2) 语体类型的丰富性

语体是在语言运用时,为适应特定语境需要而形成的语言运用特点的体系。人类的言语活动总是在具体的语境中进行的。不同的语境影响着人们对语言要素(如语音、词汇、语法等)和非语言要素(如篇章结构、符号、表格、公式、副语言、体态语等)的选择。在现代汉语中,受到语境影响而产生功能分化的语言要素和非语言要素,使人们的言语活动呈现出了特定的语言运用特点及其风格基调。久而久之,便形成了语体。现代汉语的语体一般可划分为以下类型:

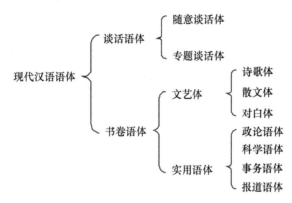

在交际中,灵活选择和调整话语的语体类型可以形成不同的表达效果。就现代汉语两大基本语体类型而言,谈话语体是为了适应日常生活领域交际需要而形成的语言运用特点体系,具有平易自然、生动活泼的风格基调。在日常生活中,谈话语体适应面广,使用频率高,能够满足人们传递信息、交流感情的需要,同时还具有调节人际关系的重要功能。如《鲁豫有约》有一期节目的结束语:

> 采访郎平之前,我的化妆师一边给我化妆,一边和我聊天。我的化妆师是一个20岁出头的小伙子,他问我,今天你要采访谁,我说要采访郎平。他听了以后非常激动,说郎平当年得了冠军以后,他还和他们院子的小孩子一块儿在胡同里面游行庆祝来着。我真切意识到,郎平实在是中国最成功、最有影响力的运动员之一。采访结束后,我和我的同事们对郎平有一个共同的评价,她真是一个好人。[1]

书卷语体是为了适应社会群体活动领域交际需要而形成的语言运用特点体系,具有严密规范、庄重典雅的风格基调。书卷语体能够帮助人们协调个体与集体、集体与集体之间的人际关系,从而实现调和社会关系的交际功能。例如:

> 清晨,山顶的喇嘛寺里传来了低沉庄重的号角声,雪域高原被宁静神秘的气息所笼罩。一头雄健的牦牛,背负着一位天真可爱的藏族小女孩从远方走来,天边的朝霞照射到牛背摇篮里小姑娘的脸上,也刺破了这原本属于高原的沉寂,请欣赏舞蹈《牛背摇篮》。[2]

---

[1] 唐树芝:《口才与演讲》,北京:高等教育出版社2004年版,第139页。
[2] 赵秀环:《播音主持艺术语言基本功训练教程(第3版)》,北京:中国传媒大学出版社2011年版,第350页。

3. 独特性

话语的独特性是指任何话语为了适应特定的语境,都会在其语言结构形式上呈现出具体的个性特征。话语的独特性主要体现在以下三个方面:

(1) 时代特征

随着时代的变迁,人类的社会生活、思想认识也在不断地发生着变化,而这些变化都会在语言系统中留下鲜明的时代烙印,如语音发生演变、词汇新增和消亡、语法结构变更等。话语作为语言生活中的客观存在,其时代特征就更为明显了。例如:"文革"时期的新闻话语多假话、空话和套话,而改革开放初期的新闻话语则充满活力和激情,反映经济生活的词语使用频率较高。

(2) 民族特征

民族是在历史过程中形成的具有共同地域、共同经济联系、共同标准语及特有文化和精神面貌的人们的固定联合体。这些具有诸多共同特征的人聚集在一起,必然会形成与其他民族相区别的具有本民族风格特点的话语。以汉民族的话语为例,汉语具有声调的跌宕美和音节的韵律美;词语组合具有很强的独立性和灵活性;语序和虚词是重要的语法手段;在表达效果上,追求谦和得体。这些都是汉语区别于其他民族语言的特征。

(3) 个人特征

任何话语都是具体交际的结果。话语交际的主体不同,受其主观语境的影响,也会形成不同特点的话语。例如:一名主持人所播报的新闻和一位普通人所讲述的新闻,即使内容相同,其语音形式、语言风格、表达效果等都不会相同。即使是不同主持人播报同样内容的新闻,其表达效果也不会完全一致。可以说,话语的个人特征是语用主体在长期工作生活中逐渐形成的。也正因为如此,社会生活中的话语交际才显得丰富、多样。

三、话语的构成要素

在话语交际中,话语参与者总是根据特定的语境,选择符合自身角色定位的话语进行信息的传递和接收,力求达到最佳的表达效果。因此,话语的构成要素主要包括话语角色、话语信息、话语信息的传递和接收,以及话语的表达效果,四者缺一不可。

(一) 话语角色

1. 话语角色的界定

在现实生活中,每个人都有自身的社会角色,即与人们某种社会地位、身份相一致的一整套权利、义务的规范与行为模式[1],这种角色往往随着社会环境的改变而变化,从而组成了一种角色丛。例如:一位男性教师,在工作中,对于学生来说,他的角色是教师;对其他老师来说,他的角色是同事。在家庭中,对父母来说,他的角色是儿子;对妻子来说,他的角色是丈夫;对孩子来说,他的角色是父亲。

交际中,人们的话语表达必须符合自己的社会角色,言行举止都要符合角色规范与要求。例如:上面提到的男教师,在话语交际中,无论他选择哪一种角色的话语表述,都不是随意的,他不能把对学生所说的话语用到妻子或同事身上,也不能把对父母所说的

---

[1] 郑杭生:《社会学概论新修》,北京:中国人民大学出版社2000年版,第139页。

话语用到孩子身上,因为话语参与者的身份、地位、辈分都不相同。就此而言,话语角色就是语用主体在特定语境中进行言语交际时所选择的一种社会身份。

话语角色与社会角色既有联系又有区别。社会角色是话语角色的基础,具有一定的稳定性。话语角色具有易变性,总是随着语境的变化而发生改变,从而实现其话语交际目的。

2. 话语角色关系

话语角色关系是指在话语交际中,话语参与者双方因所承担的角色在地位、辈分等方面的差异所形成的角色关系。话语角色关系通常可以分为均势角色关系和差势角色关系两类。

在均势角色关系中,话语参与者双方的话语关系是同等的,即发话人、受话人在某一方面具有一致性或相同性,双方在平等的位置上进行话语交际。同龄关系、同辈关系、同学关系、同级关系等都属于同等话语角色。

在差势角色关系中,话语参与者的角色可以分为权势话语角色和非权势话语角色两种。权势话语角色是指在一对或者一组角色中处于话语主导控制地位的角色。非权势话语角色是指在一对或者一组角色中处于话语被支配地位的角色。例如:师生关系中,老师是权势话语角色,学生是非权势话语角色;领导和员工关系中,领导是权势话语角色,员工是非权势话语角色;电视访谈节目中,主持人是权势话语角色,嘉宾是非权势话语角色等等。

3. 话语角色定位

尽管每一位语用主体都具有多重角色集于一身的特点,但通常都只能在每一次具体的话语交际中选择一个话语角色。这样,便出现了语用主体如何选择角色进行交际的问题,即话语角色定位的问题。具体而言,话语角色定位是指发话人对自身、受话人的话语角色,以及话语角色关系的一种确定。话语角色定位关系到话语参与者对话语的编码和理解,影响到交际目的的最终实现。

正确进行话语角色定位,必须遵循以下几个原则:

(1) 交际目的原则

任何话语交际的产生,总是伴随着一定的交际目的。交际目的往往影响并决定着言语行为的发展方向,对交际主体的话语角色定位起着决定性作用。

(2) 交际场合原则

交际场合是话语交际发生的具体时间和空间,一般可以分为正式场合和非正式场合、喜庆场合和悲痛场合、公开场合和私下场合等。不同的交际场合具有不同的交际规范准则,而这些规范准则都是在长期的社会交际中约定俗成的。所以,在特定的交际场合中,语用主体只能选择最适合交际场合的角色进行交际。

(3) 角色关系原则

话语角色关系不同,话语参与者的言语规范和言语准则也会有所不同。在差势角色关系中,话语交际讲究的是有节有礼;在均势角色关系中,话语交际追求的是平等互动。如果将差势角色关系中的话语用到均势角色关系中,就会给人以狂妄自大、没有礼貌或者卑躬屈膝、没有主见的印象。

(二) 话语信息

1. 话语信息的界定

话语信息是以语言为载体所输出的内容。在话语交际中，发话人传递话语信息，受话人接收话语信息。话语信息的交换，不但代表着话语交际最基本的功能，而且也是整个交际过程中的核心内容。所以，话语信息能否完整、准确地传递给受话人，是评价话语交际成功与否的重要条件之一。

话语信息主要由信息内容、信息形式和信息传递媒介三个要素构成。信息内容既包括受话人从语音或文字中直接接收的客观信息，也包括受话人通过思考、推理间接得到的隐藏信息。信息形式是信息内容的表现方式，主要有口语和书面语两种形式。信息传递媒介是进行信息传递时，发话人和受话人之间的中介，如纸张、电视、广播、报纸、网络等。

2. 话语信息的类型

从话语信息的语用价值来看，话语信息可分为已知信息和未知信息两种。已知信息是指交际双方所共知的信息，可以是话语双方有一致理解的背景知识、常识公理等，也可以是话语交际的前面部分已提到过的信息。未知信息是指受话人本来就不知道，也不能从环境或前面的话语中推断、预测的信息。如中央气象台主持人宋英杰在一次节目中这样介绍"温带气旋"：[1]

> 可能我们对温带气旋并不是特别熟悉，但是我们对它的同胞——热带气旋却是耳熟能详，因为热带气旋所包括的热带风暴、台风等都是我们经常的话题。热带气旋主要出现在夏天，而温带气旋在春天活动……所以在春天里，我们不妨记住这个名字——温带气旋。

在这段话中，"温带气旋"对于观众来说是未知信息，而"热带气旋""热带风暴""台风"是天气预报中经常提到的名词，对于观众来说是常识，也是已知信息。已知信息为未知信息的传递作了铺垫。

通常，未知信息是话语信息结构的核心，其语用价值也大于已知信息。因为已知信息本是双方共知的，尽管在话语交际中它先于未知信息出现，其作用是为未知信息的引入做铺垫。只有未知信息的传递，才是整个话语交际的中心所在。

3. 话语信息差

在话语交际中，由于受到各种主客观因素的影响，发话人发出的话语信息会在传递、接收等过程中出现减少、增加或改变等情况，从而导致发话人发出的话语信息与受话人接收的话语信息之间出现不等值现象，这就是话语信息差现象。

一般说来，话语信息差主要有以下几种情况：

（1）信息量减少

信息量减少主要包括信息耗损和信息减值两种情况。前者是发话人受到某些条件的限制，不能把某些信息传送给受话人，从而造成部分信息的空白；后者是由于发话人在

---

[1] 吴郁：《主持人语言表达技巧》，北京：中国广播电视出版社2011年版，第172页。

进行信息编码时出现失误,从而导致话语信息未能被受话人接收。信息量减少往往会给话语交际带来负面影响,因为发话人如果不能将完整的信息传递给受话人,那么其交际目的必然无法达到,其话语交际可以说就是失败的。如湖南卫视主持人矢野浩二有一次想请嘉宾将手中的钻石横过来展示时说道:

> 我看了这个,有点儿形状,麻烦您 han、han、han、han……麻烦您 han 一下。
>
> (湖南卫视《天天向上》,2010-01-15)

由于矢野浩二是日本人,在使用普通话时,语音、词汇和语法都不同程度地存在一些偏误现象,如"横"字的读音始终发不准,现场嘉宾和其他几位主持人也不明白他说的是什么意思。最后,矢野浩二只好以身体动作表示出"横"的意思,大家方才明白。

(2) 信息量增加

信息量增加主要包括信息增值和信息冗余两种情况。前者是在特定语境中,言语代码所含信息量超过了代码本身的信息量,即产生了言外之意;后者是发话人由于使用重复言语代码,造成信息传递出现了比实际需要多的信息现象。

信息量增加对话语交际的影响,主要有三种情况:一是信息增值如果运用得当,则可产生含蓄、委婉、幽默等表达效果,具有正面效应。二是信息冗余如果干扰了关键信息的传达,弱化了中心思想,则具有负面效应。三是信息冗余如果能适应语境需求,则能增强话语的清晰度,减少话语信息传递的误差,具有正面效应。如中国人送客时喜欢说"慢走、慢走""再来、再来"等冗余信息,但却反映了主人对待客人亲切、热情的态度。

(3) 信息质改变

信息质改变是指发话人发出的话语信息与受话人理解的话语信息之间出现偏离情况。信息质改变对话语交际的影响,主要有两种情况:一是信息质的改变如果是由发话人编码失误造成的,那么发话人就无法接受到完整信息,其交际目的无法达到,具有负面效应。二是信息质的改变如果是受话人刻意曲解造成的,就可能产生幽默风趣的表达效果,具有正面效应。例如:

> 女主持:那为什么今天要穿成这个样子?
> 男主持:我穿黑色有这样的一点意义,是为了哀悼。
> 女主持:挨刀?
> 男主持:为自己的钱包哀悼。
> 女主持:为什么呢?
> 男主持:因为钱包挨了刀,今天我们说的话题就是谁是砍价王。[①]

女主持利用谐音故意将"哀悼"曲解为"挨刀",达到幽默效果,另外,男主持将"哀悼""挨刀"和"钱包"结合在一起,正好引出当天节目的主题——砍价。

(三) 传递和接收

从信息论的角度看,话语交际包括五个具体的阶段:编码—发送—传递—接收—解码。其中,编码和发送阶段只属于发话人一方,可合称为发送过程;传递阶段属于发话人

---

① 金少华、张芹:《创新,从听众体验开始》,杭州:浙江大学出版社2012年版,第71—72页。

与受话人之间,其传递是双向的,可看作传递过程;接收和解码阶段既属于发话人也属于受话人,可合称为接收过程。传递和接收是话语交际的重要构成因素。

1. 传递

传递是指发话人采取不同的活动方式(说或写),通过一定媒介(空气或书写符号)把话语信息外化输出给受话人的过程。

传递是话语信息交流的中间阶段和中心阶段,话语信息的接收必须依赖于话语信息的传递。所以,传递是否成功将直接关系到受话人获得话语信息质量的高低,继而影响到话语交际目的能否实现。因此,成功的话语传递应注意以下几个方面的问题:①

(1) 新鲜

如前所述,未知信息是话语信息结构的核心,其价值大于已知信息。所以,话语参与者在进行交际时,发话人应尽量多地传递未知信息,才会让受话人感觉到言之有物。如果总是重复相同的信息内容,那么话语交际就会没有任何意义,也难以持续下去。例如:

> 许戈辉:我是听说,你对演员有一个叫"腌制"的说法,就是把他们像咸菜似的,先放在缸里腌一段时间,得腌成你想要的那样。
>
> 姜文:其实不是我的创作,只不过我跟一些人说,人家听不懂,我就用了一个最直白的比喻,"腌制"就是所谓体验生活。……拍《鬼子来了》和《阳光灿烂》的时候,我都让他们去体验生活,比如说去军训好长时间,连内衣内裤都穿上当时日本军队的东西,让陈强、陈述到农村去,住在农村喂猪、去收粮食,我觉得这是我挺得意的一件事。有的时候说起来,人家听不懂,啊,我说坏了,我就不知道怎么说了,然后我只能说,你想吃咸菜嘛,那你的萝卜你得腌过,你不腌过,你就没法吃。它是一个生萝卜,或者一个青萝卜,你怎么吃啊?
>
> (凤凰卫视《名人面对面》,2003-11-09)

导演姜文有一套"腌制"演员的独特理论,对于电视机前的观众来说,这是一个很新鲜的说法,所以主持人引导他说出自己的理论,以便传递给电视机前的观众更多话语信息。

(2) 准确

在交际中,发话人只有向受话人提供准确的信息,使受话人深信不疑,受话人才会认同发话人的思想和观点,才会积极响应和配合发话人的要求、号召,话语交际的目的才能够达到。例如:

> 由香港演艺界发起的"爱心无国界311烛光晚会"昨晚在香港维多利亚公园举行。来自两岸三地和日本、韩国、东南亚等地的二百多名艺人汇聚一堂,为日本地震灾区筹集善款、奉献爱心。据初步统计,历时约3小时的演出共筹得善款1800多万港币。②

这条消息使用了许多地名和数字,语义层次清晰,层层递进,整个事件叙述得很

---

① 薛玉萍:《符号与信息传递的原则》,载《语言与翻译》2002年第4期。
② 鲁景超:《播音主持艺术》,北京:中国传媒大学出版社1997年版,第242页。

清楚。

（3）适量

要做到话语信息量恰到好处，必须注意两个方面的问题：一是发话人传递的话语信息应包括当前交际目的所需要的信息内容，否则会使受话人对发话人要表达的内容一知半解，不利于交际目的的完成。二是发话人传递的话语信息不应包括超出需要的信息内容，否则会使受话人感到不耐烦甚至厌恶。如在江苏卫视《非诚勿扰》的一期节目中，一位漫画家说自己每两个月换一次床上用品，换下来的直接扔掉。这种做法引起了女嘉宾的热烈讨论，主持人孟非是这样进行评论的：

> 我们无权干涉别人的生活方式，但是我强烈建议，男嘉宾改掉这个习惯，也希望电视机前的观众不要学他，这样做既浪费又不环保。①

孟非对此事的评价很得体到位，因为《非诚勿扰》是一个相亲节目，主持人不宜对嘉宾的生活方式作过多评价，所以孟非以适量的话语信息表达了自己的观点。

2. 接收

接收是指受话人通过听觉或视觉器官的生理活动接受发话者发出的话语信息，并调动大脑听觉或视觉中枢，用语境、逻辑、语义等知识对其进行分解合成，最后还原成与发话人相同思想感情的过程。在话语交际中，发话人的传递与受话人的接收始终处于交互运行的有机整体中。如果没有接收，发话人的编码、发送和传递就是无意义的，当然也就不存在完整、成功的话语交际了。

然而，接收在话语交际中容易受到诸多因素的影响，主要表现在以下两个方面：

（1）主观因素

通常，影响话语信息接收的主观因素主要有：

第一，生理因素。当受话人在生理上感到不适或存在缺陷（如疲劳、生病、受伤、眼盲、耳聋等）时，话语信息的接收可能会遇到阻碍。

第二，情绪因素。当受话人有较大的情绪波动或者存在较大的负面情绪（如兴奋、生气、焦虑、紧张、悲伤、烦躁等）时，其心理状况不利于话语信息的接收。

第三，认知能力因素。不同的人对话语信息的提取、认识、分析、感悟能力不同，这势必会对信息接收质量造成一定的影响。例如：对于同一话语信息，认知能力强的受话人对于其中隐藏的附加信息更容易接收和理解，而认知能力弱的可能会忽略最重要的"言外之意"。

第四，观念因素。受个人经历、文化背景、宗教信仰、生活习惯等因素的影响，受话人的人生观、价值观、生活经验可能与发话人有较大差异，容易出现受话人对接收到的话语信息采取故意忽视或者拒绝接收的情况。例如：江苏卫视《非诚勿扰》中曾有一位女孩说她只喜欢 B 开头的车，如宾利、宝马、保时捷等，全是世界名车。主持人孟非是这样说的：

> 我也喜欢 B 字头的车，我也有一辆，比亚迪，很不错，很环保。②

---

① 吴郁：《主持人语言表达技巧》，北京：中国广播电视出版社 2011 年版，第 275 页。
② 同上。

孟非故意忽略了女嘉宾话语中关于世界名车的信息,只对"B字头的车"这部分信息给予回应,看似是在附和女嘉宾,实际上传递出他不同的价值取向。

(2)客观因素

影响受话人接收话语信息的客观因素主要有:

第一,信息传播通道因素,如噪声过大、信号欠佳等,都有可能导致受话人无法接收到准确、完整的话语信息。

第二,时空因素,包括具体的交际时间、交际地点、交际场合、现场氛围等因素。在话语交际中,如果存在时间不够、时机不对、地点隐私度和安全度不够、场合不当或者氛围不好等情况,都有可能给受话人带来一定的心理压力或者不便,从而影响到话语信息的接收。例如主持人王志在采访易中天教授时,曾谈到他退休后的选择:

王志:你会选择去上电视呢?还是选择到大学或者某一个课堂,继续发挥自己的余热?

易中天:退休就是退休,我在学校里面的教学生涯我觉得可以终止了,但是我不反对别的退休教师继续到别的学校去演讲去上课。

王志:如果问一句为什么呢?

易中天:没有为什么。

王志:为什么不呢?

易中天:为什么要呢?想清楚了为什么要,就能回答为什么不。

王志:你想清楚了吗?

易中天:我当然想清楚了。

王志:但是你不愿意把答案告诉我们。

易中天:(摇头)私下里告诉你。

(中央电视台《面对面》,2012-05-11)

在这个访问中,易中天教授说愿意在私下告诉主持人,其实就是暗示在电视访谈节目这种公共场合不适宜谈论这个问题,导致主持人无法及时接收到真实有效的话语信息。

(四)表达效果

对于话语参与者来说,表达效果是发话人和受话人在结束话语信息的传递和接收之后所得到的最终结果。就此而言,表达效果是衡量和评价话语交际成功与否的重要标准,也是决定话语交际目的能否最终实现的重要因素。

一般说来,发话人总是尽力使自己所说的话语能够做到尽善尽美,使受话人能够准确理解其所传之情,所达之意,从而顺利实现交际双方的相互沟通和彼此理解。但在具体的交际活动中,影响话语表达效果的因素比较多,也比较复杂。通常,良好的话语表达效果主要表现在准确、得体和艺术化等方面。

1. 准确

准确是指发话人传递的话语信息真实可靠、精准无误,具体表现为:多用语义精确的数量词语;句子结构清晰,语义逻辑明晰;较少使用反语、夸张等修辞方式;话语信息确

切、适量,言语表述紧紧围绕中心话题展开等。例如:

> 正月初五,全国公安交管部门开展了春节期间第二次集中整治酒后驾驶统一行动。昨天晚上,共出动警力12.5万人次,在重点路口、路段设置检查点6371个,查处酒后驾驶1652起,其中醉酒驾驶93起。
>
> (中央电视台《新闻联播》,2012-01-28)

上述话语是关于春节期间全国统一查处"酒驾"的新闻,其中大量使用了精确的数字来说明此次行动的具体情况。话语表述紧扣"酒驾"这一话题,按照行动力度、涉及范围和检查结果的顺序逐一进行叙述,逻辑清晰,无冗余信息。

准确是良好表达效果的基础和重要条件。在话语交际中,发话人只有向受话人提供准确的信息,使受话人在心理上产生信任感,受话人才会认同发话人的思想和观点,并配合发话人共同完成交际任务。

2. 得体

得体是指交际双方的话语符合当时的交际语境,包括交际的社会、时代、文化背景以及交际时所处的具体时间、地点、人际关系等。得体的话语能够反映话语参与者良好的修养素质;能够回避交际中容易激化的矛盾,使交际双方免于尴尬;能够缩小交际双方的心理距离,有利于良好交际关系的形成。如北京电视台新闻评论主持人元元曾报道过这样一件事:北京很多老人喜欢到八大处爬山锻炼身体,而且边爬边喊,但是这"喊山"的动静惊扰了小鸟,使小鸟的激素分泌紊乱,影响它们繁殖后代。元元在节目中是这样分析的[①]:

> 来爬山的多是一些老人,其实说起来也都是一些老小孩。看到他们的积极、健康、乐观,让我们特别受感动。他们乐观,是因为他们热爱生活,热爱生活也就一定热爱小鸟,就像爱他们自己的孩子一样。我想老人们一定没有想到喊山会把鸟儿喊醒,如果想到了,肯定也就不会这么做了。因为老人们是最善良的,最富于爱心的。比方说,他们每天早晨离开家门的时候,不也是轻手轻脚、生怕吵醒了儿孙们吗?

在这段话中,元元从受话人的心理出发,考虑到老人们喊山所造成的后果属于无心之过,因此并没有生硬地对其进行批评和指责,而是首先赞赏老人们"积极、健康、乐观"的爬山精神,再从老人疼爱小辈的角度委婉地劝阻老人们的喊山行为。这段话语十分符合当时的交际背景和交际关系,语气亲切、和缓,表述婉转而不失分量,显得十分得体。

3. 艺术化

艺术化是指发话人根据表达需要,遵循想象逼真、情感真挚、心理真实的原则,运用艺术化言语表达手段所进行的话语表达。具有艺术化表达效果的话语,通常有以下特点:多用押韵、声调平仄组合等方法形成和谐的音乐美;常根据语境对词语进行变异使用或超常搭配;大量使用艺术化的修辞格,言语具有较强的艺术感染力等。

以中央电视台"感动中国"节目为例,其历年所使用的颁奖词不但具有深刻的思想内涵,而且还体现出高超的语言表达艺术:

[①] 吴郁:《主持人语言表达技巧》,北京:中国广播电视出版社2011年版,第177页。

① 危险裹胁生命呼啸而来,母性的天平容不得刹那摇摆。她挺身而出,接住生命,托住了幼吾幼以及人之幼的传统美德。她并不比我们高大,但那一刻,已经让我们仰望。

(中央电视台《2011"感动中国"颁奖晚会》)

② 贼有未曾经我缚,事无不可对人言。是盾,就矗立在危险前沿,寸步不退。是剑,就向邪恶扬眉出鞘,绝不姑息。烈火锻造的铁血将帅,两袖清风的忠诚卫士。

(中央电视台《2012"感动中国"颁奖晚会》)

例①是徒手接住从10楼坠落小孩的"最美妈妈"吴菊萍的颁奖词。这段话多次出现词语的超常搭配,如"危险裹胁生命……""危险……呼啸而来""母性的天平""托住……传统美德"。艺术化修辞格的使用频率较高,如"母性的天平"运用了比喻,"接住生命,托住了幼吾幼以及人之幼的传统美德"运用了拈连等。整段话不但具体、凝练、深情地将当时的险情和吴菊萍的伟大完全呈现了出来,而且还给受话人以很大的联想和想象空间,耐人回味。例②是公安战线楷模刘金国的颁奖词。首句套用了欧阳修的对联"书有未曾经我读,事无不可对人言",并联系刘金国的职业适当加以改编,表现了刘金国虽功绩累累但仍保持谦逊、坦荡的工作作风。后面两句运用比喻将其比为盾和剑,生动形象地描写了刘金国临危不惧的勇气和决心。最后一句运用对偶突出了刘金国刚毅、廉洁的崇高品质,对仗工整,朗朗上口。

思考与练习

一、什么是话语?话语可以分为哪些类型?
二、举例说明话语的特点。
三、结合实际,谈谈话语角色定位的重要性。
四、举例说明如何避免出现话语信息差的问题。
五、怎样理解话语构成要素之间的关系?

第二节 话 语 表 达

一、话语表达的界定

在信息高度发达的现代社会中,随着大众传媒和新媒体的迅速发展,人与人之间的交流和沟通也日趋频繁。因此,在话语交际活动中,如何根据语境有效运用话语表达来实现特定的交际目的、完成特定的交际任务,已成为人们日益关注的问题。

那么,什么是话语表达呢?话语表达与话语又有什么区别呢?

话语表达是话语参与者为了达到特定的表达效果,根据语境选用各种语言要素和非语言要素来实现话语信息传递和接收的交际过程。话语表达与语用主体的素质修养密不可分。这里所说的素质修养,不仅包括思想境界、道德素养和知识水平,还包括逻辑能力、思维能力和表达能力以及应变能力。在现实生活中,无论是精心组织的话语表达,还是随口而出的话语表达,都需要话语参与者能够灵活选择头脑中贮存的充实的话语内容、丰富的话语形式。这也正是不同民族、不同时代、不同个体的话语表达往往具有不同风格基调的重要原因。

"话语表达"与"话语"既有联系又有区别。首先，二者与语境的关系不同。任何话语表达都出现在一定的语境中，语境是话语表达形成的重要前提，话语是话语表达的最终结果；语境对话语表达具有制约作用，它对话语具有解释和制约功能，但话语表达也可以反作用于语境，从而使话语能够较好地顺应语境的要求。例如：

> 对于赵丽和张权表演的杂技节目《冰与火》，周小普首先认为该节目不像杂技，而更像一档技巧性、体操性的节目，然后对节目的整体效果评价说："这个节目我觉得是以少胜多，无论是演员还是道具，给人的整体感觉非常的飘逸、突出，尤其是舞美背景非常的大气，动作设计震撼，表演起来难度很大。"
>
> （《周小普评杂技〈冰与火〉：以少胜多，动作震撼》，凤凰网《娱乐》2013-02-09）

周小普教授在这段娱乐评论中，以杂技节目为话语表达语境，由此展开了对杂技节目的演员和道具的细致点评。

其次，话语是由话语意义和话语形式组成的有机整体，意义和形式相互依存、不可分割。话语表达是话语参与者在交际过程中实现话语（包括意义和形式）有效传递和接收的重要保障，既涉及发话人的语言编码，也关系到受话人的言语解码。就此而言，没有话语表达，就不能产生话语，没有话语，也就无所谓话语表达。例如：

> 农业部农村经济体制与经营管理司负责人日前解释说，家庭农场是指以家庭成员为主要劳动力，从事农业规模化、集约化、商品化生产经营，并以农业收入为家庭主要收入来源的新型农业经营主体。
>
> （《中央一号文件首提发展"家庭农场"》，新华网 2013-02-14）

这段话语表达中出现的"家庭农场"、"集约化"、"经营主体"等词语，具有一定的专业性，需要读者恰当地进行解码，才能最终实现话语的有效传递和接收。

二、话语表达的特点

话语表达具有社会性、目的性和灵活性等三方面的特点。

（一）社会性

话语表达与社会的属性特征、思想潮流、价值取向、时习风尚等因素密切相关。社会性是话语表达的本质属性。

第一，话语表达客观地存在于社会现实生活中，具体地表现在每一个语用主体的交际活动中。话语表达的宗旨是完成交际任务、实现交际目的，而这一切只有在社会中才能进行。脱离社会的话语表达是不存在的。例如：

> 解说：春节将至，重庆开县9万多名留守儿童都在等着父母回家。
> 留守儿童马学敏：我最害怕的是他们抛弃我，不要我，不爱我。
> 解说：过年，孩子们的心愿最重要！
> 留守儿童齐家维：我的愿望是爸爸的眼睛快快好起来。

解说:这是一个流动的年代;漂泊的父母,留守的儿童。

(《留守儿童盼团圆,更盼改变》,央视《新闻1+1》2013-02-07)

上述话语表达紧扣留守儿童心声这一当前社会现实,深刻地反映出了重庆县9万多名留守儿童期盼团圆的情景,从而进一步揭示话语表达的主旨——关注留守儿童这一特殊群体。

第二,话语表达能够以意义和形式相结合的方式,促使处于各种社会关系、具有不同话语角色的语用主体,按照特定社会约定俗成的方式,实现思想情感的交流和沟通。例如:

① 青青子衿,悠悠我心。纵我不往,子宁不嗣音?

(《诗经》)

② 你证我证,心证意证,是无有证,斯可云证。

(《红楼梦》)

③ 俄国女诗人茨维塔耶娃对捷克诗人里尔克曾这样写道:"我爱你,我无法不长久地爱你,用整个的天空……我不想说我吻你,只是因为这些吻自动降临,从不依从我的意志。我没见过这些吻,我敬你若神。"

关于爱情,不同的话语交际者选择了不同的表达方式:例①将衣领的一角和爱情的意义联系起来,表达了话语交际双方彼此之间的思念;例②是贾宝玉对林黛玉的表达,是两颗心相互吸引和印证的过程,无须吐露和证明;例③中男女主人公的诗人"身份",注定了他们在话语表达中所呈现出来的浓浓诗意和情意。

第三,随着时代的进步、社会的发展,人们的交际范围越来越广,而人们的话语表达也会随之发生相应的调整和变化。例如:

据中央电视台最新通知:9月16日—18日三天,CCTV-1、CCTV-4、CCTV-新闻3个频道停播日本企业广告。经核实,该消息属实。据央视新闻频道员工称,14日,接到频道规划组(央视广告部与各频道之间的对接小组)的电话,询问当天节目中有无日本企业广告。

★网友有话说:中国人一定要团结起来,一起抵制日货,维护我国主权!

(《央视停播日企广告》,央视《新闻17点》2012-09-15)

这段新闻话语表达以简明扼要的摘要形式反映了当日新闻内容,为人们在高品位、快节奏的现代化生活中提供了便捷的新闻信息传播服务。

(二)目的性

话语表达总是在特定的语境中,为了达到特定的交际目的和交际任务而进行的。对于发话人来说,其目的是希望通过话语形式传递其话语信息,让受话人易于明白,便于接受。对于受话人来说,其目的则是希望通过发话人的话语去理解和把握其中的意图内容。因此,为了实现话语表达的目的,话语参与者往往会自觉地控制自己的言语行为——发话人会尽量选用受话人易于接受的话语,受话人会着力理解发话人的意图,从而共同完成交际任务。例如:

老爸跟你说句掏心窝子的话,从小到大老爸真没管过你,用你妈常说的真是一把屎一把尿把你养大的,闺女你现在是女人了,常言说养儿不知娘辛苦,养女才知报母恩,等你生了孩子你就知道你妈拉扯你多不容易。还有我再婚了,可你妈就是怕你受委屈,一直都没嫁,你是她的全部。你懂么,孩子?

(《金太郎的幸福生活》)

从上例可见,在父母与子女这一语境中,父亲试图从子女的角度来传达父母对子女的疼爱以及儿女对父母的重要性,从而让子女站在父母的角度来揣测父亲所表达的意图和内容,以保证话语交际目的的实现。

话语表达的目的性与话语表达效果的实现具有密切关系。只有具备表达效果的话语交际,才会影响话语参与者的情绪和精神,或改变其原有的思想观点,或唤醒其有效的言语行为。这也正是话语表达目的性的充分体现。例如:

一大早儿,市民沈亚清就收到手机短信,上面写着:为提高空气质量,给您和家人创造良好的环境,在新春佳节之际,希望您在春节期间尽量少放或不放烟花爆竹,减少污染物的排放,为保护北京的蓝天白云贡献自己的力量。一开始他以为是有关部门的短信提示,没想到一看落款,原来是自己的朋友——北京雷锋小学大队辅导员孟薇。

(《广大市民积极响应少放烟花爆竹倡议》,《北京日报》2013-02-10)

在这段话语表达中,为响应少放烟花爆竹的倡议,该校师生萌生这条创意短信,并在其家长、朋友中间传递,从而改变他们先前燃放烟花爆竹庆祝新年的思想观念,达到话语表达的目的。

(三) 灵活性

话语表达的灵活性主要表现在语言环境的顺应性和表达手段的多样性两个方面。

1. 语言环境的顺应性

语境是话语表达的基础,是评价话语表达效果的关键。离开了特定的语境,话语表达就无所谓优劣好坏。然而,对话语交际产生影响和制约作用的语境因素性质各异、内容不同,且彼此之间很容易发生相互作用而促使语境发生临时性的变化,这就对话语表达适应语境的灵活性提出了要求。例如:

① 在听取了首届中国—南亚博览会暨第21届昆交会系列活动前阶段筹备工作进展情况通报后,李纪恒说:一个好的博览会,成功靠安全,影响靠宣传,档次看高端,水平看细节,关键看领导。

(《李纪恒:奋战100天,高质量做好首届南博会筹备工作》,云南网 2013-02-17)

② 这天,是青海玉树人伤心的日子。点燃酥油灯,献上格桑花,手摇转经筒,然后闭目,默念经文、悼念逝者。没有眼泪,没有哭泣,悼念的人群缓缓爬上山坡,慢慢摇动着手中的转经筒,默默为逝去的亲人祈福。

(《玉树灾后两周年祭:僧众结古寺诵经悼念逝者》,中国新闻网 2012-04-17)

例①结合南博会筹备工作的相关情况,点出了话语表达的内容——办好博览会的主要因素,而"成功""影响""档次""水平""关键"等词语对话语表达主旨的强调作用也就得到了彰显。例②以玉树人民为两年前在地震中逝去的亲人祈福为语境,使"酥油灯""格桑花""转经筒"等词语增添了浓郁的"悼念"色彩。

由此可见,话语表达对语言环境的顺应性,就是在话语表达过程中,结合所要阐述内容的相关语境,使词语、句子切合语境,让话语的表达能够有效附着语言环境,提高话语交际的效果。

2. 表达手段的多样性

现代汉语具有极为丰富的同义表达手段,包括语音同义手段、词汇同义手段、句子同义手段、修辞格同义手段和风格同义手段等,可以为话语表达提供重要的语言物质基础和非语言物质基础。这些同义手段往往具有不同的表达效果,能够帮助发话人成功传递思想感情,吸引受话人的注意力,确保话语交际的成功。例如:

① 男女之爱也包含在大爱之中,众生之爱皆是爱。曾经痛苦,才知道真正的痛苦;曾经执著,才能放下执著;曾经牵挂,才能了无牵挂。

(《西游降魔篇》)

② 正是花样年华,你却悄然离开。你捐出自己,如同花朵从枝头散落,留得满地清香。命运如此残酷,你却像天使一样飞翔。你来过,你不曾离开,你用平凡生命最后的闪光,把人间照亮。

(《2012年度感动中国十大人物详细事迹及其颁奖词》,人民网 2013-02-20)

例①分别用"痛苦""执著""牵挂"等词语从不同的角度阐述"爱"的意义,起到了吸引观众注意的良好作用。例②用整散结合的句式,生动地描写出了青春女孩那种无私奉献的高尚精神。

三、话语表达分析

话语表达分析一般可以从话题、衔接与连贯、语篇结构和言语风格等方面进行。

(一) 话题

话题是话语参与者在交际中所要表达的主旨和意图,是语用主体在话语中涉及的主要内容。话题是话语表达的有机组成部分,根据话题在话语中出现的位置,一般可以分为主话题和次话题两大类型。

1. 主话题

主话题是整个话语的话题,通常位于句首。根据主话题与后面表述内容的语义关系,又可将其分为领属型主话题、时地型主话题、共指型主话题和拷贝型主话题等类型。

领属型主话题是话题与后面表述成分具有某种领属关系的话题。例如:

① 老李,他儿子今年考上了公务员。
② 这间宿舍,日光灯坏了。

例①的主话题是"老李",例②的主话题是"宿舍",它们与话语后面出现的"儿子""日光灯"都分别具有领属关系。

时地型主话题是话题为后面的表述提供时间、地点等信息的话题。例如:

① 中秋节家家都吃月饼。
② 北京时间8月3日晚,在伦敦奥运会男子蹦床决赛中,董栋夺得金牌。

例①中的主话题是"中秋节",为后面的话语提供了时间信息。例②的主话题是"北京时间8月3日晚",强调了话语表达的特定时间。

共指型主话题是话题与后面表述成分具有某种共指关系的话题。例如:

① 老王,我知道这个人。
② 中彩票,我可没想过这样的事。

例①的主话题"老王"与后面的"这个人"为共指成分。例②的主话题"中彩票"与后面的"这样的事"为共指成分。

拷贝型主话题是话题和后面表述成分完全或部分同形,且语义一致。例如:

① 孩子毕竟还是孩子。
② 吃饭你绝对吃不过他。

例①的主话题"孩子"与宾语同形。例②的主话题"吃"与述语同形。

2. 次话题

次话题是在话语表达中位于主话题之后的话题。相对主话题而言,次话题与话语后面表述成分的联系要显得松散一些,语义关系也相对简单一些。

常见的次话题主要是领属型次话题。这是在话语表达中位于主话题之后的由名词短语或动词短语充当的某种述语成分。例如:

① 我做饭最喜欢做面条吃。
② 他水果比较喜欢吃苹果。

例①、例②的主话题分别是"我""他",次话题分别是"饭""水果",次话题与后面的宾语"面条""苹果"分别具有上下位语义关系。

在话语表达中合理运用主话题和次话题,有助于语用主体更好地传递和接受话语信息。一般情况下,在具体话语的表达中,话题的选择和实现均来自于话语参与者双方的主观意愿和语用态度。因此,确定恰当的主次话题,是确保话语表达有效的重要因素之一。这就要求话语参与者懂得根据语境,灵活把握交际时机,及时切入话题,实现交际任务。

(二) 话语的衔接与连贯

1. 话语的衔接

话语的衔接主要体现在话语的表层结构上,属于言语结构形式方面的问题。在日常的话语表达中,常见的话语衔接手段主要有照应、省略、连接、词汇手段等。

照应是保证话语结构完整、前后一致、主旨集中、内容周密的一种衔接手段,常用人称代词、指示代词以及与其他事物相比较的词(如"然而""同样""相反"等)来表示语句之间的语义关系。例如:

① 王老师,我今天是特意来向您表示感谢的,在我人生至关重要的3岁到7岁

这四年里,您给予我所有的关心和爱护,才造就了我今天的玉树临风和一表人才。

(《北京爱情故事》)

② 杏花虽美,可结出的果子极酸,杏仁更是苦涩,若做人做事皆是开头美好,而结局潦倒,又有何意义。倒不如像松柏,终年青翠,无花无果也就罢了。

(《后宫甄嬛传》)

例①中的人称代词"您"指代"王老师",二者构成人称对应关系。例②用"倒不如"来衔接前后两个部分的语句,并使之形成了转折关系。

省略是通过略去不需要出现的内容来衔接上下文的一种衔接手段,其目的是避免重复,精简语言,突出重点,使话语前后连续。省略一般分为承前省略和蒙后省略两种:承前省略,又叫顺向删除,指话语中上文出现的部分内容在下文中被略去;蒙后省略,又叫逆向删除,指话语中上文略去了下文即将出现的成分。例如:

① 甲:你通过学位英语考试了吗?

乙:通过了。

② 2月8日(周五)　腊月廿八　篮球:NBA 常规赛　湖人 VS 凯尔特人

看点:为了照顾中国球迷,NBA 联盟大打中国牌,特别调整了直播计划,将在春节期间8天连播23场比赛,加内特、皮尔斯、雷阿伦、霍华德、纳什、科比、加索尔……光想想这些巨星的名字是不是就有些颤抖?全明星级别的常规赛,热爱篮球的你,不容错过!

(《春节七天乐　赛事看个够》,《春城晚报》2013-02-08)

例①中乙的回答省略了"我"和"学位英语考试",属于承前省略。例②前面分句中省略了主语"NBA 联盟",而"NBA 联盟"正好是后面分句的主语,属于蒙后省略。

连接是使用各种关联词语,如"不但……而且""因为……所以""虽然……但是"等,将语句连接在一起,从而使话语语义贯通、结构紧密的一种衔接手段。例如:

① 生命不在乎长短,曾经拥有过,深爱过一个人,一起开心过,一起伤心过才是最重要的,不后悔在一起,虽然开心的日子很短,伤心的日子很长,但是曾经过了最幸福的日子,已经此生无憾了。

(《法网狙击》)

② 航母不仅是中国军事现代化跨越性发展的代名词,同样也是中国国防工业实力提升的里程碑。"瓦良格"号或许仅仅是个开始,未来还将有更多的奇迹等待我们见证。

(《事实军事热点透视》,凤凰网《军事》2011-07-25)

例①和例②分别通过"虽然……但是""不仅是……也是"等关联词语,加强了语句之间的紧密度和衔接性。

词汇手段,是指通过词汇的重复、同义、反义、上下义等关系来衔接上下文。例如:

人和人就是这样对立起来的。我们也知道90%以上的患者都是善良的通情达理的,但我们判断不出谁是会制造事端的10%,为保护自己,防患于未然,所有的人统统被假定为闹事患者。你拿来的二级医院的片子,我们不承认,你昨天刚量的指标,今天要重新做过,我们只认我们医院的设备测出来的结果。我如果好心替你省钱,凭直觉判断,而少做一样检查,万一不巧恰恰就是省下的那部分出了麻烦,责任肯定是我的。我不想再担负任何责任了,我应该担负的和我不应该担负的。我所有的悲悯之心,就这样被毁掉。

(《心术》)

这段话通过"人和人""我们和患者"之间的同义和上下义关系,把有关描写医生忧虑的语句衔接了起来,并使其语义表达层层推进,一气呵成,具有紧凑、连贯的表达特点。

2. 话语的连贯

连贯是指话语上下文之间在语义逻辑上的关联性,它存在于话语的深层结构中。话语表达的连贯,要求语句之间的组织和安排必须遵循一种明晰的、合乎逻辑的语义顺序,做到条理清楚,层次分明。例如:

京城四大美女已经集齐了:有林夏,如夏天一般的火热奔放;有沈冰,如冬天一般的清新冷艳;有杨紫曦,如春天一般的光彩明媚;更有小伍姐,如秋天一般的妖娆风韵!

(《北京爱情故事》)

这段话以京城四大美女为话语主旨,后面分别从夏天、冬天、春天、秋天的特点入手,最终点出了"京城四大美女的独特之处"。整段话语义连贯,逻辑清晰。

话语表达的连贯同语境具有十分密切的关系。有些话语的连贯可以直接通过话语本身得到确定;有些话语需要受话人充分发挥想象和联想,才能体会得到;有些话语从表面上看似乎是不连贯的,但在一定的语境中却是连贯的。例如:

① 长大后努力学习马克思主义,我终于悟到:高密东北乡无疑是地球上最美丽最丑陋、最超脱最世俗、最圣洁最龌龊、最英雄好汉最王八蛋、最能喝酒最能爱的地方。

(莫言《红高粱家族》)

② 谁说女子不如男,河南刘洋敢巡天。嫦娥奔月空寂寞,刘洋飞天万众欢。浩浩太宇留丽影,滔滔云海展玉颜。侠女潇洒如期至,亿万父老奏凯旋。

(《中科院老干部写诗赞刘洋:河南刘洋敢巡天》,《郑州晚报》2012-07-02)

例①运用了"美丽"和"丑陋""超脱"和"世俗""圣洁"和"龌龊""英雄好汉"和"王八蛋""能喝酒"和"能爱"等意义相反的词语,表面上看起来似乎没有什么关联性,但细心品阅后不难发现"我"对高密东北乡那种爱恨叠加的感悟,言简意赅,令人深省。例②从字面上看,"刘洋"与"嫦娥奔月""飞天"没有直接的联系,但结合"神九"成功发射和着陆的语境,二者之间的语义联系便不难理解了。

(三) 话语的语篇结构

根据语句之间的语义关系和逻辑关联,话语的语篇结构大致可以分为顺承型、转折型和因果型三种类型。

1. 顺承型语篇

顺承型语篇要求话语句子之间的语义按照线性呈直线型顺向延伸,一般体现为并行型、串行型、解说型和总分型等话语类型。并行型话语是语句之间为并列或选择等语义关系的话语。串行型话语是语句按照一定的时间或事理顺序串联起来的话语。解说型话语是语句之间具有相互解释说明关系的话语。总分型话语是语句之间为总说和分说关系的话语。例如:

① 广电总局人士证实,广电总局对电视剧创作提六项要求,其中包括革命历史题材要敌我分明;不能无限制放大家庭矛盾;古装历史剧不能捏造戏说;商战剧需要注意价值导向;翻拍克隆境外剧不能播出;不提倡网络小说改编,网游不能改拍。

(《广电总局禁止网游改编电视剧,革命剧须敌我分明》,《新京报》2012-08-03)

② 球赛开始前,华盛顿晋玲舞蹈学院百余名学生表演的大型中国民族舞蹈婀娜多姿;中场休息时,华盛顿峨嵋武术学院近百名习武者在赛场中将刀、枪、棍术舞得气贯如虹;比赛暂停时,球场上方巨大的屏幕上不断播放介绍中国春节文化的内容。

(《中国春节,世界同庆》,《人民日报》2013-02-10)

③ 专项组成员、中科院遥感与数字地球研究所研究员陈良富说,空气污染物中的可溶性成分遇到浮尘矿物质凝结核后会迅速包裹,形成混合颗粒,在遇到较大的空气相对湿度后,就会很快发生吸湿增长,颗粒的粒径增长2倍至3倍,消光系数增加8倍至9倍,也就是能见度下降为原来的八分之一至九分之一。通俗地讲,空气中原本存在的较小颗粒的污染物遭遇水汽后变成人们肉眼可见的大颗粒物,随即发生灰霾事件。

(《中科院研究还原京津冀雾霾天气产生过程》,《中国青年报》2013-02-16)

④ 来自出品方华谊兄弟的消息,《西游》放映以来,接连刷新华语电影票房纪录:首日7685万元,两日累计突破1.5亿元,三日累计突破2.2亿元,四日累计突破3亿元,五日突破4亿元……《西游》也用史无前例的数字打破了由《变形金刚3》保持的内地上映电影最高单日票房纪录。

(《周星驰〈西游降魔篇〉创中国影史单日票房纪录》,新闻网 2013-02-16)

例①中组成六项要求的几个分句之间属于并行型关系。例②中的三个句子用"球赛开始前""中场休息时""比赛暂停时"等词语,构成了串行型话语。例③使用"也就是""通俗地讲"解释话语的方式,使语句之间的语义关系相互说明,形成了解说型话语。例④前面几句分说《西游》在首日、两日以及三、四、五日的票房纪录,最后一句总说它在中国影史所创下的单日票房纪录,属于总分型话语。

2. 转折型语篇

转折型语篇是语句之间通过"虽然……但(是)""可是""然而""诚然""谁知"等表示转折关系的词语进行衔接和连贯的话语。例如:

① 这个建立在某社交网站公共主页上的"小黄鸡",只要网友在发言中@"小黄鸡"或者直接向它提问,这个小东西就会瞬间冒出来,以一种可爱俏皮又不失智慧的

口吻和你对话。虽然有时答非所问,但诙谐幽默的回答,让大学生们"大呼神奇"。

(《"小黄鸡"爆红折射大学生精神孤独》,《中国青年报》2013-02-16)

② 虽然你现在挣的零花钱很多,可是你还是学生,应该以学习为主,打工为辅,否则等到毕业的时候后悔就晚了。

例①以"虽然……但是",例②以"虽然……可是……否则"为关联词语,构成了语篇在语义结构上的转折关系。

3. 因果型语篇

因果型语篇是语句之间存在因果逻辑联系的话语,大致可分为原因—结果型话语、假设—结果型话语、条件—结果型话语、行为—目的型话语等类型。

原因—结果型话语是语句之间具有原因、论据和结果、结论的关系。假设—结果型话语的语句之间具有假设和结果的关系。条件—结果型话语的语句之间具有条件和结果的关系。行为—目的型话语的语句之间具有行为和目的的关系。例如:

① 正所谓江山代有才人出,在四年一轮回的奥运会我们辞旧迎新。在为老将隐退感到遗憾的同时,也因新人"抢班夺权"而倍感振奋,因为正是他们让我们对世界体坛的未来倍感憧憬。

(《伦敦奥运十大新人》,中国新闻网 2012-08-12)

② 市民如果春节7天长假都加班,领取的加班费会有所不同。记者前天获悉,对于春节7天始终坚持上班的职工,他们7天的加班费足有日平均工资的17倍之多。

(《春节全上班加班费是日工资17倍》,《京华时报》2013-02-18)

③ 当我发出第一份简历的时候,是为了理想;而当发出第一百份简历的时候,是为了生存。

(电视剧《蚁族的奋斗》)

例①用关联词语"因为"来说明原因及其产生的结果。例②用"如果"做假设,使句子与句子之间形成假设—结果的关系。例③使用关联词"为了"进行衔接,语句之间形成了行为—目的语义关系。

原因—结果型话语、假设—结果型话语、条件—结果型话语、行为—目的型话语,是话语的语篇结构中较为常见的类型。在现实生活的话语交际中,话语的语篇结构是非常复杂的,有的时候还会混合使用多种结构类型。因此,应注意根据话语表达的需要,合理选择恰当的语篇结构。

(四)言语风格

言语风格是指人们在进行话语表达时,综合运用词语、句子、语篇、辞格等表达手段所形成的话语格调。

言语风格由风格要素构成,包括语言风格要素和非语言风格要素。语言风格要素是指语言结构内语音、词汇、语法中一切具有风格功能的语言要素。非语言风格要素是指一些不属于语言结构体系却能辅助言语形成风格的材料,如语篇结构、辞格的选用等。

话语表达的言语风格是从不同的民族、时代、语体等言语作品中概括出来的。根据语用主体运用语言的方式、方法和表达效果,话语表达的言语风格往往会形成一种对应的关系,如藻丽和平实、含蓄和明快、幽默和庄重、繁丰和简洁等等。

1. 藻丽和平实

藻丽强调凸显文采,多用形容词、副词等修饰描写成分以及比喻、拟人、夸张等修辞格,格调华丽多彩,生动细致,铺叙堂皇,多出现在文艺语体中。平实是叙述事实,不用或很少用形容词、副词等修饰描写成分以及比喻、拟人、夸张等修辞格,格调质朴大方,铺陈景物,剖析事理,多出现在科学语体、事务语体和报道语体中。例如:

① 我仔细地观察着蝗虫们,见它们互相搂抱着,数不清的触须在抖动,数不清的蝗嘴里吐着翠绿的唾沫,濡染着数不清的蝗虫肢体,数不清的蝗虫肢体摩擦着,发出数不清的窸窸窣窣的淫荡的声响,数不清的蝗虫嘴里发出咒语般的神秘鸣叫,数不清的淫荡声响与数不清的神秘鸣叫混合成一股嘈杂不安的、令人头晕眼花浑身发痒的巨大声响,好像狂风掠过地面。

(莫言《红蝗》)

② 随着航油价格下调,国内机票燃油附加费相应调整。从 5 日开始,京沪线等 800 公里以上国内航线的燃油附加费由 140 元降至 130 元,但 800 公里及以下航线燃油附加费仍维持 70 元不变。

(《京沪机票燃油附加费 5 日起降 10 元》,千龙网 2012-01-05)

例①言语华丽多彩,用比喻、拟人、夸张等修辞格来描写蝗虫的动静。例②言语质朴大方,以通俗易懂的词语说明燃油税降价事实。

2. 含蓄和明快

含蓄是委婉表达,言有尽而意无穷,多用双关、反语等修辞格,语言深沉厚重,令人回味无穷,多出现在文艺语体中。明快是直抒胸臆,直言其事,多用比喻、比拟等修辞格,语言明朗舒畅,说理浅显易懂,多出现在报道语体中。例如:

① 温泉明艳赛西湖,荔香十里柳千树。从化处处茂林修竹,鸟语花香,苍松翠柏,水秀山明,不管谁一到这里,困顿尽消,生气倍增,诚疗养胜地也。人们历来称道"洛阳三月花如锦",这里却是一年四季花长开。

(曹靖华《从化温泉散记》)

② 6 月 27 日,我国"蛟龙"号载人潜水器在太平洋马里亚纳海沟区域进行的 7000 米级海试的六次下潜试验中,最大下潜深度达到 7062 米,创造了我国载人深潜新纪录,实现了我国深海技术发展的新突破和重大跨越,标志着我国深海载人技术达到国际领先水平,使我国具备了在全球 99.8% 的海洋深处开展科学研究、资源勘探的能力。

(《新华社评出 2012 年国内十大新闻》,新华网 2012-12-29)

例①用词典雅,句式整齐,令人回味无穷。例②直抒胸臆,用简洁直观的数字来叙述"蛟龙"号深潜的新纪录。

3. 幽默和庄重

幽默是诙谐风趣,用词轻松愉快,多用反语、双关、对比等修辞格,语言往往妙趣横生,意味深长,多出现在文艺语体中。庄重是端庄严肃,用词庄严稳重,语言往往句式严整,清晰明了,多出现在政论语体、科学语体、事务语体和报道语体中。例如:

① 真正的宝刀软得像面条一样,能缠在腰里,像裤腰带一样。他还说宝刀杀人不沾血,吹毛寸段,刀刃浑圆,像韭菜叶子一样。

(莫言《祖母的宝刀》)

② 会议决定,完善研究生奖助政策体系。设立研究生国家奖学金,每年奖励4.5万名研究生。从2014年秋季学期起,将研究生普通奖学金调整为国家助学金,每年资助标准博士生不低于10000元、硕士生不低于6000元;同时设立研究生学业奖学金。加大研究生助教、助研和助管岗位津贴资助力度。提高国家助学贷款最高限额。

(《研究生将全部自费》,《羊城晚报》2013-02-18)

例①幽默诙谐,用比喻、对照等修辞格具体说明了宝刀的神秘性。例②庄重严肃,没有使用任何修辞格,句式严整。

4. 繁丰和简洁

繁丰是纵横铺叙,多用双音节词语、长句,以及反复、排比等修辞格,辞藻丰富,内容充实,多出现在文艺语体中。简洁是简明扼要,多用单音节词语、成语、短句,以及跳脱、比拟、转品等修辞格,言简意赅,多出现在事务语体和报道语体中。例如:

① 他看到有一个身穿黑色毛料西装、高领朱红色毛衣、敞开着的西装胸襟上别着一枚珠光闪烁的胸饰的、高耸的乳房使毛衣出现诱人的褶皱的、头发像一团牛粪、干净利落地盘在脑后、额头彻底暴露、又光又亮、脸色白皙滋润得像羊脂美玉的、屁股轻巧地撅着、裤线像刀刃一样垂直着、穿双半高跟黑皮鞋的、带着茶色眼镜看不清楚她的眼睛的、嘴唇像刚吃过樱桃的鲜艳欲滴的、气度非凡的女人……

(莫言《丰乳肥臀》)

② 全面做好今年的工作,必须坚持突出主题、贯穿主线、统筹兼顾、协调推进,把稳增长、控物价、调结构、惠民生、抓改革、促和谐更好地结合起来。稳增长,就是要坚持扩大内需、稳定外需,大力发展实体经济,努力克服国内外各种不稳定不确定因素的影响,及时解决苗头性、倾向性问题,保持经济平稳运行。控物价,就是要继续采取综合措施,保持物价总水平基本稳定,防止价格走势反弹。

(《国务院总理温家宝作政府工作报告》,中国网2012-03-05)

例①长句较多,同时使用比喻等修辞格来描写女人的外貌特征。例②短句较多,做到了言简意赅地传达政府工作报告。

在播音主持话语表达中,平实、明快、庄重、简洁是较为常见的言语表现风格,有时还会出现两种或两种以上言语表现风格混合运用的情况,因此,应该选用恰当的言语表现风格进行话语表达。

思考与练习

一、什么是话语表达?话语表达具有哪些特点?

二、什么是主话题?什么是次话题?如何区分二者?

三、举例说明常见的话语衔接手段。
四、举例说明话语的语篇结构类型。
五、什么是言语风格？言语风格可以从哪些角度进行分类？

第三节 播音主持话语表达

播音主持话语表达是指播音员、主持人在节目中凭借自己的语言素养及语言表达能力，遵循一定的话语表达原则，采用一定的话语表达策略，使自己的话语能够有效推进节目的进程，从而达到良好的语言传播效果。

一、播音主持话语表达的语境类型

语境是语言使用的具体环境，可分为狭义语境和广义语境。狭义语境指言语出现的上下文或前言后语。广义语境指言语产生的具体情境，包括特定的社会环境、场景环境和主体环境。对于播音员和主持人来说，语境是播音主持话语表达的前提和基础，在信息传递、话语转换、沟通交流等方面起着重要作用。一般说来，播音主持话语表达的语境大体可分为文本话语表达和情景话语表达两种类型。

（一）文本话语表达

文本话语表达指播音员、主持人根据一定的文本，将文本上的文字转化为有声语言，并传达给受众相关信息和情感的过程。文本话语表达与人们日常面对面的口语交流不同，它要求播音主持工作者必须以特定的文本为依据，正确理解文本主题，把握其语言基调，运用准确、鲜明和恰切的有声语言表达技巧，将话语信息完整地传递给特定的受众。

文本话语表达的特点主要有：

1. 准确性

文本话语表达的准确性，首先表现在语音的准确性上。语音的准确性，不仅是以声音为载体的话语信息得以完整传递的重要保障，而且也是播音员和主持人作为通用语言文字规范推广工作者的素质要求。其次表现在文本内容的准确性上。所谓"文本内容的准确性"，一是要求播音主持工作者从文本的实际出发，在不偏离文本主题思想的前提下，对文本的内容进行灵活调整或局部修改；二是要求播音主持工作者有声语言表达的方式、语气、语势等要符合文本的体裁、风格和基调。例如：

15号，一颗陨石落入俄罗斯境内，并在空中解体，形成了大规模的陨石雨，造成大约1200人受伤，确认有2名重伤者。陨石雨造成近3000座建筑物受损，已经造成大约10亿卢布，约合2.07亿元人民币的经济损失，目前，伤员的救治和建筑物的修复工作已经展开。

（CCTV4中文国际《中国新闻》，2013-02-17）

主持人在播报这条新闻时，对不确定的内容选用"大约""近""约合"等词，对确定的内容则使用"确认"，注意内容的准确性。另外，主持人播报的语气、语势平和稳健，表情严肃认真，语言表达的方式与文本的体裁、风格、基调相一致。

2. 技巧性

文本话语表达的技巧性,主要体现为播音员和主持人掌握文本话语表达的内部技巧和外部技巧两个方面。

内部技巧是关于文本内容、话语信息的技巧和方法,主要包括情景再现、内在语的使用和对象感的形成。情景再现是指在符合稿件需要的前提下,以稿件提供的材料为原型,使稿件中的人物、事件、情节、场面、景物、情绪等在播音员的脑海里不断浮现,形成连续活动的画面,并不断引发相应态度和感情的过程。① 内在语是指语言内在逻辑的暗示,即言外之词。播音员和主持人应充分运用多种语言表达技巧,利用内在语揭示特定文本中具有传播价值的信息,提高话语表达质量,实现信息传播效果,达成话语传播意图。对象感是指播音主持工作者在进行文本话语表达时,应充分考虑到受众的客观存在及其具体状态,做到面带微笑、精神饱满、眼神温暖,让受众真切感受到播音员和主持人"心中有受众"。例如:

江苏卫视《南京零距离》中的读报版块《孟非读报》有一期关于南京几个城管工作人员在饭店里打人的新闻,主持人孟非在解读该新闻时,头脑中再现当时几个城管工作人员在饭店打人的情景,用了一系列的疑问句表达对打人事件的态度:"难道你是城管你就可以打人?你说是'协管'打人,那么是谁给这些'协管'发的制服?是谁雇佣了这些人?是谁在管理这些人?他们是没有执法权的,但是在某种程度上他们在行使这种权利,是谁赋予了这些'协管'执法权?难道'协管'就不该有人管吗?难道'协管'无法无天胡作非为就没有人为此负责任吗?……每次临时的'协管'被开了似乎就保证了'正式'城管队员的清白,他们真的就清白了吗?……老百姓分不清谁是正规军谁是民兵,老百姓知道的是你们都是穿着制服的在行使着公共权力的人!你们打了老百姓,败坏的不是城管的形象,败坏的是整个政府的形象!"②

主持人孟非怒斥打人的城管人员时,首先在理解整件事情经过的基础上,在脑海中使当时的情景再现,调动了自己的情绪,利用一系列的疑问句来质问打人的城管,使自己的感情表现得比较强烈。在话语中使用第二人称"你""你们",考虑到了受众的客观存在,巧妙地使用了情景再现、内在语和对象感。

外部技巧是以播音主持工作者内心创作思维和心理过程为依据,从有声语言传递中所体现出来的技巧和方法,主要包括停连、重音、语气和节奏等。在文本话语表达中,停连可以强调某一事物、突出某种语义或者感情;重音可以强调某些特殊语义和表达某种特殊感情,突显语言的明确性;语气可以彰显文本的主题思想和整体基调,展现播音主持工作者的个性;节奏可以形成强烈的、感染听众的音乐美。例如:

9号上午,台湾一艘渔船遭到菲律宾机枪的野蛮扫射并且造成人员死亡一事传出以后,立即引起两岸的高度重视和强烈的愤怒。菲律宾海岸警卫队10号表示,承认其内部人员向台湾渔船射击,但是,却拒绝就此事道歉。中国外交部发言人华春

---

① 乔芳芳:《"情景再现"在播音主持中的应用》,载《安徽文学》2011年第6期。
② 郭弘、李琳:《论电视民生新闻中主持人的舆论引导作用》,载《今传媒》2012年第7期。

莹,9号就此事表示,中方对此事表示严重的关切,对开枪射杀台湾渔民的野蛮行径表示强烈的谴责。中方要求菲方立即进行调查,并且尽快做出说明。那么菲律宾枪击中国渔船,是否只是偶然事件?大陆和台湾渔船长期遭菲律宾的扣留、枪击,两岸又能否合理应对?就这些话题我们今天请两位嘉宾进行分析评论。

(中央电视台《今日关注》,2013-05-10)

在这段话中,主持人鲁健通过语音停顿,不但使意义的表达更清晰、明了,而且还体现了一定的情绪和节奏。同时,通过重读"强烈""拒绝""野蛮"等词语,一方面体现了菲方此种行为的恶劣程度,另一方面表达了中方对此事的强烈态度,突显"菲律宾枪杀台湾渔民,不能道歉了之"这一主题。

3. 时效性

文本话语表达的时效性体现为要求播音员和主持人有快速准备稿件和文本的基本功。文本话语表达要求播音员和主持人在播报之前就对文本相当熟悉,所以播音员和主持人在播报之前要在极短的时间内分析理解文本,迅速并准确地掌握文本的内容、主题、重点、目的和基调,相应地找到自己所应持的态度。

4. 再创造性

文本话语表达将无声的文字转化为有声的语言,本身就是一种再创造。它是播音主持工作者运用各种语言表达方式和技巧再现文本内容、思想、主题、风格和基调的一种传播行为,包含在播读者大量的创造性活动中,这就是文本话语的再创造特点,即利用话语表达的内部技巧和外部技巧实现文字语言向有声语言的转换,使文字语言得到生发。

5. 广泛性

文本话语表达的广泛性是指文本话语表达的方式是多种多样的,它依赖于文本体裁风格的变化。文本的内容可涉及社会生活各方面,体裁可包括新闻播音、通讯播音、评论播音、文艺播音、对话播音、知识性节目播音等文本体裁,具有广泛性。不同节目的播音其文本的内容、主题和基调是不同的,播音员要根据所播出的文本体裁的变化而采取不同的表达方式,所以文本话语表达具有广泛性。

(二)情景话语表达

情景话语表达是指主持人在无文本的情况下,根据具体的语境所进行的话语表达。对于主持人来说,不同类型的节目就是不同的话语交际语境。在这种情形下,主持人能否结合具体情境进行话语表达,对于节目能否顺利完成且形成一定的交际传播效果具有决定性的作用。

情景话语表达与文本话语表达不同,它对特定情景的依赖性很强。情景话语表达的特点主要表现在以下几方面:

1. 真实性

情景话语表达是由主持人以真实面目与受众进行面对面的一种直接交流。由于它所表达的内容是真实、具体的,所以主持人与受众之间很容易建立起确切的情感联系,并使受众自然产生一种亲切感和信任感,从而增强语言传播的效果。例如:

您好,观众朋友!欢迎收看《中国报道》。在过去的20年当中,中国在经济领域内取得的巨大成就,极大地改善了中国食物供应和人群营养状况,但营养不良的问题依然存在。农村地区特别是中西部贫困地区仍然存在营养摄入不足的状况,城市和经济发达地区居民的膳食西方化趋势日渐明显,出现了大量的营养失衡型的营养不良。面临国民营养缺乏和过剩的双重挑战,中国政府一直在寻求解决的途径,今天,在上海结束的2002年必需脂肪酸与人类健康国际研讨会上,国内外营养学家就人类共同面临的营养问题进行了深入探讨。

(中央电视台《中国报道》,2002-04-27)

上述新闻类节目的话语表达,充分突显了新闻"用事实说话"的特点:以叙述性的语言为主,语调平稳自然,感情真挚,不采用夸张或渲染的表现手法,力求客观反映事件的真实面目。

2. 灵活性

由于情景话语表达依赖于具体语境,主持人需要在无文本的情况下,根据受众的思想、情绪等特点,灵活地选择恰当的话语表达方式,因而所表达的话题是开放的,语用主体之间的交流是平等的,表达方式也是灵活多样的。此外,不同类型的节目对主持人的话语表达要求是不一样的,这就要求主持人灵活变换话语表达的样式,以适应不同类型节目话语表达情景的需求。例如:老年人服务类节目的主持人在进行话语表达时,语气要平缓,语调要亲切,选词造句要通俗易懂、简洁质朴;少儿服务类节目的主持人在进行话语表达时,要注意语言的趣味性、知识性、启发性和通俗性;体育类服务节目的主持人在进行话语表达时,语速要快捷连贯,语调要高昂清亮,语气要平稳冷静、不偏不倚等。

3. 多样性

播音主持话语表达的情景是多种多样的,且各种节目的类型也是比较广泛的,主持人要想实现良好的语言传播效果,就要注意在不同的情景中选择和使用与之相对应的话语表达方式。就此而言,播音主持话语表达具有广泛性。例如:新闻类节目的话语表达,应注意语言朴实,节奏明快,吐字清晰,语言流畅;社教服务类节目的话语表达,要注意特定受众的特点,做到话语表达的生动活泼、灵活多样、具体清晰、寓教于乐;综艺娱乐类节目的话语表达,要充分考虑到其综艺性、趣味性、娱乐性、参与性、竞赛性、益智性的特点,语言表达要情绪饱满、态度积极、充满活力、表达精辟;谈话交流类节目的话语表达,要求主持人遵循以诚相待、实事求是、民主平等的表达原则,注意声音、声调的控制以及对语感的把握。

4. 人际性

在情景话语表达中,主持人与受众之间的面对面的直接交流一般具有及时反馈、双向交互的特点。主持人往往会以人格化的主持方式,与受众建立平等的人际交往关系以及对称的传播模式,从而引导和启发嘉宾发表自己的观点和见解,鼓励嘉宾说真话、道真情,从而形成正确的舆论导向。例如:

莫言:这不是一个正常的现象,是吧,过一段可能又回去了。
董倩:您为什么要这么看呢?
莫言:肯定的,现在就是所谓的得奖效应。

董倩：已经卖断货了。

莫言：这不可能的。我估计也是夸张，我一直对现在的媒体说，抢购、卖断货……

董倩：您不高兴吗？即便从收入的角度您不高兴吗？

莫言：我高兴啊，但是我认为这是夸张，它不可能的。

董倩：任何夸张都是一种现实的反映，现实就是这样。

莫言：他卖多了，我也很……卖得越多我也惶恐，人家说这个人得了诺贝尔奖，必定是字字珠玑，篇篇都是杰出的作品，假如一读以后，"这破小说"，对我很失望，这个我确实有点惶恐。

（中央电视台《面对面》，2012-10-14）

5. 参与性

情景话语表达与文本话语表达不同，主持人是以一对一、一对多或多对多的形式与受众直接进行面对面交流的，受众可以直接参与到情景话语的表达过程中，如综艺娱乐类节目、访谈类节目、知识竞猜类节目等就有受众的现场参与。因此，主持人能够及时观察受众及其主观因素的变化，灵活选择和调整话语的表达方式。例如：湖南卫视的《快乐大本营》《天天向上》都是由五位主持人共同主持，每期节目都会邀请不同的表演嘉宾，主持人和嘉宾在节目中可以进行谈话、游戏，有时还会邀请现场观众参与节目。

二、播音主持话语表达的原则

播音主持的性质和特点，决定了播音员、主持人必须以语言为载体来进行思想感情的传递和交流。这种话语信息的传递和交流与语境具有十分密切的关系，容易激发语用主体之间的思想共鸣和情感沟通。因此，播音员、主持人在进行话语表达时，应注意遵循一定的语用原则。

（一）准确性原则

准确性原则是社会传媒意义上的播音主持工作对播音员、主持人话语表达的基本要求，也是播音员、主持人的职业素养和业务知识发挥的具体体现，具体包括以下内容：

1. 语言结构要素的准确性

在信息的传递过程中，有声语言可以说是最重要、最直接的传播手段之一。受众能否明确、清晰、有效地接收表达者传播的信息，关键就在于播讲者能否运用规范的语音、词汇和语法组织话语。

国家广电总局制定和颁布的《中国广播电视播音员主持人职业道德准则》第二十二条明确规定：主持人在主持节目时，"除特殊需要，一律使用普通话。不模仿有地域特点的发音和表达方式，不使用对规范语言有损害的口音、语调、粗俗语言、俚语、行话，不在普通话中夹杂不必要的外文"[1]。因此，播音员、主持人不但要注意使用标准的普通话传播信息，发音时要字正腔圆，准确把握语气、语势和节奏，而且还要意识到自己身上所肩负的推广全国通用普通话的职责，创设播音主持话语表达准确、清晰、圆润、富于变化的

---

[1] 高贵武：《主持传播学概论》，北京：中国传媒大学出版社2007年版，第190页。

传播效果。

2. 内容的准确性

内容的准确性主要包括信息来源的可靠性和话语内容的真实性。

话语表达的目的就是传递和交流信息。只有确保信息来源的可靠性和话语内容的真实性，播讲者才能顺利达到语言传播目的并获得良好的传播效果。因此，播音员和主持人所使用的文本稿件，一定要以真实、准确为基础，确保信息来源的可靠性，不说虚假的、没有充分依据的话语，做到言之有物、言之成理。例如：

> 刚刚发生争吵的，是一对父子。在大伙的面前，父亲骂他自己的儿子，说他禽兽不如。这儿子呢，说他父亲，没有好下场。这是一对父子啊！他们如此地恶语相向，这得有多大的仇啊！据这位父亲说，他们父子之间的矛盾，都三十年了。最近这几年，这个儿子，几乎都没搭理过自己。并且，最让他寒心的是，这个儿子看到他缺吃少穿，那是不闻不问……

（中央电视台《道德观察》，2013-02-01）

这段话是主持人路一鸣在《老无所依》这一期节目中的开场白。路一鸣在说这段话前，播放了一段父子对骂的视频，随后运用播音主持话语表达内容的准确性原则，通过真实、准确的内容，揭露和鞭笞不道德的行为，在感动和震撼中净化人们的心灵。

3. 情感的准确性

一方面，无论是文本话语表达还是情景话语表达，播音员、主持人都会接触到不同体裁的文本稿件和不同风格的情境类型，这就要求播音员和主持人要立足于语境，将自己置于节目制作主旨之内进行恰切的情感定位，避免出现个人主观情感的泛用或滥用现象，从而用得体的语言将信息完整地表达出来。

例如：在2011年8月17日《家和万事兴》名为《买不断的亲情》的节目中，主持人为了让一对父母接受面前认错的女儿，竟以"你们太冷漠了！"、"你们太自私了！只是在想自己！"的话语训斥起父母来。① 由于主持人没有遵循播音主持话语表达情感的准确性原则，所以也就没能很好地控制自己的情感，说出了"你们太冷漠了！"、"你们太自私了！只是在想自己！"等过于偏激的言语，从而产生了不良的负面影响。

另一方面，播音员、主持人在工作中所表现出来的亲和、质朴、真诚的情感态度，是传播活动中拉近"传""授"双方距离的最好方式。否则，就有可能导致不良的后果。例如：在天津卫视《非你莫属》栏目的一期节目中，2号求职者在开场自我介绍说自己在法国留学10年，拿到了国际贸易硕士、社会学本科、导演本科三个证书，引起了所有人的兴趣。接着，主持人便让一位在法国留过学的女老板与之用法语进行交流，但2号求职者却无法回答，令人们深感疑惑。接下来，2号求职者在无法回答一系列提问的过程中，主持人断言其"演的成分更大"，并评论"用无知出了位后，大家会喜欢你吗？"随后，2号求职者在现场巨大的压力下突然晕倒在地，而现场无一人上场对其进行帮助，主持人只是简单地问了一句："你是装的吧？"事后，主持人的言论引起了社会各界的广泛关注和众多舆

---

① 查俊：《浅析情感类谈话节目主持人主持策略的优化》，载《今传媒》2012年第2期。

论。如果仅从情感准确性的角度来看,主持人对2号求职者所采取的情感态度是不够妥当的。

（二）得体性原则

在播音主持工作中,播音员和主持人处在核心、灵魂的位置,因为话题的引导、气氛的调动、受众参与的积极性等,都需要在播音员、主持人利用语言材料构建的话语中进行。这就要求播音员、主持人的话语表达要与语境相匹配,体现一定的语用得体性和良好的语用效果,从而不断强化节目的传播效果。可以说,得体是播音、主持工作者话语表达的最高境界。

1. 语境和语效的高度统一

语境是使用语言的具体环境,语效是话语表达的具体成效。播音员、主持人遵循得体性原则,要求以语效为目标,做到话语表达应与语境（包括节目的主旨、类型、特点、风格,以及受众的各种主客观因素等）相符,不得随意跨越语境类型和话语范围。

例如:在2006年世界杯八强赛的一次比赛中,意大利在补时阶段获得了一个有争议的点球,中央电视台节目主持人黄健翔兴奋地大喊"意大利不要给澳大利亚机会了,他们早该回家了!"后来一个球员将点球罚进,黄健翔用"海啸音"狂呼:"伟大的意大利!意大利万岁!"之后,不少球迷就在网络上对主持人滥用话语的行为表示不满,虽然第二天黄健翔就向全国球迷道歉,但其"疯狂解说"已引起了轩然大波。这就是播音员、主持人的话语没有遵循得体原则所导致的负面效应。

2. 语随境迁

在播音主持工作中,语境及其具体要素总是处于不断发展和变化当中的。因此,播音员、主持人要懂得根据不同语境的表达需要,选择与特定语境相适应的词语、句子和语篇,甚至创造出具有特殊语用效果的表达样式。例如:《实话实说》这一类型的节目具有交谈的情境,主持人的话语表达就要宽松、民主;《对话》这一类型的节目具有恳谈的情境,主持人的话语表达就要着重探讨和沟通;《聊天》这一类型的节目具有漫谈的情境,主持人的话语就要随意、平等与和缓。

（三）灵活性原则

播音员和主持人由于性格气质、生活阅历、思维特点、审美趣味、艺术才能、成长经历、特殊习惯以及文化修养等的不同,会形成各自不同的播音主持风格和语言表达艺术。他们能够充分发挥自己的语言智能,针对不同的语境灵活选用恰当的话语及其表现风格进行信息的发送和传递,这就是播音主持话语表达的灵活性原则。

1. 个人风格的变移性

尽管不同的主持人具有不同的语言表现风格,如白岩松的犀利、敬一丹的凝重、崔永元的幽默、朱军的洒脱、董卿的知性和大气、毕福剑的朴素等,这也正是不同主持人得以相互区别的重要标志之一,但是由于受到节目特点和受众因素的影响,以及不同节目类型之间的相互作用,主持人很难长时间保持某一种固定的个人风格。换言之,他们只有将其个人风格与节目的内容、类型、特点、形式和受众的需求、兴趣、爱好等相统一、相和谐,并能随之变化而不断变移,其播音主持工作才能被受众所接受和认可。例如:中央电视台著名主持人赵忠祥,其话语表达风格总是不局限于某一种格调和特点,无论是新闻报道类节目、谈话类节目,还是娱乐综艺类节目、社交服务类节目,他都能够灵活转换其语言风格,使话语风格与节目相统一。

2. 突发事件处理的变通性

在播音主持现场,主持人难免会遇到一些突发事件或意外事件,如咄咄逼人的嘉宾提问、始终不进入正题的采访对象、不慎出现的语用失误等。如果这些事件处理不当,就很有可能在广大受众面前"出洋相"。但如果主持人能够巧妙利用语境,充分运用语用策略,就能够突破思维框架的局限性,化窘迫为轻松,为自己赢得主动权。例如:有一次,著名节目主持人杨澜在广州主持大型文艺晚会,上台时不小心踩空摔了一跤,顿时观众席下嘘声四起,但杨澜面不改色心不跳地从地上爬起来,走到舞台中间微笑着说:"中国有个民间舞蹈叫'狮子滚绣球',为了感谢大家的到来,我刚才给大家表演了一个动作,不过动作还不够熟练,但接下去的节目会很精彩,让我们来看他们的表演。"话音刚落,全场爆发出热烈的掌声。

(四) 和谐性原则

和谐性原则是为了达到特定的交际目的,播音员、主持人和受众之间通过言语、动作向对方表示出谦虚、赞誉、恭敬、宽容等语用态度,从而保持默契的交流氛围、维护平和的话语交际关系所遵循的语用原则。和谐性原则的具体内容为:

1. 与受众建立平等的角色关系

不管是在哪种类型的节目中,播音员、主持人与受众之间都是一种平等的关系。播音员、主持人不能怠慢、戏弄、嘲笑受众,或表现出高受众一等,而要根据不同的受众的特点,把自己真实的个性特色、高尚的人格魅力充分展示出来。例如:

> 一次,李响主持的《职来职往》节目来了一位身高只有130多公分的求职者。这位求职者上台后,主持人李响问道:"你习惯席地而坐吗?"对方回答:"习惯的。"然后两人就面对面地坐在地上开始交流。然后,李响又问对方:"你现在告诉我,我们俩的世界,到底有什么差别?"对方回答:"没差别。"于是,李响便通过讲述自己的经历告诉对方,其实我们未必就是这个世界的中心,让对方不要因为自己身体的缺陷而觉得与别人格格不入,每个人都有自己的一个世界,面对别人的目光,要放轻松,不能有太大的压力。

李响充分考虑到受众的情况,通过自己的话语表达和肢体语言,与对方建立了平等交流的语用关系,极大地拉近了主持人与受众之间的交流距离,取得了良好的表达效果。

2. 与受众建立对称的传播关系

在播音主持工作中,播音员和主持人需要努力营造一种与受众相似、邻近的对称传播关系。因为人们总是喜欢那些与自己在某些方面有相似性的人,所以对称的传播关系有利于产生良好的沟通和交流效果。然而,播音员和主持人与受众之间的对称传播关系又是相对的,因为这种传播关系首先取决于播音员、主持人所采取的语用态度,只有播讲者尊重受众的思想情感和个人权利,尽力寻找与受众之间的共同点,缩小自身与受众之间的分歧,才能得到受众的认可和接受,并使自己尽快融入受众的世界。例如:

2003年9月30日中央电视台《央视论坛——必读书不能成为"逼读书"》这期

节目谈到中小学语文课程新标准中配套的"必读书"问题,市场上出现了各种各样的印有"必读书"字样的图书,学生和家长都很困惑,不知道怎样分辨哪些才是真正需要的,主持人在采访中问了一句:"郑先生,您作为国家语文课程标准研制组的专家,我们想请教您这样一个问题,就是教育部的确也有一个推荐的书单,推荐的书单是不是也可以理解为必读书?"

主持人在话语中所使用的代词"我们",既代表受众,又代表媒体,把自己与受众融为一体,用表示尊重的代词"您"向专家探讨这个问题,不但表示对嘉宾的尊重,而且也使一个敏感的话题在和谐的氛围中得到合理解释。

三、播音主持话语表达策略

播音主持话语表达的策略是指为了实现话语交际目的,播讲者所使用的各种具体的表达手段或方法。通常,播音主持话语表达策略主要包括语境策略、传播策略、修辞策略、情感策略等。

(一) 语境策略

语境策略是指主持人为了取得良好的语用效果,恰当选择与场景环境、受众心理环境和语用主体角色定位等语境因素相适应的话语表达样式。具体内容和要求如下:

1. 场景环境策略

场景环境策略是指通过主持场景的布置来实现话语传播目的的策略。通常,不同场景所传递的信息和表达的内涵是不同的,因此通过场景的变化,如在演播厅悬挂图片、播放录像、排列座位、电脑特效等,播音员和主持人可以灵活调整和及时完善传播的信息和内容,从而强化情景对受众的感染力。例如:

《鲁豫有约》通常在演播环境中摆放一张沙发,陈鲁豫和嘉宾就坐在沙发上侃侃而谈,以此来营造一种谈话的气氛,使嘉宾有宾至如归的感觉,不觉得是录制节目而是在聊天,所以节目的录播总是能够在一种放松、自然的状态下顺利完成。又如:中央电视台的《中国新闻》和湖南卫视的《娱乐无极限》,同样都是新闻节目,但由于新闻性质及内容不同——《中国新闻》播出的是时政新闻,《娱乐无极限》播出的是娱乐新闻,所以两个节目的场景环境设置,包括主持风格、表达方式、面部表情、情绪状态、衣着打扮等,都不一样。

2. 受众心理环境策略

受众的心理状态或情绪状态,对节目预期效果的实现具有十分重要的影响。一般说来,受众满意、愉快的情绪体验往往能够起到强化节目效果的作用;反之,则会抑制节目效果的实现。所以,播音员和主持人要善于观察、挖掘和创造受众良好的心理环境,并据此采取相应的话语表达以调节现场的气氛:对方有兴致时,可着意渲染;对方厌烦时,则注意回避;对方疑惑时,则多做说明;对方已懂的,点到为止;对方有成见的,耐心说服;对方满意的,见好就收。例如:

李静:但是我觉得你是性格变得好像健谈多了,我觉得以前还是稍微有点交流障碍,其实你是内向的。

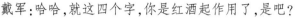

戴军：哈哈，就这四个字，你是红酒起作用了，是吧？

李静：起作用了，对。

戴军：交流障碍那么大的字。以前就是因为父亲的很多圈内的好朋友都是大腕嘛，你在家看到他们的时候，你敢直来直去地跟他们说话吗？

杜淳：原来不敢。其实也并不是说不敢，只是觉得没什么可说的，都四十多了，我才十几岁，聊什么呀。

（北京卫视《超级访问》，2012-09-02）

以上对话出自演员杜淳畅谈其与父亲（著名演员杜志国）之间的父子情。谈话中，主持人李静本来想说以前的杜淳是比较内向的，不善于表达，但却用了"交流障碍"这四个字。另一名主持人戴军立刻察觉到了嘉宾杜淳脸色不对劲，便借之前喝过红酒为缘由，笑着问李静是不是之前的红酒起作用了，把此次对话当成是一个笑话，随之便问杜淳敢不敢与其父亲的大腕朋友们直来直去地说话，马上把话题转向正题。主持人戴军采用受众心理环境策略，产生了良好的表达效果。

3. 语用主体的角色定位

主持人与受众之间的角色定位正确与否，关系到交际双方在语用过程中能否相互配合、彼此理解、达成共识。在社会生活中，每个人都扮演着不同的社会角色，并且人们说话做事必须符合自己的各种社会角色规范。在现实生活中，人们的社会角色往往是通过其话语角色凸显出来的，每一个话语交际主体都是多重角色集于一身。所以，话语主体在话语交际中要注意话语角色定位问题。话语主体对话语角色的选择和定位主要受到交际目的、交际场合和交际关系三个方面的影响。话语主体就要利用不同的交际目的、交际场合和交际关系，对自己的角色进行灵活地定位和选择，以便达成共识，促进交流。

播音员、主持人作为公众人物，更要明确自己的角色定位。通常，播音员、主持人的角色定位可归为五种，即讲述者、引导者、求教者、聆听者和统率者。讲述者，即通过简洁明了、通俗易懂、客观中立的话语在最大的程度上让受众听清、明白事情的原委，进而有利于信息的传递和话题的探讨。引导者，即根据节目的需要和节目现场的形势，对话语表达的参与者进行适当地引导，引导嘉宾或观众说出一些对话题有益但自己不适合说出口的内容。求教者，即以得体的方式向受众提问，通过一系列的问题获得有利于话题进展的足够的信息量，与受众心有灵犀，了解受众的需求，将每一次提问都看做是受众与现场谈论者的直接交流。聆听者，即在节目中认真聆听对方的话语，从中找出有价值的信息点，以此提出更深入的问题。统率者，即主持人必须时时刻刻记住自己"主持人"的角色，具有对节目进展的整体驾驭能力，并在话语表达中做好表率作用。

明确自己的角色定位，要求主持人要充分认识到自己在不同的节目或节目进程中所处的具体位置与身份，了解自己的各种角色以及角色的作用，通过不同角色的转换与受众进行交流、互动，产生情感上的共鸣，推动节目顺利进行。例如：

① 看了刚才那个短片，对你的敬仰之情无法言表。首先你在三个名校读过书，考试对我们很多人来说是很痛苦的事情，尤其是现在刚刚从考试中脱离出来的孩子

们,你经历了那么多的考试,你为什么喜欢它呢?

(中央电视台《实话实说·今天不考试》,2003-08-01)

② 李先生,非常高兴你能接受我们的采访。现在饮料市场可以说是品种繁多,非常丰富,那您觉得这种传统的茶在市场竞争中,是否具有优势?

(中央电视台《海峡两岸·专访台湾企业家李瑞河》,2003-10-09)

在这两个例子中,主持人的话语角色都不是单一的。例①是《实话实说》与大家讨论考试和考试作弊的事情。面对一群学生谈论考试这个敏感的话题,主持人没有以一个严肃的说教者的形象来谈论这个话题,而是首先表达自己的敬仰之情,然后从孩子们的角度将自己定位为孩子中的一员,同他们一起讨论,拉近了与受众之间的心理距离。例②中主持人采访的是一位投资成功的企业家,采访的目的是为在华投资的企业者提供经验,所以主持人便以一种代言人的身份向这位企业家提问。

(二) 传播策略

传播策略是指播音员、主持人根据语境的需求,使用各种话语表达手段和方法,将大众传播、人际传播和群体传播等社会传播活动有机融合在播音主持过程中,以形成良好的传播效果。

1. 社会传播策略

通常,社会传播活动可分为大众传播、群体传播和人际传播等类型。在播音主持话语表达中,播音员、主持人总是通过个体形象,在广播电视这一大众传播媒介中组织群体活动,并按照节目宗旨和传播意图,充分调动、组织和协调场内外受众的群体关系,营造融洽的人际交流氛围,从而确保所传播的信息内容既能够普遍渗透、广泛知晓,又能够目标一致、达成共识。例如:江苏电视台1993年举办的《"民族之声"——中国民族声乐艺术家广播联谊会》,以现场直播形成一种面向社会的大众传播,以演播厅联谊会形成一种精心策划的群体传播,以热线电话形成场内外受众、主持人和演员之间的人际传播,整个联谊会把大众传播、群体互动和人际交流有效结合起来,取得了很好的传播效果。

反之,如果不注意社会传播的整体性,则会影响传播效果的实现和传播目的的达成。例如:在一次以"雇工和雇主之间的关系"为话题的谈话节目中,由于主持人没有做好正确的话题引导并协调好到场嘉宾与场内外受众之间的话语表达主旨,结果出现了雇工和雇主在现场激烈争吵而主持人却插不上话的情况,使节目的录播完全失去了控制。

2. 双向交流策略

传播学认为,"信息是共享的",有效的传播是一个双向的过程,只有不断地修正"传"与"授"之间的关系,才有可能达到"共享"的目的。[①] 所以,主持人应首先为受众营造一种平等、信任、和谐的心理环境,采用各种表达手段和技巧,给予受众更多的话语权,鼓励受众充分表达自己的思想和观点,形成良好的互动状态。例如:

白岩松:你知道今年中国是什么年吗?
大卫·科波菲尔:你给我个提示。

[①] 毕一鸣:《语言与传播——广播电视播音与主持艺术新论》,北京:中国广播电视出版社2005年版,第196页。

白岩松：跟动物有关的,今年中国是什么年?

大卫·科波菲尔：猴年。我是一个大猴子,我是一个非常大的金刚型的猩猩型的猴子。

白岩松：因为你是1956年出生的,所以今年用中国人的话来说你叫本命年。你就是属猴子的。

大卫·科波菲尔：真的吗?本命年吗?谢谢你告诉我,我要小心一点吗,本命年的时候?

白岩松：应该穿红色的衣服。

大卫·科波菲尔：红颜色对我有好处吗?

白岩松：对你有好处。

大卫·科波菲尔：那么多的红颜色,谢谢。

白岩松：你到中国已经四次了,什么时候别人告诉你,你是属猴的?

大卫·科波菲尔：我出生的时候就有人告诉我,我满脑袋黑发,所以他们就称我是猴,他们说瞧瞧这只猴子。这是个笑话。

白岩松：还记得1986年来中国自己是什么心情?会不会担心、害怕,第一次来到这样的国家?

大卫·科波菲尔：那次跟现在是非常不同的,当时的建筑物没有那么高,而且一个一个事情发展得很快,而且对我充满了魅力,我觉得你们在中国开始了一个非常伟大的转折,对我来说非常有趣的是回来看到这些事情一点点地发展,而且速度是那么的快。

（CCTV-新闻《新闻会客厅》,2004-04-23）

以上对话是美国著名魔术大师大卫·科波菲尔来中国举行第四次巡回演出时,白岩松在《新闻会客厅》对他进行的一次采访。大卫·科波菲尔是1956年出生的,按中国人的纪年法,他应该是属猴的,而2004年恰好是猴年,正是他的本命年。中国人对于如何度过自己的本命年,有很多传统并带有几分神秘色彩的习俗,这又恰好与大卫·科波菲尔具有神秘特质的魔术表演具有共通之处。因此,主持人白岩松以中国人的传统纪年法作为话题的切入点,首先与受众建立平等、和谐、信任的心理环境,拉近与嘉宾的距离,提起嘉宾的兴趣,给予嘉宾更多的话语权,为后面采访主题的深入创造一个良好的氛围,实现了双向交流,促进了信息的有效传播。

如果播音员和主持人违反了双向交流原则,不但有可能导致话题交流的中断或失败,而且还会影响信息传播的质量和效果。例如:在一些知识竞猜类节目中,有的主持人为增加节目的"趣味性",故意将受众引向"歧途",破坏其合理的逻辑推理和判断能力,并在受众猜错后大肆嘲笑甚至让受众下不了台,或以"我什么都懂,你必须什么都听我的"的姿态与受众进行交流等,只顾自己侃侃而谈,剥夺了嘉宾的话语权……这些行为不但会严重伤害受众的自尊心,而且还会使受众丧失对主持人的信任,破坏和谐的语用关系。

(三) 修辞策略

修辞策略是指播音员、主持人在话语表达中,可以通过词语、句子、辞格、语篇等语言要素和非语言要素的选择和组织来增强语用效果和传播影响力。

1. 词语选择策略

词语选择策略主要包括语音选择策略和语义选择策略。

语音选择策略要求播音员、主持人在确保语音正确、规范的基础上,通过停顿、重音、语调等手段以及声韵协调、音节均衡、平仄搭配等修辞手段,来辅助话语思想感情的完整表达,促进信息的有效传播。例如:

闻风:春运是追逐疲惫的热闹。

王为:无奈只好排到几个小时的站票。

闻风:载着一车的焦躁,车的一角是谁无奈的傻笑。

王为:只有想起正前方的欢乐才能忘掉现在的烦恼。

闻风:刚才是我俩为春运做的诗一首,见笑了见笑了。

王为:不过还是希望能给因为春运疲惫、烦恼的人送去一些欢笑。

闻风:比如在春运期间坐卧铺最怕遇到哪些事?①

上面是北京交通广播电台《欢乐正前方》一期题为《春运卧铺最怕遇到10件事》节目中主持人闻风和王为的开场白。闻风和王为采用了语音选择策略,用末尾压"ao"韵的"闹、票、躁、笑、恼"这几个字的打油诗作为开场,一开始便让听众放松了心情,拉近了与受众的距离,并暗示受众此期节目的主题,为听众继续收听该节目奠定了一定的基础。

语义选择策略就是要恰当、得体地选择能够准确表达思想感情和促进信息传播的最合适的词语。首先,要确保词义的明确性,如与上义词相比,下义词的语义要更为生动、具体和形象;具有文化色彩的词语,往往能够表达丰富的历史文化含义等。因此,主持人要尽可能多地掌握不同类型的词语,以便传播的顺利进行和话语效果的实现。例如:

主持人:你们有没有物价欺诈?有没有牟取暴利?

嘉宾:没有,绝对没有,因为什么呢,我这个酒店,那天吃那顿饭时,我开业才三个多月,就是说还是很清白的一张纸。

主持人:我知道你们那一天的那一桌饭菜,很多客人只是动了一下筷子,然后就再不吃了,只是欣赏了一下。举个例子,比如有一道菜叫龙须凤卷,是用上百条鲤鱼的须子做出的这么一道菜。

嘉宾:对。

主持人:那么这样的菜只是看了一看,然后动了一下筷子,就不再吃了,我在汉语词典上找到这样一个词,叫暴殄天物,它的意思就是任意地糟蹋东西,天物指的是自然界里的各种东西,你觉得这个词用在这里合适吗?

嘉宾:我觉得不合适,只有在五六十年代合适,在现在这个……

主持人:你是说在六十年代的时候?

嘉宾:五六十年代。刺激经济消费,没有消费就没有经济的发达,你看西方……

---

① 卜晨光:《试论现代广播节目主持人的语言魅力》,载《徐州师范大学学报·哲社版》2007年第7期。

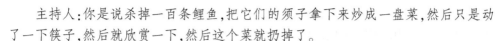

主持人:你是说杀掉一百条鲤鱼,把它们的须子拿下来炒成一盘菜,然后只是动了一下筷子,然后就欣赏一下,然后这个菜就扔掉了。

嘉宾:这也是一种饮食文化,我觉得这也是一种饮食文化。

(中央电视台《新闻夜话·为什么36万一顿饭?》,2003-01-26)

以上是主持人陈大会与北京颐和园听郦馆饭庄西安分店总经理吴际在《新闻夜话——为什么36万一顿饭?》中的对话。一开始,主持人选用"物价欺诈"和"牟取暴利"这两个词来形容在北京颐和园听郦馆饭庄西安分店吃一顿饭为什么要36万。在嘉宾解释后,主持人又用"暴殄天物"这个词来形容那一桌饭菜客人只是随便动了下筷子就不吃了,再由嘉宾来解释这一现象,由此层层推进话题。这就是主持人灵活地采用了语义选择策略,巧妙地把话题引向深入,并逐步把探讨的话题引向合理化。

其次,要确保词义的精确性。现代汉语拥有大量的同义词,这些同义词在语义范围、感情色彩、语体色彩、语法功能等方面存在诸多差别,主持人要能够根据语境的要求,仔细辨析同义词之间的细微差别。例如:中央电视台《艺术人生》的一期节目中,主持人同现场的著名译制片演员乔榛、丁建华有这样一段对话:

主持人:你们在事业上的这种密切合作,是否引起过人们的一些误解?

丁建华:不是误解,而是污蔑!

乔榛:是造谣、中伤!

面对两位艺术家和广大的电视观众,主持人谨慎、含蓄地选用了"误解"一词,而不是"污蔑""造谣""中伤"等语义程度较重、感情色彩鲜明的词语,既考虑到了话题内容的可持续性,也顾及了嘉宾和广大受众在情感共鸣空间上的有效性。

2. 句子选择策略

在现代汉语中,句子的类型是多种多样的。不同类型的句子,具有不同的结构特点、语义信息和表达功能。这就为播音员、主持人在进行话语表达时提供了丰富的句子同义手段。例如:2003年12月中央电视台《新闻会客厅》栏目有一期名为"卧底枪手替考记"的节目,主持人采访了假装去替考的记者:

主持人:这些钱谁出?

记者:被替考者出,每个被替考者都交给猎头2000到3000块钱不等,这些钱都花在我们这些枪手身上。

主持人:像你见到的这位小姐就是猎头,她挣大头还是怎么着?

记者:根据后来我的几次采访我得知,反而是我们占大头。

主持人:这有点不合常理呀。

记者:是呀,她是这样跟我解释的……

主持人:项庄舞剑,意在更远处。

记者:对,放长线钓大鱼。

在这次谈话中,主持人巧妙地把"项庄舞剑,意在沛公"这一复句形式改成"项庄舞剑,意在更远处",采用句子选择策略,灵活地调整这一句型,利用句子的同义手段,简单明了地就把猎头找人替考却得不到利益这种看似不合理,但其实大有文章的现象解释明了了,揭露了其中的种种不堪的内幕,促进了信息的有效传播。又如:

李湘:你先生是混血,是吗?
陈漫:对。
李湘:当时你跟你先生是怎么认识的?
陈漫:当时我们参加一个活动,拉斐尔就坐那……
李湘:接下来就谈恋爱了。
陈漫:接下来也过了一段时间,后来因为第一次'大声展',就是一个把年轻艺术家集合到一起的,一个非常大型的展览,然后就进一步交往。
李湘:后来是拉斐尔向你求婚吗?
陈漫:我们俩商量过这事,但是没有求婚那种事,没有大家想象的外国人那种。

(湖南卫视《背后的故事》,2012-05-20)

在这一段对话中,主持人李湘灵活地变换不同的问句形式来采访著名摄影师陈漫。首先以一种带有商量、协商语气的附加疑问句"你先生是混血,是吗?"进行提问,营造了一种轻松的气氛,让嘉宾感到比较舒适。接着,以特殊疑问句"当时你跟你先生是怎么认识的?"来询问,激发嘉宾开启新的话题。当嘉宾叙述完后,又以陈述句的形式向嘉宾提问"接下来就谈恋爱了。"虽然是陈述句,但潜在的问题是"接下来你们就谈恋爱了?"这是主持人在对自己掌握的信息不确定的情况下,希望嘉宾能提供更多重要信息的一种表达方式。最后用是非问句"后来是拉斐尔向你求婚吗?"来询问嘉宾,嘉宾可以简单地回答"是"或"不是",或者谈论更多,李湘用是非问句询问,就把话语的主动权交给了嘉宾。主持人灵活地采用句子选择策略,变换不同的句子形式,并随着话题层层推进,获得更多需要的信息。

3. 辞格运用策略

不同的辞格往往具有不同的语用功能,如比喻可以使语言形象生动,比拟可以将对象生动、逼真地描摹出来,对偶能用和谐自然的音节将相反、相关或相连的意思表现出来,双关可以达到"言在此而意在彼"的效果,设问能够引起人们的注意和思考,对照能够将话语语义表达得鲜明透彻等。主持人可以充分运用辞格的这些功能和作用,来完成特定的话语表达任务。

例如:中央电视台主持人崔永元曾到广州参加第十届全国书市开幕式,在购书中心门口与读者见面时,遇到了一位受众的"诘难":

小伙子:崔哥,你们《实话实说》怎么没过去好看了?
崔永元:(愣了一下)不错,我也觉得没过去好看了,我们有责任,不过,主要的责任在你。(大家都很诧异)
崔永元:(笑问)小伙子,你结婚了没有?
小伙子:没有。
崔永元:啊,结婚的感觉和恋爱的感觉是不一样的。

面对受众的故意刁难,崔永元巧妙地用"恋爱"和"结婚"的关系打了个比方,不但化解了现场交谈的尴尬气氛,还体现了他平民化的语言风格和真诚面对受众的心态。又如浙江卫视《壹周立波秀·说说被自杀》(2011年10月6日)的话语表达:

① 税务部门的领导跑过来说,"你好你好,我想请你吃饭"。按常理,这税务局请你吃饭的可怕程度好比纪委说:"喝咖啡。"

② 计划生育的老往国外跑,这是跨境追击超生游击队吗?

例①是主持人周立波谈到公款接待数额排名第一的税务局时,灵活运用比拟的修辞手法,把税务局比拟成纪委。例②是主持人周立波谈到计划生育委员会的出国费用为470万元时,巧妙地把计划生育的相关部门比拟成追击超生的游击队,使受众能够快速并深刻地理解其中隐含的意思。

4. 语篇组织策略

播音员、主持人在进行话语表达时,应注意运用照应、省略、连接、词汇等衔接手段,以实现语篇组织的连贯性和完整性,这就是语篇组织策略。

通常,播音员和主持人组织语篇时,要注意明确主题,保证语篇的层次性和逻辑性,尽可能减少受众在理解话语信息过程中的认知障碍,顺利实现语篇的交际功能。例如:

朱军:我一直觉得温暖是有温度的,它是有感觉的。在你的心里,它到底是一个什么样的温度,什么样的感觉?

董卿:是一种不会烫着你,不会伤到你,但是却能够渗透到你的心里的那样一种感觉。

朱军:嗯,就是温暖。

董卿:就是看似很平凡,但是你再细细琢磨的时候,你会觉得因为有了它,人生变得更加美好。

朱军:好,那再回顾2012年,你心中一定有很多温暖,涌动着一浪又一浪的暖潮,但是要在这跟大家一起分享一到两个故事的话,你会跟我们分享什么样的事,什么样的人?

董卿:那我讲一个故事吧。

朱军:讲一个故事,好。

(中央电视台《艺术人生·温暖2012》,2013-01-26)

在这段对话中,为了表现此期"温暖2012"的主题,主持人朱军首先讲述自己对温暖的理解,然后询问董卿对温暖的理解。董卿说完后,用"就是温暖"暗示董卿可以再深入一点。等董卿讲完后,又以"那再回顾2012年,你心中一定有很多温暖,涌动着一浪又一浪的暖潮"这一过渡句来顺势向董卿提出会跟大家分享什么样的事和人。这样层层渗透,既明确了"温暖2012"的主题,又体现了语篇的层次性和衔接性。又如:

现在有两家(为你留灯),虽然你不在乎钱,但你还是要和他们"谈钱不伤感情"。①

---

① 杨立超:《从话语分析角度浅析〈非你莫属〉中主持人的语言特征》,载《经济研究导刊》,2012(8)。

《非你莫属》是天津卫视的一档求职节目,由"自我介绍""天生我有才""谈钱不伤感情"这三个环节组成。以上这句话是主持人巧妙使用词汇重复的方法,用"钱"实现上一环节结束、下一环节开始的过渡,使得前后语篇紧密地衔接在一起,实现了语篇组织的连贯性和完整性。

思考与练习

一、如何理解播音主持话语表达的语境类型?

二、举例说明播音主持话语表达的原则。

三、结合实际,谈谈语境策略在播音主持话语表达中的作用。

四、什么是传播策略?怎样理解播音主持话语表达中的传播策略?

五、结合实际,谈谈修辞策略对播音主持话语表达的影响。

第二章　播音主持话语表达基础

第一节　情感与想象

一、情感与播音主持话语表达

(一) 情感及其作用

情感包括情绪和感情,是人们对与之发生关系的客观事物(包括自身状况)的态度的体验。

根据强度和持续时间的差异,情感可以划分为激情、心境与热情。激情,是一种强烈而短暂的情绪。播音创作中的激情是指积极的能给人以动力的情绪,在生理上表现为心跳加速、呼吸变浅、注意力高度集中等,是一种高度活跃的创作状态。心境,是一个人在一段时间内所具有的一种持续性和一般性的情感或情绪状态,不指向于确定的事物,具有宽泛性和普遍性。这种情感能量强度小,来自于对生活的长久感悟,是播音创作的情感底色。热情,是对一定事物的某种深厚、坚定的情感。它目标明确,有冲动感,急欲发泄而后快。它的满足过程常常伴随着意志活动。

在播音主持工作中,不同类型的情感会有程度的深浅,各种不同的情感也会"混杂"出现,在播音主持工作中要注意抓住情感的本质。

情感的作用,可以从以下几个方面分析:

1. 情感能激发播音创作能量

播音主持话语与日常生活话语不同。日常生活话语中情感的流露往往是自然的、不经意的,而播音主持话语中的情感流露贯穿于播音主持工作的始终。成功的播音主持话语表达,无论何种体裁,都有播讲者主观意识的积极参与,或低沉,或温婉,或豪放,或悲壮……情感所释放的能量始终处于播讲者的能动控制中。持久炽热的情感会激发无限的能量去完成播音主持工作,而当播讲者的情绪受到干扰时,播音主持话语表达的表现力和感染力必然会像电器供电不足而失去动力。

2. 情感为表达提供了依据和尺度

播音稿件通过文字再现人物的语言、动作、表情以表达作者的情感,这些文字会直接刺激播讲者的想象,并借鉴生活中的直接或间接经验在大脑中构筑出鲜活的画面,还原一度作者创作文章时的联想,同时也完成了播讲者从作品中获取的一度情感。播讲者通过对文章的通篇把握,就能找到文字中具体细节的表达方式和尺度,知道作品要抒发什么情感,抒发到何种程度,以便准确地表达作品的情感。

3. 情感能唤起有声语言传播者和受众的共鸣

情感引起共鸣的作用体现在两个方面:首先,播讲者通过稿件唤起和稿件一度作者相同的感受,这是准确表达的基础。其次,受众在欣赏播音作品时通过有声语言唤起和播讲者相同的感受,从而使受众被作品一度作者和二度作者的情感感染,达到语言表达的目的。

语言表达,特别是播音主持的话语表达,不能靠说教灌输,要站在受众的角度上真实地体会其情感,用大众的、质朴的、普遍的感情去理解和吃透一度作者的精神意图,同时,通过语言的表达使受众感同身受,从而实现语言表达效果的最大化。

(二)情感在播音主持话语表达中的运用

1. 引发情感

情感是一种感之于外、受之于心的积极的心理反应。播讲者首先是一个社会人,要感动别人就要先感动自己,与语言创作的对象同呼吸共命运。一个优秀的播讲者,感情应时时处于积极的运动状态中,并且情感应体现恰当的态度。播音中的情感引发,大致要经历以下几个阶段:

(1)萌芽阶段——积累丰富的经验、情感,做好创作的心理准备

情感在表达之前,必然经历了内心的积累过程。情感的积累是由弱到强、由单一到复杂的,情感的这种步步推进的动态变化,也正显示出了情感的动态美。播音作品涉及各种类型,各种人物,播讲者要体会其中丰富的情感变化,自身必须具有丰富的情感世界和经验。直接或间接的情感体验通过稿件文字的刺激,迅速调动身体的各个感官,进而产生各种不同的情感为表达所用。情感的引发是一个心理准备的过程,是播音创作的动力源泉。

(2)定向阶段——经过思辨形成态度,为情感定性

播讲者总是按照稿件所反映的事物,根据自己的经验和社会价值,对稿件内容作出评估,旗帜鲜明地表达自己的感情色彩,赞颂真善美,揭露假丑恶,传达稿件的精神实质。而这种情感色彩的判断源于播讲者对稿件内容的理解和感受。

感受是播讲者因接受语言符号所映射出的客观事物的刺激而产生内心反应的过程,从层级上可以划分为形象感受和逻辑感受。

形象感受产生于文字所调动起来的储存于大脑中的综合感觉,包括视觉、听觉、嗅觉、触觉、味觉等,是对记忆中的感性形象的合理加工。文字作品语言的形象性和播音创作主体的阅历积累决定了形象感受的质量。形象感受来源于具体的感性材料,同时也要对感性材料进行加工、重组和改造。

逻辑感受是对材料内部联系和本质的抽象概括,它需要播讲者理清文章脉络和序列,了解作者谋篇布局的构思,概括、抽象出稿件的中心思想及作品表达所要达到的目的。逻辑感受使琐碎的形象感受变得有序,从而形成对文章主次、详略、起承转合的清晰思路。整个作品表达的基调由逻辑感受定位来完成。

每篇作品的播音创作和表达都包括逻辑感受和形象感受,前者是骨架,后者是填充的血肉,二者都属于具体感受。

(3)强化阶段——调动相应情感的感知觉体验,形成强烈的播讲欲望

情感的强化过程是指播音创作主体围绕一定的抒情中心,提供受众视觉、听觉、触觉等不同感官的适宜刺激,这些由想象唤起的生理刺激转换为神经冲动传导到大脑,激活受众相应的情感体验。不同的感官越是被充分调动,信息传导越积极,它们所形成的情

感合流就越强有力。情感的强化分为顺向强化和逆向强化。

顺向强化指情感活动的能量不断增强,并且情感的性质(积极或消极)一直保持一致。

逆向强化指由当前强化条件所唤起的情感性质与已被强化的情感性质相反,但由于之前被强化的情感处于优势地位,后来相反性质的情感不但没有削弱之前的情感,反而强化了它。例如:

> 北野一见到正夫,立即瞪圆了双眼,用日语骂了一句,嘶叫着冲进厨房,老板娘忙跟进去阻拦,被北野一把甩开,芳子和肖南也要冲上去,北野已经从里面冲出来,嘴里大喊大叫着:"中国人,在我们国家还这样猖狂!我要杀了你们!"说着,北野举刀向梅汝璈砍来,肖南正要上去阻拦,突然看到正夫以极快的速度跃起,众人还没看清,刀子已经到了正夫的手中。北野仍高叫着:"正夫,杀了这些中国人,是他们让我们日本国蒙受羞辱,让我们家破人亡!"正夫紧紧盯着手中的刀子,双手颤抖着。
>
> (高群书《东京审判》)

以上这段文字选自《东京审判》。日本人北野充满了暴虐的"豪气",固执地认为中日两国人民的耻辱和仇恨都是中国人造成的,军国主义的毒害和狭隘的民族主义让他对中国人以战胜国的身份在东京参与审判大为不满。看似国家大义,实则是偏执而错误的是非判断。如果播读者在这里对北野产生同情,继而仇视北野所仇视的事物,就是对北野感情的正向强化。但鉴于日本侵华战争的背景,大家对中国人的情感已经处于优势地位,所以读到这里只会对日本人更加仇恨,这便是对中国人的情感被逆向强化了。

(4)触发阶段——抓住重点点燃情感,形成感染力

情感的调动会引起外部表现,触发点往往在情感最真挚、最浓烈、最突出的细节处,或作者集中表达态度观点处。要体会到情感爆发的关键点,必须想人物之所想、急人物之所急、恨人物之所恨、爱人物之所爱,产生情感共鸣,同时结合播讲目的,适度表达。

情感的触发需要特殊条件:一是强烈的景物事物意象刺激;二是情感积聚到足以爆发的强度。这恰好体现了播讲者思想感情运动的两个方面:一方面是根据文字调动起一定的情感经验;另一方面是点燃触发点,使聚集的情感调动起来。

情感引发的这四个过程常常是你中有我、我中有你,相互融合、相互激发的,很难清晰地体现出阶段性。例如:

> 死刑是什么?死刑是法律对犯罪最严厉的惩罚!为了掠夺别国的资源为了扩张自己的领土为了占领亚洲甚至全世界,日本干了什么?他们杀中国人杀朝鲜人杀菲律宾人杀新加坡人杀美国人杀英国人杀无数无数无辜的平民!他们抢劫,他们强奸,他们放火,他们杀戮,难道这些不足以让他们受到法律最严厉的惩罚吗?如果法律不给日本不给这些战犯以最严厉的惩罚,谁敢保证日本有一天不会再次挑起战争?谁敢保证日本不会再侵略别的国家?谁敢保证日本军国主义的幽灵不会再次复活?(他瞪着眼,强忍着泪)在座哪位先生敢做这样的保证?
>
> (高群书《东京审判》)

这段话是在远东国际军事法庭上中国法官梅汝璈在东京审判中的一段发言。一个

经历了日本侵华战争的人,中国法官代表,抗战刚刚胜利,能否为祖国讨回公道在此一刻……这种种因素让梅汝璈无法平静,他的历史使命让他只许成功不许失败,但又必须做到有理有力、让人信服。日本从1928年到1945年在中国犯下的滔天罪行让千千万万中国人无不想惩之而后快。这样的情感体验便是情感的萌芽,是进行播音创作的动力源泉。掠夺、杀害平民、强奸、放火……想象随着描述序列展开,累积于大脑中的图景如同电影放映般掠过,综合感知觉形成了立体的记忆再现。这时,强烈的人伦道德、正义感、民族情感涌上心头,汇总成逻辑感受——一定要赢得这次审判的胜利,使日本人受到应得的惩罚!围绕着这个中心,想象的不断展开和往复让这样的情感不断得到强化,最终在语言表达中得以触发——严惩战犯,杜绝战争。

2. 把握情感的态度、尺度

优秀的作品一定体现着作者的态度情感,播音创作主体也必须把积极正面的独特体验和态度立场融入作品的表达。对于一度作者的情感态度,播音创作主体要加以消化,经过分析和感受重新孕育,达到新的理性判断的高度。

创作主体的世界观、人生观和价值观决定了他对一篇作品内容的情感色彩和把握分寸。态度不是抽象的,要从历史和现实的社会实践中去辨别,拥护、反对、赞扬、批评……都是具体态度,每一种态度又有着诸多细微的差别,这就是分寸的把握。只有基于对作品深入、精细的分析、理解和具体感受,才能使有声语言千变万化而深刻感人。播音创作中的态度可以分为以下五类:

(1) 肯定和否定

作品中的人、事、物都有明确的是非褒贬,肯定好的、正确的,否定坏的、错误的。例如:

> 一个15岁的农村姑娘,她——一个普通的共产党员,用自己宝贵的生命,挫败了敌人的罪恶阴谋;她以自己青春的热血,书写了一个共产党员的高尚气节。
>
> (中国共产党新闻《阴霾密布风萧萧 刘胡兰壮烈牺牲前前后后》)

这段话是对刘胡兰英勇就义的总结。根据文字所表达的意思和我们对刘胡兰的认识,可以毫不怀疑地判断这段话的感情色彩是正面的、浓烈的,态度是褒扬和肯定的。

(2) 严肃和亲切

严肃的态度指郑重、重视、不苟且、不随便,包括严厉、尖刻、冷峻、嘲讽、轻蔑等。亲切的态度指和蔼、亲密、平易、温存,包括活泼、顽皮、幽默、嬉戏等。这两种态度并非是完全对立的,但应该加以区别。例如:

> 一匹马,一匹将沉的马,将没顶于泥沼的马,在挣扎,在徒劳地挣扎,加速死亡的挣扎啊!
>
> 走过它身旁的红军队伍,竟因它,发生一场小小的厮打。
>
> 几个饿得眼蓝的士兵用刀子在马身上割、挖。一块块鲜血淋漓的马肉,一块块诱人的活马肉啊,篝火在远处燃烧,像救命的神火,闪现于天涯。
>
> 另一些也是饥饿的士兵冲上去制止、拦阻,有的竟动手打了对方的嘴巴,嘴里还不停地骂:"娘的皮!没种的!饿疯啦?"一边骂一边抚摸那直立的、颤抖的马鬃,痛

心的泪水哗哗流下:"它跟我们走了那么远,这马这马……"

(胡世宗《沉马》)

这段话有很大的篇幅在写饥饿的士兵如何瓜分一匹马,但作者的用意很明显是要突出最后同情马匹而严厉责骂前者的人文情感。他们态度严肃,但严肃中却凸显了温情,对马的莫逆之情,对道德情谊的爱惜之情。表达中要注意对马的亲切和对饥饿士兵的严肃态度的辩证统一。

(3)祈求和命令

祈求是一种对他人的请求,包括哀求、请示、劝告、祝贺、慰勉等,有希望对方答应、接受的意思。命令是对他人的要求、指示,包括号召、宣告、法令、规定等,有要求对方服从、遵守的意思。这两种态度反映的是言者和听者的具体关系。祈求,通常是下级对上级、晚辈对长辈所采取的态度;命令,含有"令行禁止"的意思,上下级关系或长幼关系都有可能有这种态度,但多数为上级对下级、长辈对晚辈。作品中的这类情况比较复杂,要参照具体语言环境决定态度分寸。例如:

以上是我的一点看法,请大家批评指正。

这句话的言者可能是任何角色地位的人,但由于句子的本质是请求的意思,表达必须体现祈求的态度。又如:

你应该多了解情况,没有调查就没有发言权。

这句话的本质是要求、指示,属于命令的一种,但这种命令形式多了一些软性色彩,不同于"不许动,把手放在头上"这样必须绝对执行型的命令。再如:

小姑娘,不要哭了,来给我们唱支歌吧。

如果没有背景环境的限制,这句话可以是命令,也可以是祈求,或者理解为纯粹的关心。应根据其使用的场合决定语气中的态度。

(4)客观和直露

客观,在有声语言中也是一种态度,这种态度并不表示肯定或否定。对某些作品的特定内容也没有必要肯定或否定,其句子本质意义就是中性的,所以表达上形成的感觉就是"未见支持,未见反对",保证信息的准确性是表达的第一要义。此种表达方式多见于科学技术类文章。例如:

在我国,把直角三角形的两直角边的平方和等于斜边的平方这一特性叫做勾股定理或勾股弦定理,又称毕达哥拉斯定理或毕氏定理。

(中国汉族学者《九章算术》)

这句话没有太多的感情色彩或是非判断,就是一条科学信息的准确表述。而这不褒不贬也是一种态度,需要明确表达,不可含糊。

直露,即在有声语言中直接表态,既不借助于人物的言行,也不借助于情景的变迁,完全不隐晦曲折,而是直言直语,和盘托出。这在论说文中极为常见。例如:

"接待就是生产力",一条甘肃省天水市接待办公室的标语在网上热传,不少网友都戏称这是一条"天才般的创新",更有人调侃这条标语为"天水精神"。

(《外媒:"接待就是生产力"属谬论　接待非腐败遮羞布》,中新网 2013-06-25)

这句话摘自一篇时事新闻评论。接待在社会生活中本是维持正常业务往来的后勤保障,但是在把人情世故演绎到极致的官场中,公务接待却渐渐演变成了公款吃喝的一块遮羞布,不仅严重地伤害了政府的公信力,更损害了国家、集体和民众的利益,甚至激化官民之间的矛盾。"接待就是生产力"套用了一个被大家所认可的正确句式,却难以掩饰其中的荒谬逻辑,所以即便是用"天才般的创新"来形容它,也是毋庸置疑、毫不掩饰的否定和批判。

(5) 坚定和犹豫

坚定的态度表示对某种事物、信念的不容置疑、不可动摇。这种态度建立在播音创作主体明确的人生观、价值观的基础之上,反映一定时期社会正面、主流、积极的价值取向。坚定的态度给人以坚决、稳定、自信、顽强的感觉。例如:

> 为了整个班,为了整个潜伏部队,为了这次战斗的胜利,邱少云像千斤巨石一般,趴在火堆里一动也不动。

(李元兴《我的战友邱少云》)

坚定的态度,顽强的毅力,融化为伟大的精神力量,使英雄忍受着全身灼烧的痛楚,默默地、舍生忘死地执行着埋伏任务。这种精神是正面和积极的,语言表达者应准确传达出邱少云这种伟大的献身精神。又如:

> 董存瑞向四周一看,这座桥有一人多高,两边是光滑的斜坡。炸药包放在哪儿呢?他两次把炸药包放在桥沿上,两次都滑了下来。要是把炸药包放在河床上,又炸不毁暗堡。就在这时候,嘹亮的冲锋号吹响了,惊天动地的喊杀声由远而近。在这万分紧急的关头,董存瑞昂首挺胸,站在桥底中央,左手托起炸药包,顶住桥底,右手猛地一拉导火索。导火索咝咝地冒着白烟,闪着火花。火光照亮了他那钢铸一般的脸。一秒钟、两秒钟……他像巨人一样挺立着,两眼放射着坚毅的光芒。他抬头眺望远方,用尽力气高喊着:"同志们,为了新中国,冲啊!"

(霍道贤《董存瑞》)

这一段文字的表达要把握住两种情绪:一方面,董存瑞为了打开通路一定要炸毁暗堡的态度是坚定的,不达目的誓不罢休;另一方面,对炸药包摆放位置的选择,董存瑞还有些犹豫。因为有了这样的犹豫,才让他最后选择用自己的生命换取攻关的胜利。如果从头到尾一律都是坚定的态度,就显得不真实。因为生命诚可贵,董存瑞并不是不珍惜自己的生命,而是到万不得已的时候,在生命和革命胜利之间,他选择了后者。这种犹豫和坚定之间的交织更真实和立体地彰显了英雄的自我牺牲精神。语言表达者只有把两个方面都表现出来,人物才会真实、丰满。再如:

> 我这时很兴奋,但不知道怎么说才好,只是说:"阿!闰土哥,——你来了?"
> 我接着便有许多话,想要连珠一般涌出:角鸡,跳鱼儿,贝壳,猹……但又总觉得被什么挡着似的,单在脑里面回旋,吐不出口外去。

他站住了,脸上现出欢喜和凄凉的神情;动着嘴唇,却没有作声。他的态度终于恭敬起来了,分明地叫道:"老爷!……"

我似乎打了一个寒噤;我就知道,我们之间已经隔了一层可悲的厚障壁了。我也说不出话。

(鲁迅《少年闰土》)

以上一段文字是鲁迅在《故乡》中描写的"我"与闰土久别重逢时的情景,由于长久隔阂中又怀有童年美好记忆的兴奋,"不知说什么才好",所以千言万语只化作一句简单的问候。但由于内心澎湃,说这几个字也是吞吞吐吐的,不流畅、不干脆。语言表达者需要仔细体会这种内心情感,并准确表达。

情感是千变万化的,以上只能算一个粗略的分类,在体会文本的情感时,一定要结合创作背景和文章的整体基调,把自己融入作品中,获取真切的感受。对于以抒情为主的文章,要使表达的情感尽量还原事件真实状态;对于时事性、政治性、观点性的文章来说,则还需要辨别作者的态度,要注意文章中人物和事件在当今社会历史视角下的认知,切忌脱离受众心态一味地自我表现、自我陶醉。

3. 区分情感的色彩

白居易《与元九书》说:"感人心者,莫先乎情。"如果说情感的态度尺度是情感中的理性一面,那情感的色彩就是其中感性的一面。人对事物进行价值判断后会产生肯定或否定、严肃或亲切、坚定或犹豫等态度,而人的喜怒哀乐却更多地来自于内心对事物感知的初始体验,与事物的价值高低、是非对错没有必然的联系。情感的色彩和态度尺度,共同构成完整的情感表现。

根据有声语言的表达规律,情感色彩可分为爱憎、悲喜、惧欲、急冷、怒疑等五类。

(1) 挚爱和憎恨

挚爱是人们对人、事、物、景产生了肯定的态度后生发出来的倾心、亲近的情感,如敬爱、热爱、亲爱、厚爱等。憎恨是人们对人、事、物、景产生了否定的态度后生发出来的对立、厌恶的情感,如痛恨、怨恨、憎恶、嫉恨等。挚爱和憎恨具有对立的色彩,应表达出迥异的色彩。对于爱恨交织的情况,一般在一定情景下都有明显的倾向性,或爱的比重大一些,或恨的比重大一些,鲜明的色彩可以依据权重而区分。例如:

12月4日,陕西人和足球俱乐部迁往贵州的消息让很多陕西球迷难以接受,他们自发聚集在陕西省体育场东门外,表达对球队的不满和需要足球的心声。

(《陕西队南迁球迷落泪 踩踏球衣发泄愤怒》,腾讯体育 2011-12-04)

新闻配图中,球迷们打出的横幅标语是"商业足球滚出陕西",新闻色彩看似是爱,实则隐含了对足球商业化运作的不满和憎恶。本省的足球俱乐部因为商业利益迁往异地,作为一种商业运作本来无可厚非,但正是因为球迷对足球的热爱、对本省足球俱乐部的支持,才因爱生恨。加之足球多年的商业运作本就已经招致种种诟病,所以事件本身更引出了球迷们心中诸多的不满,怨恨和愤怒之意才是句子的本质意义,表达时不可本末倒置。

(2) 悲哀和喜悦

悲哀是一种伤心、痛惜的感情,像悲痛、沉重、哀婉、凄切等。喜悦是一种高兴、快乐的心情,像兴奋、欣喜、欢快、愉悦等。

高兴和难过是人的基本情感,表达时比较容易体会。但是我们常常会遇到"悲喜交加"的描写,这就要注意区别心理变化的主次和先后。例如:

> 三年前的今天,我沉浸在悲喜交加之间——喜者缘乎凭己之力上了本科线,悲者则因过本科线不多,有报考志愿"撞车"之可能,自己这么想了,事情也就发生了:在我报考的江苏科技大学发生严重"车祸",死伤3000多人,只有1000多人幸免,接着二志愿,三志愿……日子一天天过去,高考查询热线依旧没有关于我的消息,终于听到江苏高考招生工作已经结束……

高考是人生的一件大事,对于成绩一般的大多数同学来说都经历过这样的心情——能上本科固然令人开心,但分数不高的尴尬又让自己的每个选择都面临挑战。文章中主人翁的心情变化经历了四个阶段:高兴——悲伤——焦虑——悲痛,总的基调是悲伤的,但是要注意其中几种情绪的转折。

(3) 惊惧和欲求

惊惧包括吃惊、恐惧、担心、忧虑等情感,是想回避或不愿发生某种事态的心情。欲求,是希望、愿意发生某事或接近某人的心绪,盼望、思念、憧憬、期待等情感都属于欲求。如郑渊洁的《皮皮鲁与鲁西西》:

> 皮皮鲁走进妹妹的房间,什么吓人的事也没有呀!鲁西西把皮皮鲁挤到壁柜跟前,对他说:"你拉开门看看。"皮皮鲁大模大样地拉开壁柜的门,不禁"啊"地叫了一声,紧接着倒吸了一口凉气。
>
> 壁柜里的墙壁上出现了一个黑乎乎的大洞,洞口是长方形的,洞里一阵阵地往外喷射着寒气。"这……"现在轮到皮皮鲁吃惊了,他看着鲁西西。
>
> "我在壁柜里找毛衣,忽然听到'哗啦'一阵响声,转眼功夫墙壁上就出现这么一个大洞。"鲁西西心有余悸地把事情的经过告诉了皮皮鲁。
>
> "暗室!"皮皮鲁肯定地说。他想起许多电影和小说里都有关于暗室的描述。
>
> (郑渊洁《皮皮鲁和鲁西西》)

这段文字中,皮皮鲁和鲁西西两个孩子对房间里的暗室充满着好奇和探险的冲动,但暗室向外喷射着寒气黑不见底,对于孩子来说接近它是一个巨大的挑战。这是一个典型的"惧""欲"交织的情景,惊恐的情绪占据了很大的比重,但要注意的是这毕竟是一个童话,受众是孩子,场景是作者想象出来的,所以在播读时不能以制造悬疑和恐怖为目的。要注意场景的再现,开启孩子想象的空间,并调动他们听下去的欲望。

(4) 焦急和冷漠

焦急,指急迫、急切的情感,包括了内心世界的"心急如焚"、有急切外化动作的"像热锅上的蚂蚁"和需要借助于外力的"燃眉之急"等。冷漠,指冷淡、漠然的情感,"冷若冰霜""铁石心肠",也指心灰意冷、漠然处之的心情。

在播读中,冷漠情感出现时,往往会阻碍其他情感的表达和体会,需要加以注意。另

外,要注意区分冷漠中的消极懒散和积极平静。例如:

> 这是一沟绝望的死水,清风吹不起半点漪沦。
> 不如多扔些破铜烂铁,爽性泼你的剩菜残羹。
> 也许铜的要绿成翡翠,铁罐上绣出几瓣桃花。
> 再让油腻织一层罗绮,霉菌给他蒸出云霞。

(闻一多《死水》)

《死水》是闻一多的重要代表作之一。1925年诗人回国后,目睹了国内军阀混战、民不聊生的惨状,产生了怒其不争的愤激情绪。本诗通过对"死水"这一具有象征意义的意象的多角度、多层面的谱写,揭露和讽刺了腐败不堪的旧社会,表达了诗人对丑恶现实的绝望、愤慨和深沉的爱国主义感情。在这里,焦急和冷漠是一对相对而生的概念,因为有对祖国未来的担心,因此产生了对现状的绝望和冷漠。诗歌中的意象都是令人厌恶和避讳的,而这些意象所象征的就是腐败。正常的价值判断使播读者因痛恨焦急但无力改变而产生了"冷漠",播读时不可以消极懒散,冷漠的表象背后有激情涌动。

(5) 愤怒和疑惑

愤怒,是气愤、生气的感情,"义愤填膺""怒火万丈"就是这样的情感色彩。愤怒常常与憎恨相伴出现。疑惑,是怀疑、迷惑的感情,"莫名其妙""将信将疑"属于这类情感色彩。疑惑常与诧异连用。例如:

> 他曾经羞辱过我,夺去我几十万块钱的生意,讥笑着我的亏蚀,挖苦着我的盈余,侮蔑我的民族,破坏我的买卖,离间我的朋友,煽动我的仇敌。他的理由是什么?只因为我是一个犹太人!

(莎士比亚《威尼斯商人》)

这段台词来自于《威尼斯商人》中夏洛克的控诉。夏洛克是一个一毛不拔并且报复心极重的高利贷资本家,他曾经的经历和最后的下场都有令人同情的一面,但他的贪婪和残酷却更加令人鄙夷和憎恨。这里的愤怒有两层含义,一是夏洛克对与他作对的人的愤恨,二是源自播讲者主观价值判断对夏洛克的种种行为产生的愤怒。但播读者和夏洛克也有着同样的疑问,难道仅仅因为种族,一个人就要受到不公正的待遇吗?在这里,愤怒和疑惑是并存的,其中愤怒的比重更大,疑惑主要表现在末尾之处。

二、想象与播音主持话语表达

(一) 想象及其作用

1. 想象的含义

想象是人在头脑里对已储存的表象进行加工改造形成新形象的心理过程。对于有声语言创作来说,人们的想象多是依据现成的文字描述,结合自己的阅历去展开并补充文字所描绘的形象。想象的内容可以是亲身经历、耳闻眼见,也可以间接来自文学作品、影视作品等,甚至可以是身体的某种感知觉,或者某种情感、情绪的体验。想象是帮助播讲者调动情感的一种重要手段。

有声语言创作的想象有明确的预期目的,以客观规律为依据,形成新的图像、声音和感受。播音中的想象除了再造想象以外,还包括创造想象。因为播音主持包括有稿播音和无稿播音,很多时候播讲者只是依据节目目标临时组织语言,也就是不根据现成的描述而在大脑中独立地产生新形象的过程,即创造想象。

2. 想象的作用

(1) 形成具体视像

视像,即内心视像。播讲者通过文字描述,调用脑海中的图景形成的画面。这些画面可能是不连续的,或者是不清晰的,但这些画面能使你立即唤起有关的情绪。优秀的播讲者能够迅速捕捉形象,敏锐激发相应的感情,进行生动准确的表达。例如:

> 在一只渔舟上我们大开了眼界,一位白发老渔人从舱里捧出一把珍珠来,只见那颗颗珍珠有大如羊奶子头的,有小如红豆的,光华夺目,滢光熠熠。我们不禁问:"每年可以收多少颗珍珠哇?"老渔人笑着说:"这里的珍珠不是论颗数,而是论斤两的,汉寿县有个大队今年就可以收珍珠110多斤呢。"
>
> ——谢璞《珍珠赋》

这样的场景播讲者未必经历过,备稿时只能依据稿件进行联想。珍珠莹润的光泽是什么样子?羊奶子头大的珍珠有多大?红豆那么小的珍珠有多小?每年110多斤的产量意味着多高的回报?这些想象具体化之后,还可以根据文字去领略老渔人那朴实无华、爽朗健谈的音容笑貌,似乎看到了他捧着珍珠的动作神态……

总之,感受能力越强、想象越丰富就越能引起心理的活动,情感也就越强烈,播读起来感染力就会大为增强,也就能打动受众。

(2) 引发真实感受

播音工作对感知觉能力要求较高,一个优秀的播讲者需要有一颗易感的心灵。因为播讲者的工作就是要反映多种多样的思想境界,报道各种感人事迹,反映社会复杂多变的现象与意识……如果播讲者的情感世界贫乏冷漠,其表达就无法感染人心、引导舆论。例如:

> 领队下马,走到索前,举手敲一敲那索,索一动不动。领队瞟一眼汉子们,一个精瘦短小的汉子站起来,走到索前,从索头扯出一个竹子折的角框,只一跃,腿已入套。脚一用力,飞身离岸,嗖地一下飞过去,却发现他腰上还牵一根绳,一端在索头,另一端如带一缕黑烟,弯弯划过峡谷。一只大鹰在瘦小汉子身下十余丈处移来移去,翅膀尖上几根羽毛在风中抖。再看时,瘦小汉子已到索子向上弯的地方,悄没声地反着倒手拔索,横在索下的绳也一抖一抖地长出去。
>
> ——笔者编稿

这段文字描写的是云南省怒江傈僳族自治州傈僳族的生活状态,海拔高差4000多米的高山深壑构成了怒江大峡谷。溜索是当地人从小使用的交通工具,在外人看来令人胆战心惊。就是这种危险又神秘的交通工具,让傈僳族人可以相互走动,也帮助一代又一代的傈僳族人运送着牛、羊、猪以及一点点生活用品。精瘦的汉子,一脚套入竹框,一脚用力飞身离岸,嗖地飞过去……一般人没有这样的经历,但是可以调用拓展训练中的溜索项目、攀爬或被悬挂等经历来想象他们的身段、力道、动作、心情。人在峡谷间滑动,身下是奔腾的怒江,周围是盘旋的大鹰,到溜索向上拐弯处就要靠臂力把自己拉到对岸……这需要多大的勇气和耐力啊。播读者可以想象,如果是自己亲历这一切会不会紧张、害怕,会不会感受到风的阻力、手臂的酸软。而只有把这种感觉准确地表达出来,才能把傈僳族生活的艰难传达出去,赢得社会的关注和支持。

(3) 唤起情绪记忆

播音是一门综合艺术,现实生活是播音创作的艺术源泉。央视新闻主播赵普在直播"抗震救灾"节目时真情落泪,很多观众也因此而感动和认同。这是因为,虽然播音创作并不提倡在遇到感人内容时出现哭腔或因哽咽而难以继续,但是真情比一切播音技巧都更能打动受众,赵普因为对汶川灾情的了解而使他难以抑制心中的情感,感情来得迅速而真挚。这时,受众认同的理由不是其播音的技巧,而是他对灾区人民的真情和关爱。播音的创作方法就是如此,当我们对某件事物有了充分的了解时,就会通过想象再现情景,从而唤起情绪。也可以通过移情和寻找情感上的相似性等方法来迅速调动感情。例如:

> 当女孩儿第一次睁开眼睛看世界时,她发现自己的妈妈是一棵枣树。女孩儿看到了自己的姊妹和她一样牵挂在妈妈身上,每位女孩儿都是一朵小小的枣花,在蓝天下用笑容彰显美丽。妈妈对自己的每个孩子都悉心呵护,她不遗余力地从贫瘠的土地汲取营养,再通过自己的躯干将营养传输给每一个女儿,促使她们女大十八变。妈妈有时力不从心,她每天只能给孩子们吃两顿饭。
>
> ——郑渊洁《红枣女孩》

以上一段文字选自郑渊洁的童话《红枣女孩》,童话中的主角是一颗红枣。这个故事是根据真实的事件改编的,国家级贫困县陕西省佳县木头峪羊圈村的孩子由于贫困每天只能吃两顿饭。郑渊洁为了帮助他们而创作了这篇童话。伟大的母爱是人类所共有的,作为孩子的天真可爱也是每个人都经历过的。孩子的单纯和她所面临的自己所意想不到的困难使读者产生疼惜之情;妈妈的无私、无奈又催生读者产生了同情、关心的冲动。播讲者只有用想象唤起自己真实的情绪记忆,同时联想到贫困县的艰难处境,语言表达才能真挚动人。

(4) 增强主体参与感

通过想象,语言表达者可以把语言内容所叙述描写的一切作为亲眼所见、亲身经历,进入具体的事件场景中,设身处地地获得一种现场感,感受对象的心理过程和心理特征。只有设身处地地想象,才能触景生情,使情感燃烧起来,创作才有动力。播讲者要认真地去分析、思索、展开想象,和稿件中的人、事、景产生共鸣,使自己的深层心理富于活力,才能播出感人至深的作品。例如:

> 你为什么要和我讲这些,她跟你与我无关。你以为我穷,不好看,就没有感情吗?我也有的。如果上帝赋予我财富和美貌,我一定要使你难于离开我,就像我现在难于离开你。上帝没有这样。我们的精神是平等的,就如同你跟我经过坟墓将同样地站在上帝面前。
>
> ——〔英〕夏洛蒂·勃朗特《简·爱》

这是小说《简·爱》中女主角的一段对白，它体现了女主角对爱和尊严的理解，体现了她富有激情、幻想、反抗和坚持不懈的精神和对人间自由幸福的渴望。在播读这段对白时不妨想象自己就是简·爱，面临一份身份悬殊的感情，但在面对自己所爱的人时却坚决不放弃自己的尊严和对幸福的追求，心灵坦诚但敢于抗争，敢于面对自己孤独坎坷的人生。你如果能真切地感受到她的情感和内心活动，一定会为她的精神所感动，会产生化身为她的冲动，像简·爱一样去追求、去渴望。这时的表达就一定是准确而引人入胜的。

（二）想象在播音主持话语表达中的运用

播讲者的想象不是有意无意的被动联想，而是有着很强的目的性和自觉性。播讲者的想象可以把文字变为形象的、连续活动的画面，从而引起和语言内容相应的情感，并且把这种情感表达出来使别人也体会到。我们一般把播音想象叫做"情景再现"。

在有声语言创作中，想象一般要经过勾连、铺开、修正、调用四个步骤。

1. 勾连

无论是再造想象还是创造想象都有一个逻辑的起点，就是根据播音目的在自我大脑中选择与语言创作对象最为贴近的材料。这些材料可以是经历过或曾经构筑过的想象。即使播读的内容是不曾想象更不曾见闻的，语言创作者在大脑中也会出现一些记忆的拼接，为描述中画面的加工提供原始素材。

2. 铺开

按照既定播音目的，对大脑中刚形成的"声、像、感"进行延伸，这就是"铺开"的环节。这时需要调用作者的生平、写作时代背景、社会环境等一系列有关材料进行充分联想，只有对文章主旨和作者思想有了明确的认识，才可能形成明确而独到的整体感受；也只有对整体把握得当，才可能精确到对文章内在语的把握。这需要有声语言创作者有较强的综合分析能力。

另外，想象中的人、事、景不是在脑海中一拥而上的，而是有先有后、有主有从，它围绕着作品的主题和目的展开。凡是直接抒发主题、目的的细节就应该细致推敲、展开联想，使稿件中的近景、特写展现得具体真切。反之，与主题目的关系不大的地方就大可不必去想象，笼统带过即可。

3. 修正

以有声语言创作者的独特感受和播音目的为指导，对在上一阶段形成的明确框架进行更为细致的加工，这就是"修正"阶段。这是一个再思考和审视的过程，思考想象的成品是否有正确的价值导向、是否能够为大众所接受、是否彰显语言创作的魅力等。

艺术源于生活，但不是生活的照搬，应该是生活的浓缩和提炼，例如："护士把担架急急忙忙地推进急救室，时间一分一秒地过去了，一个小时……两个小时……三个小时……他仍然没有出来。"在语言表达时不可能展现出真正的时间概念，而只能表现出人在焦急状态下经过这段时间的等待的心理感受，而这种感受就是通过想象等待之人当时的表情、语言、动作和所处的场景得来的。

4. 调用

想象并没有贯穿于有声语言的始终，而是根据需要从以上三个步骤的成果中选择使用。备稿时想象可以细致入微、不断推敲，但是到了话筒之前就不能中断播音去追求视像。想象唤起的图景确实是播音时唤起的具体图景,但这种图景在使用时是瞬间闪过、稍纵即逝的。选用的想象往往是最具有特殊性、典型性、代表性,最能够调动真情实感和最能够引起受众共鸣的部分。播讲者的想象不可任意驰骋,它必须遵循播出目的和语言内容所规定的目的、性质、任务、范围;要以稿件提供的材料为原型,充分考虑视听需求。播音想象要促使思想感情进入运动状态以达到播讲目的,因此它是调动感情的手段。例如:

> 我决定去美容院整容。其实也不是想挽回什么,我只是希望自己比抢走我丈夫的"狐狸精"好!自从我丈夫离开——哦,不,不,不是,是自从我离开我丈夫之后,我一定要变得更好,更漂亮。然后我一定要突然出现在他们面前,我要让他后悔死。
>
> 终于有一天,我整了一个5万的新鼻子,12万的大胸部。我故意到我前夫家门口去等他。我去晃,就这么晃。诶,来了。那个"狐狸精"下来了,她爸爸跟在她后面。哦,不是,是我老公!他们俩你搂着我,我搂着你,高高兴兴地走过去了。我这么大一个活人在他们面前晃,他们没看见。诶!
>
> ——《这一夜,Women 说相声》选段《一个离婚女人的独白》

这段台词展示了一个女人的内心世界。语言具有很强的动作性和画面感,并且这些情景大都不难想象,很容易从记忆中调取相应的画面。但要把主人翁的话语表达得生动贴切,播讲者还不得不考虑到主人翁的心理变化,失落的女人、下决心的样子、自以为是的态度、报复的心理等都是要从文字中去体会和感受的。同时,还要结合中国特定的家庭传统观念等背景进行分析,才能深切体会和理解主人翁的表情、动作和语言。从这段文字中,我们不难看出作者对女主人翁的想法和做法有不赞成的意味。播讲者在播读这段文字的时候就需要反复思考:我对主人翁是同情还是批判?我想象的重点是放在这个女人报复的样子上,还是放在她自卑自怜的样子上?这就是修正想象的阶段。这个作品反映的是当今社会不幸婚姻中的一种典型心理,这个女人报复的心理固然可怕,但她毕竟是一个受害者,在社会地位和心理地位上都处于弱势。在表现时不能去玷污或撕裂这个形象,歇斯底里地去展现这个女人不好的一面。因为她还有自信的一面和自强的念头。她的整体形象和心态应该是有力有节的,但报复的心态又使她身上有一些戾气。表达时不能因"心情低落"而小声小气。文本的第二段还带有明显的动作性,可按照内容提示形成一系列动态画面,并去体会这些动作下的语气和声音,播读的时候迅速调动起感知觉。另外,自卑和自怜在人物情绪中占有很大比重,但这两段的重点并不在于此,而在于表现她经过痛苦悲观后刚刚萌发出来的一点勇气和动力。所以,对这个人物的想象不应失去人文关怀和对时代的反思,想象要紧紧扣住播音目的,呼唤家庭责任感和正确的审美观。

三、情感和想象在播音主持话语表达中的关系

在播音主持话语表达中,情感和想象都有着自己特殊的内涵和外延,这里的情感不是个人情感,而是符合稿件思想感情,服务于播出目的的,积极、正面、主流的情感;想象是为了更好地形成形象感受、逻辑感受,进而综合成整体感受,甚至生发成为播讲者自己的独特感受,以启发和调动情感、情绪,更好地传递感知觉的手段之一;想象先于情感,激

发情感,但在情感的色彩和程度初步确定后又接受情感的匡正,合理的想象又能使情感更贴切。这在话语表达中是一个相互影响、螺旋上升的过程。

情感在话语表达中是贯穿始终的,一般来说,一篇文章中的情感、基调是相对稳定的,只在细处发生一些微调。但是想象不是时时都在,备稿时想象要条理清晰、有主有从,运用时要能够瞬间闪过,凝练出最有用的部分。

无论是情感还是想象,人的感知都是有限的,在播音创作时我们需要用生活经验、经历去丰富补充。每个人的经历都会有一定的局限性,但播讲者每天要报道的内容是非常广博的,都要在语言的运用上入木三分,就要或多或少地借助于间接经验。在平时的生活中要做个有心人,广泛地向社会学习、向他人学习,更要勤阅读,善于从别人智慧的结晶中去获取。深入群众、深入社会、深入生活去积累所见、所遇、所闻,以便需要时可以信手拈来。

无论是情感还是想象,都是在一定的心理状态下生发出来的。所以有声语言创作者应该注意心理条件的诱导性。马克思说过:"如果你想欣赏艺术,你必须成为一个在艺术上有修养的人。"文字所反映的客观现实,也需要有与之相应的心理条件去诱导,才能够正确感受到其情其景。心境对想象有着很大的影响,一个人在某段时间内所具有的持续性、一般性的情感和情绪状态会持续影响对待其他事物的感觉。适合的心理条件可以更快地激发相应的情感,而消极的心理状态会反过来起到干扰作用。

播讲者要锻炼加强自我控制能力,尤其是对情绪、心境的控制力,应该保持良好的职业操守,决不能以个人心境去左右播音情感。当然,心理条件诱导归根结底是个人的修养问题,具有广泛的兴趣爱好和正确的审美心理就容易有宽广的胸怀和较强的理解力、易感性,在播音主持中,才能够最大限度地发挥情感与想象的作用。

思考与练习

一、话语表达的情感分成哪几个层次?
二、话语表达中的情感如何分类?
三、如何理解话语表达中的想象?
四、如何运用话语表达中的想象?
五、在话语表达中,情感和想象的关系是什么?

第二节 停 连

停连是话语表达中的一个重要组成部分,停连的处理可以增强话语表达的节奏感。停连的运用有一定的规律可循,也有艺术的创造。在播音主持艺术中巧妙地运用停连可以使主持人更加有效地表达自己的话语意图与情感。

一、停连及其作用

(一) 停连的含义

停连是指话语表达过程中声音的停顿和延续。它是与有声语言同时存在的一种话语表达需要。停连包括"停"和"连"两个部分,它们各自在话语表达中发挥着不同的作用。

"停"指声音的停顿,在表达中,存在话语或气息的休止与中断,这种休止与中断有的时候以标点符号的形式存在,有的时候需要表达者依据情感作出判断。停顿的时间有长有短,停顿的位置因表达而异,停顿的方式灵活多样。例如:

关于幸福,每个人的注解不同。中共中央政治局委员、广东省委书记汪洋|2011年之初|首次系统提出|"幸福广东"的概念后,从官方到民间激起阵阵涟漪。
(顾立军、索有为:《汪洋:幸福的花儿要开放》,中国新闻网2011-03-11)

在文本的表达中,除了对标点符号进行停顿之外,在长句的表达中,为了帮助话语接收者理解句子的含义,我们需要在"2011年之初"前后和"首次系统提出"之后进行停顿。

"连"指声音的延续和连接。在语流表达中不休止、不中断的地方就是连接。连接有的时候表现为字断而音不断,有的时候表现为意断而气不断,有的时候表现为声挫气连,不偷气,不换气。例如:

年仅两岁的女童小悦悦走在巷子里,被一辆面包车两次碾压,⌒几分钟后又被一小型货柜车碾过。而让人难以理解的是,七分钟内在女童身边经过的十几个路人,⌒竟然对此不闻不问。
(周松、钟传芳、许琛:《两车先后碾过两岁女童 十多冷血路人见死不救》,《羊城晚报》2011-10-16)

在此段话语表达中,句子中虽然有标点符号,但为了表达人们对"小悦悦"遭遇的漠视,在表达她几次被车碾压和路人对此不闻不问的行径时可以不换气、不中断,起到情感强化的作用,使接收者能更有效地进行接收和感受话语含义。

需要注意的是,停连是话语表达的重要技巧,什么时候该停,停多久,什么时候该连,怎么连,都有一定的原则和方法。停连必须同重音、语气、节奏一起共同完成话语表达的再创作,不能孤独地运用。

(二)停连的作用

停连是话语表达的重要构成元素,停连处理得好,可以有效地控制语速,更好地传达作品的意义和感情。话语中停连的使用不仅是生理和心理的需要,也为话语表达提供艺术性和美感。

1. 停连有助于使话语表达富有节奏感

在话语表达的过程中,表达者需要对气息进行调节,这时就会出现停顿。表达不会一字一换气或者一字一调息,于是又有了连接。另外,从话语接收者的角度来看,耳鼓和大脑对长久连续的刺激会产生一种抵制,从而降低对信息接收的有效性,这样就要求话语表达富于变化,包括大小中断和长短延续的交替。话语表达过程中急缓停连的表达有益于增强话语的节奏感,使表达富有感情和趣味。

2. 停连有助于准确表达句子的含义

在具体的表达中,标点符号只显示了语言的一般停连关系,除标点符号之外的停连可以帮助我们更好地明确话语表达的意思。在同一个句子表达中,不同的停连将会表达不同的意思,如"我知道你不知道"可以表达为"我知道｜你不知道"(联合结构)和"我知道你不知道"(主谓结构)两种。句子表达中可以通过停顿和连接,准确地将发话者的意思表达清楚,不至于造成歧义。

3. 停连有助于心理创作

在话语表达的过程中,停连是一个积极调动主观能动性的过程,它必须服从于表达者思想情感运动的需要。想要达到引人入胜和感人的目的,需要表达者技巧性地进行停连的运用。把停连纳入词语、段落、层次的表达中,层层衔接,步步展开。在需要强调、转折、区分、递进等地方造成适当的空隙,思前想后,回味绵长;在意思连贯、话语表达者感情奔流的地方,连接声音的流动,承上启下,一气呵成。最终引起话语接收者的呼应、回味和想象。

4. 停连有助于话语表达者的艺术表现

在播音主持话语表达中,播讲者需要有自己的风格和艺术创作。不同的播讲者因性别、年龄、风格及文稿的体裁、内容不同,所使用的话语也必然有不同的停连。如表达一些情感性较强的记叙性文稿,停连的次数就比新闻类文稿要多得多。例如:

① 今天16时30分,共和国总理温家宝∧专程乘坐火车,来到海拔4161米的∧玉珠峰站工地,与工人们共度劳动者自己的节日。

(毕锋、李晓华:《海拔4161米:总理跟我们合影》,《人民铁道》报2007-01-28)

② 眼前这位苗族汉子∧矮小、苍老,40岁的人∧看过去有50开外,与人说话时,憨厚的眼神会变得∧游离∧而紧张,一副无助的样子,只是∧当他与那匹∧驮着邮包的∧枣红马交流时,才透出一种会心的安宁。

(张严平、田刚:《索玛花儿为什么这样红——记优秀共产党员、木里县马班邮路乡邮员王顺友》,《新华社建社75周年纪念文丛》)

在两段文稿的表达中,由于文稿风格不同,情感表达不同,停连的要求也不同。在表达前一段文字的时候,停连的处理要比后一段少得多。

(三) 停连的运用

1. 停连的基本原则

使用停连的基本原则是:以情感表达为根本,以语法关系为基础,以标点符号为参考。

停连的表达是与有声语言同时进行的,它是一个传情达意、明智省人的过程,是一种综合性情感的表露。在哪里停、哪里连需要根据表达内容、情感和上下文来决定,不同的情感变化,不同的生活体验都会造成不同的停连。所以,运用停连时需要把握好文稿的内容意义及情感变化。

在文稿中,词语的组合、句子的排列都必须遵守语法规范,只有通过对语法的正确理解才能实现对文稿思想内容的准确把握,进而转化为有声语言的表达。因此,较好地掌握停连需要播音主持话语表达者有过硬的语言运用能力。

在具体运用停连的时候,标点符号固然可以为我们提供一定的参考,但需要注意的是,情感的需要更应该成为表达者运用停连的依据。

2. 停连的方式

停连的方式分为"停"的方式和"连"的方式。

"停"的方式，一般分为"落停"和"扬停"。所谓的"落"和"扬"，主要是针对气息的不同来确定的。"落停"指停顿的时候，话语表达完了，气息也随之落下，完全收住。这样的停顿一般出现在一个完整的意思表达之后，停顿的时间也比较长。而"扬停"指声音虽然有停顿，但是气息并未终止。一般出现在一个意思还没有表达完，但是又需要有停顿的地方。表达中常表现为：停顿之前声音或者上扬或者平平表达，稍作停顿，声音缓缓响起或突然响起。

"连"的方式可以分为"紧连"和"徐连"。"紧连"出现在有标点符号，但内容又有紧密联系的地方，是一种有紧促感和急迫感的表达方式。在表达时顺势而带，不偷气不换气。"徐连"主要是以连接为主，在表达时，让人感觉更像"顿挫"，不需要喘气或深呼吸，适用于一句话或一段话当中的连接，如并列句的连接。

3. 停连运用的标记符号

｜ ▲ 挫号，停顿时间短，用于没有标点符号的地方。

∧ 停顿号，停顿时间稍长，如果用在有标点符号的地方，表示停顿时间再长一些。

≋ 间歇号，停顿时间更长，一般用于层次、段落之间。

⌣ 连接号，只用于有标点符号的地方，表示缩短停顿时间，连起来读。

__ 延长号，可用于任何词、词组、句、段落之后，表示声音延长。

二、停连的类型

停连是生理表达和心理创作的需要，它必须满足人们生理表达时的机体特点和心理接收能力；停连又是语法理解的一个过程，必须准确传递句子的意思；同时，停连还是情感表达的需要，必须充分依据情感去判断何时"停"何时"连"。因此我们将停连分为生理性停连、语法性停连和情感性停连。

(一) 生理性停连

生理性停连主要以生理表达需求为依据。根据话语意义和话语接收者的需要，我们可以将停连分为表达性停连和区分性停连。

1. 表达性停连

在有的文稿中，由于表达者生理上的需要而产生异于常态的语气，如激动、哽咽、上气不接下气、口吃等导致语言的中断与连接，我们称为表达性停连。例如：

"我太高兴了！⌣我太高兴了！"他嘴里不停地｜说着。"今晚｜真像做梦，20年里，我在这条路上｜从没有见过｜这么多的人！如果｜天天有｜这么多人，我愿走到老死，∧我愿……__"忽然，他用手捂住脸，哭了，泪水｜从黝黑的手指间｜淌落下来……

(张严平、田刚：《索玛花儿为什么这样红——记优秀共产党员、木里县马班邮路乡邮员王顺友》，《新华社建社75周年纪念文丛》)

在文稿的处理中，表达者可以特别关注人物的语气，揣摩他们的心态，进行适当的停连,但需要注意的是在进行这一类型的停连时,只对生理的变化进行象征性的表现,不刻意夸张,注意以点传神,点到为止。

2. 区分性停连

区分性停连是将书面文字转化为有声语言时对一个个汉字进行再创造的组合、贯通的技巧,它所包括的内容比较多,也比较灵活。文稿中词或短语之间、句与句、段落与段落之间都有区分性停连。我们看书面语与收听话语表达,在意思的接收上是有实质区别的。区分性停连要求在表达时充分考虑接收者的生理需要,区分语义,以便接收者能一听就懂,不会造成歧义。例如:

如果| 鸟类由恐龙进化而来,翅膀源于| 恐龙的前肢,那鸟类翅膀末端| 保留着的三根"手指",是恐龙前肢五指的| 中间三指,还是前三指?

(齐芳:《我古生物学家解开鸟类"手指"进化谜题》,光明网 2009-06-19)

从书面上看,这个句子的语义就比较晦涩,而口语的表达比书面语的表达要更难于让人直观接收。所以,在表达的过程中需要进行停连,力求使接收者一听就懂。

(二) 语法性停连

停连的判断要以语法关系作为基础。部分语法表达可以看作停连的标志。从语法的特性出发,可将停连归纳为判断、强调、呼应、并列、分合、转换等六种类型。

1. 判断性停连

判断性停连指在文稿表达的判断过程中产生的停连,它是一种思维的过程。在肯定或否定某种事物的存在,或指明某一对象是否具有某种属性的时候要使用判断性停连,以表达出此时思维的过程。例如:

身着昌潍平原农村寻常可见的| 白衬衣黑裤子,黝黑的脸上透着| 山东大汉标志性的忠厚。眼前这位农民,就是| 被誉为"冬暖式大棚蔬菜之父"的| 全国优秀共产党员| 王乐义。

(李海燕、齐淮东:《这个头,带得好!》,《大众日报》2008-07-28)

在对"王乐义"的表述中,文本对其有一个定性的表达"冬暖式大棚蔬菜之父""全国优秀共产党员"。这个时候的停连就属于判断性停连。

2. 强调性停连

在表达中,为了突出某个词语、句子的意思,除了可以运用语调和句调之外,还可以通过停连,使需要强调的词句凸显出来。这样的停连我们称之为强调性停连。例如:

记者从| 国家林业局科技司| 在江苏省启东市召开的沿海防护林——盐碱滩涂地综合改良与植被构建技术经验交流会上获悉,被国际上公认为| 世界性难题的| 滨海盐碱滩| 原土回填绿化技术| 在本市| 被攻克。

(何会文:《本市攻克盐碱滩绿化世界难题》,《天津日报》2009-11-06)

在文本中"世界性难题""在本市"都是需要强调的词语,所以在文本的表达过程中可以在这两个词语前后进行停连,以突显所要强调的重点。

3. 呼应性停连

呼应，也指响应、回响，指句子表达中的前后关联，相互照应。呼应表达的是句子中的内在联系，有问有答，有呼有应。为了突出这种联系，在表达时需要在有"应"的地方进行停连。例如：

在陈中华眼里，这些都不难，都不险。正如同事｜徐少林所说，因为对新闻事业的热爱，"他把所有的苦｜都变成了乐"。∧真正的难和险是2006年的一场生死考验。

（赵秋丽、刘文嘉、宋言荣：《好记者陈中华的"三不"情怀》，《光明日报》2009-11-06）

文本中"呼"的地方是"这些都不难，都不险"，"应"的地方是"真正的难和险是2006年的一场生死考验"。所以在"应"的地方，可以适当延长停顿的时间，表示强调。

具体运用时要注意区分呼应的类型，是一呼一应，还是一呼多应，还是多呼一应。在一呼多应中，要理顺多应之间的关系，是并列，还是递进或者其他。

4. 并列性停连

并列性停连指对文稿中具有同等位置、同等关系、同等语法意义的词语及句子之间的内部连接进行适当的停连。并列性停连一般都有标志性的符号或连词，如顿号、分号及连词"和""与""同""跟""及"等。在处理并列性停连时，要求停连的位置类似，时间近似，以表达并列的关系。例如：

中国｜民办教育协会｜中小学专业委员会、学前教育专业委员会｜和｜中国教师发展基金会｜19日｜在京联合举办｜全国优秀民办中小学｜幼儿园评选表彰活动表彰大会。

（吴晶：《我国评选表彰465所优秀民办中小学和幼儿园》，新华网2009-12-19）

在例句中，"民办教育协会""中小学专业委员会""学前教育专业委员会""中国教师发展基金会"都在文中具有主语的功能，在处理停连的时候，对这几个词语间的停顿要有相同的表达。而"民办中小学幼儿园"之间虽然没有标点符号和连词，但是由于词语表达的是并列的关系，也需要进行并列性停连。

5. 分合性停连

分合性停连一般用于文中有分合表达的语句中。在有领起句、分说句、总括句的句式中，停连的位置一般在分合的交叉点上，其停顿的时间比并列性停连要长。分合的表达分为先分后合和先合后分两种。例如：

对于实体经济的偏冷，是应当给予更多的关注。∧对于制造业较为困难的处境，也有必要给予更多的关心。而这样一种经济困局的形成，并非单单某一个政策作用的结果，而是历史与现实交汇的产物。如同货币政策部门对于货币政策力度的把握，需要左右平衡，难免吃力，提振实体经济，亦有相当的难度。∧究其原因，是在这个并不孤立的经济现象背后，有着复杂的、国际国内的体制与环境等多种因素。

（汪晓波：《实体经济偏冷应予更多关心》，《第一财经报》2009-08-12）

文本中，第一句是领起句，最后一句是总括句，中间的是分说句，所以，在这三个句子的交叉点上需要有较长时间的停顿。

6. 转换性停连

在文稿内容表达的过程中,随着话语意思的推进及情感的转化,需要进行转换性停连。即在一个意思转为另一个意思、一种情感转变为另一种情感之间进行停顿,停顿的时间可以稍长,以适应话语接收者的需求。例如:

> 2005年10月16号上午,北京人民大会堂掌声不断。第二届"全国十大社会公益之星"表彰大会隆重举行,岛城人爱心汇聚而成的"微尘"第一个登台领奖。和其他领奖人不同的是,接受荣誉的并不是"微尘"本人。
> (王丽君、王菲、祝洪珍:《"微尘"在行动 爱心筑品牌》,青岛人民广播电台2007-07-11)

在文本中,虽然没有表示转折的标志性词语,但是最后一句话语的表达与之前的话语表达不在同一个层面上,有一个转折的意思。因此,在处理的过程中虽然有标点符号,但是还需有一个延长的停顿。

(三)情感性停连

停连除了生理表达和语法理解的要求之外,在具体运用时,可以按照不同的风格特色、经验积累来具体实施。这样的停连我们称之为情感性停连,其中又包括回味性停连和灵活性停连。

1. 回味性停连

回味性停连主要是针对话语接收者的生理反应而形成的停连。在表达时,为了引起接收者的共鸣,在意思表达完之后,需要留出一段给对方反应、想象、回味的时间,这样的停顿,我们称之为回味性停连。文稿的"味道"是否能够表达出来,主要就是靠回味性停连。例如:

> 一张照片,8双手向上摊开,沾满油渍,布满老茧,有的手指头还裹着创可贴类的东西∧——《工人日报》4月11日用一个整版的新闻照片,记录了塔里木石油勘探队员的帐篷生活——"两个多月不洗澡",∧"头发干得竖着长",∧"手机只当相册用",∧"老茧、唇裂、干巴癣"∧,几个片断,几个场景,勾勒出他们生活的艰苦和寂寞。那里与我们大多数人熟悉的生活,离繁华、喧嚣的都市,隔得很远很远。
> (刘文宁、张刃:《那一双双手,不仅诉说着艰苦与寂寞》,《工人日报》2009-04-16)

上面一段文字,为了表达石油勘探队员的艰苦生活,在描述性词语之后,可以加长停顿的时间,给话语接收者充分的联想和想象,增强对文本的理解。

2. 灵活性停连

在处理停连的位置和时间上,没有万能的方法和公式,停连的技巧也是可以相互渗透的。同一篇文稿,由于话语表达者的声音条件、文化修养的不同,停连的位置和时间也不同。播音主持的生命力在于"变化"和"创造",对停连的运用有较大的灵活性。例如:

> 痛定思痛,为何食品安全事件|屡禁不止?纵观多起食品安全事件|发现,问题|很大程度上|出在"禁"的方式上。最近曝光的|多起食品安全事件中,大多都

是│由媒体曝光后,监管部门│才介入调查。虽然事故发生后,各级有关部门都行动迅速,查禁措施│也十分得力,但如果缺乏│有效的事前监管,总是在付出沉重的代价后│才突击行动,这种│"闻灾方重视,亡羊才补牢"的监管方式,早已让群众对监管部门│失去了信心。

(张渊腾:《食品安全就该"人命关官"》,《梧州日报》2010-12-29)

在进行灵活性停连的时候主要是看在处理的过程中有一个什么样的标准,比如上面的停连处理主要是强调动词和副词,所以在停连的处理上特别突出了"屡禁不止""很大程度上""最近曝光的"等词语。当然由于文稿处理者的理解和要传达的东西不同,在表达的过程中也可以有不同的创造,如进行强调名词的停连或者进行强调中心词语的停连等。

三、停连与文体

停连虽然有其固定的要求和运用原则,但在不同的文体中又有不同的运用准则。把握不同文体中的停连是播音主持话语表达者运用停连的基本要求。

1. 新闻类节目话语表达中的停连

新闻类节目中的话语表达,主要要把握节奏感,体现新闻的时效性。如今,媒体触角发达,竞争激烈,因此提高快速反应能力、增强时效性成了各新闻媒体之间竞争的焦点。尤其是对重大新闻,时效性的竞争用争分夺秒来形容丝毫不为过。在时效性的竞争中,新闻类节目的播报经常采取现场直播、现场连线的方式进行,这就要求话语表达者要注意话语表达的节奏感,要流畅、准确地播报新闻。在保证听众听清、听懂的前提下要适当缩短停顿的时间,这样才能与新闻时效性的要求相得益彰。例如:

叙利亚冲突仍在持续。胡拉惨案阴霾未消,又有新的暴力事件发生。位于叙利亚首都大马士革市中心的最高法院外的停车场28日发生爆炸,至少20辆轿车着火。⌒27日,大马士革一家亲政府的电视台总部遭枪手袭击,⌒包括记者在内有7人被杀身亡,⌒另有多人被掳走。⌒

22日发生的土叙"战机事件"则仍旧波澜继续。⌒26日,北约就此事召开紧急会议,并表示"以最严厉的言辞谴责叙利亚的行为"。⌒另据当地媒体报道,土耳其军方27日在土叙边境的基地增加部署防空和火箭炮弹,一场边界战争似乎也如箭在弦上。

(李晶:《叙利亚问题国际会议:战争还是和平?》,《人民日报海外版》2012-06-30)

这是两则和爆炸、冲突、战争有关的国际新闻。在文本的播报中,一方面要体现新闻的时效性,另一方面要表达文本的紧张气氛,因此播读者在进行话语表达时,停顿的时间要相对缩短,增加连接。除了在新闻中有标点符号的地方减少停顿、增加连接之外,在段与段之间也要缩短相应的时间。

2. 电视纪录片解说中的停连

电视纪录片真实地记录和反映社会生活,反映生活中的真人、真事、真情、真景,逐渐展现生活的原生态和完整过程。电视纪录片兼具新闻性与艺术性,有其自身的创作属性。它以真实性、纪实性为创作原则,内涵丰富,创作多样。电视纪录片实际上是一种文字语言视觉化的片子。

电视纪录片的解说是配合着画面进行的,解说对画面有着一定的依附感,但是解说不是对画面的简单重复,而是对画面进行补充、丰富和渲染。所以,在解说的时候需要注意:解说不是不间断进行的过程,也不是长时间停滞的工作。解说的时候需要把握全篇的主旨,确定好解说风格,用停连来营造一定的氛围,配合画面进行讲解,既不喧宾夺主,又不让人感觉可有可无。解说的时候同时也要注意话语接收者的接收能力,不能太快导致接收者"反应不过来",也不能太慢,造成"拖沓"的感觉。例如:

特定的历史和自然环境,使得升官或者发财以后,营造宅院的人| 开始小而精的打算,他们将更多的精力投注于| 雕梁画栋,通过丰富的乡土语言,巧妙地组合出令人愉悦的形态和风貌,∧比如卢宅。≪

现在,过去的岁月走远了,∧建造卢宅的工匠| 也走远了,∧我们只能从卢宅的精雕细刻中| 体会东阳木雕的精妙绝伦,∧只能从东阳木雕的精妙绝伦中,体会东阳工匠的木刻人生了___。

这是电视纪录片《江南》的解说词。在解说的过程中,话语的表达不是单一进行的,而是要配合着画面不断发展、延伸。如在第一个段落之后,由于画面展示的是卢宅的风貌,所以,语言表达停顿的时间比一般段与段之间的停顿更长。在表达的过程中,除了根据标点符号进行生理性停连和语法性停连之外,我们还可以根据表达者的不同风格进行情感表达。如文本的最后一句话"体会东阳工匠的木刻人生了"中的"了"字,可以创造一种字断而音不断,回味悠长的感觉。

3. 访谈类节目中的停连

访谈类节目是指在电视或广播节目中主持人与嘉宾就某一主题所进行的谈话交流。所有利用谈话交流形式作为节目创作方式与手段的都可以叫做访谈。访谈的优点是可以使话语接收者参与到节目中来,进行沟通和宣泄,甚至自我展示,它迎合的是话语接收者一种自我实现的心理。访谈类节目的方式可以有一对一的访谈,也可以是一对多的访谈。在访谈中主持人的主导非常重要,主持人需要把控访谈的方向,平衡话语的分配,调节场上的气氛,合理处置意外。因此,这类节目中的话语表达对停连的要求应该是张弛有度的,即重视给予嘉宾思考、回答问题的时间,又需要得体地催促嘉宾进行回答。

例如:江苏卫视的访谈类节目《人间》,它讲述的是正在发生的进行时事件,有着独特的形式、结构和节目流程。节目核心是呈现一个有悬念、有戏剧冲突、正在发生的情感事件。它融合了情感栏目多年的操作经验,提炼事件的叙事优势并统一形态。同时由江苏卫视两位当家花旦周舟和赵丹军轮班主持,摒弃了同类节目主持人的被动阐述和倾听状态,而成为事件的参与和推动者。下面是《人间·爱的背叛》中的话语表达:

中年| 往往是婚姻和家庭| 危机四伏的一个阶段,恋爱时的激情| 慢慢褪去了,而婚姻生活| 也渐渐地让感情变得越来越平淡,家住四川的中年女人| 李萍,就渐渐地感到| 丈夫离自己越来越远。

周舟:你当时跟你丈夫的时候| 有没有想到他和刘艳| 已经同居了?

李萍：当时不晓得，只是怀疑。后来听到他们单位上的人说，才知道他已经在外面租了房子。

周舟：其实在这个之前，不管你拿到了什么证据，你还是猜测｜还是没有办法肯定，直到你冲进房子看到你的丈夫｜看到刘艳的那一刻，你才是确定的。∧对不对？

访谈类节目是双方交流的一个过程，主持人要考虑表达者的情绪，强调提出的问题，所以需要增加停连，如"你当时跟你丈夫的时候｜有没有想到他和刘艳｜已经同居了？"同时，这也是在给话语接受者、受采访对象一定的思考时间。而在有的对话当中，由于需要的是访谈对象一种直觉的不假思索的反应，所以，需要一种紧密的连接，如"你才是确定的。∧对不对？"这个"对不对"表达的是一种催促，需要受访者立即回答。

4. 生活服务类节目中的停连

生活服务类电视节目是指关注日常生活，针对生活中的具体需要指导、帮助和具体服务的一种节目形式。随着人们生活水平的提高，我国的生活服务类节目的数量越来越多，节目越来越专业、越来越时尚、越来越丰富多彩。生活服务类电视节目的目的就是要为公众服务，节目更多体现的是一种人文关怀，它最本质的内涵就是尊重每一个人，关爱每一个人，凸显并高扬人的主体地位，本着普通老百姓日常生活中的问题和需求来进行节目的制作和传播。这类节目与人们的切身利益息息相关，以平凡为美，重视抓取不经雕琢的原生态画面，在人们熟悉的生活中寻找人们不熟悉的内容，并将其凸显出来。如CCTV-2的《交换空间》节目，省去了演播室的环节，全部采用外景拍摄，用镜头真实记录下两个家庭在设计师的带领下，装修对方家居空间的全过程，成为众多喜爱家庭装饰一族们的首选。生活服务类节目播音主持的目的更多的是使接受者感受到一种真实、亲切的存在，在进行停连的时候，需要主持人站在接受者的立场去考虑问题，要利用节目内容和现场语境，巧妙生成幽默，创造富有情趣的现场气氛，使节目精彩不断。在具体运用停连技巧的时候可以运用"强调性停连""情感性停连"等。如在某期《天天饮食》节目中，介绍了一道低热量的菜，主持人董浩是这样说的：

我们节目的宗旨是｜告诉大家，时下流行什么样的｜健康菜色！如果你照做了｜还成了我这样的话，那也只能说明，唔，你和我一样，属于｜喝水都胖的人群咯！

在这段话的表达中，主持人首要考虑的是接受者的有效接收，所以在"节目宗旨"和"时下流行"之后需要做短暂的停顿，以示强调。而最后"属于喝水都胖的人群"的表达是主持人言语幽默的表现，主持人故意"抖包袱"，所以做了一个情感性停连。这样做可以使话语接收者更加关注节目，使主持人更有力地控制现场。

5. 综艺娱乐类节目中的停连

综艺娱乐类节目是一种娱乐性的节目形式，要求主持人以娱乐为思维基点，立足娱乐精神，运用娱乐思维，产生轻松愉快的传播效果。对停连的运用，要求注重现场的气氛，在制造悬念、进行强调、制造气氛的地方多运用停连，加强与现场观众的互动，造就良好的表达效果。例如：

今天给大家介绍｜著名相声大师｜马季先生的三百多个相声段子中｜着力讽刺现实生活中不良现象的名段。

这段文字来自于晚会的节目主持。这个句子有两个停连,表现出的是两层呼应关系。第一层是"介绍"和"名段",这是主要的呼应关系,第二层是"马季"和"名段"之间的次要呼应关系。主要呼应关系比次要呼应关系的停顿时间要略微长一些。

总之,在不同文体的播音主持中,巧妙地运用停连,可以增强与话语接收者之间的联系,为增强主持人对现场的控制力起到良好的作用。

思考与练习

一、停连在话语表达中的作用有哪些?
二、简述停连的基本原则。
三、如何区分生理性停连与语法性停连?
四、新闻类节目中的停连与访谈类节目中的停连有什么不同?
五、请用停连的相关符号对下列稿件进行播音与主持表达中的停连处理。

1. 今天,北京市公安局出入境管理处举行10项出入境便民措施启动仪式。首批三项便民措施已经在各分局出入境接待大厅推出。先期推出的三项便民措施是:东城、西城、朝阳、海淀、石景山、丰台、顺义、昌平等8个分局的10个接待大厅将增加制证设备,有效缩短市民申办赴港澳个人旅游签证再次申请的等待时间;二是全市各出入境接待大厅将设置自动填表机、满意度评价器等设施;三是市公安局出入境接待大厅将设置叫号排队系统。

2. 人们常常以为只有批评才需注重场合,若是表扬,在任何时机任何情形下都是适宜的。这也是一个误区。批评就像是冰水,表扬好比是热敷,彼此的温度不相同,但都是疗伤治痛的手段。批评往往能使我们清醒,凛然一振,深刻地反省自己的过失。表扬则像温暖宜人的沐浴,使人血脉贲张,意气风发,勃兴向上。但如果是在公众场合的批评和表扬,除了对直接对象的鞭挞和鼓励,还会涉及同时聆听的他人的反应。

第三节 重 音

重音是体现文章节奏的一种很重要的表达技巧。组成句子的词或短语在句中所起的作用不完全相等,有主次之分,表现在发音上就有轻重强弱的区别。重音可以指示节奏或者句中最主要的词,引起话语接收者的注意,加深其对重要信息的印象、理解和感悟。

一、重音及其作用

(一)重音的含义

重音是指相连的音节中某个音节发音突出的现象。在朗读或说话中,为了表达词语之间的主次关系、轻重关系,根据语句的目的、思想感情的需要而给予强调的词或短语,称之为重音。例如:

玉龙雪山冰川的持续消融将极大地影响区域内的水源补给,并将导致地质灾害的发生和部分生物物种的消亡。随着丽江玉龙雪山现代冰川的消融加剧,已对玉龙雪山区域内的生态环境产生了极大的负面影响。

(王法：《玉龙雪山 4 条冰川去年消失》，《春城晚报》2010-04-12)

在文本的表达中，为了表达玉龙雪山冰川消融的危害，我们可以将"地质灾害的发生""部分生物物种的消亡""负面影响"等词语加强为重音表达。

(二) 重音的作用

1. 使语义表达准确清晰

重音对文本语义的表达有着至关重要的作用，它能够使语义明晰、透彻，使接收者清晰地理解话语表达的内容。重音越精确，语义越清晰，目的越明朗。在现代汉语的表达中，相同的词语和相同的词序排列由于重音的不同可以表达不同的含义。例如：

老王明天来北京。(是老王，而不是别人来北京。)
老王明天来北京。(老王是明天，而不是今天或者后天来北京。)
老王明天来北京。(老王明天是来北京，不是去。说话人是在北京。)
老王明天来北京。(老王明天来的地方是北京，而不是别的地方。)

2. 强调语义，加深印象

在文稿的表达中，有时是为了将作者的意思进行深层挖掘，有时是话语表达者为了进行再次创造，需要对其中的某些词语进行强调和突出，这时需要重音的运用。例如：

小王是"笨"，但关键是人家知道自己"笨"，并设计了一套适合于"笨"人的"笨办法"。

例句中出现了四个"笨"字，如果用同样的重音处理，会使整句话在表达上显得乏味单调。第一个"笨"字是首次出现，点明了小王的特点，因此要着重强调，第二个"笨"字说的是小王知道自己这个问题，所以不用特意强调，第三个"笨"和第四个"笨"说的是笨人有笨办法，在处理上要有一个递进的关系，并且都要比第二个"笨"稍强。这样处理，四个"笨"字就有了高低强弱的不同表达，整句话就灵活多了。

3. 增强色彩，突出感情

重音的运用能够丰富语言的表现力，引起话语接收者的注意，增加文本朗读的生动性，为文章增添色彩。重音不光是位置要准确，还得从声音形式上有所体现，让人在听觉上能鲜明地感受和领悟到话语发出者的感情态度。如果语句的表达没有轻重之分，听起来就会显得生硬、突兀，没有感人的力量。例如：

那天给师母送稿子，手写的，又有点儿乱。师母说："没关系，我在电脑上打出来。""您?"师母说："是啊，我 70 岁学的。"惊得我一下子没了话。出了门，第 100 次下决心，该学电脑了。

(敬一丹：《我非时尚中人》，《中华读书报》1999-11-10)

文中的"您"字，包含了作者强烈的情感态度、吃惊、出乎意料。在朗读的时候需要做重音处理。

(三) 重音的运用

使用重音时，要遵循以下基本原则：第一，重音重在精而不在多。确定重音应有立得住脚的道理,否则就不轻易使用。第二,处理好重音和非重音的关系,重音和次重音的关系,重音和重音的关系。第三,把握重音首先要综观全篇,从全文的宏观角度体会作品意图和主要内容,然后落实到具体的语句当中。

从运用方式上看,很多人认为重音就是加大音量。实际上,重音有增加音强来表示的力重音和通过音高的变化来表示的乐调重音。重音可以表现在扩大音域、延长时间和增加强度几个方面。重音的表达需要与语气、停连、节奏等相联系,一般可以运用以下方法来实现重音的表达:

1. 巧妙运用高低强弱的转换

在重音的表达中,不一定所有的重音都用一个强度进行表达,可以根据不同的语言环境,区分重音、次重音、轻音等不同类型。一种方式是在读音的时候,可以加强音量,有意识地把某一些词语读得重一些、响一些。另一种方式是重音轻读。用减轻音量的方法将重音低沉地读出,这样可以表达复杂细腻的感情。

2. 运用快慢节奏突出重音

在表达次重音和非重音时,可以快速带过去。在强调重音时,表达得慢一些,或者可以适当延时。快慢停连相结合的表达方式,可以丰富重音的表达。将音节表达得慢一些,可以使读重音的词显现得更加细腻、深沉。

二、重音的类型

重音的运用灵活多样,它们有的出现在文本中固定的位置;有的有明显的标志性词语;有的需要根据作者的意图去揣摩;有的需要表达者自己去创造。根据重音在语法和情感中的不同表现,我们将重音分为语法重音、逻辑重音和情感重音。

(一) 语法重音

根据句子的语法结构对句子的某些部分加以强调,这样的表达方式,我们称为语法重音。语法重音的位置比较固定。一般情况下,我们将句子中的谓语部分,动词或形容词前的状语部分,动词后面由形容词、动词及部分词语充当的补语,疑问代词和指示代词,都作为重音表达。

1. 并列性重音

并列性重音指对文稿中具有同等位置、同等关系、同等语法意义的词或短语需要用相同的重音表达方式。例如:

2010年的中国,经受了历史罕见自然灾害的挑战:西南大部旱魃逞凶、多条江河洪浪翻滚、东南沿海台风肆虐、西北高原震情又起、山区峡谷泥石流穿村毁城……

(《在历史灾难中实现历史进步》,新华社 2010-09-10)

文本中,处于冒号后面的表述属于并列关系,需要进行相同的重音处理,最后用停连的方式表达省略号。

2. 对比性重音

对比性重音指在进行两种或者两种以上事物的比较过程中,为了使事物的特征表现得更突出,形象更鲜明,需要进行重音的表达。例如:

不幸之中的万幸：115人经过抢救奇迹般生还，让多少人欢呼击掌、欣喜若狂；万幸之中的不幸：截至4月11日12时，33名工人遇难、5人被困井下，又让多少人扼腕落泪、悲痛哀伤。

（赵承、陈忠华、宋振远、郑晓奕、朱立毅：《王家岭矿透水事故救援报道》，新华网 2010-04-11）

　　上述例子具有明显的对比性，需要对两种不同的现象进行重音处理。在文本的表达中，需要注意的是还有一种隐性对比，即字面上只有对比的一方，但对比关系明显，那么字面上有的一方也要强调。如："与普通空调相比，海尔空调的优点在于……"虽然没有出现其他空调的特性，但文本的表达也具有对比的特性，也需按照对比性重音处理。

3. 呼应性重音

　　呼应性重音一般出现在句子中有相互呼应关系的地方，是对句子中的内在联系的一种加强。在表达时应注意呼应的方式。当出现问答式呼应时，重音在呼和应的主要词语上；当出现一呼多应或者多呼一应时，重音在并列的词语上。例如：

　　春节以后，一场始料未及的"民工荒"波及浙江乃至我国沿海地区，并继续在各地发酵、蔓延。企业招不到足够工人，部分生产线停开；一些老板开着小轿车，到车站"抢人"……农民工，似乎一下子变得紧俏起来。温州中小型企业发展促进会会长周德文，每天都在为当地招工难发愁担忧。

（袁奇翔、王掌、甘洋：《善待民工才能够缓解民工荒》，《广播评论》2010-03-24）

　　文本中，第一句话与后面的句子构成的是一呼多应的关系，虽然文中没有标志性的并列词语，但是在表达每一个句子的时候都需要进行相同的重音处理，表示它们在文中处于相同的地位。

4. 递进性重音

　　递进性重音指在文本的处理中，将层层递进的事物读为重音，后一个重音比前一个重音表示更深一层的含义。一般在递进复句、条件复句、假设复句、反问句等句子中运用，常见的关联词有"不但……而且(还)……""只有……就……""……也……""……又……"等。例如：

　　继2004年国家技术发明一等奖实现6年空缺的历史性突破后，石油化工科学研究院宗保宁等完成的"非晶态合金催化剂和磁稳定床反应工艺的创新与集成"又获得2005年度国家技术发明一等奖。

（王玲：《谱写自主创新的辉煌篇章》，《经济日报》2006-01-10）

　　文本中的递进性重音强调的是"又"之后"国家技术发明一等奖"的表达，所以重音可以落在关联词上。

5. 转折性重音

　　转折性重音经常出现在转折复句中。关联词有"虽然……但是""却"等。例如：

　　莱州拥有山东半岛北部最大的浅滩，面积达5500公顷，浅滩及附近海岸蕴藏的石英砂资源，具有可观的经济效益，可谓寸土寸金。但为了保护海洋生物资源和生态环境,莱州在去年申请设立了省级特别保护区,对一切向浅滩掘金的活动说"不"。面对巨大利益毅然"留白","舍"与"得""进"与"退"尽在方寸之间,"画"之格调,高下立判。

(王学文:《留白的艺术》,《大众日报》2010-07-19)

上例中转折性重音的表达应将重音落在具有转折意味的"但"字上。

(二) 修辞性重音

我们在表达的时候往往使用修辞的手段使表达更加丰富。为了增强话语接受者的感知能力,话语表达者需要对这些修辞表达进行重音处理。

1. 比喻性重音

比喻是用某些有类似点的事物来比拟想要说的某一事物,以使表达更加鲜明生动的一种修辞方法。比喻性重音是指在表达时对比喻的意思和重点进行强调的表达方式。例如:

雪海中的五星红旗引起了救援人员的注意。直升飞机驾驶员新疆军区陆航部队飞行大队长张晓中说:"降雪很厚,风速特别大,找起来如大海捞针一般。有个牧民骑着马,拿着红旗一直朝我们招手,我们当时心里很感动,潸然泪下,我们就一路上加大马力,安全地把他们送回来了。"

(赵萌、杨树赛:《高举国旗,呼唤救援》,新疆人民广播电台 2011-05-16)

文本中"大海捞针"体现的是搜救工作的困难,为了突出这个重点,在表达的时候可以用加强重音进行表达。

需要注意的是有时比喻性词语不是语句的重点,不能视为重音。例如:

2010 年 10 月,当年参与研究的市科委研究员、如今 82 岁的汤万方,在 7 次参观世博园后更坚定了当初的想法:"世博会是推动中国继续发展的契机,而不是发展后一次自恋般的停歇。"

(任伟本:《上海世博会纪略》,《新民晚报》2010-11-06)

文本表达的重点在"契机",所以,在表达的时候可以无需对"自恋般的停歇"进行重音处理。

2. 拟声性重音

拟声性重音一般强调拟声词,但不是所有的拟声词都是重音,要看它是否体现语句目的。表达时不必惟妙惟肖,重在传神。例如:

① 随着"呼"一声枪响,比赛正式开始。

② 冬天的山村,到了夜里就万籁俱寂,只听得雪花簌簌地不断往下落,树木的枯枝被雪压断了,偶尔咯吱一声响。

大街上的积雪足有一尺多深,人踩上去,脚底下发出咯吱咯吱的响声。

例①中的"呼"不是文本表达的主要目的,无需进行重音处理。例②中的拟声词体现了一定的场景,表达时可以对它们进行适当的重音处理以起到烘托气氛、突出环境的作用,使文章更显生动细致。

3. 反义性重音

表达中有"正话反说"和"反话正说"的情况出现,处理时要看表达的态度到底是赞成还是反对,不能表达反了。运用反义性重音时要借助语气的配合,不能一带而过,也不能在字面上过分着力。例如:

> 国务院下发的23号文,将矿领导的安全同普通矿工"捆绑"在一起,逼着矿领导重视安全问题,这种"对症下药"的举措,应该会收到较好的效果。但是民间常有一句话,"上有政策,下有对策",这些对策中,也许包括"'假领导'下井,'真领导'不下井"。什么时候真正地落实23号文,真正地让矿领导和矿工这些"同一条绳上的蚂蚱"同呼吸、共命运,那些悲惨的矿难才会真正地减少。
>
> (唐正芳:《一矿山提拔7名矿长助理下井带班》,广西新闻网 2010-09-18)

根据上下文的意思,对于"'假领导'下井,'真领导'不下井"是持反对态度的,所以在表达中,可以借助重音进行强调。

(二)逻辑重音

逻辑重音指的是由文本中语义的内在逻辑关系支配而形成的重音。逻辑重音主要起点明语义、描绘人物特征、刻画人物性格、揭示文本内在思想感情,介绍事物的特点和点明事物的症结等作用。逻辑重音没有固定的位置,会随着语义表达的不同而改变。

1. 肯定性重音

这里的"肯定"是做出明确判断的意思。包括两种情况:一是肯定"是什么";二是肯定"是"还是"不是"。肯定性重音通常和对比性重音、递进性重音、转折性重音紧密相连。例如:

> 伴随着新中国一起成长起来的我国汽车工业,从无到有,从小到大,走过了半个多世纪的发展道路,取得了巨大成就。特别是改革开放以来,汽车工业有了长足的发展与进步。近几年,越来越多的汽车企业拥有自主技术,推出自主品牌产品。事实证明,只有依靠自主创新,掌握核心技术,才能真正推动我国由汽车市场大国走向汽车产业强国。
>
> (李洪波:《谱写自主创新的辉煌篇章》,《经济日报》2010-07-19)

在文本的表达中,"特别是"和"事实证明"后面的表达都是文本主要的意思,需要用重音进行强调。"特别是改革开放以来"之后的意思表达,有递进的含义,可以用重音表述。

2. 强调性重音

强调性重音指的是为突出某种感情而进行的重音表达。感情色彩不同,重音的表现方式也有所不同。在一般性的表达中,作为统计的数字常需要被强调,但文本中数字出现得较多时,要仔细揣摩哪些数字是需要强调的,哪些是不需要强调的。需要强调的数字的内涵是什么,是"提高了""减少了"还是"扩大了"。出现数字时,一般都会伴随着比较,比较的结果也要重点强调。数字重音的处理方式不是把所有的数字都"咬"得非常清楚,在短时间内话语接受者对过于复杂的数字是没有明确概念的,所以在不影响语意的情况下只要强调重点数字即可。例如:

一个芭比娃娃从中国的进口价为 2 美元,其中,中国仅获 35 美分的劳务费。但按原产地统计,2 美元全部计为中国对美国的顺差。按增值比例计算,中国的顺差被夸大了近 6 倍。类似的,一部在中国组装的苹果手机对美国出口,如果按增值比例计算,中国的顺差被夸大了 26 倍。

(黄歆、王攀、顾烨:《从"芭比"到"苹果":笼罩在数据迷雾下的"中国制造"》,新华网 2010-12-31)

在文本的表达中,"2 美元""35 美分"和"6 倍"的表达可以做一般处理,目的只在向话语接收者陈述一个事实。最后的"26 倍"可以进行特别的强调,表示事物之间的悬殊和差距。

(四) 情感重音

为了情感表达的需要,对文本中那些在表达感情上起决定作用的词语或句子加重音量的表达,就是情感重音。情感重音出现在文本中情绪激动或情感复杂的地方,具有强烈的感染力。例如:

射向法官的子弹,和挥向孩子的尖刀一样,令人震惊。这一事件通过网络迅速传播,网友、时评作者第一时间表达了对事件的看法,其中一些声音令人不安。公众对这一事件作出怎样的解读,反映了公众情绪;而解读能否理性、公正,不仅关系到法院、法官的声誉,甚至可能一定程度上决定,今后会不会有更多类似悲剧发生。

(李曙明:《法官被枪击 请慎提司法不公》,《检察日报》2010-06-02)

在情感重音的表达中,由于话语表达者的年龄、性别、生活经验等的不同,所产生的情感也有一定的差异。例如:如果播音员是一个比较年轻的、没有太多人生经验的人,那么他的重音处理就可能在"令人震惊"上,强调的是事情的出人意料和震撼的效果;如果是一个已为人父母的播音员,那么他的重音处理可能会在"挥向孩子的尖刀"上,强调的是事件的残忍性。所以,在处理情感重音的过程中因为情感的不同会有不同的效果,主要以灵活处理为主。

三、重音与文体

播音主持节目的分类,可以有不同内容、不同功能、不同形态的划分。明确节目的类型与文体,有助于我们恰当地运用和处理重音。

1. 新闻类节目中的重音

新闻类节目是指以新闻材料为基础,加工制作而成的广播或电视节目。新闻类节目的播读一般语速较快,信息含量较高,受众需要在较短的时间内接受较多的新闻信息。因此,在进行新闻类节目的播音主持话语表达时,重音的处理尤为重要。要求播讲者准确抓住需要强调的中心和重点,通过重音的处理,让受众在众多的信息注入大脑时能对关键性的信息有所记忆,帮助受众对信息进行筛选和处理。例如:

今天下午,两列新型高速列车同时从北京和天津对开。至此,目前国内设计最先进的城际高速列车正式投入运营。

(张莹:《京津城际高速列车开始运营 高峰时段 15 分钟一班车》,《中国广播网》2009-09-17)

这条新闻的播读,要注意处理新闻中的重点词汇和信息,如"新型""高速""最先进",将关键词作重音处理,提醒观众或听众注意。

2. 电视纪录片解说中的重音

电视纪录片,往往会在以人物或事件为主轴的基础上引出一个个的故事,以增加可看性。解说词既具有高度概括的功能,又具有细腻的描述。我们以讲故事的思维来进行解说,注入说故事的元素,注意设置悬念,将情节安排得详略得当,利用重音造成跌宕起伏,引发观众"探知事实真相"的欲望。

纪录片的悬念可以由画面、文字、声音等元素共同构成,其中,解说词起着非常重要的作用。重音的渲染,会给接收者一种"亲历"整个事件的感觉,以此达到表现主题、感染话语接收者的目的。例如:

自古以来,秦岭就充满着令人向往的神秘色彩,就连它名字的由来都还是个谜。究竟出自谁口,得于何时,史学界至今还莫衷一是,只有一种观点被普遍认可,那就是它源于古代秦人和秦帝国的威名。所以,这座横亘在中国内陆腹地的巨大山系,就叫秦岭。

(纪录片《秦岭》,王若冰)

这是纪录片《秦岭》的解说词。在文本的表达中,需要话语表达者运用语言,引发人们的体会和感悟。如对句中的"神秘色彩""谜"进行强调,可以让话语接收者感到一种好奇;对句中"威名""横亘""巨大"进行强调,可以让接收者感到秦岭的气势。

3. 访谈节目中的重音

访谈类节目的主持人以个性化的、本色的、真诚的主持特色,构筑起崭新的平台和桥梁,使嘉宾和观众平等地交流和沟通。在访谈节目中,重音的表达可以帮助主持人触及话语接收者的内心,达到人与人的思想碰撞。要产生闪光的思想亮点,需要主持人用深刻的、有力的语言作铺垫,激发嘉宾参与节目的热情和兴趣,拨动被采访者的心弦,让他们讲述自己的成功、坎坷和人生故事,给观众以启迪。例如:

杨澜:中国观众对您印象最深的还是在 2006 年(都灵)冬奥会上你以几乎完美的表演以很大的优势获得男子单人滑的冠军,你自己怎么评价那一次的表现?

普鲁申科:我当然很高兴,我是一直在笑,这是一种享受,我好像觉得一生都在为了获得这一枚奖牌。我完成了自己的心愿,这是一个超级的心愿。我认为,对运动员来讲,奥运会是最高的奖赏,这是我们最高的标准,我觉得这是最好的一个奖赏。

杨澜:当你 4 岁练习滑冰的时候想到过会有今天这样的生活吗?

普鲁申科:我确实 4 岁开始练,这完全是偶然的。我小时候总得病,妈妈就让我学滑冰,是让我锻炼身体。对,后来我身体果然好了。我练了一个半月就开始参加比赛,当时 15 个人参加我得了第 7 名。但是其他的人都已经练了一年半到两年了,而我只有一个半月。教练看了看我说你应该去练花样滑冰,所以我就从此开始了。7 岁的时候我就得了一个儿童滑冰大奖。

杨澜:那个时候得到的奖赏是什么?

普鲁申科：我当时得了一个海战的电子游戏，我特别高兴，我一直在玩，和小伙伴们一起玩。我们在坐火车的时候就一起玩这个游戏，大家都很高兴；我特别高兴，因为这个东西是我得的。

杨澜：一个11岁的孩子离开自己的父母独自生活在一个大城市里，你怎么样形容当时的生活？

普鲁申科：确实，在11岁的时候，我们这个冰校关了，在伏尔加格勒我不知道怎么办。妈妈说你踢足球去得了，或者你干脆就好好学习得了，我有一个礼拜也不知干嘛，因为我特别喜欢滑冰，而且成绩不错，后来我们决定我应该来圣彼得堡。11岁时我来到这里，有一年的时间内没有父母陪同确实很艰难，谁也不管我……

杨澜：那你吃什么呢？

普鲁申科：那阵子就是基本温饱，没钱，有什么就吃什么，对我来讲那确实是很沉重的一段时期。我现在回想起来很自豪。我们——我和父母一起度过了这段时间，我现在应该说所有都达到了。但是，很多时候都是这样子，有的人一无所有经过艰辛的争取达到了顶峰。我还想说，达到了顶峰之后，你还是要学会做人。金钱和荣誉是会腐蚀人的。

……

主持人串场：普鲁申科的职业生涯离不开圣彼得堡这座城市，由于纬度比较高，每年的五月到八月这里的白昼时间都很长，比如说现在已经到晚上的九点钟，却依然艳阳高照，诗人普希金就曾经写下这样的诗句，"朝霞匆匆替代晚霞，只留给黑夜半个小时"就是用来形容圣彼得堡的著名的白夜的。由于同样的理由，这里的冬季黑夜也更显得相当的漫长，这使得这座城市充满了戏剧化的氛围，而普鲁申科的竞技生涯，也是如此。

……

(《杨澜访谈录》2008-08-04)

这段文字来自《杨澜访谈录》中杨澜对普鲁申科的一段采访。杨澜是我国著名的访谈类节目的主持人，在节目中杨澜的问话很容易引发被访者的思考，在话语的处理中，对重音的处理如"4岁"开始学滑冰，"11岁"离开父母"独自"生活。对带引号的三个词语的强调一下子勾起了普鲁申科的一种心酸的回忆，打开了访谈中的话匣子。在文本的最后，主持人可以通过重音"离不开""很高""很长""也是如此"向话语接收者表达自己的一种感叹的情感，最终增强节目的情感性。

4. 生活服务类节目中的重音

生活服务类节目，指除新闻类、娱乐类、体育类节目以外的所有关于社会与生活内容的节目，是播音主持节目中内容涉及面最广、节目形式和手段最丰富、最贴近人民生活的一类节目。生活服务类节目对语言的要求是多种多样的，它要求主持人的语言随节目的创作方式有所变化，有较强的重音表达能力，对知识的讲解、内容的叙述进行生动的转换，产生通俗易懂、抑扬顿挫、生动活泼的效果。例如：

中国拥有世界上最富戏剧性的自然景观，高原、山林、湖泊、海岸线。这种地理跨度有助于物种的形成和保存,任何一个国家都没有这样多潜在的食物原材料。为了得到这份自然的馈赠,人们采集,捡拾,挖掘,捕捞。穿越四季,本集将展现美味背后人和自然的故事。

香格里拉,松树和栎树自然杂交林中,卓玛寻找着一种精灵般的食物——松茸。松茸保鲜期只有短短的两天,商人们以最快的速度对松茸进行精致的加工,这样一只松茸24小时之后就会出现在东京的市场中。

松茸产地的凌晨3点,单珍卓玛和妈妈坐着爸爸开的摩托车出发。穿过村庄,母女俩要步行走进30公里之外的原始森林。雨让各种野生菌疯长,但每一个藏民都有识别松茸的慧眼。松茸出土后,卓玛立刻用地上的松针把菌坑掩盖好,只有这样,菌丝才可以不被破坏,为了延续自然的馈赠,藏民们小心翼翼地遵守着山林的规矩。

这是《舌尖上的中国》中的一段话,文本反映的是中华美食的各个侧面,以此感受食物给中国人带来的仪式、伦理或者趣味,让话语接收者通过中国特色的食材以及与食物有关的中国美食元素,去了解中国美食文化的精致。因此,在对这一类节目进行播音主持的过程中,对重音的把握要掌握整体的一致性,使整个节目浑然一体,自然、生动。在词语的运用上,可以强调一些专有名词,如"中国""香格里拉""松茸"等。

5. 综艺娱乐类节目中的重音

综艺娱乐类节目,指的是能给人带来多种心理满足、以愉悦为主要因素的节目。综艺娱乐类节目种类繁多、形态丰富,是人们生活中不可或缺的精神产品。人们对综艺娱乐类节目的追求其目的是为了丰富自己的生活,扫除枯燥乏味,缓解压力,达到轻松愉悦的目的。综艺娱乐类节目由于其灵动性、活泼性,要求话语表达者除了要围绕文本进行主持之外,还需要有很多"急智",能够灵活地对现场进行控制,主动地调节话语接受者的情绪。在表达时,特别强调重音的控制。例如:

开场白:

主持人:朱军 董卿 张泽群 周涛 李咏 朱迅

朱:中国中央电视台,

周:中国中央电视台,

李:亲爱的观众朋友们,大家

合:过年好!

董:一句回家了,道出多少儿女归心似箭的心情。

张:一声到家了,说出了多少家庭幸福团圆的亲情。

朱:今夜是除夕,我们在北京,在2011年中国中央电视台春节联欢晚会的现场,和您一起快乐守岁、共度良宵。

朱:在这中华民族最重要的传统节日里,我们要向全国各族人民、向港澳同胞、台湾同胞、海外侨胞恭贺新春。

周:今晚在这里,我们还要向中国人民解放军指战员、武警官兵、公安民警以及所有在节日期间依然坚守在工作岗位上的人们致以新春的问候。在辛卯兔年即将

到来之际我们提前给大家

合：拜年了！

结束语：

朱：乘着时代的高铁，

周：驶向幸福的明天。

李：我们启程了，在这团团圆圆的除夕夜。

董：我们出发了，从这红红火火的中国年。

张：满载着"十一五"成功的喜悦。

朱：面向着"十二五"辉煌的前景。

朱：亲爱的朋友们，让我们更加紧密地团结在以胡锦涛同志为总书记的党中央周围，高举中国特色社会主义伟大旗帜，以邓小平理论和"三个代表"重要思想为指导，深入贯彻落实科学发展观，万众一心、奋发进取，为夺取全面建设小康社会的新胜利、谱写人民幸福美好生活的新篇章而努力奋斗。

周：亲爱的观众朋友们，中央电视台2011年春节联欢晚会到这里就结束了，让我们相约

合：明年。再见！

（2011兔年央视春晚主持词）

春节联欢晚会主要体现的是一种全民的大联欢，在总体的节目中要把握一种积极向上、愉悦的节目氛围。所以开场时对"过年好"的重音处理起到了吸引观众和调动情绪的作用。而对"明年"和"再见"的重音表达，体现了一种强调，一种悬念和期盼。

在综艺类节目的表达中需要注意的是，重音的表达不能太低、太弱，显得没有精气神或缺少现场感；也不能一直高喊，没有艺术内涵。应当随着节目的性质、现场的情绪、音乐的配合而不断调整、变化自己的语言。

总之，在进行文体播音的时候，需要话语表达者认真领会文本的内容，根据所主持的节目进行灵活处理，巧妙运用重音表达，增强节目特性、丰富节目效果。

思考与练习

一、重音的类型有哪几种？

二、电视纪录片解说中的重音和综艺娱乐类节目中的重音有什么不同？

三、请简要概括重音的作用。

四、请对下列稿件进行播音与主持表达中的重音处理，在你认为需要表现重音的词语下面加上"．"。

1. 春天必然曾经是这样的：从绿意内敛的山头，一把雪再也撑不住了，噗嗤的一声，将冷脸笑成花面，一首渐渐然的歌便从云端唱到山麓，从山麓唱到低低的荒村，唱入篱落，唱入一只小鸭的黄蹼，唱入软溶溶的春泥——软如一床新翻的棉被的春泥。

那样娇，那样敏感，却又那样混沌无涯。一声雷，可以无端地惹哭满天的云，一阵杜鹃啼，可以斗急了一城杜鹃花，一阵风起，每一棵柳都吟出一则则白茫茫、虚飘飘说也说不清、听也听不清的飞絮，每一丝飞絮都是一株柳的分号。反正，春天就是这样不讲理、

不逻辑,而仍可以好得让人心平气和。

2. 英国考古学家近日在距离英国著名史前遗迹巨石阵900米处发现了另外一个环形阵。这个直径大约25米左右的环状沟渠里面有一些直径一米左右的圆形深坑。环形阵有两个入口,内部还有一块墓地,建造时间大约在4000多年前,与巨石阵同期。考古学家希望新发现能帮他们了解巨石阵的真实用途。

第四节 语 气

一、语气及其作用

(一) 语气的定义及构成

语气是思想感情运动状态支配下语句的声音形式。理解语气应该把握三个要点:第一,语气以具体的思想感情为灵魂,它包括了喜、怒、哀、乐、欲、恶、惧等不同的感情色彩,也包括了各类感情色彩中的分量差异。同时,还包括了语音链条中反映出来的"并列""转折""递进""因果"等思维逻辑的轨迹。第二,语气以具体的声音形式为载体,包含着声音、气息、口腔状态等多层面的变化。第三,语气存在于一个个语句当中,各个句子的语气应有自己的个性。

语气的使用,要根据具体语句存在的语境而定。语境,是指语言存在和使用的环境,语境对人们使用语言有约束力,可以决定并影响语言手段的选择和使用。在播音创作中,语境主要涉及三种类型:第一,语流语境,即上下文句子的逻辑意义和段落篇章的整体色彩。第二,现场语境,即节目的语体形式、传播方式、录播空间,以及特定的时代氛围、传播内容等客观因素。第三,背景语境,即播音创作主体的创作态度、创作状态、语言条件、语言功力、美学追求等主观因素。

语气由思想感情和具体的声音形式两方面构成。

1. 语气的思想感情

语气的"神"——感情色彩和分量。受具体的思想感情支配的语句才是有生命的、可感的。语气的感情色彩,指它透露出来的"喜、怒、哀、乐、欲、恶、惧"等人类情感的丰富繁杂的种种不同色彩,因而要求语言传播表达的丰富性;语气的分量,指在把握语气感情色彩的基础上,区别是非爱憎中浓淡不同的分寸尺度,强调语言传播表达的分寸感。

语气的"神"除了包含形象感受唤起的感情色彩的内涵之外,还包含着语言链条中反映出来的"并列""递进""转折""因果""领起""总括""主次"等逻辑感受,也包含着语言传播过程中与受众的交流、呼应,这三方面的感受交织在一起成为语气的"神"。

2. 语气的声音形式

语气的"形"——语势。语势是指一个句子在思想感情运动状态下声音的态势,或者说,是有声语言的发展趋向。语势变化所造成的整体听感就是一个句子语调和句调的总和。

丰富的思想感情只有透过变化多样的声音形式,即语势的变化,才能让人毫不费力地直接感觉到。相反,刻板、单调,以不变应万变的声音形式只会使本来要表达的思想感情褪色,甚至变味。所以说,语气是语句"神"与"形"的结合体。语势,包含着气息、声音、口腔状态三方面,多层次、多层面的立体变化和多重组合,具有很强的技巧性。

语势的变化,在气息方面,有气息位置深浅的不同,气息量多少的差别,送气速度快慢的区分。在声音方面,有高低、强弱、快慢及音色的精细变化。在口腔状态方面,每一个特定的音位里,都可以有口腔开度大小、控制松紧、舌位前后、舌位高低的变化。这三个方面的变化是彼此渗透、综合呈现的。

需要注意的是:第一,语调不等于字调音节的声调。声调,是能够区别意义的音高形式,它会对一句话的语调产生影响,但语调是众多音节连缀而成,不仅同音高有关,同音强、音长、音色也有关系。第二,语调和句式也没有一一对应的关系。陈述句、疑问句、祈使句、感叹句等,不可以用来概括和等同以声音形式进行表现的语调。就如"你好"一词,现代汉语文字就这一种写法,但是语言表达却可以用多种方法来表现它的不同内涵。语势是描绘语调曲折性的图示,显然,语势也不受字调和句子语法类型的限制,它显示的是语句词语系列内在联系及语句之间的起承转合。要避免把语势和句式或感情色彩直接对应。

为了概略地描写语势的特性,张颂教授把有声语言的语势分成五种基本形态:波峰类、波谷类、上山类、下山类、半起类。

(1) 波峰类

语句的句头、句尾较轻较弱,在图示中显示为较低。语调的高位在句子的中部,显示在图形的腰部的波峰位置。波形的弧度并没有统一的规定,可根据个人的特色有所变化。例如:

深 心 里 我 早已   的的确确   成 为 藏 北 人

(2) 波谷类

语句的句头句尾比较高,句腰较低。注意,较低的句腰也不一定用弱而轻的方式表达。例如:

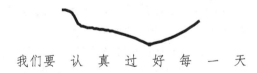

我们要 认 真 过 好 每 一 天

(3) 上山类

语句的句头比较低,而后逐渐上升,句尾时语气的力度和语调上升到最高。例如:

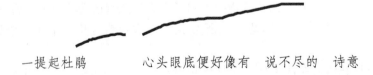

一提起杜鹃   心头眼底便好像有 说不尽的 诗意

(4) 下山类

语句的句头较高,而后顺势下行,句尾最低。句子的重点通常在句头,但也有出现在句尾的情况,常常因为某种不能说、不愿说或令人难过的表达,使得句尾下坠。例如:

随着 一声枪响　他 倒在了　血泊当中

(5) 半起类

语句的句头稍低,中间稍高或有曲折,句尾气提声止,但停止的这个位置只是语调音域的中部,也就是说只提起来了一半的位置。播讲者如果把它误读为一个完整的句子,而听众却根据内容判断句子不完整,这样就导致语气听起来不贴切。例如:

你这人　怎么……

语势的图示只能对语气的基本走势做出大致描写,每个句子都有其独特的个性,所谓"语无定势"就是强调了有声语言表达的多样性,而以上五种语势的分类,只是其中最有代表性的类型。同样的一个句子,可能会因为上下文环境的不同,或因为语言表达者的独特感受而呈现出其他类型的语势。

(二) 语气的作用

语气是播音表达技巧之一,也是从声音到表达的桥梁。从播音的技巧层面说,播讲者对呼吸、吐字、共鸣等基础技能的把握都要服务于语气。从表达的效果来说,不同的感情色彩和分量、逻辑意味、播讲目的都要通过恰当的语气来表现。

1. 体现媒体观点的倾向性

媒体是国家沟通信息的媒介,是党和国家的喉舌,播音员和主持人是国家大政方针和社会主流价值观的宣传者。虽然现在越来越强调广播电视节目的个性化色彩,但这种"从心所欲"的个性发挥仍然是以"不逾矩"为前提的。而国家所倡导的、歌颂的,也往往是本社会、本民族传统道德所要求的,或者是得到公民普遍认可的观点和事物。例如:

近日,广电总局下发了《关于进一步加强电视上星综合频道节目管理的意见》,提出从明年1月1日起……对节目形态雷同、过多过滥的婚恋交友类、才艺竞秀类、情感故事类、游戏竞技类、综艺娱乐类、访谈脱口秀、真人秀等类型节目实行播出总量控制。每晚19:30—22:00,全国电视上星综合频道播出上述类型节目总数控制在9档以内,每个电视上星综合频道每周播出上述类型节目总数不超过2档。每个电视上星综合频道每天19:30—22:00播出的上述类型节目时长不超过90分钟。广电总局还将对类型相近的节目进行结构调控,防止节目类型过度同质化。

(《控制过多过滥婚恋交友类节目》,新华社北京2011-10-25)

以上例文是国家颁布的"限娱令"的部分内容,因为近年来广电节目过度娱乐化,不少节目哗众取宠、滥竽充数,混淆了广播电视节目引导舆论以及传播先进思想、熏陶社会大众的服务功能。在播读这条新闻时,如果没有透彻了解社会实际情况,不免会产生一些抵制情绪,认为这只是极"左"思潮的一种复辟,极有可能把文件的意思说反。这条新闻的播读语气一定是严肃的,甚至有一丝严厉。

2. 体现播讲者与受众的客观关系

语气决定了一个人在说话时对自身的定位和话语对象的定位。播讲者在话筒前、镜头前的身份会随着时代的变化、节目类型的变化、播讲者风格身份的转变而不同。如"文革"时期的播音比较强调内容发布的权威性,语气中说教和命令的成分较多,也就是俗话说的"高、平、空",给人一种距离感。而现在越来越反对播讲者的"说教"腔,强调受众的可接受性,因此播讲者的语气相比于过去变得更加平缓、柔和,口腔比较宽松,用气较为深长。又如,新闻类的节目的语气相对于生活服务类节目肯定要显得硬朗、铿锵一些,因为新闻的内容大多是权威信息的发布,具有重大性、重要性,而且很多内容关乎国家社稷、民生疾苦,具有严肃性,新闻内容对准确性有严格的要求。而生活服务类节目的内容并不直接代表党和政府,属于"软新闻",并且家常事用家常话来传播更易于受众接受,也使节目更具灵活性和可看性。

总之,受众从播讲者的语气中可以感受到亲切、热情、关心、事态之轻重缓急,也可以感受到清高、冷漠、内容真实与否、业务熟练与否。可以说,语气是直接沟通播讲者和受众之间的精神连线,它跨越了内容的限制、播出的距离、身份的不同,直接把广播电视与大众联系在一起。也正因为如此,媒体和大众之间才产生了相互的依赖和信任。所以说,播讲者所代表的不仅仅是个人,而是整个媒体,甚至是党和政府的形象。其语气所表明的态度也不能仅仅是个人态度,而是党、政府、媒体的态度。例如:

① 观众朋友大家好,今天是 2012 年 8 月 16 日星期四,下面为您播报新闻。
② 嗨,大家好! 又到了每周四我们的《生活帮帮帮》时间了。

这两句话都是节目的开头语,但是很明显,例①的开头语气是冷静的、严肃的,气息饱满声音硬朗,口腔较紧;例②的开头语是热情活泼的,气息更加饱满,呼之欲出,语气色彩跳跃,口腔控制流动感更强。

3. 体现播讲文本作者的情感和态度

在广播电视节目中,不少节目都是有稿播音,即便只是参照播音大纲,内容也早有明确的传达主旨和意义。而这个时候播讲者要做的就是把文本内容的实质用有声语言还原出来,因此播讲者的语气中必然要体现出一度作者的态度感情。例如:

"小常州"排骨年糕选用常州、无锡等地的猪脊骨肉,用酱油腌渍后,再放入用酱油、油、糖、葱姜末、酒等混合在油锅中氽,氽至色呈紫红、肉质鲜嫩、味道浓香时取出。与此同时,将松江大米煮熟后,放在石臼里用榔头反复捶打,待捶打至米已无整粒后取出,每 500 克切 20 根,每根里裹一小块已经氽过的排骨,再入酱汁油锅中煮氽。吃时,洒上五香粉,则既有排骨的浓香,又有年糕的软糯酥脆,十分可口。

(《上海十大著名传统小吃汇总》,新浪上海 2009-06-17)

这是一档美食节目中主持人所说的话,语言是配合画面进行的。写这段文字的人自然是深谙这道菜的做法,由于喜欢吃,更想把这道美味推荐给更多的人。播读这段话的语气可能是温婉柔和的,也可能是俏皮活泼的,还可能是自然粗放的……语言特点全由节目类型和主持人特色来决定。但是无论是哪一种语言表达样态,文本中的语气色彩是不变的,都是以"喜"和"爱"为主调,因为语气的色彩规定了语气的本质,而语气的本质是由文本作者的态度和感情决定的。播讲者可供发挥的空间,是如何在一定范围以内调节语气的分寸以显示出节目特色。

4. 体现播讲者的情感和态度

作为一个有着独立思想的人,话语表达不可能做到纯客观,有声语言总会在一定程度上带有个人的感情色彩。播讲者在镜头前哪怕是片刻的沉默或"没有表情"都可能是一种态度。也正是因为如此,人的语言才具有机器不可替代的特点,每个播讲者的风格也才有展示的空间。我们要求播讲者对所播讲的内容要有自己独特的见解,并且对是非的判断态度明确。这种独特见解不是个人的肆意发挥,而是基于对事实、背景的深入了解,对政策方针方向的把握和对受众心理的准确拿捏。恰到好处的情绪表达能够唤起受众的共鸣,赢得良好的社会反响;而个人不良情绪的宣泄或对事件、人物的错误定位就可能影响播讲效果。例如:

> 今年"两会"上的第一议题就是房价,居高不下的房价让人们对于这个现象发出了一致的指责,但是就在两会闭幕之后的第一天,北京就在一天之内出现了三个地王。房地产市场究竟是总理说了算,还是总经理说了算?在两会当中,大家都记着总理的工作报告当中说要遏制部分城市房价过快上涨这样一种趋势。但是一天就给总理的报告"上眼药",三个地王接连创出高价,而且还没盖楼,价格就已经高出了二手房,甚至旁边的商品房。有的时候是你在想,是不是总理说了不算,总经理说了才算。

(白岩松:《房价总理说了不算,总经理说了算》,中央电视台《新闻1+1》2010-03-16)

这是一个新闻节目中主持人所说的话,对政府的房地产调控政策有明显的批判意味。这种批判源于不满,但不是宣泄不满,而是履行媒体沟通民意、下情上传、监督建议的职能。所以说这段话要十分讲究分寸,相对于"冷"的感情色彩,"急"要更多一些;相对于"怒"的感情色彩,"疑"要更多一些。因为主持人的角色是党和政府的耳目喉舌,有问题的发生不奇怪,需要的是真诚地提出改进的建议,急政府之所急。另外,从一个公民的角度来说,对国家的拳拳赤子之心是建言献策的动力所在,这种源于爱的行动不能被一腔怒火所掩盖。所以这段话的语气首先是热切的、诚挚的,语气有所迟疑但态度明朗。

5. 控制节目的氛围和节奏

节目的类型和内容在很大程度上决定了播讲者说话的语气,而播讲者的语气也同时控制着节目的氛围和节奏。如在谈话节目中,恰当的语气有助于营造良好的谈话氛围,访谈对象有一个放松的心态有利于其正常地发挥,而对于受众来说,也才有愉悦的接收效应。主持人恰切的语气来源于其积极正确的思想情感轨迹,能够正确定位自己和受访者的关系,用一颗柔软而不柔弱的心去体会受访者的情感,才会得到深入心灵的交谈。这样的语气必然是平和的、关切的、有内涵的。如果主持人的语气总是充满自信、滔滔不绝,在谈话中彰显强势和犀利,将会产生与访谈节目目的相反的效果。

语气对节奏的控制体现在各种类型的节目中。充满感叹的语气使节目节奏趋缓、充满疑问的语气使节目趋于紧张、而陈述语气较多的节目节奏比较平缓均匀……读书类节目节奏缓慢、新闻类节目节奏明快、娱乐类节目节奏跳跃,这些不同的节奏感都是由语气所造成的。

二、语气的类型

现代汉语将句子从语气的角度划分为陈述句、疑问句、祈使句、感叹句四类。但从语言表达的角度来看,这种语气的分类方式略显粗略。语气是思想感情运动状态支配下语句的声音形式,决定了具体语气中特定的思想感情和特定的声音形式的对应关系,而"陈述""疑问""祈使""感叹"并不足以表达语气的本质——思想感情。如短句"别客气,请吃啊!",这是一个要求听话人用行动来反馈的句子,按照现代汉语的角度应划分为祈使句,但"要求听话人行动"是该语句的目的,并不能表达说话人的感情色彩和分量,这句话的语气可以是轻蔑的、关切的、冷淡的……因此,"说什么"是文本解决的问题,而同样重要的"怎么说"才是话语表达所要关注的。文本中的句子变成有声语言后,信息的交流方式发生了变化,从视觉文字引发联想变成了具体的声音形式刺激感官引发感受,"怎么说"直接决定了语句的效果,说法不同,甚至可以改变语句的目的。

从情感的角度,我们把语气划分为十个大类:爱怜、憎恨、悲痛、喜悦、惧怕、渴望、急切、冷淡、愤怒、疑虑。这仅仅是对情感"质"的划分,对于同质情感的程度把握,则要依据语境和播讲者的个人特色而定。

爱的语气一般是"气徐声柔",语气色彩温和,口腔宽松,气息深长。

憎的语气一般是"气足声硬",这种语气色彩造成挤压感,口腔紧窄,气息流动猛,多堵塞。

悲的语气一般是"气沉声缓",这种语气色彩造成迟滞感,口腔如负重,气息如尽。

喜的语气一般是"气满声高",语气色彩造成跳跃感,口腔似千里行舟,气息似不绝清流。

惧的语气一般是"气提声凝",语气色彩造成紧缩感,口腔像冰封,气息像倒流。

欲的语气一般是"气多声放",语气色彩造成紧张感,口腔积极敞开,气息力求畅达。

急的语气一般是"气短声促",这样的语气色彩造成紧迫感,口腔似弓弦,飞箭流星。

冷的语气一般是"气少声平",这样的语气色彩造成冷寂感,口腔松懒,气息微弱。

怒的语气一般是"气粗声重",这样的语气色彩造成震动感,口腔如鼓,气息如椽。

疑的语气一般是"气细声黏",这样的语气色彩造成踟蹰感,口腔欲松还紧,气息欲连还断。

三、语气与文体

(一) 新闻与资讯类文体

新闻是记录社会变动并向大众传播信息的文体。消息、专题、特写、现场报道等都属于新闻的范畴。资讯泛指短时间内能为受众带来价值的报道信息。严格地说,新闻是一种资讯,但资讯更强调有用性和针对性。它们的差异或共同特点,都体现在语气之中。例如:

  新华网酒泉5月25日电 25日15时12分,我国在酒泉卫星发射中心用"长征二号丁"运载火箭成功地将"遥感卫星二号"送入太空。同时,搭载了一颗浙江大学研制的皮星一号卫星。

  这是一条典型的新华体导语,也是联播类新闻中最常见的新闻类型,相应地,其语气也具有典型性。这条导语的基本语气类型是喜。这种感情色彩支配下的气息饱满,有一定跳跃感,句尾多呈上扬态势,口腔动作和气息都温和流畅。虽然基调整体明快欢喜,但是句间的情感还是有微妙的变化。这条新闻的主要内容就是"遥感卫星二号"升空,相对来说皮星一号卫星升空是一个次要信息,它在语气上表现就要弱于前者,因为在新闻中,为了突出重点,重音应尽量精简。以下是语势分析图:

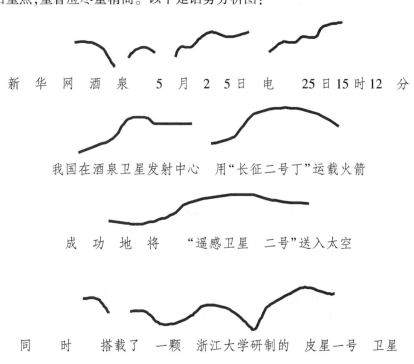

又如:

  解决任何一个城市的公共交通,包括解决任何一个城市的交通问题,永远是很多个,就是复合的方法加在一起,才能起到一定效果。因此任何单一的夸大其中某一个举措的效果,说它是好或者不好,其实都可能是错误的。

(白岩松:《新闻1+1》2009-07-31)

  这是一段新闻评论中的话语,评论本身不属于新闻,但属于一种资讯。资讯强调有用性和针对性,决定了其节目更讲究实效,形式尽可能简约,体现出更强的服务性。节目中对广州拟对车辆收取道路拥挤费以改善交通状况的评论,态度明确,有一定的批判色彩,这样的态度带来的语气较急,声音变化幅度大,口腔不松散。并且思维中偶尔会爆出思路的分支,如"包括……""就是……",为了强调或说明,这样的句子语气的形式显得突出。这段话是主持人和评论员现场问答时的即兴口语,属于评论节目中比较常见的类型。下面是这段话的语势分析图:

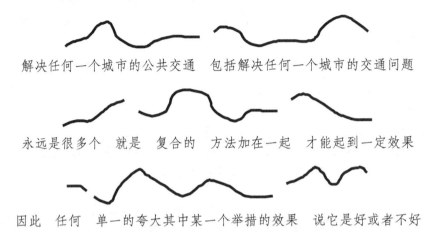

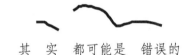

当代广播电视新闻节目不断地创新,从形式到内容都有很大的突破,这也带来了播报方式和语气上的不断改变,并且近年来个性化和地方化有不断突出的趋势,使语气、语势也不一而论。总体来说,无论是消息、特写还是专题,在同一节目中,情感的强度和语势的幅度都相对统一。由于这类节目比较理性,爱和憎的态度分明,且出现频率高,疑、惧、欲这些语气很少出现,其他类型的语气不时出现。由于时效性和权威性的规定,此类节目的语气通常不会是放松的,否则会缺少严肃性。

实用资讯播报方式更接近于生活语言,而播讲者对这些单纯的实用信息也不需要有太多的情感,态度理性并且争分夺秒,所以语气以冷和急为主。新闻形式感更强,主播对内容本身带有价值判断,代表着国家的主流价值观,引领舆论走向,所以态度鲜明。

需要注意的是,不能一味地认为评论的语气色彩就一定是疑虑的、急迫的或是愤怒的,评论也可以针对喜人的、上进的事物,那么相应的语气也可能是充满爱和兴奋的。以上概括的是评论语言语势的一般特点,对于批驳的或是赞美的评论文体都是适用的。

(二) 综艺与娱乐类文体

综艺节目指节目中包含声乐、舞蹈、杂技等多种艺术成分的主持人节目,如《快乐大本营》《我爱记歌词》《天天向上》,也包括各种不定期播出的综艺晚会。娱乐节目是通过展现某种技艺或情绪来使受众愉悦的主持人节目,《快乐大本营》《我爱记歌词》《天天向上》也属于娱乐节目,但其外延比综艺节目更广,可以是以单一手段愉悦受众的节目,如纯语言类的《一周立波秀》《越策越开心》和各种小说演播。例如：

> 郑屠右手拿刀，左手便要来揪鲁达；被这鲁提辖就势按住左手，赶将入去，往小腹上只一脚，腾地踢倒在当街上。鲁达再入一步，踏住胸脯，提起那醋钵儿大小拳头，看着这郑屠道："洒家始投老种经略相公，做到关西五路廉访使，也不枉了叫做'镇关西'……"

（施耐庵：《鲁提辖拳打镇关西》）

这是一段典型的文艺作品演播，出自《水浒传》中的桥段"鲁提辖拳打镇关西"。文艺作品演播是我国广播电视节目中出现最早的娱乐节目形态之一，也是一种常用的节目形式和创作手段。这种节目的目的便是使受众放松，得到精神上的享受，同时也弘扬我国的优秀历史文化。由于前者是首要目的，因此把它划分为综艺娱乐类节目而非社教类节目。基于使受众休闲娱乐的目的，主持人的语气类型以关爱、喜庆为主。这段描写，其措辞与现代白话文有一定的差距，所描写的情景又是古代武侠场面，提供了联想的空间和超越现实生活的快感。下面是这段话的语势分析图：

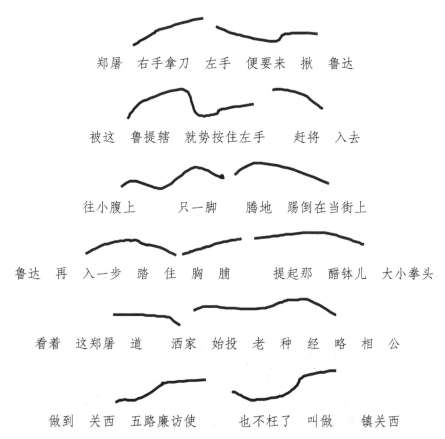

"演播"有一定演的成分在里面，就如同戏剧化的台词，说白念话不可全与生活态一样。在备稿时，我们可以了解到，鲁提辖是持着打抱不平、惩暴除恶的态度去的，播讲的语气以怒和急为主，描述打斗的场面时"气粗声重"，给人造成震动感和威慑感，口腔控制

如飞箭流星,营造紧张的氛围。

可以看到,该段话语势大起大落,并且一个小分句中间可能出现多个句腰,或为波峰或为波谷,无一个定势可言,完全依据文章中环境气氛与人物角色的个性情绪而定,尤其对于小说演播来说,还有"气口"比较多的特点。这里语势图显示的是语调上升下降的变化,并不能完全表示语气的轻重。在有声语言中,语势图中下降的地方不一定是轻处理,有可能是声低气重或声低气粗。又如:

> 年年岁岁花相似,岁岁年年人不同。尊敬的各位领导、亲爱的同事们,大家下午好!新的一年已经到来,时光的车轮又留下了一道深深的印痕。在这新年伊始,我们欢聚一堂,共同感受春天的气息,一起度过这美好的时光,享受节日的欢乐!

这是典型的晚会开场白,并且可以看出这是一场跨年晚会,气氛颇为隆重喜庆。播读者看到这样的文字应该迅速被感染而产生激情,情绪随之高涨,并产生强烈的感染受众的欲望,兴奋热情呼之欲出。总体语气色彩是喜,气满声高,语流轻快,偶有跳跃感。下面是这段话的语势分析图:

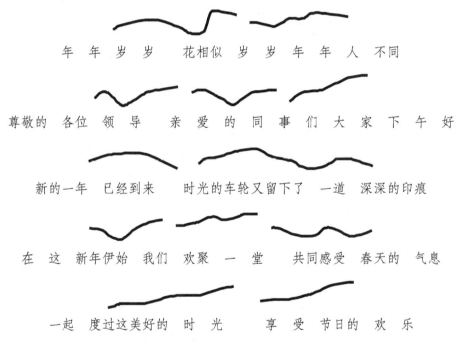

从语势分析图上可以看出,这种类型的主持词多为上扬句型,起点高,落点更高,句式并不曲折,一味向上,句腰不明显,但偶尔会出现骤升或骤降的情况。这种话语一般用气都比较重,小腹对气息的支撑力度也强,吐字的动程较大,字腹饱满而流动感强。这种语势造成的语气色彩为大喜、激昂,气急但声慢,语气分量较重。

一般来说,晚会都是比较喜庆和热烈的,所以,晚会主持词也形成了一定的特点。需要注意的是,晚会根据其主题和目的的不同,也会出现其他的氛围和基调,如慈善晚会、赈灾义演。这样的晚会基调相对哀伤、肃穆,语气中更多了些悲和欲的成分,心情沉重,语气色彩有种迟滞感;在这样的场合呼唤人间大爱,塑造民族精神,表现出来的是欲——

对大爱和责任的渴求。这时就要求气息畅达,口腔积极敞开并伴有一定的紧迫感。

文艺播音涵盖了所有有关文学艺术内容的播音主持。文艺播音中对有声语言再创作的艺术性相对于新闻类节目的播音主持要求要高得多,当然,它和生活语言的距离也相对要远一些。文艺播音中最常见的类型是串联词、解说词、评介词、作品演播等,以上只给出了串联词和作品演播的语气分析,因为这两种最具代表性。文艺解说词的语势分析和社教类节目的类似,只是其中多一些艺术的气息,这来自于主持人的艺术修养和独特体验,非用单一元素的语势图可以表示出来。评介词则结合了社教节目和评论节目的语势特点,较新闻评论语势有所缓和,更多了一些社教谈话中"说"的色彩,这里不做一一剖析。学习者应掌握语势的基本类型以及常规节目中的语势特点,再多的节目形式也是由此衍生出来的,应巩固基础,触类旁通。

(三) 生活与服务类文体

生活类节目是以生活可能会遇到的各种事物、情感为题材,为受众提供生活咨询、倾诉、情感共鸣,甚至是宣泄或实物交流平台的一种主持人节目。生活类节目属于服务类节目中的一种。而几乎所有的广播电视节目都是为受众服务的,这里所指的服务类节目主要强调差异化、个体化,在短期内能看到效果的实用型服务,包括了定期与不定期开办的其他专门类、服务性的节目,如彩票开奖、高考咨询、育种育苗、就业联系等。这种类型的节目内容往往与受众的生活息息相关,因而把它们归为生活服务类节目。

这类节目不像新闻和综艺类节目具有普遍适用的观众,它们的受众群体往往是比较固定的特定人群。主持人和受众也有着老朋友一样的亲切感,强调亲和力和交流感,语言接近于生活态。例如:

> 朋友们,你遇到过长出蚜虫的青菜吗?菜叶上长了蚜虫,洗不掉,扔了又可惜!可要是把这菜叶先在盐水中浸泡几分钟,再用自来水冲洗,蚜虫就很容易被洗掉了。

显而易见,这档节目主要是针对家庭主妇、退休老人而设计的。提出的问题是我们生活中会常常出现的,给出的方法又是简单可行的。语言朴实,节奏轻松。这段话的语气是温和、轻松、愉悦的,属于爱的语气类型,口腔宽松,气息如溪流。这段话的语势分析图如下:

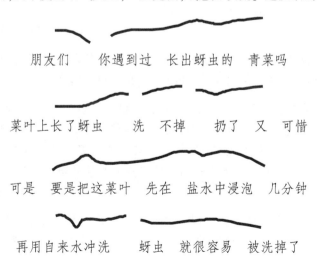

从语势图中可以看到,这段话的语势变化缓和,除提问的句子外,陈述性语句多以落势结尾。提示性内在语较多,交流感强,句头的变化比较丰富。由于生活服务类节目这种亲和、轻松、实用的特点,对语言形式上的艺术性不太讲究。

(四)科技与社教类文体

科技类节目是有关科学、技术、研究开发等的纪实类节目。它是以科普为目的,以大众的科学水平做参照来制作的可被广泛接受的节目。例如:

> 只有司法机关和检察机关的侦察人员才有权利对嫌疑人搜身。超市员工搜顾客的身这种做法是极为错误的。事后,晓楠被沈阳市精神卫生中心诊断为创伤性应激精神障碍。通过鉴定,与被超市搜身有直接因果关系。
>
> (央视《今日说法——我不是小偷》,2013-04-19)

这段话摘自一个法治节目,其方式和目的是以案说法,普及法律常识。事件本身具有严肃性,又造成了伤害性结果,所以播读的语气中有批判的色彩,属于语气类型中较轻微的憎,"气足声硬",给受众造成一种挤压感,口腔紧窄,气息流动猛,多堵塞。其语势分析如下图:

这里的批判色彩使语调听起来比较铿锵有力,从语势图上可以看出其句子的语势多为低起、落停,在句子中部往往出现较大起伏,重音突出,气息粗壮连贯。又如:

> 大家好,虽然我们采访过不少商界领袖,但是大多数都是"在商言商",能够把自己的业余爱好拿出来独立成篇,又让人兴趣盎然的少之又少。深圳万科的董事长王石算是其中的一位。从1999年开始,他已经十余次登上了海拔五千米以上的高峰。而他在2005年之前登顶七大洲最高峰的愿望也很快就要实现了。
>
> (《杨澜访谈录》,2004-05-13)

这是访谈节目《杨澜访谈录》中开场白的部分,不是典型意义上的"我不停说,你默默听"的传统社教节目类型,其节目目的是挖掘先进典型、引导社会风尚,应归属于社教节目类。主持人以一个媒体人的视角找出了将要被采访的嘉宾身上的不同之处,也是整期节目的着力点。语气并不缺少交流感,听起来不是平铺直叙,但是语调相对于新闻和评论文体就要平缓得多。下面是这段话的语势分析图:

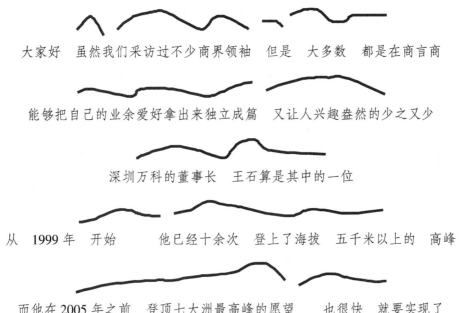

这段话的语势多为句首低起,句腰逐渐上扬,句尾较低或者平落。句中高起的部分往往是播讲者想要强调的重点和亮点,"商人""十余次""登顶""最高峰"……这些词让被描述的主人翁显得充满魅力、与众不同,而这也是主持人最想告诉大家的地方。虽然《杨澜访谈录》和《今日说法》节目大相径庭,主持人的风格也不同,但是两组语势却有异曲同工之处。

科技和社教类节目寓教育于娱乐,寓教化于服务,寓宣传于信息、文化知识的传播之中。题材广泛,节目设置、编辑、播出手法灵活多样,是集中体现电视特色和电视台水准的一类节目。从语言创作的角度来说,播讲者对自然的敬畏、对传统的热爱、对人物的尊重、对事件的批判等都是作品语气的重要组成部分。社教类节目内容的丰富性和形式的多样性决定了其语气的复杂性,爱、憎、悲、喜、惧、欲、急、冷、怒、疑十种语气类型及其不同程度都可能出现在社教类节目中,需要具体问题具体分析。

思考与练习

一、语气的构成要素是什么?
二、语气和语势有什么关系?
三、请简要概括不同节目类型的语气特点。

第五节　播音主持话语表达基础训练

美女与野兽(节选)

〔法〕博蒙夫人

夜里,莫维斯和费立在黑漆漆的森林里迷路了。莫维斯沮丧地说:"我们天亮前赶不到展览会了。"更可怕的是,他们受到了一群野狼的攻击,费立受惊慌乱地跑回村子。

莫维斯拼命逃脱了狼群的追击,来到一座阴森森的城堡面前。城堡的大门敞开着。他冲了进去,哐当一声关上大门。野狼在门外疯狂地嚎叫着。

在这座令人毛骨悚然的古堡里,莫维斯惊讶地发现每件器皿都会说话!

温文尔雅的蜡烛台卢米亚说:"你能活着到这里真令人难以相信!"胆小的闹钟葛士华说:"嘘!安静点!别把主人吵醒了!"

卢米亚对莫维斯说:"过来休息一下吧!"莫维斯精疲力尽地倒在沙发上。

茶煲太太说:"你要喝茶吗?"小茶杯阿齐赶紧凑过来。"不行,主人会发现的!"葛士华大叫。茶煲太太说:"嘿!你才应该小声点!"然后,她倒了一杯热气腾腾的好茶给莫维斯。

莫维斯刚端起茶杯,突然,餐厅的门被撞开了,一只可怕的野兽出现在莫维斯面前。他张开血盆大口,露出尖尖的牙齿,怒吼着向莫维斯冲了过来。野兽吼着:"你在这里干什么?"不容莫维斯辩解,野兽就下令把他关进了牢房。

播读提示:

故事中的王子被巫婆施了魔法而变成野兽的模样,只有他在玫瑰花凋谢之前,学会爱别人和被别人爱,才能打破巫婆的咒语。莫维斯闯入野兽的城堡,他承诺把美丽的小女儿送到野兽身边作为交换,才毫发无损地回到了家。为了履行承诺,美美来到了野兽的城堡,并因为野兽那美丽而善良的心爱上了他,而并不在意他丑陋的外表。最终,他们幸福地生活在一起。本段节选的正是莫维斯闯入城堡后所看到的奇幻场景。

这是一篇典型的童话故事,主要面向儿童,是具有浓厚幻想色彩的虚构故事,通过丰富的想象、幻想、夸张、象征的手段来塑造形象,反映生活。故事情节往往离奇曲折,引人入胜。此文的播读强调奇幻色彩和趣味性,其播出目的是为儿童提供娱乐,同时激发其创造性思维。本节选的基调为惊奇又惊喜,语气丰富,随着画面的不断展开而表现出"惧""欲""怒""惊"等不同的色彩,表达的分寸比较夸张以调动小听众的兴趣,激发其联想。那些最新奇、最能表达情绪的词句就是表达重点,如"莫维斯惊讶地发现每件器皿都会说话""温文尔雅的蜡烛台卢米亚说""他张开血盆大口,露出尖尖的牙齿"。

童话故事最能考验声音的变化能力,首先要敢于变化,注意变化中气息的支撑作用。表达中情景再现起着重要的作用,要注意展开丰富的联想。

狐狸和山羊

〔古希腊〕伊索

一只狐狸失足掉到了井里,不论他如何挣扎仍然不能成功地爬上去,只好待在那里。

公山羊渴极了,四处找水喝,终于发现了这口井。他探着头,看见狐狸在井下,便问他水好不好喝。狐狸觉得机会来了,心中暗喜,马上镇静下来,极力赞美井水好喝,说这是天下第一井水,清甜爽口,并劝山羊赶快下来,与他痛饮。

一心只想喝水的山羊信以为真,便不假思索地跳了下去,当他咕咚咕咚痛饮完后,就不得不与狐狸共同商议爬上去的办法。狐狸早有准备,他叫山羊说:"我倒有一个方法,你用前脚趴在井墙上,再把角竖直了,我从你后背跳上井去,再拉你上来,我们不就都得救了吗?"公山羊同意了他的提议,狐狸踩着他的后脚,跳到他背上,然后再从角上用力一跳,跳到了井沿上。

狐狸上去以后,准备独自逃离。公山羊指责狐狸不信守诺言。狐狸回过头对公山羊说:"喂,朋友,你的头脑如果像你的胡须那样完美,你就不至于在没看清出口之前就盲目地跳下去了。"

播读提示:

这是一则伊索寓言,这故事说明,不要轻易相信别人的话,要自己做出正确的判断。

注意不要把寓言的播读方法等同于童话,二者有很多相通之处,如都会强调表达的生动性、语速偏慢,但童话多表现幻想世界,充满幻想色彩,趣味性更强;播出的对象很明确,就是儿童。而寓言多来自现实生活,内容多反映人们对生活的看法,或对某种社会现象的批评,或对某种人的讽刺和箴戒。寓言的播出对象有可能是任何人,更强调启发性、小中见大,突出讽刺性,注重实用性。

就此篇寓言而言,对动物进行了现实的人格化。因此,在表现山羊动作和狐狸心理动态、语言的地方可以采用对比鲜明的童话语言表现形式,但整体基调不是欢快,而是讽刺和冷静思考,不要极力展现想象,而是注重还原现实社会的心态。

表达分为三个层次,第一部分(1)自然段,表达狐狸失足无奈的情绪;第二部分(2)—(3)自然段,狐狸狡猾毕现,引山羊入圈套;第三部分(4)自然段,真相赤裸裸地摆在善良而盲目的山羊面前,发人深省。表达的重点在第三部分。

出 师 表

诸葛亮

先帝创业未半而中道崩殂,今天下三分,益州疲弊,此诚危急存亡之秋也。然侍卫之臣不懈于内,忠志之士忘身于外者,盖追先帝之殊遇,欲报之于陛下也。诚宜开张圣听,以光先帝遗德,恢弘志士之气,不宜妄自菲薄,引喻失义,以塞忠谏之路也。

宫中府中,俱为一体,陟罚臧否,不宜异同。若有作奸犯科及为忠善者,宜付有司论其刑赏,以昭陛下平明之理,不宜偏私,使内外异法也。

侍中、侍郎郭攸之、费祎、董允等,此皆良实,志虑忠纯,是以先帝简拔以遗陛下。愚以为宫中之事，事无大小，悉以咨之，然后施行，必能裨补阙漏，有所广益。

将军向宠，性行淑均，晓畅军事，试用于昔日，先帝称之曰能，是以众议举宠为督。愚以为营中之事，悉以咨之，必能使行阵和睦，优劣得所。

亲贤臣，远小人，此先汉所以兴隆也；亲小人，远贤臣，此后汉所以倾颓也。先帝在时，每与臣论此事，未尝不叹息痛恨于桓、灵也。侍中、尚书、长史、参军，此悉贞良死节之臣，愿陛下亲之信之，则汉室之隆，可计日而待也。

臣本布衣，躬耕于南阳，苟全性命于乱世，不求闻达于诸侯。先帝不以臣卑鄙，猥自枉屈，三顾臣于草庐之中，咨臣以当世之事，由是感激，遂许先帝以驱驰。后值倾覆，受任于败军之际，奉命于危难之间，尔来二十有一年矣。

先帝知臣谨慎，故临崩寄臣以大事也。受命以来，夙夜忧叹，恐托付不效，以伤先帝之明，故五月渡泸，深入不毛。今南方已定，兵甲已足，当奖率三军，北定中原，庶竭驽钝，攘除奸凶，兴复汉室，还于旧都。此臣所以报先帝而忠陛下之职分也。至于斟酌损益，进尽忠言，则攸之、祎、允之任也。

愿陛下托臣以讨贼兴复之效，不效则治臣之罪，以告先帝之灵。若无兴德之言，则责攸之、祎、允等之慢，以彰其咎；陛下亦宜自谋，以咨诹善道，察纳雅言，深追先帝遗诏。臣不胜受恩感激。

今当远离，临表涕零，不知所言。

（转引自《三国志·诸葛亮传》卷三十五）

播读提示：

《出师表》是诸葛亮出师伐魏临行前写给后主刘禅的奏折。文中以恳切的言辞，劝说后主要继承先帝遗志，广开言路，严明赏罚，亲贤臣，远小人，完成兴复汉室的大业，也表达了诸葛亮报答先帝的知遇之恩的真挚感情和北定中原的决心。

全文可以分成三个部分：第一部分（1）—（5）自然段，作者以敏锐的政治洞察力，分析了当前形势，提出了三条建议。这一部分又可以分为三层。第一层（第1段）：分析了不利和有利形势，提出了广开言路的建议；第二层（第2段）：提出严明赏罚的建议；第三层（第3—5段）：推荐文臣、武将中的贤良，提出亲贤臣远小人的建议（亲贤远佞），这是三条建议的核心。"广开言路"意在"亲贤臣"，"严明赏罚"意在"远小人"。第二部分（6）—（7）自然段，追叙往事，表达了"兴汉室"的决心和"报先帝""忠陛下"的真挚感情。第三部分（8）—（9）自然段，总结全文，提出要求：对"己"，承"讨贼兴复之效"；对"贤臣"，扬"兴德之言"；对"后主"，行"自谋"之宜。

诸葛亮为蜀汉基业"鞠躬尽瘁，死而后已"，朗诵的基调是恳切、尊敬而充满深情。《出师表》的目的在于期望君主北定中原，攘除奸凶，兴复汉室，还于旧都，因此表达的重点在于建议的句子，"晓之以理"的部分以老臣之心娓娓道来，不可过于高亢，节奏以凝重为主；在"动之以情"的部分可加入一些舒缓的节奏成分，请愿部分可适当高亢以表决心。语言表达以连为主，语气恳切，以爱为主而有一定程度的悲。

在朗读古文的时候，一定要先理解其历史背景，其中词句更是要参照注释准确理解，古今读音不同的字要尤其注意，无论字音还是词义都不可主观臆断，这是古文备稿的难度所在。"谏"和"抒情"的部分在文章中交替出现,要注意情感和语气的转换。把握"老臣之心",不可过钢,但气息也不宜太虚。

我 的 心

巴金

近来,不知道什么缘故,我的这颗心痛得更厉害了。

我要对我的母亲说:"妈妈,请你把这颗心收回去吧,我不要它了。"

记得你当初把这颗心交给我的时候曾对我说过:"你的父亲一辈子拿着它待人爱人,他和平安宁地度过了一生。在他临死的时候把这颗心交给我,要我在你长成的时候交给你。他说,承受这颗心的人将永远正直、幸福,并且和平安宁地度过一生。现在你长成了,也就承受了这颗心,带着我的祝福,孩子,到广大的世界中去吧。"

这些年,我怀着这颗心走遍了世界,走遍了人心的沙漠,所得到的只是痛苦和痛苦的创痕。

正直在哪里!幸福在哪里!和平在哪里!

这一切可怕的景象哪一天才会看不到?这样的可怕的声音哪一天才会听不见?这样的悲剧哪一天才会不再上演?这一切像箭一样地射到我的心上,我的心布满了痛苦的创痕,因此我的心痛得更厉害了。

我不要这颗心了。有了它,我不能闭目为盲;有了它,我不能塞耳为聋;有了它,我不能吞炭为哑;有了它,我不能在人群中找寻我的幸福;有了它,我就不能和平地生活在这个世界上;有了它,我就不能活下去了。妈妈,请你饶了我!这颗心我实在不要,我不能要啊!

多时以来,我就下决心放弃一切。让人们去竞争,去残杀;让人们来虐待我,凌辱我,我只要有一时的安息。可我的心不肯这样,它要使我看、听、说。看我所怕看的,听我所怕听的,说人所不愿听的。于是我又向它要求到:"心啊,你去吧!不要再这样苦苦地恋着我。有了你我无论如何不能活在这个世界上,所以请你为了我幸福的缘故,撇开我去吧。"

它没有回答,因为它知道:既然它已被你的祝福拴在我的胸膛上,那么也就只能由你的诅咒而分开。

好吧妈妈,请你诅咒我吧!请你收回这颗心吧,让它去毁灭吧。因为它不能活在这个世界上,而有了它,我也不能活在这个世界上了。

在这样大的血泪的海中,一个人,一颗心,算得什么?能做什么?

妈妈,请你诅咒我吧,请你收回这颗心吧!我不要它了。

可是我的母亲已经死了多年了。

(广州影音出版社,2000-10,《巴金散文精品》)

播读提示:

伟大的作家总是痛苦着的,但丁是这样,杜斯杜夫斯基是这样,巴金先生也是这样。巴金出生于成都一个封建大家庭。仁爱的母亲,是他人生的第一个老师。他从母亲那里懂得了爱，懂得了宽容。巴金的作品呼吁平等、自由、幸福，他的文字如火般热烈："我们的生活信条应该是：忠实地行为，热烈地爱人民，帮助那需要爱的。"此文于1929年写于上海，25岁的作者意气风发，而高尚敏感的心灵却被世间残酷的事实所煎熬。

前面的文字看似抱怨，最后一句"可是我的母亲已经死了多年了"将文气扭转，点到主题，即母亲赋予的这颗追求自由幸福的心是不可能再改变的了。所以全篇朗诵的基调是真挚、热烈而悲痛的。"正直在哪里！幸福在哪里！和平在哪里！"这句话使文章的中心豁然明朗。

根据"母亲给了我一颗怎样的心""这颗心在社会中备受煎熬""我不要这颗心了，但是做不到"这一线索，可以把朗读分为三个层次：第一部分（1）—（4）自然段；第二部分（5）—（10）自然段；第三部分（11）—（15）自然段。

重点和中心在对比中凸显，"你的父亲一辈子拿着它待人爱人，他和平安宁地度过了一生。""承受这颗心的人将永远正直、幸福，并且和平安宁地度过一生。"可是现实却是"有了它，我不能在人群中寻找我的幸福；有了它，我就不能和平地生活在这个世界上；有了它，我就不能活下去了。"

此文朗读的难点在于没有具体事物的描写，情景再现调动情感时要依托自己丰富的内心体验和生活阅历；另一难点在于全文文气贯通，情感热烈，很容易读成"处处皆重音"，要注意细腻的处理和有意识地弱化次重点。

商　　鞅

勒死他，勒死他，用这马央勒死他！为什么？为什么我一生下来我的亲生父亲就要勒死我？因为巫说，你是五岳之子冲克父母。巫？为什么巫要我死我就必须死？你难道还能成为人上之人，还能翻天覆地倒转乾坤吗？为什么不？

我不愿当畜牲，祖祖辈辈甘愿当畜牲，只会哀号不会反抗，我要问，我要问天，如今这浑噩的苍天，我来问你，为什么有的人活着天定为人上之人，而有的人活着却如同一头畜牲。商鞅，商鞅乃辛卯年五月七日亥时生人，五岳之子，金质热烈，父母不堪将其受害，祖灭满门，五马分尸，这又如何？绝后代，断宗祀，乃天下第一孤寡之人，孤寡之人，这又如何？

我逃脱了驾驭生命的马央，活过来了，活了整整五十二年，五十二年！人之有为，不在其身而在其志，生活在这个时代，你必须为自己争取一切，甚至是生的权利，任何时代都需要英雄，因为英雄能改变这个时代，改变生活在这个时代的人的命运。我变法之所以成功，正是因为遇上了这样的时代这样的国家这样的子民，我要让山川移位乾坤倒转，要让奴隶们见天日，令显贵们变脸色。

听，他们来杀我来了！

不要对我放箭，不要对我放箭，这箭矢曾是用来刺穿敌人胸膛的。我不死，我不能死。我这时要去哪了？哪里不能去？哪里不是我的归宿？

百姓们，奴隶们，我，商鞅，就是为你们而变法的商鞅，你们是秦国的子民，为了秦国的现在和将来，有谁为我说句公道话啊？你们这些愚人！这四野的烈火正在熊熊地燃烧,这是我亲手将它点燃的,而我将在这腾腾的烈焰中化为灰烬,商君!你被自己点燃的火焰吞噬了。秦国,秦国,你们的商君将在这里永远地消失了,他将自己的生命浇铸进这秦国的大鼎之中,他用自己的生命铸造起这里的辉煌,而今天他却被自己拯救过的人们暴诛了啊!

他死了,他走了,他升天了!

你可知商鞅虽死,然商鞅之法千年不败,你可知商鞅虽死,然一百一十七年之后,秦王朝一统天下。

(转引自第八届齐越节朗诵作品《商鞅》)

播读提示:

文章的人物原型商鞅是我国古代战国时期最负盛名的改革家,他通过户籍、授爵、土地制度、行政区划、税收以及一系列民风民俗的改革变法将秦国改造成富裕强大之国。毛泽东对商鞅评价很高,说商鞅是"首屈一指的利国富民伟大的政治家,是一个具有宗教徒般笃诚和热情的理想主义者"。虽然商鞅主张"民弱国强""国务在于弱民",在历史上有褒有贬,但在朗读此文时要抓住其主题——赞叹商鞅不臣服于命运、不畏显贵、不辱农奴的抗争精神。而这样的精神是每个时代都需要的,现在依然具有现实意义。商鞅的悲剧在于被自己所变革的法律所不容,被自己缔造的盛世所毁灭。因此文章的基调是高亢、强硬、悲壮的。

本文高度浓缩了商鞅极富戏剧性的一生,按照人物出身、变法、遇害、功绩的线索,朗读可分为四个部分:第一部分(1)—(2)自然段;第二部分(3)自然段;第三部分(4)—(6)自然段;第四部分(7)—(8)自然段。

表达中心的地方就是重点,如"为什么巫要我死我就必须死?你难道还能成为人上之人,还能翻天覆地倒转乾坤吗?为什么不?""为什么有的人活着天定为人上之人,而有的人活着却如同一头畜牲""我要让山川移位乾坤倒转,要让奴隶们得见天日,令显贵们变脸色""他用自己的生命铸造起这里的辉煌,而今天他却被自己拯救过的人们暴诛了啊"……

本文表达的难点在于每一个部分的情感转折较大,程度较深,转的分寸不易掌握。而与传统的朗诵稿件不同,该稿件的语言配置决定了其舞台表现的多元素参与性,很多语言更像具体的台词。而要以一颗今人的心去体会两千三百多年前一位伟大政治家、改革家、思想家的感受是不容易的。

我的南方和北方

自从认识了那条奔腾不息的大江,我就认识了我的南方和北方。

我的南方和北方相距很近,近得可以隔岸相望。我的南方和北方相距很远,远得无法用脚步丈量。

大雁南飞,用翅膀缩短着我的南方与北方之间的距离。燕子归来,衔着春泥表达着我的南方与北方温暖的情意。在我的南方,越剧、黄梅戏好像水稻和甘蔗一样生长。在我的北方,京剧、秦腔好像大豆和高粱一样苗壮。太湖、西湖、鄱阳湖、洞庭湖倒映着我的南方的妩媚和秀丽。黄河、渭河、漠河、塔里木河展现着我的北方的粗犷与壮美。

我的南方,也是李煜和柳永的南方。一江春水滔滔东流,流去的是落花般美丽的往事和忧愁。梦醒时分,定格在杨柳岸晓风残月中的那种伤痛,也只能是南方的才子佳人的伤痛。

我的北方,也是岑参和高适的北方。烽烟滚滚,战马嘶鸣。在胡天八月的飞雪中,骑马饮酒的北方将士,正向着刀光剑影的疆场上逼近。所有的胜利与失败,最后都消失在边关冷月下的风中……

我曾经走过黄山、庐山、衡山、峨嵋山、雁荡山,寻找着我的南方。我的南方却在乌篷船、青石桥、油纸伞、鱼鳞瓦的深处隐藏。在秦淮河的灯影里,我凝视着我的南方。在寒山寺的钟声里,我倾听着我的南方。在富春江的柔波里,我拥抱着我的南方。我的南方啊!草长莺飞,小桥流水,杏花春雨。

我曾经走过天山、昆仑山、长白山、祁连山、喜马拉雅山,寻找着我的北方。我的北方却在黄土窑、窗花纸、热土炕、蒙古包中隐藏。在雁门关、山海关、嘉峪关,我与我的北方相对无言。在大平原、大草原、戈壁滩,我与我的北方倾心交谈。在骆驼和牦牛的背景里,我陪伴着我的北方走向遥远的地平线。我的北方啊!大漠孤烟,长河落日,唢呐万里。

自从认识了那条奔腾不息的大江,我就认识了我的南方和北方。

从古到今,那条奔腾不息的大江就像一根琴弦,弹奏着几多兴亡,几多沧桑。在东南风的琴音中,我的南方雨打芭蕉,荷香轻飘,婉约而又缠绵。在西北风的琴音中,我的北方雪飘荒原,腰鼓震天,凝重而又旷远。

啊!我的南方和北方,我的永远的故乡和天堂。

(转引自短篇原创文学网站《短文学》,www.duanwenxue.com,2011-01-23)

播读提示:

南方和北方都是祖国的大好河山,文字间饱含着深沉的热爱。文章的语言凝练,富有诗意。联想我国近代百年的战争史,山河破碎,民不聊生,和平来之不易,更增加了作者对秀丽祖国的珍爱。文章的整体基调是深情热爱和赞颂。主要节奏为舒缓低沉,语气中饱含爱意,气息徐缓。

文章大致可以分为三个部分:第一部分(1)—(3)自然段,总说我的血脉相连的南方和北方;第二部分(4)—(7)自然段,分别从历史、人文自然景观描述南北方各自的特色和美;第三部分(8)—(10)自然段,南北方再次合奏,点明主题——南方北方都是永远的天堂和故乡。

本文朗读的难点在于描写多用具体的人物和景象,极富画面感,但不可见字生情,让景象变成支离破碎的片段。表达时注意情景再现要以感情为主线,无论是人物还是景物都是穿在主线上的珍珠,既要饱满,又不能跳脱主线之外。

漂 给 屈 原

余光中

有水的地方就有龙舟,
有龙舟竞渡就有人击鼓,
你恒在鼓声的前方引路。
哀丽的水鬼啊,你的漂魂,
从上游追你到下游。
那鼓声,从上个端午到下个端午。

湘水悠悠,无数的水鬼,
冤缠荇藻,怎洗涤得清?
千年的水鬼唯你成江神,
非湘水净你,是你净湘水。
你奋身一跃,所有的波涛、
汀芷浦兰流芳到现今。

亦何须招魂,招亡魂归去?
你流浪的诗族诗裔,
涉沅济湘,渡更远的海峡。
有水的地方就有人想家,
有岸的地方楚歌就四起,
你就在歌里,风里,水里……

(《余光中诗歌选集》1997-08,时代文艺出版社)

播读提示:

这是一首怀古咏史诗,余光中在诗集《白玉苦瓜》的自序中写道:"少年时代,笔尖所蘸,不是希颇克灵的余波,便是泰晤士的河水,所酿也无非是1842年的葡萄酒。到了中年,忧患伤心,感慨始深,那支笔才懂得伸回去,伸回那大陆,去蘸汨罗的悲涛,易水的寒波,去歌楚臣,哀汉将,隔着千年,跟中国古代最敏感的心灵,陈子昂在幽州台上,抬一抬杠。"屈原、端午、龙舟……是整个民族的记忆,在这首诗歌中,纵的历史感、横的地域感、十字路口的现实感这"三感"使古今对照,立体地塑出一个中国文化造像,是现代诗重认传统的典范。

作者从击鼓赛龙舟作为文章的起兴,写到屈原投江,最后写屈原影响之深远,文字充满浪漫主义色彩,又展示了作者丰富的想象和内心世界。这首诗歌朗诵的基调是深情怀念中带有强烈的民族自豪感,空间和时间的穿越感营造出旷古、悠远的意境,朗诵节奏舒缓而深沉,语气以体现"美"和"颂"为主。

看似清丽的文字包含着深情,要把这首诗读出意蕴,要特别注意重音的运用——那些表现历史感、地域感和现代感的地方,否则朗读容易流于浅白。

我爱这土地

艾青

假如我是一只鸟，
我也应该用嘶哑的喉咙歌唱：
这被暴风雨所打击着的土地，
这永远汹涌着我们的悲愤的河流，
这无止息地吹刮着的激怒的风，
和那来自林间的无比温柔的黎明……
——然后我死了，
连羽毛也腐烂在土地里面。
为什么我的眼里常含泪水？
因为我对这土地爱得深沉……

[《北方》(诗集)1939年，自费出版]

播读提示：

《我爱这土地》写于1938年，日本侵略军连续攻占了华北、华东、华南的广大地区，所到之处疯狂肆虐，妄图摧毁中国人民的抵抗意志。中国人民奋起抵抗，进行了不屈不挠的斗争。诗人在国土沦丧、民族危亡的关头，满怀对祖国的挚爱和对侵略者的仇恨，写下了这首慷慨激昂的诗。这一首在现代诗歌史上广泛传诵的抒情名篇，以一只鸟生死眷恋土地作比，抒发了深沉而真挚的爱国情感。用"嘶哑"来形容鸟儿鸣唱的歌喉，正是表达诗人为祖国前途、命运担忧，心力交瘁的情状。全诗基调为深情悲痛的爱，主要节奏为高亢、凝重。

全诗从情感上可以分为四个层次：第一层隐喻人民的苦难；第二层隐喻人民的反抗精神；第三层表现坚定的必胜的信念；第四层表达作者因为自己的爱作出庄重的选择。因为诗歌非常凝练，朗诵时要注意这几种情感的融合与过度。理解鸟儿所歌唱的"土地""河流""风""黎明"，它们的核心都是"土地"。"这被暴风雨所打击着的土地"，是正在遭受日寇欺凌的国土的写照。"永远汹涌着我们的悲愤的河流"，土地上的河流，象征着长期郁结在人民心中的悲愤江河一般汹涌奔流。"无止息地吹刮着的激怒的风"，土地上空吹刮着的风，象征人民心中对侵略者暴行的愤怒。"来自林间的无比温柔的黎明"，预示着人民为之奋斗献身的独立自由的曙光，必将降临于这片土地。"然后我死了/连羽毛也腐烂在土地里面"，小鸟活着时，倾尽全力为土地而歌唱，死后，又将自己的全身投入土地的怀抱，连羽毛都与土地融为一体。"为什么我的眼里常含泪水"，"眼里常含泪水"这样一个静态的特写，表现了悲愤痛苦的情感恒久萦绕于"我"的心中。"因为我对这土地爱得深沉"，目睹山河破碎、人民遭受涂炭的现实，对祖国爱得愈深，心中的痛苦也愈强烈。

这篇诗歌朗诵的难度在于爱、憎、悲、欲、冷的语气色彩交织在一起，程度与转换把握是关键，需要在不断的实践中体会。

神 女 峰

舒婷

在向你挥舞的各色花帕中,
是谁的手突然收回,
紧紧捂住了自己的眼睛?
当人们四散离去,
谁,还站在船尾,
衣裙漫飞,如翻涌不息的云?

江涛,高一声,低一声。
美丽的梦留下美丽的忧伤,
人间天上,代代相传。
但是,心真能变成石头吗?
为眺望远天的杳鹤,
错过无数次春江月明。

沿着江岸,
金光菊和女贞子的洪流,
正煽动新的背叛。
与其在悬崖上展览千年,
不如在爱人肩头痛哭一晚。

(转自于网站《散文在线—舒婷诗集》2009.8.5,http://sanwenzx.com)

播读提示:

这首诗主要取意于宋玉的《高唐赋》和《神女峰》。两赋写楚怀王梦中亲幸了巫山神女,神女便树立了永远忠贞于他的志节。怀王死后,他的儿子襄王和宋玉游巫山,神女虽一度对宋玉萌生爱意,又被襄王苦苦追求,却终于理性战胜情欲,毅然表示要永远忠于怀王,不再与别人恋爱。沿着这一逻辑,民间传说又补充了神女日夜凝望怀王,日久化为石柱,成了人们万世景仰的偶像等内容。于是,神女峰便成了不嫁二男、贞节重于生命的文化标本。而舒婷的《神女峰》表现出的是从人性的角度出发,对爱情婚姻中"正统"道德的反思与批判。诗歌基调为理性思考中不乏温婉的同情,同情以"神女"为代表的中国传统妇女,思考中充满了新时代女性的独立与批判。节奏总体说来属于舒缓型,偶有凝重,但程度不重。

此诗可分为三段。第一段,诗人以女性的慈悲和仁爱看到了"风景"背后的痛苦和残忍;第二段,作者对传统礼教提出质疑;第三段,作者亮出观点——妇女应挣脱封建礼教勇敢追求幸福。

此诗表达的重点在于诗人情感的转折点以及几个重要的意象。"但是,心真能变成石头吗?""与其在悬崖上展览千年,不如在爱人肩头痛哭一晚。"这两句无疑是作者直抒胸臆的重点。而"金光菊"和"女贞子"是巫峡中的常见植物,它们聚凑成迎船而来的"洪流"。它们生机蓬勃,自由活泼,植物的生命尚由自己支配,人们也应抛弃那为"规范"而生活的旧的伦理枷锁。

这首诗歌文字上比较平淡,难度在于读出意蕴,这需要以深刻的理解和强烈的情感做铺垫。

习近平:人心向背关系党的生死存亡

中国广播网 2013-06-18

中广网北京6月18日消息(记者温飞)党的群众路线教育实践活动工作会议6月18日在北京召开,中共中央总书记、国家主席、中央军委主席习近平出席会议并发表重要讲话,对全党开展教育实践活动进行部署。他强调指出,开展党的群众路线教育实践活动,是实现党的十八大确定的奋斗目标的必然要求,是保持党的先进性和纯洁性、巩固党的执政基础和执政地位的必然要求,是解决群众反映强烈的突出问题的必然要求。全党同志要积极参与到活动中来,以实际行动密切党群干群关系,取得群众满意的成效。

中共中央政治局常委李克强、张德江、俞正声、王岐山、张高丽出席主会场会议,中央党的群众路线教育实践活动领导小组组长刘云山主持会议。会议以电视电话会议形式举行。

习近平强调,群众路线是我们党的生命线和根本工作路线。实现党的十八大确定的奋斗目标,实现中华民族伟大复兴的中国梦,必须紧紧依靠人民,充分调动最广大人民的积极性、主动性、创造性。开展党的群众路线教育实践活动,就是要使全党同志牢记并恪守全心全意为人民服务的根本宗旨,以优良作风把人民紧紧凝聚在一起,为实现党的十八大确定的目标任务而努力奋斗。

习近平指出,人心向背关系党的生死存亡。党只有始终与人民心连心、同呼吸、共命运,始终依靠人民推动历史前进,才能做到坚如磐石。开展党的群众路线教育实践活动,就是要把为民务实清廉的价值追求深深植根于全党同志的思想和行动中,夯实党的执政基础,巩固党的执政地位,增强党的创造力凝聚力战斗力,使保持党的先进性和纯洁性、巩固党的执政基础和执政地位具有广泛、深厚、可靠的群众基础。

习近平强调,总体上看,当前各级党组织和党员、干部贯彻执行党的群众路线情况是好的,党群干群关系也是好的,广大党员、干部在改革发展稳定各项工作中冲锋陷阵、忘我奉献,发挥了先锋模范作用,赢得了广大人民群众的肯定和拥护。这是主流,必须充分肯定。同时,我们必须看到,面对世情、国情、党情的深刻变化,精神懈怠危险、能力不足危险、脱离群众危险、消极腐败危险更加尖锐地摆在全党面前,党内脱离群众的现象大量存在,集中表现在形式主义、官僚主义、享乐主义和奢靡之风这"四风"上。我们要对作风之弊、行为之垢来一次大排查、大检修、大扫除。

习近平指出,开展党的群众路线教育实践活动,必须高举中国特色社会主义伟大旗帜,全面贯彻落实党的十八大精神,以马克思列宁主义、毛泽东思想、邓小平理论、"三个代表"重要思想、科学发展观为指导,贯彻好党的十八大以来中央作出的重大工作部署和要求,紧紧围绕保持和发展党的先进性和纯洁性,以为民务实清廉为主要内容,切实加强全体党员马克思主义群众观点和党的群众路线教育,把贯彻落实中央八项规定精神作为切入点,着力解决突出问题。

习近平强调,这次教育实践活动的主要任务聚焦到作风建设上,集中解决形式主义、官僚主义、享乐主义和奢靡之风这"四风"问题。这"四风"是违背我们党的性质和宗旨的,是当前群众深恶痛绝、反映最强烈的问题,也是损害党群干群关系的重要根源。"四风"问题解决好了,党内其他一些问题解决起来也就有了更好条件。

习近平指出,教育实践活动要着眼于自我净化、自我完善、自我革新、自我提高,以"照镜子、正衣冠、洗洗澡、治治病"为总要求。照镜子,主要是以党章为镜,对照党的纪律、群众期盼、先进典型,对照改进作风要求,在宗旨意识、工作作风、廉洁自律上摆问题、找差距、明方向。正衣冠,主要是按照为民务实清廉的要求,勇于正视缺点和不足,严明党的纪律特别是政治纪律,敢于触及思想、正视矛盾和问题,从自己做起,从现在改起,端正行为,自觉把党性修养正一正、把党员义务理一理、把党纪国法紧一紧,保持共产党人良好形象。洗洗澡,主要是以整风的精神开展批评和自我批评,深入分析发生问题的原因,清洗思想和行为上的灰尘,保持共产党人政治本色。治治病,主要是坚持惩前毖后、治病救人方针,区别情况、对症下药,对作风方面存在问题的党员、干部进行教育提醒,对问题严重的进行查处,对不正之风和突出问题进行专项治理。

习近平强调,要以整风精神开展批评和自我批评,开好民主生活会,坚持开门搞活动。教育实践活动要以县处级以上领导机关、领导班子、领导干部为重点。各级领导干部既是活动组织者、推进者、监督者,更是活动参与者,要以普通党员身份把自己摆进去,力争认识高一层、学习深一步、实践先一着、剖析解决突出问题好一等。保持党同人民群众的血肉联系是一个永恒课题,作风问题具有反复性和顽固性,必须经常抓、长期抓,特别是要建立健全促进党员、干部坚持为民务实清廉的长效机制。要以这次活动为契机,制定新的制度,完善已有的制度,废止不适用的制度。制度一经形成,就要严格遵守,执行制度没有例外。

习近平强调,各级党委要增强责任感和紧迫感,把开展好教育实践活动作为一项重大政治任务抓紧抓好抓实。要明确责任职责,主要领导亲自抓;深入调查研究,制定切实可行的实施方案;加强具体指导,确保正确方向;坚持统筹兼顾,做到两手抓、两促进;加强宣传引导,营造良好舆论氛围。

刘云山主持会议时指出,习近平总书记的重要讲话从战略和全局的高度深刻阐述了开展党的群众路线教育实践活动的重大意义,对以整风精神开展批评和自我批评、着力解决作风方面存在的突出问题、建立促进党员干部坚持为民务实清廉的长效机制、加强对教育实践活动的领导提出了明确要求,具有很强的思想性、针对性、指导性。大家一定要认真学习、深刻领会,切实把思想统一到讲话精神上来,用讲话精神指导教育实践活动的开展,扎扎实实把教育实践活动搞好。

在京中共中央政治局委员、书记处书记,全国人大常委会党员副委员长,国务委员,最高人民法院院长,最高人民检察院检察长,全国政协党员副主席出席主会场会议。

在主会场参加会议的还有:中央党的群众路线教育实践活动领导小组成员,各省区市和副省级城市、新疆生产建设兵团党委有关负责同志,中央和国家机关各部委、各人民团体以及中央管理的企业、金融机构和高等院校党组(党委)主要负责同志;党的群众路线教育实践活动中央督导组组长、副组长,人民解放军和武警部队有关负责同志等。各省区市和副省级城市、新疆生产建设兵团领导班子成员在分会场参加会议。

播读提示:

这是一篇以新闻形式出现的政训,而习近平同志所谈论的问题是"党的生命线和根本工作路线",关乎全党及各族人民共同实现"中国梦"的道路问题,本报道具有强烈的权威性和导向性。本文的播报基调是严肃端庄、语重心长,要在播音语言中体现习近平同志的精神。节奏明快铿锵,语气坚定有力。

文章可分为三个部分。第一部分(1)—(2)自然段,总说习近平同志在党的群众路线教育实践活动工作会议做出重要讲话,李克强等中央领导出席会议,表明该讲话的重要性;第二部分(3)—(11)自然段,陈述习近平同志讲话的主要内容,包括党的群众路线的重要性、突出问题、纠正途径和要求;第三部分(12)—(14)自然段,该活动的结尾和背景信息的补充。

语言表达的重点在于第二部分,因为全党要如何认识和贯彻群众路线工作是播出目的所在,也是最能体现党中央精神的地方。而在这些重点段落当中,每一段的首句高度概括了本段要义,是重中之重。对于长新闻而言,为了帮助受众理解和抓住重点,提纲挈领的内容是要着力表达的。

此类播报对播音员的基本功提出很高的要求,力度强、专用短语多、总量大,还要在大量的内容中适时地提出重点,要求播音员思路清晰、政治素养强、底气足,能够一气呵成。

广西:破获贩毒案 毒品做成"铁观音"

中央电视台《新闻直播间》2013-06-18

近日,广西北海市公安边防支队在开展"扫毒害,保平安"专项行动中破获了一起将毒品伪装成铁观音贩卖的案件。

据了解,今年五月份,该边防支队共破获贩毒案41起,缴获各类毒品2584克,抓获涉嫌贩卖毒品的犯罪嫌疑人49人,是今年破获案件数最多的月份。其中,犯罪嫌疑人杨某更是将K粉、冰毒、神仙水等共计1200多克毒品装在印有"铁观音"的茶叶袋里进行贩毒,以求瞒天过海。据办案民警介绍,此次缴获的毒品种类很多,有K粉、冰毒、神仙水、麻古等,犯罪嫌疑人的犯罪手段非常隐蔽,是将毒品包装在普通的茶叶袋里面,伪装成一包一包的茶叶进行贩卖以逃避公安机关的打击。

目前,相关涉案人员已全部被刑事拘留,案件还在进一步审理中。

播读提示:

这是一条当今典型的广播电视社会新闻,事件出人意料并且性质恶劣,好在公安机关已经及时查获了这些被包装成茶叶的毒品。播报的基调是批判、坚定,节奏较快,语气也要相应地服务于基调。

该新闻较短,导语部分要突出案件的特殊性"毒品伪装成铁观音"以引起观众的注意,新闻主体部分则要重点关注重音的处理,根据稿件目的,事件的严重性要通过具体的数据和毒品种类表明,所以"41起""2584克""49人"等就是重音。

社会新闻播报的难点在于播出故事性、突出重要性、找出新闻的新意所在,能够使一条信息变成老百姓乐于接受的"故事"考验着播音员对于新闻的深度理解和讲述功力。

广州地铁施工 五座先秦古墓一夜被毁

中央电视台《新闻直播间》2013-06-18

最近,广州市的考古部门正在罗岗区发掘一处先秦墓葬群,14号的晚上考古人员还在那工作,可是等到15号的早上他们再来的时候,已经发掘出的7座古墓已经被铲了5座,而这一切就发生在一夜之间。

在现场,记者看到,原本的古墓群区只看到一堆石块和土堆,及被大型机械挖过的痕迹,一块写着"文物考古勘探挖掘区"的黄色警示牌被推倒,划定范围的红色警戒线也被扯断。

采访工人:"十四号晚上,我们五十多个人还在这个山头干活,一直干到(晚上)六点半下班。"

可十五号一早,考古人员到达现场看到的却是眼前这幅场景。据介绍,经过前期试探,考古方预测,这座山头大概有十八座古墓,时代大致为商代晚期至春秋战国。他们随后开始了第一批七座古墓的发掘,而一夜之间,其中五座已不复存在。究竟是谁在一夜之间把这些珍贵的墓葬群全部铲除了呢?考古人员表示,古墓群处于广州地铁六号线的施工路线上,破坏古墓的责任方就是地铁的施工方——中铁二局。但地铁施工方称,他们的行动得到了广州市考古所的口头同意。

画面:双方争执,考古所否认同意其施工。

中铁二局的人员表示,这个古墓群刚好处于地铁六号线的咽喉位置,由于考古作业拖慢的进度,他们损失已达一千多万元。这次事件属于误挖,是考古人员警示标志设置不清所致。

播读提示:

这条新闻是过程展示型的消息,它的导语不是传统意义上的时间、地点、人物、事件、结果,整条新闻展示的顺序就是记者了解一个事件的经过。只呈现事实,没有主观判断,看似没有立场,实则立场已在其中——考古所和地铁施工方都有责任,也把没有定论的这件事的更多思考空间留给受众。所以这篇新闻的表达态度是客观、中立中带有惋惜。语气中有惊、冷、关切,对勘探中的古墓群一夜被推平感到惊诧,对双方的推卸责任冷静思考,对古墓群的命运一直关切。

过程的展示带来戏剧性,表达的口语化色彩突出,多有顿挫,节奏略微紧张。表现作者态度和事件矛盾冲突的词都是重音,如"14号的晚上""15号的早上""一夜之间""全部""口头"等。播报中要注意体现讲述感。

清漪出锦绣

中央电视台纪录片《颐和园》第一集

　　自然孕育了艺术,建筑凝固了历史,艺术在自然中生长,历史在建筑中流传。当岁月的尘埃被轻轻拂去,永恒的艺术和曾经的历史,又重新熠熠生辉。

　　这是一座闻名于中外的园林,它位于北京西北郊,距离紫禁城大约十五公里。园里的这座山叫万寿山,山前的这个湖叫昆明湖,这是中国最后一座皇家园林,它叫颐和园。多年以前,它曾经叫做清漪园。在这座园林的山水草木之间,亭台楼阁之中,随处可以触摸到历史的痕迹,这座屏风(硬木嵌玻璃画山水座屏)曾经属于清朝的乾隆皇帝,也正是乾隆皇帝,让这里的山水发生了翻天覆地的变化。

　　在园林诞生之前的几百年间,这里是一片湿地,万寿山那时叫瓮山,山前的小湖叫瓮山泊。后来,位于京西的瓮山泊改称为西湖,瓮山西湖一带风景优美,花草繁茂,人们常常来此登山游湖、吟诗作赋、捕鱼涉猎。

　　公元1749年,清乾隆十四年的农历十一月,瓮山西湖一带突然热闹起来,成千上万的民工汇聚在这里,他们铲起淤积在湖底的淤泥,再把挖出的泥土运到瓮山东麓。这个工程的负责人是内务府总管大臣三和,按照乾隆皇帝的旨意,瓮山脚下的西湖将被彻底清淤、疏浚和扩大。当时,人们没有想到,这次看似普通的水利施工却成为此后一项宏大工程的开端。

　　从元代开始,西郊玉泉山的泉水是北京城的主要水源,清朝大内宫廷的饮用水以及西苑太液池、紫禁城护城河的水都来自玉泉山。自康熙朝以后,北京西郊陆续修建了几座皇家园林,由于园林用水量大,水源上游被大量截流,京师水源不足,甚至影响到京城通往大运河的漕运用水,所以,在京西整修水利、开辟新的水源已成当务之急。早在一年前,乾隆就派人考察了京西一带的水文地理,发现西山一带有几十股泉水可供利用。专门修建的饮水石槽像蛛网一样遍布山区,西山和玉泉山的泉水通过这些水槽汇集到西湖,原来在瓮山西南呈半月形的西湖经过开挖疏浚,湖面已经拓展到瓮山东南,湖底加深,整个湖体扩大了两倍,气势也远远超过从前。

　　当年为了防止西湖洪水泛滥,淹没圆明园、畅春园等园林,曾经修建了一条堤坝。因为堤坝位于畅春园以西,所以名为西堤。现在西堤原有的土堤被换成石坝,同时堤坝被加高加厚,堤上还新建了三座闸门,平时三闸关闭,拦蓄湖水。如果京师用水,打开南闸,水从北向南流入京城;如果园林用水,则提东闸放水东下;如遇大洪水,则提北闸泄水入清河。瓮山脚下的西湖实际上成为北京的第一个人工水库,后来由于西湖的西部又修了一道堤坝,原来的西堤就被乾隆改名为东堤了,这也就是今天我们在颐和园看到的这道东堤。

　　东堤岸边这只与真牛大小相仿的镀金铜牛是乾隆时铸造的,它来自于古代神牛镇水的风俗,我国古代雕塑多为写意,这只铜牛却采用了写实的手法,它造型逼真,神情生动,目光炯炯,似有所见,丰富细腻的艺术表现力代表了当时铸造工艺的水平。

播读提示:

　　《颐和园》是一部深入探寻中国园林文化的大型纪录片,也是一部全面再现颐和园历史的纪录片,旨在深入揭示中国历代园林艺术中所蕴含的文化蕴意,力求重现宏大辉煌的颐和园之貌。《颐和园》纪录片的总策划、总撰稿赵微表示,故宫与颐和园,分别代表着中国文化中最重要的两部分"礼"和"乐","故宫是皇家宫殿,是中国政治心脏,所代表的是庄重、威严、规则、政治和法律等。而相对于故宫代表的礼,颐和园代表的乐是轻松的,代表了皇家政权中最人性化的那部分内涵"。

　　纪录片的配音不能跳脱于画面之外,而要作为一个元素与影片整体和谐统一,所以此片的配音应追求庄重大气、深沉动情、亦刚亦柔。纪录片的语言有片段式特征,从历史脉络、人文故事、建筑造诣等各方面切入,展示一个立体的颐和园。配音时要注意快速切入每一个片段,如在《清漪出锦绣》这一集中,有大量三维技术揭秘颐和园前身清漪园的兴建、毁灭与重建的沧桑变化,语言的表述也相应地在历史与现实中变换不同的感觉。配音节奏应舒缓而富有张力,多连少停,注意把握声音节奏和画面节奏的一致性。

第三章 广播电视播音主持话语表达

第一节 广播电视话语表达的特点和要求

一、广播电视话语表达的特点

用声音传播信息是广播电视话语表达的主要特征。广播电视话语表达不仅是传递信息的重要手段,同时也是一种听觉艺术。广播电视在宣传方式上,要组织制作宜于显示声音特点的广播电视节目;在语言运用上,要采用便于听觉鉴别和接受的表达方法。因此,广播电视话语表达不同于日常生活中的话语表达,也不同于报纸杂志书面语的表达。广播电视话语表达具有规范化、口语化、个性化和审美化四个方面的特点。

(一) 规范化

语言的规范,指的是某一语言在语音、词汇、语法、语用、书写符号等各方面的规则和标准,包括语言本体规范和语言运用规范两方面的内容。语言本体规范,是指语言内部构成要素(如语音、词汇、语法等)和语言书写符号(如文字、标点符号等)的规范。语言的规范化,是根据语言自身的发展规律,研究、制定并颁布某一语言在语音、词汇、语法、语用、书写符号等方面的规则和标准,并通过宣传、提倡等途径来引导人们自觉遵照国家颁布的语言使用规则和标准来规范地使用语言。早在建国初期,党和国家就开始大力推广普通话,1982 年颁布的《中华人民共和国宪法》规定"国家推广全国通用的普通话"。中华人民共和国第一部关于语言文字的专门法律——《中华人民共和国国家通用语言文字法》(以下简称《语言文字法》)于 2000 年 10 月 31 日第九届全国人民代表大会常务委员会第十八次会议通过,2001 年 1 月 1 日起正式施行。它是新中国成立后第一部有关语言文字的专门法律,体现了国家关于语言文字工作的方针和政策,是我国语言文字规范化和标准化进程中的一件大事。[1]

使用规范的普通话是对播音员、主持人最基本的要求,也是贯彻落实国家语言文字法规的体现。《语言文字法》规定,国家机关、新闻媒体和全体公民以至全社会都有推广普通话和推行规范汉字的义务,主要着力于四大领域,即以公务员为龙头,以学校为基础,以媒体为示范,以窗口行业为重点。广播电视媒体是公众接触最多、影响最大的媒体,具有传播信息、教育、监督社会、服务公众和预警的基本功能,在当今的信息化社会里,人们生活在由各类媒体所创制的拟态环境中,在很大程度上是通过媒体传播的信息来认知周围生存环境。因此,媒体的话语形态对人们认识语言现象和语言学习产生的作用是非常大的[2]。所以,在推广规范的汉语普通话方面,广播电视媒体肩负着特殊的责

---

[1] 周芸、邓瑶、周春林:《现代汉语导论》,北京:北京大学出版社 2011 年版,第 10、11 页。
[2] 刘逸帆:《广播电视媒体要做规范应用汉语言的主力军——与教育部语言文字应用研究所所长、博士生导师姚喜双教授的对话》,载《中国广播》2008 年第 11 期。

任,发挥着主导作用。只有坚持播音主持语言的规范性,才有利于在更多受众中"耳濡目染""日积月累""潜移默化"地展现普通话的全貌,凸显普通话的优势,进行普通话的示范,形成学习普通话的氛围,造就普通话的声誉,呈现"讲普通话光荣"的社会风尚。

广播电视话语表达的规范性主要体现在以下几方面:

1. 语音的规范

语音的规范指的是语音(声母、韵母、声调、轻重格式、儿化、音变等)必须具有普通话的规范性。[①] 普通话的语音以北京语音为标准音,就是以北京话的语音系统为普通话的语音系统,但是并不是北京话任何一个语音成分都是标准的、规范的普通话语音成分。规范的普通话语音,应该注意剔除北京话中的土音成分,审定北京语音内部存在分歧的异读音,有选择地吸收轻声、儿化等音变现象。[②]《语言文字法》规定:以普通话作为工作语言的广播电视播音员主持人应达到国家规定的等级标准。省级广播电台、电视台的播音员、主持人应达到一级甲等,其他广播电台、电视台的播音员、主持人达到一级乙等水平。广播电视播音员、主持人必须使用规范、准确的汉语普通话,普通话水平必须达到一级以上。这就要求播音员、主持人要准确掌握运用普通话声母、韵母的发音方法和发音部位,以及声调的准确调值,避免方言语音。例如,现在很多娱乐节目的主持人出现"港台腔",其中,显著的语音问题就是把舌面音声母 j、q、x 读成舌尖音。同时,播音员、主持人还应掌握 3500 个常用汉字及《普通话异读词审音表》,避免出现读错字、读白字的现象。在语音失范方面,播音员、主持人往往存在以下问题:

(1) 形近字字音错误。例如,1999 年 6 月 8 日中央电视台《新闻联播》节目主持人把"塞浦路斯"的"浦(pǔ)"读"捕(bǔ)";2000 年 3 月 19 日中央电视台第一套播出的《中国人口》节目中,主持人将"武陟县"的"陟(zhì)"读成"涉(shè)"。

(2) 难读字字音错误。例如,"刚愎自用"的"愎(bì)"常常被读作"复(fù)";"蹙眉"的"蹙(cù)"常常被读作"足(zú)"或"戚(qī)"。

(3) 多音字字音错误。例如,"处"有两个读音,应读上声"chǔ"的有:"处理、处于、处女",而常常被读作去声"chù";"悄"有两个读音,应读上声"qiǎo"的"悄然"常被读作阴平"qiāo"。

(4) 变调字的字音错误。例如,"啊"的六种变调常常被忽略;"一"的变调不准确,把"一点五十分"的"一(yì)"读作"yī"。

(5) 轻声、儿化的误读。例如,把该读轻声的"脊梁"的"梁(liang)"读作了阳平"liáng";把不该儿化的"我一眼就认出了你"读成"我一眼儿就认出了你"。

播音员、主持人应该特别注意一些难读字的发音,准确把握多音字、异读字的读音,以免在节目中出错从而影响广播电视节目示范功能的发挥。

2. 词汇的规范

现代汉民族共同语的词汇规范是"以北方话为基础方言"。在汉语方言中,北方话的分布地域最广,使用人口数量最多,把北方话作为普通话的基础方言符合汉语发展的实

---

① 张颂:《播音创作基础》,北京:北京广播学院出版社 1990 年版,第 8 页。
② 周芸、邓瑶、周春林:《现代汉语导论》,北京:北京大学出版社 2011 年版,第 13 页。

际。但由于北方话分布地域广,其内部结构要素具有一定的差异性,所以不能把北方话中所有的词语都吸收到普通话当中来。现代汉语词汇的规范化,首先,应该根据现代汉语词汇发展的规律,科学地剔除北方话中的方言土俗词。北方话里一些地方色彩较浓、说出来只有较少地区的人能懂的词语,就不能吸收到普通话里。其次,为了充实和丰富普通话的词汇,还应该从现代汉语方言、古汉语以及其他民族语言中,适当吸收有益于普通话发展的词语。此外,还应该结合实际,适时吸纳一些在大众传媒中因频繁使用而逐渐得到推广的新词语。[①] 根据普通话词汇的规范,播音员、主持人在播音主持时要注意选词、用词的恰当,使受众能够听懂传播内容的实质,提高传播的有效率。在姚喜双教授等人撰写的《播音员节目主持人语言不规范现象研究概要》一文中,列举了词汇误用的现象:

第一,不了解词义。例如,"一位莘莘学子"的错误运用,就是因为不了解"莘莘学子"是群体名词,不能受"一位"的修饰而导致的;北京有线电视台1997年1月12日19点55分开播的"华一杯"首都球迷辩论大赛复赛(第三场),主持人有这样一句话:"罗德曼在最近的比赛中徒有虚名……篮板球和防守都差强人意"。其中,因为不了解"差强人意"的意思是"勉强使人满意",而与"不尽如人意"混用。

第二,生造词语。中央电视台第三套节目"戏苑百家"栏目在1996年11月1日与四川电视台合办的"九州戏苑"节目中,使用的"川语系",就是一个生造词语。

第三,错用成语、古语。例如:想表达说话人理由充足、自信满满,却用了成语"信誓旦旦"("信誓旦旦"意为誓言诚恳可信);《中国语文》1997年第5期朱景松《用古必先懂古》一文指出,1995年9月11日中央电视台《新闻联播》报道重庆汽车工业,说"成也是汽车,败也是汽车……",借用了"成也萧何,败也萧何"的说法,然而古语中的"也"不是副词,而是语气词,相当于今天的"啊"。

第四,滥用方言词汇、网络词汇。例如:1999年7月14日中央电视台《十二演播室》节目播出中,嘉宾说:"我的那个朋友说,怎么也没想到这个茶艺馆是你开的。"主持人说:"那你们俩是发小吧?""发小"指的是从小一起长大,并且一直是要好的朋友。这个词是部分北京人才使用的方言词,其他观众不一定听得懂。有的主持人常用一些流行的网络词汇,如"我觉得他拉风""这个观点很雷人"等等。"拉风""雷人"等网络流行词汇对于不了解网络用语的受众来说,不一定听得懂,影响表达的效果。

第五,随意简称。例如:主持人在提到"非公有制经济大有可为"时,将"非公有制经济"称为"非公经济",词义不明确,不符合简称的原则;凤凰卫视主持人把"美国共和党"简称成"美国共党",容易产生歧义。

总之,播音员、主持人应该避免以上各种不规范现象的出现,不断强化媒体规范使用语言文字的示范功能。

3. 语法的规范

现代汉民族共同语"以典范的现代白话文著作为语法规范"。所谓"典范的现代白话文著作",指的是现当代符合语法规范的优秀白话文作品。普通话语法的规范化,首先,

---

[①] 周芸、邓瑶、周春林:《现代汉语导论》,北京:北京大学出版社2011年版,第13页。

要坚持以现代典范的白话文作品的一般用例为语法规范,排除一些方言语法以及个人特殊表达的影响。其次,在现代汉语方言、古代汉语和其他民族语言中,一些有益于丰富和完善现代汉语语法的表达方式,可以适当考虑吸收到普通话的语法当中来。①

增强语法规范意识是对每个播音员、主持人的基本要求。广播电视话语表达语法不规范的现象主要表现在词法和句法两个方面。

(1) 词法问题

第一,词性的误用。例如:"他很智慧,也很勤奋。""智慧"是名词,被用作了形容词。"今年的产量比去年减少两倍。"倍数不能与表示减少的词语连用,应该改为"今年的产量比去年减少了二分之一。"

第二,代词指代不明。例如:天津人民广播电台播音部主编的《播音与主持》第三十一期的监听组指出,2000年1月24日《生活早报》节目中播出的稿件《米卢坚持主张多找强队交锋》是一篇来自报纸的稿件,播音员在播出时出现了这样一句话:"米卢蒂诺维奇在接受本报记者专访时表示他的初衷没有任何变化。"其中应该删掉"本报",或者指出是什么报纸。

第三,词语搭配不当。例如:"经过科研攻关,水稻的数量和质量都显著提高了。""质量"只能说"提高",而"数量"则不能说"提高",可以说"增加"。

(2) 句法问题

第一,句子成分搭配不当。例如:2000年1月22日中央电视台第一套7:20播出的《东方时空》节目中,主持人说"萨达特为埃及……缔结了宝贵的和平","缔结"与"和平"的搭配不当。

第二,句子成分残缺。例如:"最近又发动了全面的质量大检查运动,要在这个运动中建立与加强技术管理制度等一系列的工作。"缺少谓语,应在"建立"前加上谓语"完成"。

第三,句子成分多余。例如:1998年3月6日中央电视台《新闻联播》中出现的句子"特别是老职工和特别困难的职工,要给予特殊的……",前面的"特别是"可以删除。

第四,句式杂糅。例如:"这场演出,深受群众所喜爱。""受"和"所"重复使用,要么说"深受群众喜爱",要么说"深为群众所喜爱"。

第五,句子歧义。例如:"两个报社的记者"有两种意思。"两个"既可以修饰"报社",又可以修饰"记者"。是"两家不同报社的记者",还是"一家报社的两个记者"语义不明。

总之,播音员、主持人应加强现代汉语语法知识的学习,避免以上问题的出现。

广播电视语言的规范性在很大程度上代表着一个国家民族的语言形象,也是国民学习的样板。因此,保持纯洁、规范的广播电视语言环境有着很深刻的意义。准确、规范地使用普通话是广播电视从业者的基本责任。

(二) 口语化

口语是人类使用最频繁、最直接,也是最为重要的一种交际语言形式。口语相对于

---

① 周芸、邓瑶、周春林:《现代汉语导论》,北京:北京大学出版社2011年版,第13页。

书面语而言具有亲切自然、通俗平易等特点。

"口语化",是结合口头语言平实、精巧、贴近生活等特点,同时剔除口头语言中的随意、杂糅等不规范的成分,对口头语言进行提炼和加工的过程。

广播电视话语贴近实际、贴近生活、贴近群众,亲切易懂,明显具有口语化的特点。例如:诗人臧克家去世时,报纸和电视发的新闻就具有各自的特点。《中国青年报》的消息是:

> 2月5日,著名诗人臧克家在京辞世。
>
> 作为一个有很多诗作被广泛传诵的诗人,99岁高龄的臧老悄然离去,引起了人们对他的无限怀念。
>
> 在臧老1942年写的《无名的小星》中,他写道,"我不幻想,头顶上落下一顶月桂冠,我只希望自己的诗句,像一阵风,吹上大众的心尖";"我愿意作一颗无名的小星,默默地点亮在天空,把一天沉重的夜色,一步步引向黎明"。
>
> 一生爱诗并用诗歌点亮自己和一个时代的臧克家,怀着对诗歌的爱走了。
>
> 记者曾经在1992年拜访过臧老的宅居。那一天,恰巧是毛泽东《在延安文艺座谈会上的讲话》发表50周年纪念日。
>
> 87岁高龄的臧老饱含激情地说:"我心中积蕴着许多真切的感受!我与主席的关系是不一般的。至今,我仍然珍藏着主席给我的7封信函。"老人兴致忽来,回身取出毛主席手书《长恨歌》碑石拓片……

而中央电视台国际频道《中国新闻》播出的消息则是:

> "有的人活着,他已经死了;有的人死了,他还活着。"这首题为《有的人》的诗在中国诗坛无人不晓,而它的作者、我国著名诗人臧克家先生于昨天(5号)晚上8点30分病逝于协和医院,享年99岁。
>
> 臧克家生于1905年,山东诸城人,1934年毕业于国立山东大学中文系。1933年出版了第一部诗集《烙印》,此后,他陆续出版的诗集、长诗有《罪恶的黑手》《自己的写照》《泥土的歌》《宝贝儿》《生命的零度》等十多部。

从上面的这两篇消息可以看出,与报纸相比,广播电视语言简练、清晰,多用口语化的词语,如"5号""病逝"。总体来看,电视新闻是为说而写,也是为了方便受众收听而写的。

广播电视话语具有口语化特点,但绝不是我们平时口头语言的松散、随意状态。它与日常生活中的口头语言是有一定区别的。

第一,广播电视话语表达是汲取书面语的精粹口语。口语具有亲切生动、通俗平易的优点,是播音员、主持人必须坚持的语体风格。但是播音员、主持人的口语又绝不等同于日常生活中的随意性口语。播音员、主持人的口语要求中心明确,条理清楚,准确得体,巧妙风趣,轻松自然,质朴大方,要讲究准确性、通俗性、得体性和洗练性,让人一听即懂。所以播音员、主持人要向书面语学习,汲取书面语严谨、简洁、精确、规范、文雅的长处,当然也不应忘记坚持口语通俗平易、形式活泼的优点。①

第二,播音员、主持人口语发音准确、清晰,表达顺畅。经过训练,播音员、主持人应该达到吐字清晰,字字如珠。这种标准只有经过训练才能达到。在日常口语的使用中,人们吐字较随意,以信息传播的顺利实现为目标,不太在乎字音的清晰程度。另外,在日常口语中,常常存在表达不连贯的情况,语流中夹杂着说话人的口头禅等大量无效信息。而播音员、主持人的口语讲究逻辑严密、流畅自如,很少存在无效信息。

第三,播音员、主持人的口语速度相对均匀,停连、重音、节奏、语气恰当。播音员、主持人的口语疏密度变化不大,字音长短比较均匀,字字如珠;生活口语的语言疏密度变化较大、语速快慢不定、停连随意性很强。播音员、主持人的口语表达中,停连、重音、语气和节奏各种技巧的熟练运用是通过训练获得的。而生活口语是自发性地应用这些技巧,并没有刻意地去注意。②

需要指出的是,一些播音员、主持人对口语化的理解有两个误区:一是认为越随意越好,越"土"越有"个性",把生活的口语照搬到节目中;二是认为,所谓的"口语化"就是在书面语上加些"呢""了""吧""呀"等语气词或把个别单音节词改为双音节词,在播音和主持节目时"调子降下来,速度快上去,声音要减弱,中间加点错,常用语气词",就是主持人的口语化。其实,播音员、主持人的口语是对生活口语进行的提炼加工,完全是根据与受众交流的需要而形成的一种具有特殊语言结构方式和语感的口头语言。口语化的通俗自然并不是粗俗随意,而应更具逻辑性和说服力,在清新自然流畅中体现规范、纯洁。主持人提高口语化水平的途径,包括努力学习生活语言的表达规律,多体验生活,掌握受众的心理特点,加强语言基本功和表达技巧的训练。

(三) 个性化

广播电视话语表达个性化的特点是广播电视节目传播的特色之一,是受众在接受节目时的一种特殊的审美需求。个性化的语言通过播音员、主持人的有声语言和副语言来体现。它是播音员、主持人内在修养的外部表现,是思维与智慧的外化与延伸。影响广播电视话语个性化的因素有先天生理素质、成长环境、社会经历、教育背景、文学修养、情感体验等等。

广播电视话语表达的个性化,主要体现在以下两个方面:

1. 声音个性

声音是一个播音员、主持人区别于他人的首要标志。由于发声器官构造上的差异,每个人的音质音色生来就有自己的特点,每个人的声音就是自己的个性,是独一无二的。播音员、主持人可通过适当的发声训练,增强声音的美感。总的来说,节目主持人的声音女声应柔和、纯净,男声应醇厚、利落,太尖会刺耳,太浑则不清晰。自然而有特点的音色、吐字习惯、语速特征、表达方式、情感蕴含均可直观地显露个性。例如,董卿的声音温婉、柔美,周涛的声音大气、沉稳。

---

① 吴郁:《主持人即兴口语特点探讨》,载《语言文字应用》1995年第2期。
② 陈玉东:《广播电视传播语言语体特点和风格分析》,载《现代传播》2006年第4期。

2. 语言表现风格

语言表现风格的形成与播音员、主持人的性格特点、知识修养、年龄阅历以及语言习惯等有关。性格外向的人，语言热情大方、爽朗活泼，如《幸运52》的主持人李咏；性格内向的主持人则含蓄内敛、引而不发，如《实话实说》的主持人崔永元；文化内涵深厚的主持人辞采飞扬、书卷气浓郁，如《话说长江》的主持人陈铎。播音员、主持人因其性格、年龄等的不同而呈现出不同的语言表现特色。有的人喜欢使用成语等文学色彩较浓的语言，显得很有文采；有的人喜欢使用歇后语等来自民间的通俗语言，显得有生活气息。有的人细声慢语娓娓道来，有的人快言快语节奏急促。理性的人善分析、推敲，感性的人爱感动、煽情。不同的语言习惯造就了不同的语言风格，主持人的语言个性也因此凸显出来。

例如：北京电视台节目主持人元元的主持风格自然、朴实、流畅、极具亲和力。她的语言充满了机智与诙谐，仿佛是身边极熟的朋友在和你聊天。在节目中，她把别开生面的叙事方式与出人意料的精彩点评相结合，丰富的词汇信手拈来，创造出了独树一帜的节目风格，体现了鲜明的语言个性特征，给人留下了难忘的印象。在专题节目《孩子不知柴米贵》中她有这样一段评论：

> 近来常听人议论，孩子的东西太贵了！据说很多工薪族要把每月收入的2/3花在孩子身上。再苦不能苦孩子，这是中国父母的一贯信条。于是儿童用品受到鼓舞，一帆风顺地高档起来，让人觉得这些商家真是有点趁火打劫的味道。多亏现在家家只有一个孩子，要像从前那样每家三五个，还不得让我们的爹娘吐血呀！即便如此，孩子还未必领情，于是家长们感叹，孩子不知柴米贵。有个著名的说法：给孩子一条鱼不如教会孩子如何去钓鱼。但是钓鱼的多与少，同样要考验我们的心理承受力。比如说现在，当你走到街上，永远会有人驾着豪华车与你擦肩而过，路两旁的高档住宅永远越修越棒，可价格也会永无止境。每当这个时候，不具备沉着素质的人免不了会内心翻腾。所以我认为，要让孩子从小懂得：有些东西是我们得不到的；得不到，我们就不要；不要，我们同样能生活得快乐。

面对这样一个人们经常谈论的话题，元元在口头语与书面语的结合当中巧妙地把寓意深刻的词汇融入其中，几个成语用得精彩绝妙。简洁明快的话语，深刻含蓄地说出了儿童商品高消费带给百姓的负担，没有枯燥的大道理，却让人们品味出人生的哲理。从语言中，我们可以感到主持人对生活的深刻理解和独特感悟，以及深厚的文字功底和语言驾驭能力。

我们主张播音员、主持人个性的多样化，但无论何种个性，言谈一定要有控制：豪放的主持人言语多直截了当，但决不可生硬；潇洒的主持人言语多风雅，但决不可随便；谦逊的主持人含蓄蕴藉，但决不要畏缩；博学的主持人旁征博引，但决不要芜杂；活泼的主持人轻松热烈，但不能过度随便；幽默的主持人风趣诙谐，但决不能油滑；深沉的主持人犀利深邃，但决不能冷傲。

（四）审美化

播音主持是语言的艺术。要使节目有声有色、富有魅力，播音员、主持人就必须讲究主持的语言艺术，使主持语言具有较高的审美价值，从而在进行信息传播交流与沟通时，给受众带来精神上的愉悦和心理上的满足。广播电视话语表达富于审美性,是主持人语言的又一特点,主要体现在语形美和语义美两方面。

1. 语形美

声音是语言的表现形式,声韵美是广播电视语言艺术性的重要体现,是构成审美价值的重要因素。有声语言动听悦耳的声音和起伏有致的语流往往能够唤起人们的美感。

声音,是播音员、主持人带给受众的"第一印象"。从人的接受心理来讲,每个人都喜欢听好听的声音,悦耳的声音总能给人带来美感。从播音主持的实践效果来看,给人以美感的声音是圆润、响亮、坚实、持久的。"圆润,就是声音饱满而润泽,听起来不干瘪、不嘶哑、不尖厉、不生涩。响亮,就是洪亮、明亮、透亮,听起来很清楚,很省力,而不是那种纤细、纤弱、暗淡的声音。坚实,就是结实、稳定、坚固,没有忽窄忽宽、忽粗忽细、出叉、发飘等现象。持久,就是从头到尾、自始至终,声音一直是圆润、响亮、坚实的,不会越来越小、越来越细、越来越暗。"①许多时候,受众喜欢某位播音员或主持人是欣赏其充满美感的声音。声音美是播音员、主持人成功的重要因素。因此,播音员、主持人在声音的运用上要经过严格的训练,掌握用声技巧。

另外,就声音形式而言,播音员、主持人的工作用语是普通话,普通话一个重要的特点就是富有音乐性,音节中元音占主导地位,元音成分大多发音响亮、悦耳。辅音中清音占优势,四个声调中高音成分多,变化明显,听上去有抑扬顿挫的音乐色彩,节奏感强,和谐悦耳。而且,普通话的双音节、三音节、四音节有约定俗成的轻重格式,节奏明朗,富有韵律,儿化音也给语音带来柔美、细腻的感觉。再加上双声、叠韵、叠音词的大量存在更显示出普通话的音乐性。

韵律美是有声语言的一种形式美。韵律,是韵和律的总称。所谓的韵或押韵源于一种类音(或称半谐音)的反复。如汉语诗词押韵的"十三辙""一、三、五不论,二、四、六分明"等规矩。所谓"律",是指声音在诗、韵文中所形成的形式,这种形式主要建立在音的强弱或轻重变化上。其表现在音节上,成为音步。"音步"的变化由音节的数量和轻重的位置不同形成不同的格式——抑扬格、扬抑格、抑抑扬格、扬扬抑格等。② 播音主持的韵律美主要表现在语调的抑扬变化和语音流的顿挫节奏上。播音中的节奏感一方面表现为语流有序律动的过程,同时也表现为感情跌宕起伏的变化。节奏有序、错落有致,受众才能听之悦耳、有味、惬意。根据美感的生理和心理反应,有规律的变化才能怡情悦性。有变化而无规律则失之杂乱,有规律而无变化则失之呆板,变化要丰富,规律要严谨。③

语形美除了体现在语音形式上外,也体现在词语的运用上。"妙语连珠"是广播电视话语表达追求的境界之一。词语和句子的绝妙使用在广播电视话语表达中尤为重要。在词语和句子使用规范的前提下,播音员、主持人在遣词造句时要体现出话语的美感,这就要求播音员、主持人在词语的选择、句子的使用以及修辞手法的运用方面要具有一定的水平。主持人语言多为口语,要求亲切自然,通俗平易,但也必须体现文学性和逻辑性,既要简洁精炼,又要俗中见雅,让人听起来亲切自然,声韵和谐,顺口入耳。在词语选

---

① 张颂:《朗读美学》,北京:北京广播学院出版社2002年版,第95页。
② 毕一鸣:《语言与传播:广播电视播音与主持艺术新论》,北京:中国广播电视出版社2005年版,第60页。
③ 同上。

择、句式搭配、逻辑安排、修辞手法运用、成语典故诗词名句引用等方面,尽力呈现出动人的魅力。如恰当使用古词语就能使话语简练优美、庄重典雅。例如,"阁(指颐和园佛香阁),高大而有气势,和整个园林建筑非常融洽得体,看上去极为壮观。可以说是,阁依山雄,山因阁秀,登阁远眺,京都山水美不胜收。"①其中"阁依山雄""山因阁秀"都是带有一定文言色彩的书面语言。但恰当的使用使得整句话充满了古朴、素雅的美感。另外,在广播电视话语表达中,多用偶句能使语言内容凝练集中,同时符合中华文化传统的语言审美取向。例如,"秋风乍起,暑热顿消""富足的喜悦,丰收的快乐""浮光跃金,静影沉璧""数不尽的奇异彩灯,看不完的火树银花"。② 这是北京电视台《煤海之光灯会》节目中的话语,整个节目共有三十多句话,其中有十处使用了偶句,语言生动简练、句子整齐均匀、节奏鲜明、易于上口,给节目增色不少。

2. 语义美

语义美是心灵美的直接体现,播音员、主持人的文化素养、思想情感、道德品质、语言表现力通过语言表达传递出来。他们通过媒介向广大受众传播信息,让受众了解和认识社会;通过传达感情,吸引感染受众,产生鼓舞、教育、激励的效果。因此,播音员、主持人的话语表达能够起到启发思考、涤荡心灵、浸润人生的作用。播音员、主持人的词语运用能力,体现在他的文字功底、知识积累和文化修养上。

例如:在《新闻1+1》节目中,白岩松评论中国的经济时这样说道:"没错,所有开过车的人都知道这个意思。就像一辆自行车,有时候你光一溜疯骑,那是赛车,一般人做不到。但是自行车如果一旦停下来,就会倒,自行车只有在动的时候,它才是平衡的,站立的,才是有活力的。中国经济的发展非常像自行车。"白岩松用比喻的方式将中国经济比喻成自行车,将晦涩的经济学理论用生动形象、简练精辟的语言表达出来,让受众听得明白,同时也引发受众对中国经济的思考,感受到主持人的智慧和内涵。

语义美的表现,常常是通过播讲者的情感来体现的。情感是主持人语言表达的依托,主持人在与受众交流的过程中情感应该是始终运动着的。情感的感染作用也大大加强了传播效果,情感的运用对体现主持人语言的审美性起到了重要作用。如《艺术人生》有一期节目是请著名表演艺术家秦怡做嘉宾,其中有一段采访特别让人动容:

朱军:秦怡老师,我们刚才谈到了您扮演过的这么多的角色。您最满意的是哪一个?

秦怡:如果说实话,没有一个角色是我完全满意的。

朱军:为什么?

秦怡:因为我一直是在被动地扮演角色。我从来没有机会主动地选择过我喜欢扮演的角色。

朱军:可是你的每一个角色都演得相当好!

秦怡:谢谢!

朱军:秦怡老师,我们可以谈谈您的爱情吗?

---

① 李佐丰:《广播电视语言》,北京:北京广播学院出版社1998年版,第54页。
② 同上书,第230页。

秦怡：我这辈子从来没有真正地爱过……

朱军：可是……可是您是这样的有爱心，热爱电影工作，热爱自己周围的人……我可以叫您一声"妈妈"吗？（朱军拥抱秦怡老师）

看完节目后，观众有伤感、有宽慰。所有观众的情绪都随着朱军略带激动的提问和他的情感流露而向前铺陈着、渲染着。做到"以声动人""以声悦人""以韵怡人"是播音员、主持人话语表达美的追求。

二、广播电视话语表达的要求

广播电视话语表达的要求是由其自身的特点决定的，具体包括播讲者字音、内容准确清晰，表达生动简洁，语句流畅自如。

（一）准确清晰

准确指的是正确无误，清晰指的是清楚明晰。广播电视话语表达的准确清晰主要体现在以下两个方面：

1. 语音方面

首先，语音的准确认读，清晰的发音和吐字，抑扬顿挫的语调及适当的语言节奏是播音员、主持人最基本的要求。20世纪80年代初，随着广播电视事业的改革与发展，主持人节目如雨后春笋般迅速占领了视听空间。如今，主持人作为一种与大众密切联系的职业，社会影响日益增大。部分播音员、主持人语音不标准，甚至是南腔北调，已逐渐显现出弊端，亟待整顿。播音员、主持人应自觉树立语言规范意识——字音准确、吐字清晰、气息流畅，使语言的表现力更富有情感性和丰富性。主持人语言发音的规范是一种学习之后的回归自然，是用受众易于接受的表述方式传递自己的思想、情感，并成为社会语言使用的典范。

其次，能否在具体的语境中选用准确恰当的语气表情达意，选择恰当的词语准确清晰地传递信息是较高层次的要求。作为大众传媒的信息发出者，播音员、主持人的语言特点鲜明，即是一种吐字清晰、释义精准、交际意愿明确，包含高信息量和高交际值的规范的语言。要完成传播任务，播讲者仅是语音达到普通话水平测试所要求的标准是远远不够的，因为语言是音义结合的符号体系。目前，在某些播音员的工作中出现的"流水式"播音，就是因为忽略了意义的表达而造成的。这种播音形式听起来语音规范、语句流畅，在语音层面似乎无可挑剔，但语势僵化，语调单一，既无层次，亦无重点，使得受众在听的时候抓不住内容，听过了之后没有印象，无法达到与受众沟通的目的。所以，播讲者应该在语音及内容上都做到准确清晰。

2. 语义方面

播音员、主持人的语言表达必须是规范的生活化语言。主持人的用词造句应该是在生活语言的基础上有所升华，使它达到正确、简练、生动的境界。所谓准确，就是用适当的词语和逻辑框架来叙述事实，讲述道理，通过合适的语言形式正确地表达节目内容。有的主持人表述不准确，张冠李戴，错话连篇，贻笑大方。在一些直播节目中，还不同程度地存在着这样一个通病，就是乱用关联词语。例如，"那么"是一个连词，常跟"如果""若是"等相呼应，但有些主持人不管前后句是怎样的逻辑关系，一律冠以"那么"或者

"那么呢"。于是说出的话逻辑混乱,条理不清,传入受众耳朵中的只有连续不断的"那么"。要想做到语言表述准确,逻辑严谨,就一定要注意学习和积累。中央电视台著名节目主持人赵忠祥年轻的时候就熟读唐诗宋词,博览群书,因而他的主持语言便自然而然地表现出深厚的文化底蕴。所以说,正确的语言是建立在学习的基础上的。

(二)生动简练

所谓生动,就是形象、灵动,有活力,能感染人。呆板的语言如同白水,无滋无味,只有具体形象的语言才有声有色,亲切活泼,引人入胜,能给人留下鲜明、深刻的印象。这便是吸引受众耳朵、眼球的根本所在。生动的表述能力不是与生俱来的,它是一个人学识修养在语言能力上外化的具体体现。要使语言表达生动,除了句式灵活,善用修辞,还要追求用词的生动性。

所谓简练,就是简约凝练,尽可能用最少的语言表现最丰富的意思。古人有"惜墨如金"之说,这是他们从写作实践中总结出来的经验。莎士比亚说过:"简洁的语言是智慧的美,冗长的语言是藻饰。"现在有些播音员、主持人,一说话就总想显示自己的口才,口若悬河,洋洋洒洒,堆砌辞藻,用词造句往往迁就于形式,其中有些甚至是叠床架屋。殊不知,播音员、主持人的语言越是简洁精练,思想的表达才能越明确,也就越能收到好的效果。

要获得生动简练的语言,可以通过"讲故事"的方法进行训练。"讲故事"是播音员、主持人叙述能力的重要表现。许多优秀的播音员主持人都善于以精深的形象思维把理念和主题转化为具象的语言,用生动简练的"叙述"来触动受众的情感。如倪萍在一期关于"邻里关系"的节目中,是这样开场的:

> 邻居是什么?是你正在炒菜,发现酱油瓶子是空的,于是你就敲门要点酱油的那家人,是你出差了,可以让他常看看门锁是否被人撬开的那家人,是你家房子冒烟了,能第一个去打119的人……

倪萍这样生动简练的开场,一下子就拉近了受众的距离,使受众感受到邻里关系的温暖。

由此看出,"叙述"是能够使受众从播讲者所讲的"故事"中产生"具象——意象——意味"的理解过程,这是一个由感性认识升华到理性认识的过程。受众的耳、眼、心、脑等一切感知器官都会被播音员、主持人所引动,从而产生积极的心理参与,受到感染,产生共鸣。①

(三)流畅自如

流畅自如指的是说话、读稿件很顺畅,不受阻碍。广播电视话语表达要求播音员、主持人的语言流畅自如,具体表现在以下两方面:

1. 语音方面

语音方面,要使情、声、气达到完美结合的境界,获得自然优美的语流曲线。播讲者首先要对所讲述内容有兴趣,激发自己的感情共鸣。其次,应当将感情变化通过气息活

---

① 魏薇:《播音主持论》,成都:四川大学出版社2003年版,第373页。

动和声音变化表现出来。如果没有气息和声音的变化,即使有较深的内心感受,也无法将其表现出来。很多人常常忽略气息在感情与声音之间的桥梁作用,用一成不变的气息状态对待丰富的感情变化,这样会造成激烈的内心世界与单调的声音现实之间的强烈反差,影响播讲水平的进一步提高。

2. 语义方面

在话语内容上,语言的流畅自如表现在良好的思维能力和表达能力上。语言表达是思维的外在形式,是思维的一种工具,思维是语言的内容,没有思维就没有语言。语言表达过程,实际上是把思维的结果表述出来的过程,说话过程就是从内部言语向外部言语转化的过程。要获得流畅自如的语言,就应该具备良好的思维能力和表达能力。良好的思维能力和表达能力表现为反应敏捷,语速流畅,言辞准确。语言反映与思维能力是有关系的,因此,从思维到语言的转化过程十分重要,进行这方面的基础训练有利于做到流畅自如的表达。常见的训练方式有以下几种:

(1) 定向思维训练

定向思维是指按常规恒定模式进行的思维。定向思维的训练可培养我们对问题作深入思考的能力,有助于养成深入分析问题、透过现象看本质的良好思维习惯。可拟定一些比较容易的叙述、说明、介绍方面的题目进行训练。为了使思维有条理,可在表达中插入一些常用的言语链。比如关联词:"因为""所以""于是""之所以……是因为……""首先…其次……再次"。可以按时间的先后和位置的移动进行表达,也可以采取先总后分、先分后总等方式练习。

(2) 逆向思维训练

逆向思维就是反过来想一想,变肯定为否定,或变否定为肯定,变正面为反面,或变反面为正面。例如,通常把"这山望着那山高"喻为"贪心不足",赋予其贬义。逆转思维,化贬为褒地想一想,将其理解为人类勇于向新的科学高峰攀登,又是另一种解释。由此衍生出,用爱迪生的伟大发明、用爱因斯坦敢于取代牛顿经典物理学、用运动员一次次刷新纪录等事例说明人就是要有"这山望着那山高"的进取精神,批评那种"顺其自然""知足常乐"的消极人生态度。进行逆向思考能培养逆向思考问题的能力,发表独立见解的能力。

(3) 发散思维训练

发散思维是一种扩散的、辐射性的思维方式,是思维主体根据外部刺激针对某一个思维对象采用联想与想象的方式突破原有的知识圈,对信息进行重新整合的一种思维过程。主要表现为多方面、多角度、多层次地去思考问题,从而找出多设想、多途径的解决问题的方法。发散思维是使信息朝各种可能的方向扩散并引出更多的新信息,从而达到创新的一种思维方式。发散思维能够体现主持人思维语言的开放程度,更是广播电视节目主持人在沟通中口语表达生成的思维基础之一。

例如:说出花的用途,越多越好。答案:用于装饰、美化环境;可以做干花纪念保存;可以做香水原料;可以做化妆品添加物;可以做衣服的材料;可以做茶叶;可以做药材;可以做颜料和色素;把花瓣取下可以做贴画;可以传情达意等等。请展开联想,在 A、B、C 三组词语中选择一组,在三分钟内讲一个小故事。(注:故事必须将所给词语全部应用)

A. 刘翔 奖金 可乐 汽车;B. 风筝 苍蝇 土豆 平底锅;C. 拖鞋 报纸 爸爸 奶酪。这种围绕某一事物展开的联想训练,可以有效地提高播音员、主持人在沟通中口语表达生成的思维宽度和深度。

思考与练习

一、广播电视话语表达有哪些特点？如何理解这些特点？

二、结合广播电视话语表达的特点,分析你所熟知的一位播音员或主持人的语言特点。

三、以学校广播站成立周年庆祝为内容,撰写一篇广播主持稿。

四、广播电视话语表达的要求有哪些？如何达到这些要求？

五、表达练习

1. 采访练习

根据选题,制定采访提纲,进行问答式说话训练。

要求:思维敏锐,提问得当、准确、深刻而有新意。

2. 角色练习

用语言塑造性别、年龄、性格、修养等各不相同的人物角色,练习语言的可塑性、表现力。

要求:惟妙惟肖、生动形象。

3. 话题练习

根据题目和要求,可以进行独白性的讲述体、对白性的会话体、交流性的讨论体等多种样式的说话训练。

要求:主题明确、思路清晰、语言流畅、词汇丰富。

第二节 广播电视话语表达的类型

一、新闻资讯类节目话语表达

新闻资讯话语表达有广义和狭义之分。广义的新闻资讯话语表达是指广播电视运用的、能够传递出新闻资讯类信息的一切手段和方式方法,包括口头语言、屏幕文字、各色音响、图像画面等等。狭义的新闻资讯话语表达特指出现在各种新闻节目中的口头语言,包括播音员主持人语言、解说语、记者采访语言、同期声等等。这里主要是从狭义的方面进行分析和说明。

（一）新闻资讯类节目的分类

根据报道的内容和业界的习惯,通常把新闻资讯类节目分为消息类新闻节目、专题类新闻节目和评论类新闻节目。

1. 消息类新闻节目

消息类新闻节目是传统意义上的新闻节目,是人们普遍接触的一类新闻节目,也是狭义的广播电视新闻节目。消息类新闻节目在广播电视新闻性节目中处于重要地位,是新闻性节目的主体,是实现国内外要闻信息的主要渠道,是观众了解认识国内外大事的主要窗口。中央电视台的《新闻联播》是消息类新闻节目的主要代表,它自1978年1月1日开播以来,每天晚上19:00整准时与观众见面。它传播面广,新闻信息包括国内外的政治、经济、军事、社会各方面的内容,信息量大,是我国电视节目中收视率最高、影响力最大的节目。各省、市的广播电视消息类新闻节目也是本省、市、地区广播电视节目的主干,是广播电视运行的基础。

消息类广播电视新闻节目旨在真实、客观的基础上,迅速、广泛、简短地报道国内外新近发生或正在发生的事,传达党和国家的政策法规,宣传党的路线、方针、政策,反映人民的呼声和要求,用客观事实形象地、真实地、迅速地传播新闻。

2. 专题类新闻报道

专题类新闻报道是指综合运用各种电视表现手段和播出方式,深入报道某一重大新闻事件或某些具有新闻价值又为广大观众所关心的典型人物、经验、新出现的社会现象等题材的新闻报道形式。它要求记者能在事实的基础上,对现象、问题做出分析,以独特的见解引起观众深层次的思考。它常常是对新闻事实所做的有分析、有判断、有见解的深度报道,如《新闻联播》对党的"十八大"的新闻专题报道、"两会"的新闻专题报道、"国庆"的新闻专题报道等等。

专题类新闻报道具有以下特点:首先,具有新闻性。专题类新闻报道必须具备新闻的基本要素,这是它区分于社科类专题节目的主要特点。专题类新闻节目主要是围绕新闻事件或新闻人物展开的,对具有重大新闻价值的题材及时地进行采访和挖掘,同时要进行有价值的分析和判断。其次,具有重要性。专题类新闻节目不像消息类新闻节目,可以对众多新闻事件进行报道,它只能选择一件或几件新闻事件进行分析报道,因此在题材的选择上必须选择具有重要新闻价值的事件。再次,具有专题性。专题类新闻报道是消息类新闻节目的延伸和拓展,是对报道思想内容的深化,它是记者对专门题材的新闻事件做深入的分析、解释、透视的报道。另外,现今的专题类新闻节目也呈现出了调查性、访谈性的特点。

3. 评论类新闻节目

评论类新闻节目是评论者、评论集体或者媒体机构对当前发生的具有普遍意义的事件、问题或者社会现象发表的意见和态度。它的主要任务不仅仅是报道新闻事件,而且要通过具体的新闻事实的分析,阐述对于该事实的见解和意见,以此来引导社会舆论。它是新闻媒介的旗帜和灵魂,是媒体机构表明自己政治立场、对事件的观点态度的重要途径。

评论类新闻节目形式多样,可以由评论员、主持人直接进行评论,也可以请特约评论员、节目嘉宾、观众发表个人意见。现今的评论类新闻节目有许多,如凤凰卫视的《锵锵三人行》《一虎一席谈》《时事开讲》,中央电视台的《新闻1+1》《新闻周刊》《世界周刊》等。

4. 其他类新闻节目

除了上述几类新闻节目外,现今的广播电视新闻节目还有以下几种形态:

第一,讲话(谈话)类新闻节目。讲话(谈话)类新闻节目与评论类新闻节目存在着交叉,这类新闻节目可对新闻事件的发生进行解释和评论,如2010年7月12日,云南电视台《云南新闻联播》开辟的子栏目"建设中国西南开发的桥头堡",请来了相关政要和权威人士,就"建设国际大通道"的问题发表谈话。目前,著名的讲话(谈话)类新闻节目有《锵锵三人行》《海峡两岸》等。

第二,连续报道和系列报道。连续报道和系列报道都是对同一新闻题材做多次连续的报道。它一方面属于消息类新闻报道,在消息类新闻报道中播出,然而它却不是一次性把所有的内容都播完,而是在一段时间内对某一方面的新闻做长期的报道、分析、阐述。从这一方面来看,它又属于专题类报道。如中央电视台《新闻联播》中"走基层"的系列报道新闻。

第三,新闻杂志节目。新闻杂志节目就是借助杂志多栏目的编排形式,用不同栏目、板块构成节目的整体,不同的栏目、板块承载不同的内容。它既可以是深度报道,也可以是对新闻事实进行评述。我国的新闻杂志节目以中央电视台1993年开播的《东方时空》为开端,《东方时空》包括的子栏目有《东方之子》《焦点时刻》《生活空间》《东方时空金曲榜》等等。

第四,电视新闻纪录片。新闻纪录片顾名思义是对新闻题材用纪录片的手法进行报道,从表达的形式看,可以分为报道和政论两大类,报道类的新闻纪录片如《望长城》《青藏公路》等,是对重大新闻题材做深度报道;政论类的新闻纪录片如《大国崛起》《复兴之路》等,是寓理于事地对历史与现实作深刻的评析。

第五,新闻评论性节目。新闻评论性节目是集深度报道和评论于一体的节目类型,它与传统的以阐述论点为主体的评论不同,它更多展现事实过程,通过对事实真相的深入调查,对新闻的背景进行分析、解释,用事实说话,用记者现场评点和主持人评论来挖掘有价值的信息。最具有代表性的是中央电视台的《焦点访谈》。

(二)新闻资讯类节目话语表达的特点

新闻资讯类节目要遵循"新闻必须完全真实"的原则,用准确贴近的语言表述新闻事实,交代清楚何时、何地、何人、何事等事件要素,一词一句都不能含糊。根据新闻资讯类节目呈现的不同类型,其话语表达也具有不同的特点。

1. 消息类新闻节目话语表达的特点

消息类新闻节目最重要的任务是向受众传递新近发生的、受众欲知的或未知的有价值的新闻信息,因此只需使用叙述式的语言对新闻事件进行描述、说明,不需要进行评论、解释。

消息类新闻节目,包括国内外的政治、经济、社会和军事新闻,每则新闻播出的时间在一两分钟左右,因此要在这一两分钟里完整地表述完一件事实,就必须做到以下几点:首先,语言要简洁明了。消息类新闻节目在向受众传递信息时,必须使用简洁的语言,并且这种简洁的语言要能准确地表达新闻所涵盖的信息。其次,要控制好语音。这里对语音的要求主要是从语调、语速和音量来说的。消息类新闻报道的有声语言要做到"字正腔圆,呼吸无声,感而不入,语尾不坠,语势平稳,节奏明快,新鲜感强,基调各异,分寸恰切,语流畅达",在播报的过程中,播音员应做到声音响亮、语调平稳、语速适当。由于一则新闻消息的播出有时间的限制,因此要在有限的时间里完整地描述好一件事就必须控制好语速,如在《新闻联播》中,播音员的播报语速就要求在一分钟内达到320字。

2. 评论类与专题类新闻节目话语表达的特点

与消息类资讯节目相比,评论类、专题类新闻资讯节目最大的特点在于不仅要报道新闻事实,同时还要对新闻事实进行观点的阐述和意见的表达,重在向受众分析新闻事件的来龙去脉,注重对新闻背景的挖掘。这类新闻资讯节目话语表达的最主要特点就是:强化重点,评说统一,以理服人。评论语言要围绕新闻事实展开,用事实说话,语言表达灵活多样,逻辑性强。

在2004年4月5日的《新闻调查》中,有一期名称为《一只猫的非常死亡》的节目,主持人柴静是这样说的:

> 两个月前当一个穿着高跟鞋的女子踩死猫的全过程在网络上以视频和图片的方式出现的时候,引起了数万网民强烈的义愤和声讨。因为受害的是一只猫,目前没有任何法律可以援引保护,所以网民们自发组织起来,通过搜索引擎的方式在网络上展开了空前的寻找,在六天时间中,他们从茫茫人海里锁定了踩猫者、光碟的拍摄人和被怀疑的幕后策划者。但是,两个月过去了,这三位当事人始终没有在媒体上公开露面过。一只猫死去了,但是人类行为背后的动机究竟是什么?是仇恨?是利益?是欲望?所有的猜测远没有停止。四月初,我们前往虐猫事件的发生地并且见到了三位当事者,我们试图通过采访来接近虐猫事件的真相。

在这一段话中,主持人首先对新闻事件进行了简单的描述,同时对这个新闻事件造成的影响进行了解说,层层深入,为新闻调查的展开做了铺垫,对事件的来龙去脉进行深度评析,形成了一个深度报道。在这段话语中,主持人使用了抑扬顿挫的语调,运用参差不齐的句式,同时在播报时进行恰当的停顿,给受众以思考的空间和时间,引起受众的注意。

3. 谈话类新闻节目话语表达的特点

谈话类新闻资讯类节目的主持人在进行主持播报时,往往话语轻松,句式使用也变化多样,不像消息类新闻那样对词汇的使用等有严格的要求,其话语表达的外部特征是亲切平易、口语化、重交流,但又有别于日常生活中极为随便的"交谈"。这类新闻节目最常见的形式就是新闻访谈节目,它的主要特征是节目主持人与嘉宾进行面对面的谈话,或者使用电话进行连线对话,在这个过程中,主持人扮演的是一个听与引导嘉宾说话的角色。听就是仔细聆听嘉宾的话,抓住其新闻线索,然后再对嘉宾进行提问引导其继续深入,完成一个不断循环的过程。值得注意的是,在这个提问的过程中,主持人应掌握好技巧,不应对嘉宾难以接受或难以回答的问题进行提问,提问时应具感情色彩,使用询问式的问句。另外,主持人应把握住"话语权",使对话一直围绕着新闻事实及主题进行。

二、综艺娱乐类节目话语表达

综艺娱乐类节目话语表达是指出现在各种综艺娱乐节目中的口头语言,包括播音员主持人语言、解说语、记者采访语言、同期声等等。

(一) 综艺娱乐类节目的分类

综艺娱乐类节目是电视各种类型节目中最大的"杂家",它具有很强的包容能力和极大的综合性,特点是内容丰富、雅俗共赏、形式自如、灵活多样,同时,观众的参与度很高。

对综艺娱乐类节目类型的划分,学界有不同的看法。从演出的形式看,可以分为演出节目、说话节目、游艺节目和专项节目;从播出形式上来看,可以分为现场直播式、实况录播式和录像合成制作式;从结构形态上看,可以分为集锦式、杂志式、专题式和开放式。这里主要根据综艺娱乐类节目的不同内容和形式大体把综艺娱乐节目分为以下几种类型:

1. 演艺竞技类节目

"我国自20世纪80年代初,由中央电视台、广东电视台、上海电视台率先推出竞技节目之后,全国省级电视台和部分市级电视台都举办过竞技类节目,吸引大批观众"[①]。出现这种现象的主要原因在于,在电视节目类型不断发展的时代,受众的审美能力得到了提升,受众早已不满足于当一个"看客",而更想参与到节目当中。演艺竞技类节目如《星光大道》《超级女声》《中国达人秀》等,这类节目通过选拔的形式,使受众能够参与到节目中,同时也使电视更加贴近受众,是实现受众从"平民"走向"明星"的桥梁。

2. 时尚资讯类节目

随着受众欣赏水平的提高,人们为了追求更多的娱乐方式,往往要求电视节目进行创新,时尚资讯类节目就是在这种情境下产生的。时尚资讯类节目借助新闻的播报方式,向受众传递最新的娱乐信息,但它又不像新闻类节目那样严肃,节目主持人在主持播报过程中可以穿着时尚、亮丽,使用轻松、多样的话语表现方式,可以用轻松、活泼的表现方式播报娱乐消息,整个节目的气氛是愉悦轻松的。《中国娱乐报道》(后改名为《娱乐现场》)于1999年由北京光线电视研究策划中心推出,由此开启了中国真正意义上的娱乐新闻节目。至今,我国已经出现了许多时尚资讯类节目,如湖南卫视的《娱乐无极限》、台湾地区的《娱乐百分百》、东方卫视的《娱乐新天地》等。

3. 益智竞猜类节目

益智竞猜类节目,顾名思义就是以提高和增进观众"智力"为目的的节目类型。这类节目在内容上以一定的趣味性、娱乐性和知识性为主,在形式上强调突出参与性和游戏性,有时也带有歌舞类表演。在我国,这类节目的雏形始于1998年中央电视台开播的《幸运52》,受众对于这种寓教于乐又带有一定悬念性的节目形式充满了好奇,使这种节目类型在一定时期里得到了广泛的发展。益智竞猜类节目的代表除了《幸运52》外,还有《开心辞典》《三星智力快车》等。

4. 大型综艺类节目

大型综艺类节目包括春节晚会、各种娱乐活动、颁奖典礼等等。依据内容的不同,这类节目又可以分为主题纪念性和纯欣赏娱乐性两大类。主题纪念性综艺节目如国庆的文艺演出等,纯欣赏娱乐性节目具有代表性的有《欢乐中国行》《同一首歌》等。

5. 曲艺综合类节目

这是最为典型的一类综艺节目形态,它通过对各种电视手段的运用,对原有的艺术或者非艺术样式进行深入地革新和整合,形成一种内容丰富、形式多样、独具特色的"电

---

① 壮春雨:《电视节目概要》,杭州:浙江大学出版社2001年版,第169页。

视艺术",这类节目集中了大量的音乐、舞蹈和曲艺等内容,把新的审美角度和充满活力的表现手段注入众多的艺术形式,使之更能适应大众的欣赏需要。最具代表性的节目就是《曲苑杂坛》。

(三)综艺娱乐类节目话语表达的特点

综艺娱乐类节目是一种"大兼容"的节目形态,节目内容丰富,形式多样,话语表达灵活,它主要的任务是让受众获得娱乐和愉悦感,同时,也起到一定的教育作用。综艺娱乐类节目的话语表达呈现出以下一些特点:

1. 丰富性

综艺娱乐类节目话语表达的丰富性主要表现在节目主持过程中,主持人对开场语、衔接语、终结语和应变语的灵活把控,以及根据节目主题、节目内容和要表达的思想感情对音量、语速、语调等声音形式进行调控。如在主持大型综艺晚会时,主持人可以在开场时提高音量,以渲染隆重欢快的氛围;就语速而言,表达压抑、痛苦、深沉等情感的语速较慢,表达欢快、激昂、愤怒等情感则语速较快;对于语调来说,这类节目则更强调抑扬顿挫、轻重缓急。如2012年《春节联欢晚会》中的主持人开场词:

毕福剑:亲爱的朋友们,大家

合:过年好!

朱军:这里是中国中央电视台2012年春节联欢晚会的直播现场,感谢全国各族人民,感谢全世界的中华儿女,跟我们一起喜迎壬辰龙年。

董卿:这里是高朋满座的团圆大联欢,感谢电视机前的千家万户又一次准时守候,感谢各位现场的来宾携家人与我们团聚一堂,共度除夕。

李咏:这里是全新打造的春晚舞台,在这里要感谢所有的观众朋友们,在过去的整整三十年里,和中央电视台的春节联欢晚会相携相守、相亲相知。

毕福剑:在这迎春闹福的喜庆之夜,感谢中华民族传承千载的伟大文明,让我们喜庆、团圆的中国年,恩泽万代、福佑东方。

朱军:哎,这正是叹今朝,九州春色起龙年。

董卿:八方欢歌庆团圆。

李咏:新人新岁新意满。

毕福剑:拜亲拜友

合:拜大年!

在这段开场语中,四位主持人可谓是将音量、语速、语调的控制掌握得完美,充分发挥了语音各个要素的作用。首先四位主持人用激昂、富有感情的声音向全国人民问候了"过年好",从而也奠定了节目欢乐的基调,调动了节目热闹的气氛;在毕福剑"感谢中华民族传承千载的伟大文明,让我们喜庆、团圆的中国年,恩泽万代、福佑东方"的主持话语中,他不仅使用了高昂的语调,也进行了恰当的停顿,从而进一步渲染了节目隆重的氛围。

2. 互动性

在综艺娱乐类节目的传播和接受过程中,受众已由欣赏主体的地位,拓展到了被欣赏的客体领域,他们既是欣赏者,有的同时还是表演者或参与者,这就是节目的互动性。这里的互动性包括主持人与主持人之间、主持人与嘉宾之间、主持人与观众之间的互动,因此在节目过程中,主持人需要积极运用语言,调动节目现场的气氛,使每个人都能参与到节目当中。例如:在许多文艺晚会中,当嘉宾表演完一个节目而观众又意犹未尽时,主持人经常这样说道,"大家觉得表演得怎样啊,好不好?""要不要再来一个啊",几句简单的话语不仅使节目进程向前推进,同时又把观众的情绪调动得更加高昂激动。又如在《天天向上》的"青春无悔:高晓松与他的音乐伙伴"这期节目中,开场语是这样说的:

  欧弟:哎,涵哥头发长长了啊。
  钱枫:涵哥胖了。
  小吴:哎,刮胡子了。
  高晓松:我其实就是,用自己的钱吃了几顿海鲜……
  欧弟:欢迎高晓松老师……

简单的开场对话中,主持人之间、主持人与嘉宾之间的几句幽默调侃性的话语,成功地把观众的注意力转移到了本期嘉宾高晓松的身上,使节目显得活泼、欢快,又自然而然地过渡到了本期节目的主题,把嘉宾介绍给了观众。

3. 时代感

时尚形成潮流,潮流引领受众,受众影响媒体,媒体倡导时尚,在这个多元的作用链条中,媒体和受众都处在举足轻重的地位上。对于内容丰富的综艺娱乐而言,要想凸显时代感,不仅要在服装、道具、灯光、舞台美术等方面融入时代气息,在话语表达上也要具有时代感。因为,社会的变化会引起语言的变化,同时语言的变化反映着社会的变化。话语表达的时代感主要是指对新词新语的使用。如在网络发达的时代,网络语言成为一种潮流语言,因此在综艺娱乐类节目中,对网络新词新语的使用也是一种彰显时代感的方法,如网络词汇"给力""hold 住""吐槽""经济适用男"等的使用,既能准确地表达事物,又具有时尚的元素。在 2009 年 3 月 5 日湖南卫视《快乐大本营》节目现场,何炅在介绍快乐家族服装造型时说:"娜娜今天的这身行头很拉风的,相比之下,我们海涛的造型就有点雷人了……"这里的"拉风""雷人"就是网络词汇。

丰富性、互动性和时代感是综艺娱乐类节目话语表达的总体特点,不同类别的综艺娱乐类节目还具有自身的一些不同特点。例如:益智竞猜类节目是一种知识性较强的竞赛节目,它通过竞赛的方式吸引受众的参与;演艺竞技类节目是通过歌舞、杂技表演和个人特长的展示等方式吸引受众参与的节目类型。在这两类节目中,主持人与嘉宾、参与者的互动显得十分重要,主持人只有与嘉宾产生了互动才能使整个节目充满活力。在这两类节目中,主持人的话语表达往往需要带有鼓动的色彩,如"加油""别紧张"等等具有鼓励性的词语在这类节目中经常使用。同时,这两类节目的话语表达还具有游戏性和幽默性的特点,如在《开心辞典》中,"恭喜你,答对了!"这句经典的节目象征话语充满了游戏、热闹的色彩。又如:时尚资讯类节目突破了传统的播报方式,以一种愉快的、轻松的甚至夸张的方式来传递信息。在这类节目中,主持人往往采取轻松自然的播报姿态,甚至出现另类搞笑的主持风格,让受众在欢声笑语中接受时尚资讯信息。因此,这类节目

与传统的新闻播报相比,其话语表达最突出的特点就是语言轻松自然、幽默,句式表达灵活多样。例如:

> 常言道啊:好事不出门,坏事传千里。所以呢,负面消息对于娱乐圈的明星们来说呢,算得上是一种杀伤力非常强的危机。因此呢,危机公关就变得非常重要了。那如何处理才能让明星渡过难关,将负面影响减到最低呢?在这种关键的时刻,你最值得信赖、最值得依靠的人到底是谁呢?我们马上来了解一下。
>
> (湖南卫视《娱乐无极限》,2011-12-06)

在这一段简短播报导语中,主持人使用了轻松简单的语言进行播报,同时又不乏幽默感,使得观众在一个轻松的环境中接受信息。另外,主持人使用了疑问的话语,一方面对节目下一环节做了铺垫,另一方面也制造了悬念,吸引观众的注意力。

三、生活服务类节目话语表达

生活服务类电视节目,是指关注老百姓的日常生活,对生活中的各种事情和遇到的问题提供帮助、指导、信息服务的一种节目类型,如央视的《天气预报》《生活》《交换空间》《天天饮食》;湖南卫视的《百科全说》《把谁带回家》《我们约会吧》《越淘越开心》;江苏卫视的《职来职往》《非诚勿扰》;河北卫视的《家政女皇》;旅游卫视的《美丽俏娇人》等。

生活服务类节目是依托于民生类节目概念而发展和衍生出来的一个节目类型,其宗旨是关注民生,服务大众,传递生活资讯,给予受众更多的生活导向,在人们生活水平不断提高的前提下,让人们的生活更加健康和便捷。

(一) 生活服务类节目的类型

生活服务类节目从功能上可以分为以下四种类型:

第一,教育型生活服务类节目。教育型生活服务类节目主要是针对某一群体的一种具有教育功能的节目类型,这一类节目的话语表达除具备之前提到的生活服务类节目话语表达的特点之外,应该注意到受众的特殊性和话语的引导性。

第二,知识型生活服务类节目。这类节目更多的是传递受众需要和实用的信息,节目旨在普及和传递生活信息和技能,如《百科全说》《家政女皇》《交换空间》等。

第三,信息型生活服务类节目。最为典型的节目就是央视的《天气预报》,每天通过电视直播向受众提供当天或未来几天的天气信息和情况,以方便受众更加合理地穿衣出行。这类节目更注重信息的涵盖和传递,具有较为稳定的收视群体。

第四,服务型生活服务类节目。服务类节目是生活服务类节目中最常见、最多的一种表现形式,"服务"两个字也就是节目话语表达的核心,作为服务型的节目,话语表达要紧扣服务的宗旨。《为您服务》就是典型的服务型节目。

生活服务类节目按照节目形式可以分为以下三种类型:

第一,访谈型生活服务类节目。即用访谈的方式,进行生活服务,以此来传递和传播生活服务的信息和知识。此类节目密切关注生活脉搏,掌握生活的新动态和新特征,针对目前生活中需要解决的问题,提出意见和办法,服务于广大普通家庭和个人。例如,

《百科全说》节目就是典型的访谈型生活服务类节目,也是收视率较高和节目制作较为精良和完整的一个节目。

第二,表演型生活服务类节目。表演型的生活服务类节目是伴随生活服务类节目衍生出来的一种形式。现在也有专门的表演型的节目类型,但是单纯的表演型的节目形式略显单一和空洞,所以现在更多的表演型的节目形式都作为其他服务节目类型的一个辅助版块或者是独立单元。在一些生活服务类节目中,为了还原和讲述事件的经过,会使用表演的形式来演绎和再现之前的事情。现在也有很多真人秀的节目涉及了生活服务类节目的领域,如美国的《超级保姆》就是通过跟踪拍摄家庭中保姆的工作状况而制作出的一个生活服务类节目,节目带有表演的成分,不过这种表演型的节目形式能营造一种真实的体验感和鲜活的画面感。

第三,演示型生活服务类节目,如河南卫视的《家政女皇》等。《家政女皇》演示和讲解一些生活妙招和生活智慧,把原本口耳相传的一些生活信息搬到电视荧幕上,让受众能够更生动地体会和认知这些生活常识和生活哲理。专门的演示型的生活服务类节目会显得死板和生硬,所以演示型的节目形式更多的是作为生活服务类节目的一个补充版块,如《百科全说》中演示的形式就是作为节目的补充版块呈现的,节目通过讲解原理并且用实物演示的方式来呈现一些难懂的道理或者是教授一些实际的操作方法。演示型的节目形式可以完善节目构架,丰富节目形式。

(二) 生活服务类节目话语表达的特点

1. 亲民性

生活服务类节目是以一种生活化、轻松化的节目形态呈现出来的,所以其话语表达的亲民性显得尤为重要,即要以贴近受众的语言传递信息。央视《天天饮食》这一档以美食制作和教授为主导的节目,就很好地体现了亲民性这一特性。首先,节目是食物制作,贴近每一个人的生活,民以食为天的宗旨让节目本身就拥有很宽广和稳定的受众基础。节目通过邀请专业的厨师在节目中教授做菜的技巧,使得收视的群体可以告别纸质的菜谱时代,通过感官的看和听来感知和享受做菜的过程,这样的一种亲民性就是生活服务类节目话语表达的核心和着力点。通过朴素、易懂的话语表达满足各个层面观众和听众的需求。亲民性的话语表达可以让在电视屏幕上出现的一些生硬的理论信息变得更加灵活和易于接受。

2. 实用性

纵观这几年的生活服务类节目,多以婚恋、家政、养生健康、购物等主题为主。类型决定了话语表达的实用性。如央视《天气预报》节目的话语表达:

> 观众朋友您好,欢迎收看天气预报。和前几天相比,南方地区的降雨总体上将有所减弱,很显然,这个降雨范围依然非常大,它几乎涵盖了江南、华南和西南的绝大多数地区,而且在云南西部、广西北部、湖南南部、浙江、上海等地还有可能出现大雨,个别地区可能遭遇暴雨。根据国土资源部和中国气象局今天下午联合发布的地质气象灾害预报,在福建北部和浙江西南部将重点防范由强降雨可能引发的地质灾害。明天,在新疆西北部,还有华北东部、东北、山东等地还有可能出现降雨,还需要特别注意防范雷暴、冰雹、大风等强对流天气带来的伤害。从后天开始呢,华北到辽

宁这一带的地区,干燥炎热。而华南地区,尽管35度以上的高温天气主要分布在新疆这一带的地区,但天气仍然相对潮湿闷热。从下周一开始到周三这段时间,长江中下游又将面临大范围降雨过程,其中最强的降雨基本上都集中在长江中下游沿岸这一带地区,这与前一段时间的降雨中心几乎相吻合,所以在这里特别需要防范洪涝灾害。

这段表达充分体现了生活服务类节目话语表达的实用性特点。表达者使用了诸如"大雨""暴雨""干燥炎热""潮湿闷热"等生活中常用的词语而不是气象学中的学术用语,使受众直接可感地获取了天气信息。

3. 通俗性

由于生活服务类节目涵盖的是广大受众群体的吃穿用等各个方面,收视受众群体多为家庭主妇和中老年人,所以生活服务类的话语表达应该更"生活化"和"家庭主妇化"。在话语表达中尽量避免出现复杂难懂的专业术语,尽量用平实的生活化的语言来表达。例如:河南卫视《家政女皇》对于通俗性的把握就很准确。在一期介绍快速腌咸鸭蛋的节目中,就告别了盐几克、花椒少许、白糖多少克这样的话语,而是换成了家庭主妇们最熟悉的盐几勺、糖半勺、花椒看个人的口味添加这样生活化的语言,产生了良好的表达效果。

四、科技社教类节目话语表达

科技与社教类节目是以社会教育为主要目的的广播电视节目类型,其宗旨是满足大众对于文化知识和信息的获取需求,通过电视节目对受众进行社会教育、文化教育的一类节目样式。科技与社教类节目将教育融入娱乐,将教化融入服务,将宣传融入信息和文化知识的传播中。中央电视台的《人与自然》《探索发现》《走进科学》等,湖南卫视的《新青年》《辩法三人行》等,凤凰卫视的《鲁豫有约》等,江苏卫视的《职来职往》等,都属于科技与社教类节目。

(一) 科技社教类节目的类型

1. 教育类

教育类社教节目是以教育为主体的节目,节目涵盖历史、文化、政治、经济、科技、道德等等层面的内容。教育类节目是为了给更多的受众群体提供知识和信息普及的平台,把原有的书本知识的具象化概念转换成影像声音的形象呈现,以一种更容易接受的方式把知识传输给受众,所以教育类节目肩负着对大众进行教育的使命和责任。

2. 广播电视教学类

广播电视教学类节目是邀请一些学术领域的专家进行授课的节目形态。这一类型的节目跟教育类节目有一定的交叉,但又有自己独特的地方。它有特定的收视收听群体,大多为高学历和高素质的人群,它不是单纯的知识普及,更多的是知识和素质的提升。

3. 科普类

科普类节目主要是在节目中介绍一些科技知识,多作为普及性和探索性的节目形式存在。科普类节目大多涵盖科技前沿、军事等方面的内容,节目内容具有独特的视角和专业性,如央视的《探索发现》节目的定位就是寻找新鲜的事物,探索未知的世界,节目中涉及很多历史、经济、政治、科技的信息和内容。

4. 专题类

专题类节目是针对某一现象或者某一选题进行专题的节目制作的形式,这一类节目的内容较为统一,不会涉及太多层面和领域,针对某一问题进行深入分析和探讨,多以纪录片、专题片的形式出现,通过专业的解析进行知识的探讨和信息的传递。如《百家讲坛》,以较为轻松的形式解读历史和名著,掀起了重读经典、认知历史的风潮,产生了积极的影响。

(二) 科技社教类节目话语表达的特点

科技社教类节目的话语表达以满足受众对信息接收的需要为目的,以此带动受众去感知社会,接受教育,不断提高自身素质。同时,开拓青少年的求知创新精神,为国家新型人才的储备奠定基础,促进国家的精神文明建设。科技社教类节目的话语表达具有以下一些特点:

1. 对象性

由于科技社教类节目的主要方向是针对特定的对象进行文化、科技、政治、经济知识的普及和教育,所以话语表达就必须针对特定的对象设置不同的表达形式。如少儿节目主持人的语言就要符合小孩子的年龄、理解能力和接受习惯。例如:

张悦:居家过日子得有好法子。这是我做的冰糖葫芦,制作的方法很简单,今天呢就要把制作方法教给大家。

黄薇:方法不方法不重要,关键是这个味道,我不是想吃,我是想替大家伙尝尝这个味道。

张悦:那味道怎么样?

黄薇:别说,还真不错。

张悦:自己在家里做的糖葫芦,一点都不比买来的差。

黄薇:差倒是不差,只是做起来比较麻烦。

张悦:需要注意的是水和冰糖的比例是1:1。

黄薇:还有一点非常重要就是,什么时候要用大火什么时候要用小火?

张悦:这个事特别重要,就是冰糖和水下锅之后开大火,等到这个冰糖融化之后就改成小火。

黄薇:您呀还得注意,顺着一个方向慢慢搅拌,直到它黏稠了,这个时候就可以上糖了。

张悦:怎么样?我没说错吧,自己做冰糖葫芦是不是很简单!

这段对话出自《夕阳红》节目中的"家有妙招"板块,这个板块专门为老年人提供生活妙招。节目语言风格自然平实,整体风格顺畅流利。根据老年人对于信息接受较慢的特点,通过对话的方式将信息一点点传递出来,体现了话语表达的对象性特点。

2. 教育性

科技与社教类节目以向广大受众传授知识为目的,以知识的普及和传输为宗旨。因此,节目的语言不能过于书面化和程式化,否则就无法做到知识的普及,也就背离了科技与社教类节目的宗旨。这类节目的话语表达的教育性是指话语表达要注意将一些深奥的、专业的知识用易于理解的通俗语言进行传达,注重知识传播的大众化和生动性,让受众通过生动、朴实的语言自然而然地接受教育。例如:

> 主持人:现在让我们用掌声请出我们今天的这位嘉宾威廉·恩道尔先生,掌声欢迎他。很多人可能没有想象到,这么有战斗性的恩道尔先生,就是在轮椅上爆发了他的战争思维。我还有一个小秘密要透露给大家,因为在我们今天节目开始之前,我和恩道尔先生交流的时候,我说待会儿要不要我帮您一块儿上台?他说,不用,我能做到的事我都自己做。不过他也告诉我,其实在轮椅上常常可以看到常人所看不到的一些东西。您都看到了哪些我们常人可能忽略了、看不到的东西?
>
> 威廉·恩道尔:我还是小男孩的时候,当我开始得了小儿麻痹,所以我当时第一个感觉就是,哪些人对我说的是实话,哪些人说的是客套话,所以很快发现,我把这种辨别真假的能力不仅仅是用在我的生活上面,同时也应用在我的周遭的世界上面。我后来研究经济学的时候,我发现很多的时候不要只看表象,要看它背后的事实。
>
> (中央电视台《对话》,2012-02-19)

整个节目是通过对话完成的。节目一开始,主持人的一段话就体现了一种教育观点,即无论在多么困难的情况下,自己的事情都要努力自己完成。同时引导嘉宾将自己独特的人生感悟讲给受众听。主持人没有讲空洞的大道理,而是巧妙地用"我还有一个小秘密要透露给大家"的特殊表达完成了观点的表述,体现了话语表达的教育性。

3. 趣味性

科技与社教类节目往往通过悬念设置、引人入胜的语境设置等方式来实施节目进程,这就体现出话语表达的趣味性。通过语言的趣味性,吸引受众的注意力和关注度。例如:《走进科学》这个节目没有明确的主持人出现,只是以声音的方式展现了话语表达的独特魅力。节目一开始,语言就非常富有吸引力,通过一些情节和场景的渲染带领受众走入节目设置的语境中,进而层层深入,对事物及现象进行细致的分析和讲解。向受众传递一个正面的、科学认识事物的态度和观念。既普及了科学知识,也破除了一些迷信的说法。这样的话语表达方式引人入胜,具有趣味性、层次感和逻辑性。

4. 专业术语的准确性

科技与社教类节目,因为肩负教育社会大众的历史使命,在语言的使用和话语表达中必须保证用字、用词、用语的准确和规范。尤其是在一些科普类、教学类的节目中,有相关的专业名词和理论,这些专业性的东西必须做到准确和规范,才能保证受众接收到的信息是准确和正确的,也才能够达到教育大众、普及科学文化知识的目的。

思考与练习

一、如何进行新闻资讯类节目的话语表达?

二、综艺娱乐类节目的话语表达有哪些特点?

三、模仿中央电视台《天气预报》节目,进行话语表达训练。

四、以"春天的身体保健"为主题,设计一期节目,进行话语表达训练。

五、模仿中央电视台《探索发现》节目,进行话语表达训练。

第三节 广播电视话语表达训练

一、新闻资讯类节目话语表达训练

请根据新闻资讯类节目话语表达的特点和要求播报以下新闻稿。播报时应注意根据不同类型的新闻,选择适当的播报方式。

(一)时政新闻播读训练

【训练提示】 用宣读的方式播读以下新闻。要求吐字有力,归音到位,气息沉稳,声音坚实洪亮。避免吐字平均用力,语句呆板、单一,重点不突出,语义不明晰。停连的把握,重点放在以下几个方面:

1. 长句子的区分和连接。
2. 小层次内部的抱团儿和层次间的区分。
3. 整篇稿件连贯、完整,停而不断,连而不乱。

稿件一

中共中央政治局常委、国务院总理温家宝今天上午在中南海向新聘任的国务院参事和中央文史研究馆馆员颁发聘书,并同参事、馆员座谈。

温家宝向新聘任的国务院参事徐一帆、邓小虹、何星亮、杜学芳、邓小南和新聘任的中央文史研究馆馆员杨福家、梁晓声、叶嘉莹、王永炎、刘大钧、陈来、吴静山、李燕、李小可颁发聘书。

随后,温家宝在国务院小礼堂主持召开座谈会,有九位参事、馆员分别就改革分配制度、建设集约型城市、西部大开发、改善宏观调控以及文化"走出去"等建言献策。在听取发言后,温家宝说,回顾与参事馆员一起相处的十年,大家彼此坦诚相待、共谋国事,结下了珍贵友谊。政府参事工作、文史研究馆工作越来越活跃,对促进政府决策民主化科学化起到了重要作用。温家宝代表国务院向大家表示衷心感谢。

温家宝说,决策民主化科学化并不是现在才提出来的。作为政治体制改革的一个重要方面,它伴随我国改革开放的历史进程不断丰富和发展。近十年来,在党中央的领导下,各级政府在建立深入了解民情、充分反映民意、广泛集中民智、切实珍惜民力的决策机制方面进行了不懈努力。但同国家现代化建设的客观要求和广大人民群众的期望相比,还存在不小差距,还有很长的路要走。

温家宝最后说,未来十年是我国现代化进程中至关重要的十年,希望各位参事、馆员和特约研究员继续深入实际调查研究,努力提高咨询国事水平,创作出更多的文化精品。

马凯、杜青林以及有关部门负责人出席座谈会。[①]

[①] 稿件来源:新华网 http://news.xinhuanet.com/politics/2011-04/14/c_121306390.htm,2011.04.14。

稿件二

在北京人民艺术剧院建院 60 周年之际，中共中央政治局常委、全国政协主席贾庆林，中共中央政治局常委李长春 8 日晚来到首都剧场，与首都观众一起观看北京人艺经典话剧《茶馆》。

由文学巨匠老舍编剧，焦菊隐、夏淳导演的话剧《茶馆》是中国现代话剧的经典代表作品，自 1958 年首演以来常演不衰，成为北京人艺的"看家戏"。《茶馆》共分 3 幕，通过一家小茶馆的兴衰，勾勒出旧中国的社会变迁和人生百态。

北京人民艺术剧院是具有独特表演风格的国家级话剧院，成立于 1952 年 6 月 12 日，首任院长为戏剧大师曹禺。60 年来，北京人艺上演了优秀剧目近 300 个，为繁荣我国文艺舞台、丰富广大人民群众精神生活、发展中国话剧艺术作出了贡献。

贾庆林、李长春对北京人艺 60 华诞表示热烈祝贺，对北京人艺为繁荣社会主义文艺事业作出的贡献给予充分肯定，向老一辈艺术家和全院演职人员致以亲切慰问，勉励他们认真贯彻落实党的十七届六中全会精神，始终坚持以人民为中心的创作导向，坚持贴近实际、贴近生活、贴近群众，不断改革创新、加快发展，多出精品力作、多出优秀人才、多出新鲜经验，更好地满足人民群众精神文化需求，为推动文化大发展大繁荣、建设社会主义文化强国作出新的更大贡献。

中共中央政治局委员、北京市委书记刘淇一同观看了演出。①

稿件三

3 月 24 日上午，中国发展高层论坛 2013 年年会在北京开幕。中共中央政治局常委、国务院副总理张高丽出席开幕式并致辞。

张高丽指出，全面建成小康社会是中国现代化进程中的一个重要阶段性目标，是实现中华民族伟大复兴的中国梦的重要体现，承载着千百年来中国人民对美好生活的向往。中国共产党第十八次全国代表大会郑重提出了全面建成小康社会的目标要求。实现这一目标，中国实力将显著增强，市场规模将显著扩大，人民生活水平将显著提高，中国也将为世界经济发展提供更多的机会、更强的动力，作出更大的贡献。

张高丽强调，改革开放是中国经济社会发展的根本动力，没有改革开放，就没有中国的今天。当前改革已进入攻坚期、深水区，触及深层次矛盾和重大利益调整，是对我们的严峻考验。我们将进一步解放思想，以更大的勇气和智慧全面深化改革开放，做到改革不停顿，开放不止步。

张高丽指出，我们将毫不动摇坚持社会主义市场经济的改革方向，始终不渝坚持对外开放的基本国策。通过深化改革，创新和完善体制机制，更大程度更广范围发挥市场在资源配置中的基础性作用，营造公平竞争的市场环境，构建促进结构调整、科技创新、资源环境保护的制度体系，健全民生持续改善、社会和谐有序的体制保障。我们将实施更加积极主动的开放战略，坚持进口和出口并重、引进来和走出去并重，在更大范围、更

---

① 稿件来源：新华网 http://news.xinhuanet.com/politics/2012-06/08/c_112167149.htm，2012.06.08。

广领域、更高水平上推进对外开放。①

稿件四

中国国家主席习近平14日在北京会见埃塞俄比亚总理海尔马里亚姆。习近平表示,中方将继续呼吁有关各方尊重非洲自主发展要求,切实履行对非援助承诺,帮助非洲实现更大发展。

习近平指出,中埃双方要加强政治引领和总体规划,保持高层交往,深化治国理政经验交流,抓好重点领域合作,提升合作水平。中方支持埃塞俄比亚加入世界贸易组织。

习近平祝贺非洲统一组织成立50周年,表示中方支持非洲国家联合自强。国际社会应该充分尊重非洲国家自主选择发展道路,同非洲建立平等互利、合作共赢的发展伙伴关系。中方愿与埃方一道,加强中非合作论坛建设,造福中国和非洲各国人民。

海尔马里亚姆说,埃塞俄比亚致力于实现国家现代化,希望同中方深化党际交流,借鉴中国成功经验,加强基础设施建设、能源资源开发、制造业、人力资源培训等领域合作。埃方愿同中方就联合国事务、气候变化等问题密切沟通协调。

海尔马里亚姆表示,中国对非政策建立在平等相待、相互尊重、互利共赢基础上,受到非洲国家欢迎。非方希望通过非中合作论坛机制,加强非中全面伙伴关系,实现共同发展。埃方将继续为促进非中关系发展作出贡献。②

稿件五

据国家安全监管总局网站消息,6月14日,中国安全生产协会专家委员会成立大会在北京召开,国家安全监管总局副局长、中国安全生产协会名誉会长孙华山指出,新成立的专家委员会要认真履行职责,努力成为安全生产科学决策、科学监管的智囊团,成为政府安全监管机构的得力助手。

孙华山在讲话中指出,认真落实中央领导同志近期有关安全生产工作的重要批示指示要求,认真贯彻党中央国务院的决策部署,就必须进一步提高对科技进步在安全生产工作中重要性的认识,加强安全科技和专家人才工作,把安全生产各领域的专家凝聚起来,同心协力,攻坚克难,为全国安全生产工作提供有力的支撑。

孙华山强调,新成立的专家委员会要认真履行职责,努力成为安全生产科学决策、科学监管的智囊团,成为政府安全监管机构的得力助手,成为推动科技进步、攻克关键技术的中坚力量,更好地服务于全国安全生产工作大局。

孙华山要求,中国安全生产协会要进一步完善专家委员会管理与工作机制,完善激励机制,不断加强专家库建设,建立专家队伍发挥作用的主渠道与有效平台,切实做好服务、组织与协调工作。一要加强调查研究,着力为安全监管监察工作出谋划策;二要积极参与安全生产大检查,着力排查消除事故隐患;三要认真开展科技攻关,着力提高本质安全水平;四要强化法规标准建设支撑,着力完善安全生产法规体系;五要切实发挥决策技

---

① 稿件来源:央视网 http://news.cntv.cn/2013/03/24/VIDE1364124243837358.shtml,2013.03.24。
② 稿件来源:新浪新闻中心 http://news.sina.com.cn/c/2013-06-14/190427400158.shtml,2013.06.14。

术支撑作用,着力提高事故救援和调查处理科学化水平。①

(二)财经新闻播读训练

【训练提示】 用播读的方式播报以下新闻。要求表达准确、简洁,同时熟练运用自然语式进行播报。重音的把握需要注意的是:

1. 重点把握数字的重音选择和处理。
2. 注意对比性重音、转折性重音的运用,做到逻辑严谨,说服力强。

稿件一

7月1号起,武汉城镇职工住房公积金缴存基数上下限额将有所上调,最低缴存额和最高缴存额分别提高32元与380元。

武汉市住房公积金管理中心日前发布通知,住房公积金的缴存基数为职工本人上一年度的月平均工资,且不低于当地最低工资标准。去年,武汉最低工资标准由900元上调至1100元。因此,住房公积金最低计缴基数相应的由900元提高到1100元。同时,月缴存基数最高不得超过武汉市2011年城镇在岗职工月平均工资三倍。

武汉住房公积金缴存比例,最低为8%,最高是12%。据此计算,公积金计缴门槛提高后,单位和个人每月最低缴存额均为88元,合计176元,比上调之前多缴存32元;最高缴存额为2738元,比上调之前增加380元。上限和下限均比上一年度提高了22%。

通知还称,有条件的单位可以超过标准缴存住房公积金,单位应负责将超缴部分并入职工个人当期的工资、薪金收入,并按规定计征个人所得税。②

稿件二

《福布斯》杂志今晨刊文称 中国有些职位年薪之高 让美国民众吃惊

美国知名杂志《福布斯》今晨报道称,中国的工资水平整体呈上升趋势,而在经济减速的美国,人们的工资却在不断缩水。

中国部分职业的工资水平之高可能会令普通的美国民众大吃一惊,一些中国员工赚的钱跟他们的美国同行一样多。其中中国首席技术执行官的年薪能达到16.7万—33万美元(约合106万—210万元人民币)。

根据报道中的数据,中国首席技术执行官的年薪达到16.7万—33万美元,是所列9大职位中工资最高的。排在其后的是总经理和研发、营销总监,其年薪均在10万美元以上。此外,公关经理、工程主管等职位的年薪也都不低,跟美国从事类似职业的人所赚年薪差不多。

相比之下,根据美国劳工部下属劳动数据局公布的2011年美国职业就业及工资报告,收入最高的十大职业中,居于首位的外科医生年平均工资22.5万美元,而公司首席执行官的平均年薪为17万美元。

---

① 稿件来源:新浪新闻中心 http://news.sina.com.cn/c/2013-06-14/163927399331.shtml,2013.06.14。
② 稿件来源:中国证券网 http://www.cnstock.com/roll/201206/2083132.htm,2012.06.15。

此外,报道指出,在一些主要城市,中国蓝领的工资也在不断上涨,一些技术型的管理职位工资都接近或者达到和发达国家相同职业的水平,并且这一趋势会越来越明显。

稿件三

大限的倒数第二天,北京落实"国五条"的地方细则终于出台。这个被称为"国五条"细则升级版的地方新政明确规定,自3月31日起,京籍单身人士限购一套房,出售非唯一住房征收20%个税。

北京市政府30日发布《落实国务院房地产市场调控的通知,进一步做好本市房地产市场调控的通知》。该《通知》从承担稳定房价责任、抑制投机投资性购房、增加普通商品房及用地供应、加快保障性住房建设、加强商品房销售管理、强化市场监管、推进长效机制等七个方面,提出了19条具体措施。

《通知》明确了今年房价控制目标,全市新建商品住房价格与2012年相比,要总体上保持稳定。在此基础上,为进一步促进住房回归居住属性,《通知》还将短期调控和长效机制建设相结合,明确指出要进一步降低自住型、改善型商品住房的价格,逐步将其纳入限价房序列管理。

为解决自住型、改善型的需求,今后北京一方面要增加"限房价、竞地价"地块的供应,另一方面正在开发建设适合自住、改善需求的商品房项目,在政府提供相应优惠政策的基础上,降低房价,提前锁定商品房上市销售价格。对于此类住房的上市年限和收益将进行限制。①

稿件四

日前,东南(福建)汽车工业有限公司根据《缺陷汽车产品召回管理条例》的要求,向国家质检总局备案了召回计划,决定从2013年5月10日起,召回2008年8月12日至2011年6月20日期间生产的部分V3菱悦汽车,涉及数量78,594辆。

本次召回范围内部分车辆配置的4G15M发动机摇臂结构为悬浮式,若使用胶质含量过高的汽油会产生积碳。极端情况下,可能造成摇臂脱落,影响发动机正常工作,导致发动机熄火,存在安全隐患。东南(福建)汽车工业有限公司将为召回范围内的车辆免费更换改进后的发动机进气摇臂,以消除安全隐患。

本次召回活动是在质检总局缺陷调查影响下开展的。一段时期以来,国家质检总局陆续收到多起关于V3菱悦汽车4G15M发动机气门摇臂脱落,导致车辆熄火的投诉。收到投诉后,国家质检总局立即组织总局缺陷产品管理中心和有关专家开展缺陷调查和风险分析。专家分析认为,V3菱悦汽车4G15M发动机气门摇臂脱落故障涉嫌构成缺陷。为确保消费者人身安全,东南(福建)汽车工业有限公司决定采取召回措施,消除安全隐患。同时,国家质检总局将组织对召回活动进行监测,如发现召回范围之外的车辆也存在类似安全隐患,或召回措施无法有效消除缺陷,将要求制造商重新召回,或采取其他强

---

① 稿件来源:新浪财经 http://finance.sina.com.cn/china/20130330/175915005981.shtml,2013.03.30。

制措施。①

稿件五

记者14日从国家林业局获悉,到2015年,我国将建成油料林、木质能源林和淀粉能源林838万公顷,林业生物质年利用量超过1000万吨标煤。

国家林业局近日印发的《全国林业生物质能源发展规划(2011—2020年)》指出,我国林业生物质资源丰富,拥有种类繁多的能源树种、尚未充分利用的能源林以及大量林业生产剩余物,并拥有大量的可用于发展林业生物质能的荒山荒地、沙化土地和盐碱地等。林业生物质能发展前景非常广阔。

规划称,发展林业生物质能,对于保障能源安全、实现能源结构多元化、改善生态环境、推动现代林业建设、调整农村产业结构、建设社会主义新农村、带动当地经济发展和群众脱贫致富都具有十分重要的意义。

当前,我国林业生物质能发展尚处在起步阶段。今后将进一步完善相关政策,推动林业生物质能加快发展。以政府支持,市场引导,吸引社会参与、多方投入的方式,拓宽生物质能开发利用的融资渠道。

据介绍,到2020年,我国将建成林业生物质能种植、生产、加工转换和应用的产业体系,现代能源林基地对产业保障程度显著提高,培育壮大一批实力较强的企业。②

稿件六

据新华社电,随着世界银行[微博]宣布下调今年全球经济增长预期,马来西亚股市13日与亚太地区其他主要股市一样出现下滑。马来西亚吉隆坡综合指数当天下跌32.25点,报收1742.87点,跌幅为1.82%,连续三个交易日下跌。

但分析人士认为,在执政联盟赢得大选的利好因素及马来西亚内需将继续推动经济增长的背景下,马来西亚股市有望保持稳定。

马来西亚股票交易所首席执行官塔杰丁·阿坦在接受媒体采访时表示,过去6个月来,外资是推动马来西亚股市的主要动力。随着市场对美联储推出宽松政策的预期加温,外资从本区域撤离是市场的正常反应。马来西亚股市虽难免受到影响,但仍保持在一个较稳定的水平。

塔杰丁说,自马来西亚5月举行大选并组成新一届内阁后,市场对马来西亚政局不稳的担忧逐步消散,马来西亚股市表现良好,大选后首个交易日股市一度大涨超过100点。虽然亚洲股市近日普遍出现震荡,但马来西亚股市仍保持了相对稳定。③

(三)民生新闻播读训练

【训练提示】 用讲述的方式播读以下新闻。要求在阅读、分析、记忆原新闻稿件的

---

① 稿件来源:新浪财经 http://finance.sina.com.cn/consume/qyzh/20130329/164214999727.shtml,2013.03.29。
② 稿件来源:新浪财经 http://finance.sina.com.cn/china/20130614/171915794047.shtml,2013.06.14。
③ 稿件来源:新浪财经 http://finance.sina.com.cn/world/gjjj/20130614/101715789771.shtml,2013.06.14。

基础上,用恰当的口语化形式进行播报。语言要做到灵活自然、轻松自如、贴近受众。具体要求是:

1. 设想节目播出的时间、样态、受众群体。
2. 想象受众收听或收看的接受心理,注意与受众的呼应与交流。

稿件一

无收据、无发票,东莞民办学校"小升初"报名费一收数年,有民办学校一次收取的报名费就达60万元。

《羊城晚报》报道,东莞市"小升初"考试6月16日、17日即将拉开序幕,"小升初"报名费眼下正刺痛不少家长的神经。

东莞"小升初"报名费到底合不合理?有没有标准?对此,东莞市教育局相关科室12日明确表示,此项收费是不合理收费,应该取消。然而他们表示无执法权,很无奈,称查处权在物价部门,他们向物价部门反映了多次。

对此问题,13日下午东莞市物价局向记者书面答复称:根据广东省有关通知,民办中小学校无"考务费"这一收费项目。

为什么违规收费能连续多年收取?东莞市物价局表示,因没人投诉,他们并不知道民办学校有收取这一费用。①

稿件二

国家质检总局14日通报称,通过婴幼儿配方乳粉汞含量专项应急监测,除伊利集团个别批次产品外,未发现其他婴幼儿配方乳粉汞含量异常。

新华网报道,根据国家食品安全风险监测此前发现个别婴幼儿配方乳粉汞含量异常的情况,质检总局立即组织国家食品质检中心,对所有婴幼儿配方乳粉生产企业的所有品种的婴幼儿配方乳粉开展汞含量专项应急监测。

截止到6月14日12点,共抽检715个婴幼儿乳粉样品,除20家企业停产未采集到样品外,抽检覆盖了全部婴幼儿乳粉生产企业。

检测结果显示,除伊利集团公司所属婴幼儿乳粉生产企业的个别批次产品汞含量异常外,未发现国内其他企业生产的婴幼儿配方乳粉汞含量异常的问题。

内蒙古伊利实业集团股份有限公司14日紧急召回2011年11月—2012年5月内生产的全优2、3、4段乳粉。

伊利集团表示,6月12日,国家食品安全风险监测参照健康综合指标,发现其生产的全优2、3、4段乳粉产品汞含量异常之后,公司立即对所有产品进行排查,自检、送检。

伊利集团承诺,从6月13日开始,将2011年11月—2012年5月内生产的全优2、3、4段乳粉全部召回,同时查验原因并及时进行妥善处理。②

---

① 稿件来源:搜狐网 http://leaming.sohu.com/20120614/n345604033.shtml,2012.06.14。
② 稿件来源:新华网 http://news.xinhuanet.com/politics/2012-06/14/c_123285107.htm,2012.06.14。

稿件三

　　广东入市一年多的千亿元人民币企业职工基本养老保险基金的运营成效备受关注。记者30日从广东省政府向省人大常委会提交审议的一份报告获悉,该千亿元养老金产生的收益不计入个人账户,但收益情况并未公开。广东方面称将强化监督管理,确保基金安全运行。

　　去年3月,广东与全国社保基金理事会正式签署合同,将千亿元养老金结余资金委托其投资运营,开拓了社会保险基金保值增值新渠道,争取实现收益最大化。

　　关于养老金投资运营收益的分配问题,广东方面在报告中表示,该项投资运营在全国属首例,目前国家尚未出台养老金投资运营收益的分配办法,而办法的制定权限在国家相关部门,省级及以下部门无权制定。

　　据悉,经询国家有关部门,广东目前用滚存结余养老金投资运营产生的收益,不应区分统筹基金收益和个人账户基金收益,而应将投资运营收益全额计入滚存结余基金,在账务处理上暂按现行办法执行。这意味着广东个人账户不能从入市的千亿元养老金中分取投资收益。

　　广东社保基金收入和结余连续多年居全国首位,但此前基金只能存银行和购买国债,收益率较低,保值增值压力巨大。最新统计数据显示,去年底广东社保基金累计结余达5131.3亿元人民币,比2011年底增长24.3%。①

稿件四

　　今天,首都全民义务植树活动在全市16个区县同时开展,据统计,至少20万人参与植树。市领导一大早就来到东郊森林公园的树木园,与来自首都各界的800余名代表一起挥锹铲土,为本市2013年最大的绿化造林工程播撒新绿。

　　9时许,来自市委、市政府、市人大、市政协以及驻京部队、区县的800余名代表早早来到东郊森林公园,挥锹铲土,为树坑填土,为树苗浇水,各有分工,热火朝天。上百名志愿者不辞辛苦,在植树现场为植树者提供帮助。

　　东郊森林公园是北京最大的平原造林工程,也是平原地区最大的森林公园,设计有华北树木园、印象森林、湿地森林、动感森林、创意森林5个特色景观区域。市园林绿化局相关负责人介绍,东郊森林公园面积相当于8个奥林匹克森林公园大小,规划建设绿地7.5万亩。今年,东郊森林公园将种植168个品种,50多万株树木,树种涵盖银杏、杨树、槐树、杜仲、乔木类牡丹等,最终达到赏花观景的效果。此外,森林公园周边还将建设35公里的健康步道,今年10月底预计初见规模,届时市民可以入园休闲游憩。

　　市园林绿化局相关负责人表示,今年平原造林的树种选择大体和去年差不多,包括杨树、银杏、楸树、柳树等常见树种。去年,全市平原造林的树木成活率在95%以上,今年在种植上会面临一些难度,比如有些种植地点是砂石坑,砂土多不利于树木成活,因此必

---

① 稿件来源:新浪新闻中心 http://news.sina.com.cn/c/2013-03-30/211126690368.shtml,2013.03.30。

须就地采取平整地形、客土栽培的方式。①

稿件五

  长沙交警部门14日透露,一名交通违法当事人因涉嫌放火罪被刑拘。
  6月11日上午9点50分左右,长沙市芙蓉交警大队民警在韶山路与解放路口执勤时,查获一台无牌无证且违反禁令行驶的摩托车,民警依法扣留车辆,对违法当事人冯某开具了强制措施凭证,并告知其接受处理的地点及应具备的资料。冯某表示不懂法律规定,要求民警给他放车,经民警反复解释后,冯某将车上的个人物品拿走后离开。
  几分钟后,冯某返回到交警岗亭,再次提出放车要求被拒后,走到岗亭外摩托车停放处,打开油箱盖,用打火机点燃汽油,同时将摩托车放倒,致使油箱内汽油外溢,瞬间引发了大火。
  现场民警发现后,迅速制止冯某的违法行为并进行救火,冯某扬着摩托车大锁威胁民警不得靠近,并趁民警救火时,逃离现场。
  芙蓉公安分局文艺路派出所接到报警后,迅速出警,并于当日下午将冯某抓获。
  目前,冯某因涉嫌放火罪被依法刑事拘留,案件其他情况正在进一步调查中。②

稿件六

  市民徐湘先生参加了亲和力旅行社组织的欧洲游,团队总共40人,在意大利罗马参观游览的时候,大巴被撬开,车上包括徐先生在内一些游客的行李物品和现金被偷走,价值3万元人民币左右。
  亲和力旅行社工作人员表示,"公司这边会给出相应的处理,具体的处理赔偿方案可能要等几天,因为这两天要放假了,我们会尽快给客人答复。"一些中国游客习惯于在下大巴吃饭或购物时顺手将私人物品放在座位上,或是因为带了很多现金,每天出门前会将一部分钱留在酒店里,因此让犯罪分子有了可乘之机。
  近日中国驻外使领馆针对这些抢盗案的高发地亦提出了特别的安全提示,提醒中国游客切勿将贵重物品留在酒店或无人看管的大巴内,如果不得已需要随身携带贵重物品,务必结伴而行、互相照应,不要单独行动。③

  (四)娱乐新闻播读训练
  【训练提示】 用讲述的方式播读以下新闻。要求在阅读、分析、记忆原新闻稿件的基础上,用恰当的口语化形式进行播报。语言要做到灵活自然、轻松自如、贴近受众。具体要求是:
  1. 设计一个合适的栏目。
  2. 设想节目播出时间、样态、受众群体。

---

① 稿件来源:新浪新闻中心 http://news.sina.com.cn/c/2013-03-30/164526689564.shtml,2013.03.30。
② 稿件来源:新浪新闻中心 http://news.sina.com.cn/s/2013-06-14/203427400702.shtml,2013.06.14。
③ 稿件来源:新浪新闻中心 http://news.sina.com.cn/s/2013-06-10/023927364832.shtml,2013.06.10。

3. 想象受众收听或收看的接受心理,注意与受众的呼应与交流。
4. 注意语速、语气的转换。

稿件一

戛纳时间5月17日,导演孙健君携主演佟大为为电影《富春山居图》在戛纳做推介。首次挑战反面角色的佟大为表示如果观众认可证明自己会演戏,如果观众不接受,则表示自己骨子里就是一个好人。导演孙健君介绍影片的投资已经超过预计,达到1.5亿元人民币,他希望具有中国底蕴、西方视效的该片可以让中西方观众接受。

据悉,《富春山居图》的投资已经超过预计的1.3亿,达到1.5亿,成为华语电影有史以来投资最大的现代时尚特工题材影片。对此,佟大为直言自己很荣幸出演了三部中国投资额巨大的影片,《赤壁》《金陵十三钗》和《富春山居图》。谈及两次合作的林志玲,他表示:"在拍《赤壁》的时候,她就是一个女明星;在《富春山居图》中再见到她就是一个女演员了。"

该片围绕中国元代名画《富春山居图》展开,特工、黑社会等人在北京、杭州、台北、米兰、迪拜五个地区展开追踪,导演孙健君介绍影片公有2720个镜头,其中1200个为特效镜头。孙健君直言希望如此一部富含中国底蕴、西方视效的影片可以兼顾中西方观众的口味,但首先还是要满足大陆观众。①

稿件二

5月26日,首个"绿色电视媒体"青海卫视迎来其"改版两周年生日"。秉着一贯的"绿色环保公益"理念,在"新启航的第三年"之际,它将携手著名影星陈坤"行走的力量"一起从西宁出发,以此开启新的"绿色公益季"。《新周刊》创办人孙冕将作为特别嘉宾携手青海卫视艺人杨秀措和周晓晓加入。

2010年开播首档绿色低碳资讯节目《天天低碳》;2011年创办首档关注青少年成长的道德栏目《成长实验室》;打造绿色选秀节目《花儿朵朵》;用"挑战高原冰冻"体验极寒环境的方式昭示大家"关注环保";携手中国绿化基金会启动"自然中国专项基金",提倡骑行的环保生活方式;玉树地震一周年之际利用新媒体微博发起"珍爱玉树微心愿",何炅、姚晨、杨幂、冯军等明星齐参与,形成全民爱心接力……从改版之初青海卫视便在线上线下保持着一致的"公益性","绿色"就是其最鲜明的标签。

继续前两周年的成绩,新启航第三年青海卫视继续在"公益"上发力,于5月26日9点直播千人静言行走。据悉,"行者"孙冕将作为特别嘉宾与陈坤同行。2011年在"1+N去西藏"为主题的行走中,孙冕父子便参与其中。对于今年的"行走的力量""城市行走",孙冕也在微博上提出他的号召,"走,跟随着心一起走"。②

---

① 稿件来源:凤凰网 http://ent.ifeng.com/movie/special/65thcannes/djbd/detail_2012-05/18/14631008_0.shtml,2012.05.18。
② 稿件来源:腾讯娱乐 http://ent.qq.com/a/20120525/000199.htm,2012.05.25。

稿件三

北京时间3月29日,迪士尼影业3D魔幻巨制《魔境仙踪》电影主题特展正式在上海港汇恒隆广场拉开帷幕。迪士尼影业在现场按1∶1的比例打造了电影中出现的巨大热气球,还专程从美国空运来片中主角亲身穿过的戏服、使用过的物件等珍贵道具进行展出,以此庆祝影片全国正式上映。

《魔境仙踪》是迪士尼影业2013年重金打造的大制作影片,由山姆·雷米执导,好莱坞四大巨星詹姆斯·弗兰科、蕾切尔·薇姿、米歇尔·威廉姆斯、米拉·库妮丝主演。故事讲述一个招摇撞骗的小魔术师无意间来到波澜壮阔的"魔境"奥兹国,竟被误认为是救世主,被迫卷入三位美艳女巫的勾心斗法,同时还要提防幕后邪恶女巫的杀戮计划。可只会雕虫小技的魔术师,要怎样才能与真正的邪恶女巫抗衡?奥兹国与奥斯卡自己的命运都岌岌可危……

作为一部全程使用3D摄像机实拍的真3D大片,《魔境仙踪》自在北美上映以来,出色的3D效果就得到影迷一致好评,不少第一人称视觉的镜头带来如过山车般的刺激,也令观众大呼过瘾;而影片更双周蝉联北美及全球票房冠军,截至28日,北美票房已达1.82亿,全球票房3.6亿,当仁不让成为今年春季全世界最火爆影市的电影。①

稿件四

在24日晚举行的第85届奥斯卡奖颁奖礼上,华人导演李安凭借《少年派的奇幻漂流》(下称《少年派》)击败大导演史蒂文·斯皮尔伯格等人,继《断背山》后再次夺得最佳导演奖。

上台领奖的李安显得十分激动。这位58岁的导演在发表获奖感言时说,感谢大家相信了"派"的故事,并与他一起分享了这一段旅程。他还特别赞扬了少年"派"的扮演者、印度少年苏拉·沙玛。

《少年派》在本届奥斯卡上共获得了包括最佳影片和最佳导演等重要奖项在内的11项提名,仅次于美国本土热门片《林肯》。该片当晚还获得最佳摄影、最佳视觉效果和最佳电影配乐奖。

《少年派》是根据扬·马特尔风靡全球的同名小说改编的3D电影,讲述了印度少年派和一只名叫理查德·帕克的孟加拉虎在海上漂泊227天的历程。该片场景奇幻优美,内中暗含的哲学式思考耐人寻味。

李安曾对媒体表示,看到小说作品后就觉得一定要拍出来。但令这位国际大牌导演没有想到的是,这部影片让他投入4年时间,是他导演生涯中拍摄"最艰难的"一部。

不过,李安的努力获得了回报。该片上映后不仅获得业界认可,被美国电影学会评为年度十佳影片,其票房表现也很抢眼,在全球吸金约6亿美元。②

---

① 稿件来源:腾讯娱乐 http://ent.qq.com/a/20130329/000351.htm,2013.03.29。
② 稿件来源:新华网 http://news.xinhuanet.com/2013-02-25/c_114791472.htm,2013.02.25。

稿件五

  断臂维纳斯是一尊享誉世界的雕塑,即使身体残缺,维纳斯的美丽也无法被遮盖。据美国侨报网6月12日报道,"美国小姐"爱荷华州赛区的比赛在达文波特举行,经过3天的激烈角逐,6月8日,独臂女孩妮可·凯利(Nicole Kelly)成为真人版断臂维纳斯,摘得分赛区桂冠。

  在比赛中,凯利表演了音乐剧《女巫前传》的著名唱段《抗拒引力》,展现了非凡的表演才能。23岁的她来自爱荷华州东南部的基奥卡克,虽然一条手臂残疾,但她却乐观开朗,并学会在生活中忍受别人异样的眼光。凯利尝试过棒球、舞蹈、跳水等各种运动,在生活中寻找梦想。后来,她进入内布拉斯加林肯大学学习戏剧专业,于2012年5月毕业。关于梦想,她希望未来能在百老汇做舞台监督。

  今年9月,凯利将赴新泽西州亚特兰大市参加"美国小姐"全国决赛。[①]

稿件六

  第十六届上海国际电影节昨天宣布将于开幕式颁发"华语电影杰出贡献奖"予电影导演徐克。徐克昨天透过电影工作室表达对上影节的感谢。他表示,因为对电影的热情,在这个岗位上不断找寻新的灵感与技术,感谢上海电影节肯定他持续创新的努力,他会继续坚持创新。

  徐克15日将出席上海国际电影节,除在开幕式上领受华语电影杰出贡献奖,他并将在16日的上海国际电影节产业论坛首场做引言。

  徐克获得的上海电影节华语电影杰出贡献奖,电影节表示希望透过此奖,表彰他对华语电影做出的贡献。组委会表示,此奖项授予徐克是为表彰他在三十几年的从影生涯中,不断带入新创意、新想法、新类型、新科技进入华语电影,他多元而广泛的尝试未曾停歇,他也因而不断改写华语电影史。

  徐克目前正在进行他的新作《狄仁杰之神都龙王》的后期工作,这部运用了水中3D拍摄技术的新作将于年内上映。[②]

  (五)体育新闻播读训练

  【训练提示】 用播读的方式播报以下新闻。要求表达准确、简洁,同时熟练运用自然语式进行播报,重音准确、得当。具体要求是:

  1. 设计一个合适的栏目。

  2. 设想节目播出时间、样态、受众群体。

  3. 想象受众收听或收看的接受心理,注意与受众的呼应与交流。

  4. 注意语速、语气的转换。

  5. 重音选择要准确,注意对比性重音、转折性重音的运用,做到逻辑严谨,说服力强。

---

① 稿件来源:新浪新闻中心 http://news.sina.com.cn/s/p/2013-06-13/101227386047.shtml,2013.06.13。
② 稿件来源:新浪娱乐 http://ent.sina.com.cn/m/c/2013-06-13/14073941444.shtml,2013.06.13。

稿件一

伦敦奥运会火炬在英国的接力15日进入第28天,英格兰足球名宿杰克·查尔顿将参加接力,并将手持火炬进入纽卡斯尔俱乐部赛场,沿场地绕行一周。

杰克·查尔顿是另一位足球名宿博比·查尔顿的哥哥,两人都是英格兰队赢得1966年世界杯冠军的成员,77岁的杰克是15日参加接力的141名火炬手之一,他将在下午5点40分点燃手中的火炬,然后进入纽卡斯尔队的圣詹姆斯公园球场绕场一周,该场地也是奥运会足球赛场之一。

博比和杰克是世界足坛有名的哥俩,除了携手为英格兰队赢得世界杯冠军外,两人也都是各自俱乐部的传奇人物。博比是曼联的象征,为俱乐部出场805次的纪录至今无人可破。杰克是利兹联的忠诚战士,他为利兹联累计出场773次。

奥运会圣火是5月19日开始在英国传递的,将有8000人参加为期70天的接力,其中包括50多位华人火炬手,李娜、李冰冰和王力宏等文体明星将参加火炬接力。①

稿件二

6月13日,沙排预赛继续进行,在上午的比赛中,哈萨克斯坦、泰国、印尼等强队获得了胜利。

哈萨克斯坦队与日本队的女子沙排预赛率先在一号场地进行。首局,日本组合利用快速灵活的打法控制住场上节奏,一直保持领先,随后,哈萨克斯坦队连得6分,将比分追至17:17,迫使日本队请求暂停。暂停之后,日本队连得三分取得赛点,随着一记大力扣球得分,日本队以21:19拿下第一局。

第二局,哈萨克斯坦选手从一开始就利用身高优势压制对手,得分上一路领先,以21:14扳回一局。

第三局哈萨克斯坦队继续利用身高优势频频得分,开局打出9:1的高潮,最后一个球,日本队员发球出界,哈萨克斯坦队以15:4拿下决胜局,成功逆转。

昨天取得首场胜利的中国澳门组合蔡伟杰、张嘉俊,今天迎战赛会三号种子泰国队,面对实力更胜一筹的泰国队,中国澳门队的年轻球员没有太多的应对办法,以两个11:21丢掉比赛。

此外,中国香港、哈萨克斯坦、印尼等队也都轻松获胜。中国队、日本队将分别在下午和晚上的比赛中再次登场亮相。②

稿件三

"北京市群众体育专项基金、东城区群众体育专项基金捐赠签约仪式暨新闻发布会"30日在北京月坛体育馆召开。

据了解,北京市体育基金会秉承"取之于社会,用之于体育"的原则,发挥体育社团服

---

① 稿件来源:央视网 http://sports.cntv.cn/20120615/108871.shtml,2012.06.15。
② 稿件来源:央视网 http://sports.cntv.cn/20120613/114993.shtml,2012.06.13。

务于社会的作用,着力发展体育公益事业,推动全民健身,支持基层群众的体育活动,为社会各界搭建突出体育公益事业的合作平台。并于 2011 年设立了"北京市群众体育专项基金",先后得到西城、门头沟区委、区政府的大力支持和社会各界的高度关注,着力共同促进北京市体育公益事业的蓬勃发展。

发布会上北京银行股份有限公司、华远地产股份有限公司、北京华方投资有限公司分别向"北京市群众体育专项基金"进行捐款;北京金融街慈善基金会向"西城区群众体育专项基金"进行捐款;上海卡帕体育用品有限公司以实物形式向"东城区群众体育专项基金"进行了捐赠,本次所捐款项及物品将用于支持北京市基层社区群众体育活动的开展。①

稿件四

湖人未能打破本赛季背靠背比赛第二场必败的魔咒,28 日在客场以 103∶113 不敌密尔沃基雄鹿队,"紫金军团"再次陷入危机边缘,目前仅领先西部第九名爵士队 0.5 个胜场。

科比夺得 30 分,但出现 6 次失误,湖人队公关人员赛后宣布他不会接受采访,这在本赛季尚属首次。

湖人主教练德安东尼在赛前曾说:"我们必须找到力量保持专注,不要失误。"然而湖人本场失误次数达到 18 次,除科比外,加索尔和纳什各 4 次,霍华德两次,米克斯和贾米森各一次。

失误似乎已成为湖人队顽疾,他们在 27 日对阵森林狼时失误 21 次,22 日负于奇才队时失误 17 次。与此同时,虽然德安东尼一直强调要加强防守,但一场场比赛打下来,防守并没有多少起色,任何球队都能轻而易举击碎湖人防线。

"紫金军团"又打了一场高开低走的比赛,他们在第一节以 25∶18 领先,并在第二节达到领先 13 分的高峰。在此之后防线突然崩溃,科比接连两次失误,雄鹿又是三分球又是灌篮,在中场休息前把比分追至 53∶56。

第三节开始不久纳什连续三次失误,湖人苦苦挣扎 8 分钟后,终于被雄鹿以 70∶69 反超,本节结束后更以 77∶82 落后 5 分。

湖人在第四节曾两次反超比分,两队僵持了 4 分钟,之后雄鹿队埃利斯连得 6 分,把湖人甩开 7 分。科比包办了湖人队最后 6 分钟内所得 14 分中的 11 分,但挡不住雄鹿众将的轮番轰炸,"黑曼巴"只得接受失败的事实。

纳什赛后表示对自己的失误没有任何借口:"我就是丢球了。"

记者问霍华德觉得湖人要赢多少场比赛才能进季后赛,他说:"所有比赛,所有应该赢的比赛。今晚我们本该赢球的,但却失败了。"②

稿件五

昨天,世界羽联按照惯例公布了最新一周的世界排名,林丹再度下跌 34 位,目前世

---

① 稿件来源:新华网 http://news.xinhuanet.com/sports/2013-03/31/c_124523743.htm,2013.03.31。
② 稿件来源:新华网 http://news.xinhuanet.com/sports/2013-03/29/c_124520820.htm,2013.03.29。

界排名102位。在今年广州世锦赛期间,他的排名还可能再度暴跌。虽然获得了世界羽联颁发的外卡,得到了今年8月5日开战的广州世锦赛的参赛资格,但由于退出了正在进行的印尼羽毛球[微博]超级赛和随后的新加坡羽毛球超级赛,林丹在世锦赛前已经没有任何国际比赛任务,这意味着他的世界排名在世锦赛前已经没有上升的余地。

　　目前林丹的世界羽联有效排名分,只剩下了去年伦敦奥运会男单冠军的12000分,还有今年亚锦赛8强的3850分。根据世界羽联积分有效1年的规定,在今年8月广州世锦赛举行的那一周,林丹失去去年8月7日奥运会的12000分后,积分仅剩3850分。那样的话,按照刚刚于6月13日公布的这期世界排名,林丹将跌至295位。①

稿件六

　　"2013达能少年世界杯足球赛"中国区总决赛6月2日在广州华南理工大学举行,由专家组挑选出的12名精英少年球员将代表中国队出征伦敦全球总决赛,与其他31个国家和地区的小球员一决高下。

　　据介绍,少年世界杯足球赛是面向全球11岁—12岁少年儿童的足球赛事,参赛队伍覆盖全球超过40个国家和地区。该赛事在2003年由中国达能饮料引入中国,目前已成功举办超过10届。

　　本届赛事由广东省学生体育艺术联合会主办、中国达能饮料全程支持。该赛事于3月27日启动,在广州、深圳以及惠州3个城市超过100所学校之间展开,共有超过100支队伍参赛。经过近1个月的预赛,9支球队脱颖而出,顺利杀入总决赛,6月2日在广州华南理工大学西区体育场展开了激烈的三甲角逐。广州天河区高塘石小学勇摘桂冠,广州市海珠区后乐园街小学和深圳市盐田区华富小学分别获得亚军和季军。

　　根据赛制,比赛结束后,专家组挑选出最终代表中国参加全球总决赛的12名优秀球员组成"中国少年队"。这些队员将在8月底进行为期一周的集训,9月初出征伦敦全球总决赛,与其他31个国家的小球员上演终极对决,向世界展示中国少年的健康与活力。

　　据了解,在历届少年世界杯足球赛全球总决赛中,中国代表队的最好成绩是第8名,去年也取得了第14名的好成绩。②

　　(六)科教文卫新闻播读训练

　　【训练提示】　用播读的方式播报以下新闻。要求表达准确、简洁,同时熟练运用自然语式进行播报,重音准确、得当。具体要求是:

　　1. 设计一个合适的栏目。
　　2. 设想节目播出时间、样态、受众群体。
　　3. 想象受众收听或收看的接受心理,注意与受众的呼应与交流。
　　4. 注意语速、语气的转换。
　　5. 重音选择要准确,注意对比性重音、转折性重音的运用,做到逻辑严谨,说服力强。

---

①　稿件来源:新浪新闻中心 http://sports.sina.com.cn/o/2013-06-14/14596619570.shtml,2013.06.14。
②　稿件来源:新浪新闻中心 http://sports.sina.com.cn/c/2013-06-02/23306601516.shtml,2013.06.02。

稿件一

北京时间6月15日消息,欧洲南方天文台宣布了制造世界上最大望远镜的计划。这架望远镜名为"欧洲极大望远镜",主镜直径39.3米,是当前最大望远镜的4倍,允许天文学家观察到太阳系外的黯淡多岩行星。

欧洲南方天文台的这项雄心勃勃的计划得到15个成员国的支持。据悉,欧洲极大望远镜将建在智利海拔3060米的塞鲁阿玛逊斯山山顶,以避免光污染。这架望远镜集红外和光学望远镜于一身,能够让天文学家获得空前的观测能力。如果一切顺利的话,欧洲极大望远镜将于2022年投入使用。

欧洲南方天文台台长蒂姆—德泽乌表示:"这是一项重大成果,是欧洲南方天文台的一个大日子。我们将为这项庞大的计划制定进度表。"2012年是欧洲南方天文台成立50周年,15个成员国分别是奥地利、比利时、巴西、捷克、丹麦、法国、芬兰、德国、意大利、荷兰、葡萄牙、西班牙、瑞典、瑞士和英国。欧洲南方天文台的甚大望远镜坐落于帕拉纳尔,是世界上最先进的可见光天文望远镜之一。①

稿件二

据教育部网站消息,全国大学英语四、六级考试将于6月16日举行,教育部考试中心要求强化管理、严肃考纪、确保四六级考试安全平稳,提醒广大考生应以良好的状态参加考试,自觉遵守考试纪律和考场规则。

全国大学英语四、六级考试将于6月16日举行,全国报考考生共计924万人。为营造良好考试环境,教育部考试中心在强化管理、严肃考纪、防范和打击高科技作弊行为等方面采取了多项考务新措施,并与公安部、工信部等有关部门密切协作,采取有效措施,在全国范围开展打击销售作弊器材、净化涉考网络环境的行动。

教育部考试中心提醒广大考生应以良好的状态参加考试,自觉遵守考试纪律和考场规则;广大考试管理人员要忠于职守、履行职责。对于顶风违纪、作弊的考生及考试工作人员,一经查实,将依照有关规定从严处理。

对于社会上涉嫌考试作弊、非法牟利的不法分子利用所谓试题、答案信息实施诈骗,或贩卖作弊器材、帮助实施作弊,以及危害考试安全、扰乱考试秩序的各类违法违规行为,将依法依规严厉惩处。②

稿件三

我国从海洋大国向海洋强国又迈出重要一步:将在渤海之滨的天津市滨海新区建设一座"国家海洋博物馆"。为此先期设立的国家海洋博物馆管理办公室27日在津宣布,面向海内外征集藏品。

据介绍,国家海洋博物馆争取今年开工,预计2016年前后建成。届时,中国作为海

---

① 稿件来源:新浪科技 http://tech.sina.com.cn/d/2012-06-15/08157271908.shtml,2012.06.15。
② 稿件来源:中国新闻网 http://www.chinanews.com/edu/2012/06-13/3961285.shtml,2012.06.13。

洋大国而无综合性海洋博物馆的历史将改写。早在2007年,就曾有30名院士联名上书国务院,希望兴建国家级海洋博物馆。

获准建设的国家海洋博物馆由国家海洋局和天津市人民政府共管,定位是代表国家最高水平、国际一流的海洋自然和文化遗产保存、展示和研究中心。经国家发改委批复,博物馆占地面积30公顷,建筑面积暂按8万平方米控制,基本建设投资为人民币17.17亿元。

国家海洋博物馆管理办公室副主任王龙对记者说,目前,国家海洋博物馆征集与海洋自然、海洋人文历史相关的可移动文物、非物质文化遗产、工业遗产、自然标本、多媒体资料及其他具有展览、收藏价值的物品。中国与世界海洋文明中的重大历史事件、人物的资料都在征集范围之内。他透露,国家海洋博物馆将以史料展现我国钓鱼岛海域及南海海域的有关情况。①

稿件四

小麦没有组装基因组序列的历史结束了。记者从中国科学院获悉,由中国科学家领衔的研究团队近日首次完成了小麦A基因组的测序和草图绘制,其研究成果已于美国时间24日在线发表在《自然》杂志上。这同时意味着我国在小麦基因组研究领域跨入了世界先进行列。

据介绍,A基因组是小麦进化的基础性基因组,在小麦进化过程中起着核心作用,但普通小麦基因组是水稻基因组的40倍,85%以上序列为重复序列,致使基因组测序研究困难重重,进展缓慢,成为限制小麦基础和应用研究进一步发展的瓶颈。

此次研究由中国科学院遗传与发育生物学研究所植物细胞与染色体工程国家重点实验室小麦研究团队发起,与深圳华大基因研究院和美国加州大学戴维斯分校合作完成。研究团队利用新一代测序技术,发现了小麦A基因组剧烈扩张原因等现象,并成功绘制出A基因组序列草图。

有专家指出,此次小麦A基因组测序和基因组图谱绘制的完成,将为研究小麦驯化史提供全新视角,对保障粮食安全和农业可持续发展具有重要作用。另外,该研究还筛选出大量遗传分子标记,或有助于小麦的分子育种。②

稿件五

据韩国ETNews报道,知情人士透露,三星显示器公司将成为新一代iPad mini和iPad的重要视网膜屏幕供应商,该产品定于今年晚些时候发布。

知情人士表示,三星将为iPad mini供应分辨率为2048×1536的7.9英寸视网膜屏幕,与目前的全尺寸iPad分辨率相同。

除此之外,三星还将为苹果公司的第五代iPad供应9.7英寸的视网膜显示屏。

三星和苹果公司正在开展一系列诉讼,相互指控对方侵犯自己的专利。不过,尽管

---

① 稿件来源:新浪科技 http://tech.sina.com.cn/d/2013-03-29/14178194362.shtml,2013.03.29。
② 稿件来源:新浪科技 http://tech.sina.com.cn/d/2013-03-27/09418186423.shtml,2013.03.27。

在法庭上打得不可开交,但苹果公司与三星显示器公司之间的关系却有所改善。在可预见的未来,三星还将继续充当苹果公司的显示器供应商。

有报道称,日本夏普和中国台湾友达光电等其他显示器供应商面临产量和品质问题。

据 ETNews 报道,除了三星外,LG Display 也在不断向苹果公司增加供应量。随着苹果公司将于今年秋天推出多款新产品,三星与 LG 之间的面板供应争夺战有可能会进一步加剧。

台湾地区凯基证券分析师郭明池曾于今年 4 月表示,7.9 英寸的视网膜屏幕产量问题拖慢了苹果公司下一代设备的生产进程。郭明池预计,搭载视网膜屏幕的第二代 iPad mini 将于今年 10 月上市,比第一代 iPad mini 整整晚了一年。①

稿件六

6 月 14 日消息,据国外媒体报道,据 IBM 员工组织披露,IBM 在最新一轮在美国实施的裁员中已经解雇了将近 1300 名员工。这是 IBM 在 2013 年 4 月宣布的全球重组计划的一部分。同时,IBM 还减少了合同工的工作时间。

IBM 员工组织披露称,IBM 在营销部门裁减了 222 名员工,在半导体研发部门削减了 165 名员工。IBM 在全球拥有 43.4 万员工。IBM 裁员的目标是年纪大的员工,包括普通员工和高管。

IBM 在声明中称,技术行业是在不断变化的。改革是该公司商业模式的一个重要特色。某种水平的员工搭配是我们业务的经常性的要求。考虑到我们行业的竞争性质,我们不能公开讨论配备人员计划的细节。

IBM 在全球范围实施的重组将影响到 6000 至 8000 名员工的工作和 10 亿美元的开销。这些开销包括解雇费。

在 2013 年第一季度,IBM 的营收下降了 5%,利润为 30.3 亿美元。

在 2012 年,IBM 对员工重组投入了 8.03 亿美元,比 2011 年的 4.04 亿美元增加了近一倍。②

二、综艺娱乐类节目话语表达训练

请根据综艺娱乐类节目话语表达的特点及要求,完成下列训练。同时注意不同类别的综艺娱乐的话语表达方式。

(一) 益智游戏类节目话语表达训练

【训练提示】 主持人应注意观察生活细节,从中总结生活哲理,从日常身边琐事中寻找闪光点,带领受众去发现和欣赏。在进行益智游戏类节目主持时,内容上,应注意兼顾趣味性与知识性的把握,主持人话语表达应流畅自如、轻松自然,主持状态大方、热情、

---

① 稿件来源:新浪科技 http://tech.sina.com.cn/it/apple/2013-06-14/09508439475.shtml,2013.06.14。
② 稿件来源:新浪科技 http://tech.sina.com.cn/it/2013-06-14/11398439807.shtml,2013.06.14。

真诚。

请策划一个益智游戏类的节目,并进行模拟主持。要求:

1. 主持人要具有亲切感,帮助嘉宾克服紧张感。

2. 主持人要做好自身角色定位,不能充当考官的角色,而应是公允的裁判员、节目进程的推进者、现场氛围的营造者。

3. 主持人语言应具有导向性、渲染性,帮助嘉宾理清思路,完成题目的作答,同时渲染现场气氛。

(二) 真人选秀类节目话语表达训练

【训练提示】 在进行真人选秀类节目主持时,注意主持人的角色定位,具备良好的现场掌控能力,熟悉节目流程,同时适时、恰当对选手、评委进行采访。要特别注意总结评委的点评意见,以及对选手的引导,调动、协调现场气氛。主持人话语表达应灵活自如。

请策划一个真人选秀节目,并根据各个选秀阶段情况进行模拟主持。要求:

1. 内容、形式不限。可选择海选或演播室晋级阶段进行主持。请自行设定参赛选手、评委。

2. 主持人要注意把握对参加节目的选手与现场评委的采访,适时调节气氛。

3. 主持人应时刻观察现场的情况,快速反应,积极应对各种突发情况的发生。

(三) 电视晚会类节目话语表达训练

【训练提示】 在进行晚会类节目主持时,注意主持词的撰写应符合晚会主题,同时语句富有美感。节目与节目的衔接,以及主持人之间话语的衔接应做到流畅。主持人之间应具有一定的默契,相互帮助,完成主持。

请策划一台晚会,并进行模拟主持。要求:

1. 主持人的语言应该切合晚会主题,应富有美感,具有一定的舞台表现力。

2. 主持人的副语言应得体、大方。

3. 多位主持人同台主持时,要注意彼此话语衔接的流畅、恰当。

4. 内容、形式不限,可多人主持。

(四) 脱口秀类节目话语表达训练

【训练提示】 在进行脱口秀类节目主持时,主持人应具备良好的现场掌控能力,注意现场气氛的调动。如果有嘉宾参与节目,要注意把握与嘉宾的交谈,恰当地进行采访。主持人话语表达应简洁、幽默,具有一定的表演性,凸显主持人自身的风格。

请策划一个脱口秀类节目,并进行模拟主持。要求:

1. 主持人的语言应该简洁精练,在有限的时间内表达精彩的内容。

2. 主持人应该认真思考节目主题,话语内容应该具有深刻性,能引发受众的深思。

3. 主持人应具备机智、幽默的特点,建立自己的风格,吸引受众。

(五) 娱乐访谈类节目话语表达训练

【训练提示】 在进行娱乐访谈类节目主持时,主持人应在前期对采访对象做详细的了解,整理资料,根据节目内容,拟写采访提纲。同时要积极掌控谈话场,营造舒适的谈话氛围,使嘉宾能畅所欲言。采访时注意对采访对象提问的方式,及时进行总结,适时引导、打断采访对象的回答,并做好应对现场突发事件的准备。

请策划一个娱乐访谈节目,并进行模拟主持。要求:

1. 请采访身边的同学或老师,内容、形式不限。

2. 在策划前期,要注意对同一人物进行不同层面、不同角度的了解,全方位地收集相关资料。

3. 在设计采访问题的时候,应该注意提问的巧妙性。

4. 对嘉宾进行采访时,要注意观察嘉宾的言行,适时调整采访方式,应对嘉宾的反应。

5. 主持人的态度应该做到真诚、平等。

三、生活服务类节目话语表达训练

请根据生活服务类节目话语表达的特点及要求,完成下列训练;并根据不同类别的生活服务类节目,选择恰当的话语表达方式。

(一) 教育型生活服务类节目话语表达训练

【训练提示】 在主持教育型生活服务类节目时,主持人应该全面掌握节目的选题内容,充分查阅相关资料,明确节目的教育性目的。如涉及采访,应注意把握采访的技巧,尤其是针对不同的采访对象,应适时调整采访方案。

请策划一个教育型生活服务类节目,并进行模拟主持。要求:

1. 设计一个合适的栏目。

2. 设想节目播出时间、样态、受众群体。

3. 注意突出语言的说服力、引导性、教育性。

4. 主持人的有声语言和副语言应该表现出亲切感。

(二) 知识型生活服务类节目话语表达训练

【训练提示】 在主持知识型生活服务类节目时,主持人要注意脱离稿件,将稿件内容变成自己的话语表达出来,特别遇到关键的知识点,更要注意语言的清晰和准确,使表达通俗易懂。主持人还应积极与受众进行交流,激发镜头前、话筒前的对象感。针对不同的受众人群,应适当调整语言样态。

请以"老年养生之道""旅游知识""汽车保养""时尚前沿"为内容,策划一个知识型生活服务类节目,并进行模拟主持。要求:

1. 设计一个合适的栏目。

2. 设想节目播出时间、样态、受众群体。

3. 主持人应注意各个知识点的组织和衔接。

4. 针对不同节目、不同受众,应注意语言样态的变化,语言应具有一定的表现力。

5. 主持人应具有亲切感。

(三) 信息型生活服务类节目话语表达训练

【训练提示】 在主持信息型生活服务类节目时,主持人要注意结合该类型节目实用性的特点,语言表达应具有准确性、有效性,使受众获得简单明了的有效信息。主持人在传达信息前,要注意对各条信息进行整合、重组,使信息符合节目播出的需求。

请运用下列材料,制作信息型生活服务节目。要求:
1. 设计一个合适的栏目。
2. 设想节目播出时间、样态、受众群体。
3. 对材料进行合理取舍及整合。
4. 注意不同节目形式、语言表达的区分。

材料一

全国天气预报

华南局地仍有强降雨,川陕渝等地有较强降雨。

1. 华南局地仍有强降雨

28—30日,华南中西部有大雨或暴雨,其中,广西西部和北部等地的局地有大暴雨(100—130毫米)。

2. 川陕渝等地有较强降雨

28—30日,西北地区东南部、四川盆地北部和东部、云贵高原南部等地的部分地区有大雨或暴雨,局地有大暴雨(100—120毫米);上述局地并伴有短时雷雨大风或冰雹等强对流天气。另外,28日,新疆南疆盆地西部局地有中到大雨。

3. 芦山地震灾区多阴雨天气

四川芦山地震灾区,28日,阴有中雨(10—20毫米),局地大雨(25—35毫米),伴有雷电;29日,阴有阵雨(1—5毫米);30日,阴有阵雨(1—5毫米)。①

材料二

全国未来三天具体预报

1. 28日08时至29日08时,内蒙古东北部、黑龙江北部、西北地区东南部、黄淮西部、西南地区东部、华南中西部等地有中到大雨,其中,陕西南部、四川东北部、重庆西部、广西西部等地的部分地区有暴雨(50—80毫米);新疆南疆盆地西部、云南西部和南部的局地有大雨;上述地区局地并有短时雷雨大风等强对流天气。内蒙古中东部、华北北部、东北地区等地有4—6级风。

2. 29日08时至30日08时,江淮南部、四川盆地东北部、江南大部、华南中西部、贵州南部、云南南部等地有中到大雨,其中,湖北西部、湖南西南部、广西中北部、云南东部等地的部分地区有暴雨(50—80毫米),局地有大暴雨(100—130毫米);上述局地并伴有短时雷雨大风或冰雹等强对流天气。内蒙古东部、东北地区等地有4—6级风。

3. 30日08时至31日08时,新疆北部、黑龙江北部、西北地区东南部、青藏高原东部、黄淮西部和南部及以南的大部分地区有小到中雨,其中,云南东部和南部、广西北部

---

① 稿件来源:天气预报 http://tq.ss256.com/news/html/?/news/2013/0528/071788750.html,2013.05.28。

等地的部分地区有大雨,局地有暴雨(50—80毫米);上述地区局地并有短时雷雨大风等强对流天气。新疆北部、内蒙古中西部有4—5级风。①

材料三

中央气象台5月28日下午发布以下中国各地5月29日天气预报:

城市	天气现象	温度	风向风力
北京	晴	17—30	4—5
哈尔滨	雷阵雨	16—21	3—4
长春	阵雨	18—23	3—4
沈阳	多云	17—26	3—4
天津	晴	17—29	4—5
呼和浩特	晴	08—24	3—4
乌鲁木齐	晴	13—26	<3
银川	晴	09—24	<3
西宁	多云	05—17	<3
兰州	多云	10—23	<3
西安	阴	15—24	<3
拉萨	阵雨	12—25	<3
成都	阵雨	19—26	<3
重庆	阵雨	18—30	<3
贵阳	雷阵雨	16—26	<3
昆明	多云	18—27	<3
太原	晴	10—27	<3
石家庄	晴	17—29	3—4
济南	多云	17—26	<3
郑州	阴	18—24	<3
合肥	小雨	21—25	3—4
南京	阴	20—28	3—4
上海	阴	22—33	3—4
武汉	阵雨	20—26	<3
长沙	中雨	22—29	<3
南昌	雷阵雨	25—31	<3
杭州	阵雨	22—34	3—4
福州	多云	24—34	<3
台北	中雨	24—30	<3

---

① 稿件来源:天气预报 http://tq.ss256.com/news/html/?/news/2013/0528/071788750.html,2013.05.28。

南宁	中雨	26—30	<3
海口	雷阵雨	27—36	<3
广州	多云	26—34	<3
香港	阵雨	27—32	3—4
澳门	阵雨	27—32	3—4
深圳	多云	27—32	<3
厦门	多云	25—32	<3①

材料四

雷雨天气注意事项

1. 应该留在室内,并关好门窗;在室外工作的人员应躲入建筑物内。
2. 不宜使用无防雷措施或防雷措施不足的电视、音响等电器,不宜使用水龙头。
3. 切勿接触天线、水管、铁丝网、金属门窗、建筑物外墙,远离电线等带电设备或其他类似金属装置。
4. 避免使用电话和无线电话。
5. 切勿游泳或从事其他水上运动,不宜进行户外球类、攀爬、骑驾等运动,离开水面以及其他空旷场地,寻找有防雷设施的地方躲避。

高温天气注意事项

1. 注意在户外工作时,采取有效防护措施,切忌在太阳下长时间裸晒皮肤,最好带冰凉的饮料。
2. 要注意不要在阳光下疾走,也不要到人聚集的地方。从外面回到室内后,切勿立即开空调吹。
3. 要尽量避开在上午10时至下午4时这一时段出行,应在口渴之前就补充水分。
4. 要注意高温天饮食卫生,防止胃肠感冒。②

材料五

北京路况信息

1. 东四环窑洼湖桥到四方桥北向南方向,车流集中行驶缓慢。
2. 北三环蓟门桥东向西中间车道事故,请注意行车安全。
3. 西五环西红门南桥路段和高家堡路段正在进行道路养护施工,占用内侧车道,过往车辆请小心慢行。
4. 随着晚高峰交通流量的下降,全市大部分路段已经恢复正常通行,提醒大家注意晚间行车安全。③

---

① 稿件来源:新华网 http://news.xinhuanet.com/local/2013-05-28/c_115943082.htm,2013.05.28。
② 稿件来源:360doc 个人图书馆 http://www.360doc.com/content/13/0728/10/12606323_303085039.shtml,2013.07.28。
③ 稿件来源:实时路况 http://lukuang.gaosubao.com/show.php?contentid=112218,2013.01.10。

上海路况信息

1. 沪昆高速(市区方向)21公里处,发生一起3车事故,事故现场暂时无法通行,目前后方已拥堵4公里,建议从莘砖出口绕行!

2. 新闻路一辆小车抛锚,安畅牵引车现已赶往现场。

3. 为配合占路围墙施工,从即日起至2013年12月31日止,陕西南路(淮海路—南昌路)段将进行施工,期间将占用西侧人行道及由北向南1条机动车道,保证陕西南路淮海中路进口2条机动车道,陕西南路南昌路出口3条机动车道,保证东侧由南向北非机动车道,行人可走东侧人行道。①

(四) 服务型生活服务类节目话语表达训练

【训练提示】 在主持服务型生活服务类节目时,主持人须具有亲和力,语言表达应具备亲切感,以服务大众为目的进行节目主持。要注意有声语言与副语言的结合,使节目内容得到有效传播。注意镜头前、话筒前对象感的把握。

请运用下列材料,制作服务型生活服务节目。要求:

1. 设计一个合适的栏目。
2. 设想节目播出时间、样态、受众群体。
3. 合理运用所给的材料。
4. 积极发挥创新性,增加节目的生动性和可看(听)性。

材料一

1. 别以为只有运动过量才会遭遇"网球肘"!如果你长时间打电话,肘部绷得太紧,肘关节神经一样会受到伤害,这时你会感到下臂疼痛、肘关节活动不利,电脑操作速度也会被大大影响!因此建议你在打电话时尽量戴上耳机!

2. 太多长期久坐的职业女性们都患有不同程度的下背痛,直接原因就是跷二郎腿的坏习惯。根据调查发现:长期跷二郎腿还容易引起弯腰驼背,造成腰椎与胸椎压力分布不均,长此以往,势必压迫脊椎神经,而且跷二郎腿还会妨碍腿部血液循环,造成腿部静脉曲张。②

材料二

牛奶加热时间越长,其中的钙成分流失得越快,而乳糖成分不会有任何变化。营养专家认为,常温牛奶比热牛奶更健康。如果你非喝热牛奶不可,最好不要用微波炉加热,微波会让乳类蛋白变质,使用煤气灶或用开水烫温奶袋是更好的选择!

喝酸奶能解酒后烦躁,酸奶能保护胃黏膜、延缓酒精吸收,并且含钙丰富,对缓解酒后烦躁尤其有效。③

---

① 稿件来源:东方网上海交通台 http://newappl.eastday.com/wzzb/front/shanghai/2733/wzzb.html,2013.12.09。
② 稿件来源:搜狗百科 http://baike.sogou.com/v7588647.htm,2014.01.05。
③ 同上。

材料三

1. 牙齿黄,可以把花生嚼碎后含在嘴里,并刷牙三分钟,很有效。
2. 吃了有异味的东西,如大蒜、臭豆腐,吃几颗花生米就好了。①

材料四

1. 若有小面积皮肤损伤或者烧伤、烫伤,抹上少许牙膏,可立即止血止痛。
2. 经常装茶的杯子里面留下难看的茶渍,用牙膏洗之,非常干净。②

材料五

煲汤技巧

1. 煲汤肉类应先以冷水浸泡后余烫

买回来的肉,切适当大小放入盆中,置于水槽中以流动的水冲洗,除了可以去除血水外,还有去腥、去杂质、让肉松软的作用,冲净之后应浸泡约1小时。之后入沸水中余烫,更可去除残留的血水和异味,也能消除部分脂肪,避免汤过于油腻。

2. 煲汤药材需冲洗

中药材的制作,多会经过干燥、曝晒与保存,可能会蒙上一些灰尘与杂质。使用前,最好以冷水稍微冲洗一下,但千万不可冲洗过久,以免流失药材中的水溶性成分。此外,中药材一次不要买太多,免得用不完,放久后发霉走味。

3. 怎样加水有学问

原则上,煲汤时加水应以盖过所有食材为原则,使用牛、羊肉等食材时,水面一定要超过食材。切记最好不要中途加水,以免稀释掉食材原有的鲜味。如果必须要加水,也应加热水。

4. 细火慢炖,但也不宜过久

煲汤虽然需要长时间以慢火熬煮,但并不是时间越长越好,大多数汤品以1—2小时为宜,肉类则以2—3小时为最能熬煮出新鲜风味。若使用叶菜类为主,就更不宜煮太久。③

四、科技社教类节目话语表达训练

请根据科技社教类节目话语表达的特点及要求,完成下列训练;并根据不同类型的科技社教类节目,选择恰当的话语表达方式。

(一)教育类科技社教节目话语表达训练

【训练提示】 在主持教育类科技社教节目时,主持人应该深入到节目的策划中,从

---

① 稿件来源:搜狗百科 http://baike.sogou.com/v7588647.htm,2014.01.05。
② 同上。
③ 稿件来源:上学吧 http://www.shangxueba.com/jingyan/1686353.html.2014.6.22。

节目的选题内容、嘉宾的选择,到节目的各环节等方面都做到胸有成竹。如涉及采访,应注意把握采访的技巧,尤其是针对不同的采访对象,应适时调整采访方案,并控制谈话场。

请根据以下内容,策划一个教育类科技社教节目,并进行模拟主持。

1. 网络对青少年的影响
2. 生活中的小发明
3. 老百姓的法律意识
4. 备战中、高考
5. 保护环境,人人有责

要求:

1. 设计一个合适的栏目。
2. 设想节目播出时间、样态、受众群体。
3. 语言应该具有引导性、教育性明确,从而节目的教育性目的。
4. 主持人的有声语言和副语言应该表现出亲切感。

(二)科普类科技社教节目话语表达训练

【训练提示】 在主持科普类科技社教节目时,主持人应该查阅大量资料、了解并熟知与节目内容相关的科学知识,尽量成为该领域的"专家"。主持人还应锻炼过硬的解说词写作能力,与编导一起完成解说词的写作。在进行话语表达时,应根据内容题材进行语言样态的调整。

请根据以下内容,策划一个科普类科技社教节目,并完成解说词写作、解说词配音及模拟主持。

1. 地理
2. 历史
3. 政治
4. 经济
5. 科技
6. 文化

要求:

1. 设计一个合适的栏目。
2. 设想节目播出时间、样态、受众群体。
3. 语言应该具有对象性、趣味性。
4. 在进行解说词的写作时,如涉及专业术语,应该注意准确性,并在节目中予以清晰的解释,使受众听清看懂。

(三)专题类科技社教节目话语表达训练

【训练提示】 专题类科技社教节目往往以纪录片的形式出现,在进行纪录片配音时,应注意细致分析稿件,把稿件所叙述、描写的一切当作亲眼所见、亲耳所闻、亲身经历的事情,努力获得现场感,做到情景再现,积极调动思想感情,并注意声音与画面的配合,使声画相匹配,达到良好的传播效果。

训练前,首先要根据解说词内容判断节目风格,然后再按照节目风格对解说词进行配音。

【配音训练】 根据下列稿件,完成配音练习。要求:
1. 设计一个合适的栏目。
2. 设想节目播出时间、样态、受众群体。
3. 想象受众收听或收看的接受心理,注意与受众的呼应与交流。
4. 对解说词进行配乐。

稿件一

《舌尖上的中国7》(节选)

中国人说:靠山吃山、靠海吃海。这不仅是一种因地制宜的变通,更是顺应自然的中国式生存之道。他们精心使用着脚下的每一寸土地,获取食物的活动和非凡智慧,无处不在。从肥沃的冲积平原,到富饶的江河湖泊;从严寒荒芜的高原,到高楼林立的都市,哪里有绿色的生机,哪里就有天与人的和谐。

潘银少和黄兰荣是生活在贵州省的壮族,她们居住的下尧村距离省会贵阳,有300多公里的山路。刚刚采摘的枝条散发着新鲜的气息。看上去十分普通的叶片会在即将到来的节日里,发挥神奇的作用。

贵州省从江县,侗族、苗族和壮族聚居的山区,这里的人自古以糯米为主食,在高山梯田里种植着近百种原始的糯稻。散落的村寨像一个个孤岛,深藏在大山深处。

潘银少和黄兰荣会说普通话,受过中学教育,但从未离开过从江县。这是一种枫树的叶子,来自附近的山上。自然的馈赠包含着丰富的可能性,当地人总是能够善加利用。

十月,是糯稻成熟的季节。壮族聚居的下尧村,正在迎接一个专为稻谷丰收设置的节日——新米节。

口感上,水稻常被区分为糯与非糯两类,黏性特别强的统称为糯稻,含量丰富的支链淀粉使它蒸煮后极具黏性和韧性。

现在,潘银少和黄兰荣要把树叶放进沸水中煮上一番。略加蒸煮,树叶就会溶解出黄绿色的溶液,成为糯米的天然染色剂。浸泡后的糯米再加以蒸煮,变成了黑色。现在,她们用另一种植物,将糯米染成黄色。用植物给食物上色是一种古老的智慧,它既满足了一个封闭而艰苦的民族对色彩的渴望,又在客观上保护了食物天然的品质。

这种米饭油脂丰富,结实耐饿,被当地人看作最值得依赖的食物。

离下尧村不远的加车村,也种植糯稻,这也是个苗族村寨。王小整今年58岁,像他这个年龄的人在当地被称为糯娃。这意味着,他们是吃糯稻饭长大的。上世纪60年代,为提高稻谷产量,政府曾经推广过一种高产的籼稻,后来的年青一代就是吃这种籼稻长大的。但在王小整看来,只有吃糯稻,身上的肌肉才是结实的。

山上的梯田不适宜机械化的收割,人们依然沿用着传统的摘禾刀。和平原地区相比,在陡峭贫瘠的大山里种水稻,需要更多的智慧。顺应着山势,王小整的祖先们,完全靠着双手,创造了这一切。

上古,糯稻曾是长江流域吴越民族的主食。秦汉时期,北方族群向南方扩张,同时也将糯稻引种在这片区域。但糯稻并不是唯一的收获,水田里还藏着其他的秘密。1000年前,王小整的祖先们就发现水稻田里可以同时养鲤鱼和鸭子。鱼和鸭可以帮助糯稻清除虫害,而它们的粪便又能给稻禾提供充足的养分。至今,这里的土壤几乎没有使用过农药和化肥。糯稻品质卓越,但单产仅有水稻的一半,在中国的栽培面积,不足水稻总面积的5%,但大山里的人们仍然播撒着祖传的种子,与糯稻相互依存。这些古老的糯稻品种包含着丰富的遗传多样性,在今天以及未来的餐桌上,将愈加珍贵。①

稿件二

《人与自然》(节选)

南非的海岸是严酷的。小海豚们此时还依赖着他们的母亲。在6个月的哺乳期过去后,他们也要像小鲣鸟一样学会自己捕鱼活命。在沙丁鱼潮中,即便是刚出生的小家伙,也能带来食物,渐渐地练习捕猎技巧。今年果真会出现沙丁鱼潮吗?至少眼下海豚们还必须在茫茫大海中四处觅食。

这时,海岸上另一群年轻人也准备开始独立生活了。非澳海狮也在等待鱼群接近的那一天。他们的食谱比较宽泛,因此在沙丁鱼出现之前,总能找到活命的机会。领头的雄海狮把小海狮们驱赶到了海里。离开了族群的庇护,这些年轻人自己必须在海岸线附近觅食,当然不能放过肥嘟嘟的小鲣鸟。饥饿的海狮们在海河中巡视,随时捕捉那些掉进海里的雏鸟。在没有风的时候,小鲣鸟只能困在岛上。在这个季节里,就有超过1万只羽翼未丰的小鲣鸟被海狮捕杀。归根结底,这一切还要归结到沙丁鱼身上。毕竟海狮们的猎物的肚子里装的仍然是沙丁鱼。

那些逃过海狮威胁的雏鸟还要继续努力学习父母的捕食技巧。首先,他们必须找到鱼群。最好的办法,当然是跟着高手学习。他们现在饥肠辘辘,已经好几天没有从父母那里得到食物了。随着捕猎的进行,雏鸟们渐渐学会了最重要的生存技巧,那就是让另一种高超的捕猎者为自己服务。

在漫长的搜索之后,海豚们发现了一小群沙丁鱼。它们将沙丁鱼驱赶到了水面附近,这时,小鲣鸟们必须迅速学会俯冲入水的本领。小鲣鸟们必须做出艰难的选择——是与天敌一道捕猎呢,还是继续忍饥挨饿?如果不迅速决定的话,将会一无所获。他们很幸运地捕到了鱼,而海狮们似乎也没有理睬鲣鸟。

跟平常一样,海豚们辛辛苦苦地把鱼赶到了浅水,而让另一群其他捕食者沾了光。随着鱼群的迅速消失,捕食者之间的竞争也越来越激烈了。但对于重量级选手来说,此时闯进来一点儿也不晚。埃士鲲鲸一口气便吞下了一群沙丁鱼。在真正的沙丁鱼潮到来之前,这些遭遇战只是高潮部分的前奏而已。

---

① 稿件来源:《舌尖上的中国》第七集《我们的田野》解说词,编者整理。

冬天还是渐渐来临了,寒流将鱼群带向北边,一直向海岸接近。如果这波海潮继续向北移动,它便会带来一波巨大的沙丁鱼潮。捕食者们开始聚集起来,准备享受盛宴。沙丁鱼无法忍受超过摄氏二十度以上的水温,也就是说,如果寒流不能继续靠近海岸,鱼群也就不会跟着移动过来,那么一年一度的沙丁鱼潮也就不可能出现了。难道说全球变暖的趋势,已经产生影响?这里的海水温度太高了,限制了鱼的移动,沙丁鱼潮已经消失了两年。①

稿件三

《藏北人家》(节选)

十八岁的白玛是个能干勤快的姑娘,她和藏北所有的妇女一样,身材结实,每天要干很多重体力活。

天亮了,阳光洒满帐篷,孩子们醒来了。给孩子们穿衣是爷爷的事。两个稍大的孩子已经能够自己照管自己。

忙碌了一个早晨,酥油从奶中分离了出来。酥油是牧人用来抵御恶劣气候的重要食品,又是祭祀和生活用品,牧人们十分珍惜酥油,往往把储存酥油的多少看成财富的标志。

措纳家一年大约能生产五六十公斤酥油,除了交售少量的给政府,其余归自己支配。措纳找羊回来,全家开始吃早餐。早餐前他们点起香火,老人默默地诵经。

这是牧人们普遍食用的一种食品,叫糌粑。它是用青稞炒熟后,磨成粉,加上一点酥油和热茶做成的,吃法很特别。糌粑营养丰富、热量高、食用方便,是生活在高寒地区牧民的主要食品。糌粑的吃法因人而异,老年人喜欢干吃。

早饭以后,全家人开始收拾打扮。牧人们从生活中懂得,酥油是最好的护肤品。草原上风沙大,紫外线强烈,脸上抹上一层酥油,皮肤又红又亮,能防风防晒。

时候不早了,措纳准备外出放牧。这种皮口袋叫唐觚,它是藏北牧人特有的饭盒,里边装着牧人一天放牧所需的干粮。在藏北,许多生活用品都取自牛羊的身上。这种羊皮做的口袋轻巧实用,牧人外出时都带着它。措纳放牧要走很远的路,他必须带足一天的干粮。在藏北,牧民的帐篷一般搭在靠近水又避风的地方,离牧场还有很长一段距离。

一天的放牧生活开始了。来到水草丰美的放牧场,措纳就可以休息一会儿了。勤劳的藏北牧民是闲不住的。放羊时手里总少不了一个纺线锤,虽然一天只能纺几两羊毛,天长日久,纺出的线就足够编织一家人的生活用品了。放牧生活是单调的。眼前是他每天都能见到的蓝色的湖,一年到头他就围绕着湖边游牧,他熟悉这里的一切。

藏北高原是中国高山湖泊最多的地区,有大小湖泊三百七十多个,永远与这些湖泊相伴的是一系列雄伟的高山。蓝天下山峰的刚劲与湖水的柔美相映成趣,构成了一幅优美的山水画。然而,这湖光山色在牧人看来或许只是一种单调。措纳安静地纺线,他几

---

① 稿件来源:《人与自然》20130816《大潮水》解说词,编者整理。

乎不去注意眼前大自然的美景。他已经看惯了这里的日出日落、云起云飞,大自然对他来说只意味着草青草黄,他所关心的是会不会有大风暴或者大雪造成牛羊丢失和死亡。

在藏北,天地山川巨大的自然力压倒了一切。牧人们崇拜自然,他们每日向天地神祈祷,在与自然的抗争中,又与自然保持着一种妥协和协调的关系。当他们的生命与大自然融为一体的时候,他们的确难以像局外人那样,去欣赏藏北草原的自然美景了。

时间仿佛在这里凝固不动。年复一年,人们重复着一成不变的生活,永远处于和他们的祖先一模一样的环境中。藏北的牧民对自己的生活抱有一种宿命的观点。措纳认为,生活中没有坏的事,他干的每一件事都是好事,所以他快乐、无忧无虑。他去过拉萨朝圣,拉萨的房子漂亮,但他更喜欢自己的帐篷,更喜欢藏北草原的宁静。措纳不识字,除拉萨以外,没有到过别的地方,他不知道外界是什么样子。这在外人看来是一种悲哀,但是措纳却认为自己很快乐。平静的生活、纯朴单调的精神活动构成了他们快乐的基础。这是一种外人难以理解的快乐。牧人的快乐单纯得如同孩子的笑容,纯洁得恰似藏北碧蓝的天空和晶莹的雪山。①

稿件四

《故宫》(节选)

是谁创造了历史?又是谁在历史中创造了伟大的文明?

公元1403年1月23日,中国农历癸未年的元月一日。这一天,生活在这块土地上的人们,依然延续着自古以来的传统,度过他们一年中最重要的节日——农历元旦。这一年,人们收到的类似今天的贺年卡上,不再有建文的年号了。建文帝4年的统治,在一场史称靖难之变的战争后,成为了往事。

公元1403年的大年初一,大明朝第三个皇帝朱棣,正式启用永乐作为自己的年号。这一年为永乐元年。年号的更替,随之带来的将是这个王朝的更多变化。

永乐元年,明朝的首都在今天中国南京。这座六朝古都自东汉时代起就被认为有王者之气。明太祖朱元璋将都城定在这里,并集中国两千年宫殿建筑之精华,建造了皇家宫殿。今天这座宫殿仅留下了这些遗址,但仍不失当年的气魄。而此时的北京城在大明的版图上,还是朝廷的一个布政司,叫做北平。这里人烟稀少。

朱棣11岁时被封为燕王,他和他的旧部们熟悉这里,对这个地方充满着感情。永乐元年的农历正月十三这一天,朱棣按祖制祭祀完天地回到皇宫。当君臣们相聚一堂时,一个叫李至刚的礼部尚书,提出了一个建议。他说,我以为北平这个地方,是皇上承运龙兴之地。应该遵循太祖高皇帝,另设一个都城的制度,把北平立为京都。永乐皇帝,当即非常高兴地答应了下来。在这之后的几个小时里,将北平升为北京,成为王朝第二个京都的一道圣旨昭告了天下。这个消息很快传遍了全国,而一座伟大宫殿将由此诞生。刚刚登基不久的永乐皇帝,用这样一道圣旨昭示天下,表达自己治理天下的理念。

---

① 稿件来源:360doc 个人图书馆 http://www.360doc.com/content/13/1023/22/1837283_323630281.shtml,2013.10.23。

从目前看到的史料中,我们可以发现,公元1403年的朱棣正处于一种十分微妙而不安的气氛中。作为一个从侄儿手中夺取皇权、刚登大极的皇帝,他面临太多棘手的问题。对反对他的建文帝旧臣的杀戮仍在继续。杀了很多人以后,朱棣感到十分不安。他也曾询问身边的一位大臣茹常,我这样做会不会得罪了天地祖宗?更让他感到不安的是,攻入南京城时,他的侄儿建文帝就在一场大火中神秘失踪,生死不明。尽管他按天子礼仪,给这位侄儿举行了隆重的葬礼,但后世的很多历史学家认为,当时被下葬的并不是建文帝本人。真正的建文帝,很可能已经逃亡在外。这件事成为朱棣最大的一块心病。之后有一天上朝时,朱棣差点被御史大夫景清刺杀。此事之后,朱棣在南京城里经常做噩梦。他或许更加强烈地开始怀念他的故地北京。

站在南京皇宫的遗迹中,我们不难想象,曾经在北方生活多年的永乐皇帝,可能越来越不喜欢住在南京。他开始谋划将第一京都迁往北京的行动。很快当年的5月份,在一次临朝时,他对大臣们说,北京是我旧时的封国,有国社国稷,将实施国都的礼治。然而皇上的建议,却遭到了大臣们的激烈反对。从那以后,朱棣谨慎了很多,他开始以迂回而秘密的方式,为迁都进行系统而缜密的准备。

公元1403年,由北平刚刚改称为北京的城市里,突然多了很多来自江浙等地的南方人。他们得到朝廷的应允,迁至北京,即可获得五年免缴税负的优待条件。这些人普遍比较富有,很快便在北京做起他们以往在南方所经营的生意。同时在北京的郊区,也多了很多农民开始垦荒种地,大规模的移民工程开始了。①

稿件五

《华尔街》(节选)

华尔街是美国资本市场和经济实力的象征,它早已不是一个单纯的地理名词。现在,绝大多数金融机构与这条500米长的街道不再发生直接的地理关联,华尔街人也完全成为一种精神归属,资本已经进入无眠时代。不仅是2008年席卷全球的金融风暴,贪婪与疯狂似乎是上天专门为华尔街设下的魔咒,它始终弥漫在华尔街的每一处空间。华尔街在不断为他人创造着财富,但又在不断地剥夺着他人的财富,华尔街在固守着自己的生存法则,但又在不断冲破传统的束缚。华尔街是矛盾的结合体,它在自身双面性的较量中,不断遭到毁灭,又不断得到重生。

【主题】

华尔街成为世界金融中心到底意味着什么,它如何影响着世界?13万亿的日交易量是一个怎样的概念,这些钱是属于哪些国家、机构和个人,谁在操纵着这些钱?华尔街这张300年编织的"网",有多广,多深?有多大的力量,又有多么的脆弱?

【序】

1492年,意大利航海家克里斯托弗·哥伦布带着西班牙国王给中国皇帝和印度君主

---

① 稿件来源:豆丁网 http://www.docin.com/p-497246316.html,2012.10.13。

的国书,率领船队经过 70 昼夜的艰苦航行,终于发现了陆地,这块被哥伦布坚持认为是印度的大陆,现在被称为亚美利加州。

1609 年,荷兰商人继续寻找通往富庶中国的航海道路,但犯了与哥伦布同样的错误,他们的商船几经辗转,最终驶入了现在的纽约港。

荷兰人给当地印第安人送上了他们不曾见过的礼物——美酒,荷兰人也因此得到了丰厚的回报——曼哈顿。"曼哈顿"在特拉华印第安人的语言中就是"与君同醉的地方"。

华尔街街口的石碑上,刻着这样一个看上去像是"与君同醉"后的算术公式:24 美元×370 年＝300 亿美元,它记载了曼哈顿发生的第一笔大交易。荷兰人当年用了 24 美元的饰物,从印第安人那里买下了整个曼哈顿地区,现在仅曼哈顿的华尔街土地价值就达到 300 亿美元以上。

其实不仅是土地,这个算术公式在今天的华尔街到处都行得通,华尔街所能聚集的财富甚至是这样的计算方式都无法满足。370 年间,曼哈顿从一片荒芜变成了现在的金融森林,它的主人也从最初的荷兰人,变成了英国人,又变成了美国人,现在成了来自世界各个国家的人。

有人说华尔街成就了美国的崛起,从传统农业到传统工业,从现代科技到网络信息,华尔街一直在为美国的强盛铺平道路。也有人把华尔街称作"人类本性堕落的大阴沟",因为它刺激了人类本性的贪婪和丑陋,以至于整个世界都要为此付出代价。

这就是华尔街,一直充满是非争议,一直被世人所关注。

【正文】

凌晨,华尔街街道上空无一人,但在迷宫一样的纽交所交易大厅里,150 名技术人员正在小心翼翼地检查和测试各种各样的电脑交易系统。

离开市还有 7 个小时,纽交所第一批技术人员已经开始了新的一天,确保每一台机器都能正常运转,每一个程序都不会对交易系统有任何影响是他们每天都要做的工作。仅在纽交所的一个交易大厅里,就有 5000 台以上的显示器,1 万多个电脑终端,1000 多种电子系统。

采访:技术人员 A

"只要纽交所存在,我们就不会丢掉这份工作,只是在这个时期,我们必须要检测得更仔细些,因为那些交易员们经常会把他们的郁闷发泄到我们的工作上。"

每年纽交所用来支付各种各样的电子系统以及技术支持的费用高达 10 亿美金以上,这个数字不会因为证券交易指数的变化而发生变化,系统技术维护在金融危机笼罩下的华尔街成为了最稳定的职业。

曼哈顿中城摩根斯坦利的摩天大楼里,5 楼交易大厅里空无一人,只有上千台显示屏在闪烁。而此时同一座大楼里 28 层却人头攒动,摩根斯坦利投资银行部的分析师们,虽然熬得通红的双眼里布满了血丝,却正以让人眼花缭乱的速度在键盘上飞舞着。

还有不到 6 个小时,美国某公司将在纽交所第一天挂牌上市。作为公司的 IPO 上市顾问,摩根斯坦利的分析师们已经在这里几乎连续工作了 9 天时间。将股票首次推向市场的过程被称为"公开上市",简称 IPO,本来这是华尔街上最辛苦的职业,每个星期都要工作 100 小时以上,但现在能坐在这里却是一种享受。

采访:分析师索菲亚

"因为金融危机,华尔街的 IPO 业务基本处于暂停状态,我们的同行大多已经失业,即便是我们这里也走了很多人,如果接下来没有业务,我们也得走人。"

曼哈顿三十万上班人群,步履匆匆地从时代广场、中央火车站、洛克菲勒地铁站或公车站台上冒出来,人潮如涌般地走入各式各样的办公大楼。

位于纽约曼哈顿的华尔街也许是最著名的街道,从 300 年前不起眼的泥泞小道到现在,华尔街的长短宽窄基本没有改变过,但它的作用却发生了惊人的变化。现实意义中的华尔街已经远远超出了它的地理概念,华尔街已经成为美国证券市场的代名词,是全球 80% 以上金钱的集散地。

其实,现在除了纽约联邦储备银行外,已经没有一家银行或基金将总部设在华尔街了。从十几年前,大部分金融机构渐渐地离开了地理意义上的华尔街,搬到了地价更贵的曼哈顿中城。"9·11"事件更是从根本上改变了华尔街的格局,有些机构干脆搬到了清静安全的新泽西州。

既然绝大多数金融机构已经搬离了华尔街,人们为什么依然将与金融证券有关的一切称为"华尔街"呢?

采访:美国金融专家或投行负责人

"无论地理位置与华尔街相距多远,哪怕是在伦敦、巴黎、东京,金融界的精英们精神上追随的还是同一条街道。"

纽交所的股票经纪人们陆续来到纽交所迷宫一样的交易大厅,来到各自的席位上,进行着开市前的准备。

只有纽交所会员公司的雇员才能获准在纽交所的交易场地执行交易单,为此经纪公司必须要购买一个"席位"。最近,一个席位的报价在 200 万美元左右,比最初的价格将近翻了 10 万倍。

现在,普遍把 1792 年 5 月 17 日作为纽交所的起源。这一天,24 位美国人士在华尔街的梧桐树下签订了一份协议,并每人拿出 25 美元获得一个供交易用的座位,开始进行集中股票交易,这些人成为纽交所最早的会员。50 年前,纽交所的会员数量被固定在 1366 家,一直延续到今天。[①]

---

① 稿件来源:百度文库 http://wenku.baidu.com/view/3328delbb736064c2e3f64e4.html? re = view,2011.11.13。

第四章 公共主持话语表达

公共主持话语表达是为了完成某种公众传播目的而进行的非媒体节目形式的公共活动主持话语表达,主要包括仪式性活动、会务性活动和社会民俗性活动等。公共主持具有传播对象小众、传播目的明确、传播内容专业、承载公共关系等特点,在话语表达的特点和要求上也与广播电视节目主持的话语表达有着明显的差异。

第一节 公共主持话语表达的特点和要求

与广播电视播音主持相比较,公共主持具有其特殊性,如特殊的语言表达环境、特殊的话语接受对象以及特殊的表达方式等等。这些决定了公共主持话语表达具有区别于其他话语表达的特点和语用要求。

一、公共主持话语表达的特点

(一) 生活化

公共主持话语表达的生活化,是指主持人的语言表达从形式到内容都与日常生活语言表达较为接近,较之于广播电视话语表达,其规范性、准确性、示范性、流畅性等方面的要求都相对弱化。公共主持话语表达的生活化特点主要表现为:

第一,语音方面,广播电视话语表达的专业性很强,对主持人普通话语音的要求很高,特别是新闻节目的播音员、主持人,要求其普通话具有一级甲等水平。除此之外,广播电视节目的主持人还有声音方面的条件要求,既要字正腔圆,还要声音圆润、富有磁性,吐字归音和发声都要求很到位。同时,在进行话语表达时,除了要读准每一个字外,还需要准确地把握作品的语气、语速、停顿等,不得有半点失误,否则就可能产生不良的传播影响。因为广播电视节目主持人既是语言的实践者,又是语言运用的示范者。媒体承担着规范使用和传播祖国语言文字的重任。而公共主持话语表达的目的更多的是通过语言完成某项公共活动的仪式、流程以达到活动本身所包含的意义。对主持人而言,其语言表达的规范性和示范性不是衡量其语言表达质量和效果的主要要素。特别是语音方面,不要求主持人的发音像广播电视节目主持人那样准确无误,对声音的要求也不那么高。例如:有的公共节目主持人的普通话发音可能存在鼻音和边音不分的情况,也可能存在前鼻音和后鼻音混淆的情况,这并不影响其话语表达的效果,但这样的语音缺陷对于广播电视节目主持人来说是不允许存在的。

第二,词汇、语法方面,公共主持话语表达所使用的词汇、语法生活化特点更为明显,对于词汇、语法使用的准确度和规范度要求没有广播电视节目主持那么高。广播电视节目的话语表达要求词汇、语法正确无误,规范地使用普通话的词汇语法系统,同时兼顾表达的得体性和有效性。例如:新华社公布的新闻报道中的禁用词(第一批)社会生活类禁用词中的第二条规定:"报道各种事实特别是产品、商品时不得使用'最佳''最好''最著名'等具有强烈评价色彩的词语"。第三条规定:"医药报道中不得含有'疗效最佳''根治''安全预防''安全无副作用'等词语,药品报道中不得含有'药到病除''无效退款''保险公司保险''最新技术''最高技术''最先进制法''药之王''国家级新药'等词语。"第四条规定:"对文艺界人士,不使用'影帝''影后''巨星''天王'等词语,一般可使用'文艺界人士'或'著名艺术家'等。第五条规定:"对各级领导同志的各种活动报道,不使用'亲自'等形容词"。第六条规定:"作为国家通讯社,新华社通稿中不应使用'哇噻''妈的'等俚语、脏话、黑话等。如果在引语中不能不使用这类词语,均应用括号加注,表明其内涵。近年来网络用语中对脏话进行缩略后新造的'SB''TMD''NB'等,也不得在报道中使用。"由此可见,由于媒体特殊的地位及责任,其对词语的运用有着严格的规范要求。相对而言,公共主持话语表达在词汇、语法的使用方面没有特别严格的要求,具有一定的随意性。特别是诸如婚礼、酒会、年会等主持话语常会运用富有乡土色彩的口语、俗语、谚语、歇后语等生活化的词语。语法方面也多用朴实的句子,不常用修饰语过多的长句,多用主谓句,不过多讲究句式的变化等。在句子与句子之间,段落与段落之间,也常随意加进一些无更多实际意义的插入语。

(二) 通俗化

公共主持话语表达的通俗性特点主要体现在话语风格上。由于公共主持更多地涉及生活中的仪式性活动、会务性活动以及社会民俗性活动等,这些活动的主持话语不像广播电视主持的话语表达那样具有庄重、典雅、华美、缜密、理智等特点,它更趋向于明快、朴实、俚俗、疏放、情感与诙谐等通俗化的表达。因为公共主持的受众是与活动有着密切关系的人群,他们不仅仅是活动的观赏者,更重要的是活动的直接参与者,与活动的组织者有着密切的关系,他们是活动中不可或缺的一员。因此,公共主持的话语表达着力于实现活动的目的,能够让参与活动的人切实感受到主持者的真情实意。

例如:有一位年轻的接待人员,陪同一个外国老年人旅游团期间,态度热情,服务周到,颇受外国老人们的赞扬。在临别宴会上,一位老先生代表旅游团全体成员向这位接待人员表示感谢说:"我们这些人年老多事,让你年轻人受累了!"这位青年没有简单地说些"没关系,这是我应该做的"之类的客套话,而是说,"你们能游玩好,我心里非常高兴。常言道,近朱者赤,近墨者黑,能常和你们高寿人在一起,说不定我也可以增寿!"按常理,前一说法也未尝不可,但在那样的公关交际场合,后者显然有助于良好形象的塑造,因为他针对旅游团由老人组成这个特点,答得适当自然,迎合了老人的心理,所以,话音一落,回应热烈:旅游团全体成员举杯起立,为这位青年朋友"祝寿"![1] 宴会的气氛也异常活跃和热烈,达到了活动的目的。

公共主持话语表达的通俗性是由其活动类型的性质决定的。虽然在仪式性活动、会务性活动以及社会民俗性活动中,也有一些活动对主持话语表达有庄重、典雅、华美等方面的要求,但总的来说,公共主持的话语表达更具有朴实、俚俗、疏放、情感与诙谐的风格特点。请对比下面两则主持词:

---

[1] 黎运汉:《汉语风格学》,广州:广东教育出版社2000年版,第96页。

①黄河,源远流长,曲折蜿蜒。我们勤劳的祖先就在这黄河流域生活。黄河象征着中华民族悠久的历史,象征着我们伟大的祖国。它是我们民族的光荣和骄傲。但是,1937年日本侵略者的铁蹄踏进了这块土地。在这民族危亡的关头,中国共产党领导的全国人民积极抗日,保卫祖国。在这种形势下,人民音乐家冼星海同志谱写了以保卫黄河为主题的《黄河大合唱》。直到今天,每一个经历过抗日战争的人,每一个了解这段历史的人,每一个热爱祖国的人,只要一唱起这首歌就无不感到热血沸腾,从而激发出强烈的民族自豪感和对祖国的无比热爱之情。请听,《黄河大合唱》。①

②尊敬的李×常委,县委×××书记,各位领导、各位来宾:

今天,我们欢聚一堂,在这里隆重举行我们白家营乡竹园村人饮工程竣工揭幕通水仪式。虽然今天的天气有点冷,北风拂面,但各位领导仍然亲临我们尧录村,使我们激情满怀。

我们白家营乡竹园村坐落在国家级梁野山自然保护区天马寨山下,是一个有318户1200多人口的行政村,长期以来,由于受交通及地形条件的限制,广大农户的生产、生活一直处于比较艰苦的状况,有一句当地话讲:牛压岭、牛压岭,想要睡觉上个岭,可见条件是十分艰苦,特别是处于山区,却一直喝不上卫生、干净水。去年以来,市委、县委高度重视竹园村的支部工作,市公安局下派马英勇同志担任竹园村第一书记。他到任后,积极带领村两委干部和广大群众,迅速对投资9.3万元、主供水管线路达3公里长,有309户农户受益的人饮工程项目进行了规划实施。特别是市委常委李×在百忙之中给予了大力支持,甚至在参加十七大期间仍亲自打电话过问人饮工程进展情况,喝上卫生水了没有。今天终于顺利通水了,使我们倍感温馨和感激。在此,谨让我代表白家营乡党委、政府以及竹园村1200多群众向尊敬的李×常委、×××书记等领导表示最崇高的敬意和衷心的感谢!②

例①是一个电视文艺晚会的主持话语,从其表达中我们可以看出,主持人运用书面词语,句式较短,采用了较多的判断句式,句式较为整齐,语气激昂有力,特别是运用了"只要一……就无不……"的强调句式,语气的强调力度更为浓烈,体现了庄重与刚劲的话语风格特点。主持人的话语表达旨在唤起受众的某种情绪,渲染晚会的气氛,符合电视晚会的话语表达要求。例②是工程竣工揭幕仪式的主持词,活动的对象大多是白家营乡竹园村村民,他们都是人饮工程的受益者。主持人运用朴素、通俗的语言表达了村民们对人饮工程的感激热爱之情。主持人的话语表达不在于渲染气氛,而是以真挚的情感表达人们心中的感激。话语的朴素意味着内容的实在和形式的无华,不追求华丽、不趋向于绮丽,但耐人寻味,体现了公共主持话语表达的特点。

(三)程式化

公共活动的类型主要包括仪式性活动、会务性活动和社会民俗性活动三大类,这三大类活动的实施都是按照既有程序进行的,其中每一个环节都有其特殊和固定的含义,

---

① 主持词节选改编自"世纪秘书"网,http://wk.baidu.com/view/e58b6a0ebb68a98271fefa79?pcf=2#page。
② 主持词节选改编自"世纪秘书"网,http://www.mishu.com/Artide/yjzc/zc/200912/379370.html。

不能随意更改。公共活动的主持人必须以完成活动程序、实现活动意图为目的实施话语行为。因此，公共主持的话语表达具有极强的程式化特点。公共主持话语表达程式化的特点主要表现在话语内容及话语结构两个方面。

话语内容的形成是话语行为的初始阶段，即编码阶段。话语行为是由客观现实在大脑中所引起的思想感情反映而产生的，如果发话者由于客观现实在头脑中的形象反映，产生了某种思想感情，有了进行话语交际的动机和意图，发话者就会用恰当的语言符号对这一思想进行编码。语言编码是一种整理思路的活动，它属于内部语言的范畴。其中，发话者产生感情的心理活动和进行语言编码的思维活动起激活和引导的作用。公共活动提供给主持人进行编码的客观基础信息非常明显和固定，激活和引导主持人进行心理活动的空间相对狭窄，致使主持人的话语内容被限制在一定的范围中。

公共主持话语表达程式化的特点还表现在话语结构方面。一次完整的话语表达过程通常由开端、主体和结尾三个部分组成。话语交际的开端具有两个方面的功能：发话者用一定的手段引起对方的注意并表示有邀请其参与这次话语活动的意向；受话者则表示自己已经把注意力转移过来，并愿意参与这次话语活动。这两种功能的存在，就使话语交际的开端一般具有"召唤—回应"的结构方式。公共主持话语结构的开端因受活动内容的限制，其开端往往是"召唤—明示—介绍"的结构方式，即引起参加活动的人的注意——表明此次活动的意图和目的——介绍参加活动的人员。话语表达的主体是话语活动中围绕主题而展开的话语部分。公共活动中，无论是仪式性活动、会务性活动还是社会民俗性活动，其主题都非常明确，而且主题的实现是依靠程序来完成的。例如：婚礼主持话语表达的主体部分就必须包含对新娘、新郎的赞誉和祝福、对来宾的参与表示感谢、对父母的养育之情表示感恩等既定内容。葬礼主持话语表达的主体必须包含对逝者的追忆和怀念、对来宾的参与表示感谢、对逝者家属表示安慰等既定内容。而会议主持话语表达的主体必须包含引导与会人员发言、对发言进行适当的总结、适时调控会议的节奏等内容。话语表达是一种合作性的社会活动，要使它的结束圆满得体，不至于显得唐突无礼，就应该有一个完整的结尾。完整的结尾一般由三个部分组成，即话语表达结束信号语、前置收尾语和收尾语。在公共主持话语表达中，其结束语中的结束信号语、前置收尾语和收尾语都有较为明显的模式，主持人一般不会，也没有必要更改，因此也体现出了程式化的特点。例如：

① 同志们，朋友们，新的时代，新的乐章，让歌声伴随着我们共同铸造新世纪的辉煌！祝第25届中国·哈尔滨之夏音乐会圆满成功。谢谢各位！①

② 欢乐的时光总是稍纵即逝，今天的活动到此已全部结束，很高兴能与各位尊贵的业主度过了一个愉快的下午，再次感谢各位的到来，谢谢珠江地产为我们举办如此精彩的活动，日后，让我们相约在珠江御景山庄的美好生活里。谢谢各位，再见！②

③ 今天的活动，旨在大力营造"关爱老人、共建和谐、共享和谐"的良好社会氛

---

① 主持词节选改编自"蚂蚁论文网"，http://www.csmayi.cn/yjzc/201007/25263.html。
② 主持词节选改编自"道客巴巴"网站，http://www.doc88.com/p-906234499790.html。

围,让广大老年人切身感受到党和政府以及社会各界的关心和爱护,共享改革开放、经济发展的成果。

"关爱老人·边疆行"捐赠仪式到此结束,祝领导和同志们身体健康、工作顺利!①

④ 来宾们、朋友们:雄关漫道真如铁,而今迈步从头越!让我们所有武城人,同所有关心支持武城县发展的海内外各界人士一道,手牵手,肩并肩,心连心,协同共进实现武城县经济的跨越式发展,众志成城携手共创武城县更加美好的未来!

今天的项目推介会全部议程已圆满完成,会议到此结束,谢谢各位领导、各位来宾和各位朋友!②

以上几则话语表达的结束语充分体现了公共主持话语表达结束语的程式化特点,即均包含了宣布活动结束、表达对活动参与者的感谢、对未来的美好憧憬等话语表达要素。

二、公共主持话语表达的要求

公共主持言语活动作为主持言语活动的一种,它的根本任务在于较好地运用自然语言,按照活动的流程和要求,向特定的受众传递确定的信息,同时表达自己的情意,从而实现活动的目的。所以,其主持话语只有达到一定的要求,才能发挥它的话语功能。公共主持话语表达的要求是由公共活动本身的性质和意图决定的。

(一)文化的顺应性

在公共主持话语表达中,文化的顺应性是指主持人的话语表达要符合特定受众的文化心理以及活动本身所蕴含的文化习俗。公共活动主要包括仪式性活动、会务性活动和社会民俗性活动,其文化特征较之其他活动更为显著,要求主持人的言语行为与活动本身的文化内涵相适应,更好地体现活动的意义。

语言符号包含形式和意义两个层面,形式和意义之间没有必然的联系,相反其模糊性和随机性很强,这就为形成一些特定的传统文化提供了必要和充分的物质基础。英国语言学家帕默尔指出:"语言忠实反映了一个民族的全部历史和文化,忠实反映了它的各种游戏和娱乐、各种信仰和偏见。"③公共主持中的诸如婚礼、葬礼、节日庆典、民俗仪式等许多活动都会涉及不同的文化风俗,比较常见和突出的是语言禁忌和宗教。语言禁忌是各民族中最能体现民族特色和地域特色的文化元素,它的产生与人们对语言文字具有超自然的魔力认知有关。虽然随着社会的发展和民族的开化,语言禁忌这种传统文化逐渐衰落,但它在世界各民族文化中留下了很深的痕迹,至今仍能在各种语言中看到它的痕迹,即使在最开化的民族里仍不可能消除,有时还会以新的面貌出现。例如:谐音式禁忌在现代社会中就普遍存在。人们对"八"的喜爱,无非因为它与"发"谐音,而对"四"的忌讳,也是因为它与"死"谐音。在进行公共主持时,主持人需要充分了解和尊重当地民族的语言禁忌,尽量不去触动人们敏感的神经,以免产生误会,引起反感。宗教是禁忌的高

---

① 主持词节选改编自"豆丁网",http://www.docin.com/p-528360356.html。
② 同上。
③ 帕默尔:《语言学概论》,李荣等译,北京:商务印书馆1983年版,第139页。

级文化形态,它深深扎根于人们的日常生活中,影响广泛而深远。它产生于长久以来人类对自然、对祖先、对神灵的敬畏和崇拜,同时,也包括对语言文字的崇拜和利用。例如:佛教就强调要修口业,不妄言、不虚言、不两名(不搬弄是非)、不绮语(不说废话和淫靡语);否则,会堕入地狱,口不能言,永世不得超生。还有宗教中的咒语、念诵的真言等都被看做是富有神力的语言密码。公共活动中的民俗活动常会涉及宗教的内容,要求主持人在进行言语活动时尊重宗教信仰,尊重信教者深厚的宗教感情,创设谐和的话语表达氛围,产生良好的表达效果。

公共主持话语表达文化的顺应性要求除了要关注文化中的语言禁忌和宗教外,还应该在语言的运用上体现民族和当地的文化特色。多使用当地的熟语、俚语和习惯表达,甚至可以适当地使用为当地人所熟知的土语、方言,以增强话语表达的生动性和亲近性。方言土语的恰当使用一方面符合当地人对事物认知的特有表达,使人们接受起来感到舒适和愉悦,让人们对自我文化有着更多的价值感;另一方面,它能够使话语表达自然、清新,富有浓烈的生活气息,自然而准确地再现当地的风情民俗。公共主持话语表达不同于广播电视节目主持的话语表达,语言运用的规范性和示范性不是其主要的要求,而适应活动的宗旨、目的,很好地实现活动意图,产生良好的效果才是其要旨所在。社会学理论认为,不同的角色有不同的适应场景和不同的行为规范,这是社会要求他采取的行为习惯模式。广播电视节目主持人与公共节目主持人大的社会角色和工作职能是一致的,他们的区别就在于实施话语行为的场景和对象不同,因此话语表达的具体要求也会不同。

(二) 表达的亲近性

在公共主持话语表达中,亲近性主要是指活动的主持人要在情感上与受众贴近,使自己的话语充满真挚、朴实的情感。让受众感觉主持人是他们当中的一员,说着他们想说的话,表达着与他们一致的内心情感。因为,公共活动一般涉及面不大,参与者都是与活动有着直接关系的人,活动的组织者与参与者之间有着密切的关系,因此,主持人就必须明确自己的角色定位,尽量把自己融入活动和活动的参与者当中。

公共活动因其特殊的性质,往往具有明确的流程,主持人也常常被当做是程序的执行者,其话语也形成了一些表达模式,很容易给人以生硬的感觉。一般来说,公共主持话语表达因缺乏情感往往容易产生几种不受欢迎的类型:第一,平淡无味型。即话语表达没有特色,缺乏生动、丰富的表达,使用基本相同的句式,大致相同的用词用语和腔调,大致相同的言语段落篇章,内容是提纲式的说明,缺少具体、形象、有趣的事例。言语态度冷淡甚至冷漠,没有情感的流露和变化。第二,油滑取宠型。这种类型常出现在婚礼、年会、酒会等公共活动中。主要表现为:过多地追求幽默、漫无节制地随意发挥、东拉西扯、单纯追求喜剧效果,甚至为了博取受众一笑而使用庸俗的话语等。第三,八股型。这种类型的表现是按照活动的既有程序,将活动的内容用自说自话的方式表达出来,全然没有与受众的交流。有情感的话语表达无论在什么活动主持中,都是有强调、有节奏、有语速的变化的,这些变化都源于情感,源于主持人对自我角色的理解和融入。

言为心声,古人有"立言"先"立心"之说。所谓"立心"者,就是把自己的思想、情感融入话语表达中,使表达具有鲜明、真挚的情感性。这种特点越鲜明,言语就越具美感

和魅力。在公共主持话语表达中,要使话语具有情感性继而产生亲近感需要注意以下几点:

1. 话语态度亲切随和

公共活动中的仪式性活动、会务性活动和社会民俗性活动虽然有严肃的一面,但因主持人与活动的参与者都是活动的"当事人",有着比广播电视节目主持人与受众更为直接和亲近的关系,因此,话语态度一定要体现出这种亲近的关系,给人以亲切随和的感觉。主持中多选用口语词,以口语句式为主,简短灵活;善于从小处着手,用具有人情味儿的话语表达自己真切的感受,说话语气亲切、温和而富有感染力。

2. 生动风趣文雅有度

公共活动涉及婚礼、年会、酒会、庆祝会、晚会、座谈会等轻松、喜庆的活动,确实需要主持人的话语生动风趣以烘托会场的气氛。但是,把握好生动风趣的"度"是公共主持话语表达特别需要注意的。这类活动因为其正式程度不如广播电视节目,常常会使主持人误以为这样的场合不用太文雅,只要能使气氛热烈就行,致使生动风趣过度而丧失了应有的格调,其结果自然会引起话语接受者的不愉快,当然也就丧失了话语表达的亲近性。老舍先生在谈及语言运用时十分恳切地说过:"最忌低级趣味!为要逗笑,稍不留神,即趋下流。——风趣不是诟骂,逗笑不可一览无余,失去含蓄。幽默不是乱开玩笑,讽刺也不是对人身的挖苦。"①

3. 字斟句酌传递真情

主持人是否拥有真实、质朴的情感往往会通过一些细小的语言表达体现出来。例如:

① 这就是我们游戏的规则,你们听清楚了吗?
这就是我们游戏的规则,我说明白了吗?
② 您的提问不是我们今天讨论的内容,请下一位提问。
我们今天讨论的话题是——,请您继续提问。

例①中的"你们听清楚了吗?"和"我说明白了吗?"表达的意思是一样的,但是询问角度的转换,体现了主持人自谦尊人的态度,表达了为大家服务的真挚情感。例②中的第二种表达以委婉的方式提醒,不伤对方的自尊心和积极性,体现了主持人对与会人员的尊重。

(三) 词语语体功能的恰切性

要准确、得体地表达出自己的意思,词语的选择是关键。词语的选择除了要注意词的理性意义之外,还要注意词的附加意义或功能的差异。语体的差异就是其中之一。人们把全民共同语在长期的语用过程中形成的言语功能变体体系,叫做语体。语体是人们在长期的语用过程中形成的,具有一定的约定俗成性。各种语体主要是由交际领域和交际方式、言语动机以及交际目的等因素决定的。话语表达中,遵守语体规范,首先就要从选择词语开始,而要做到词语合乎所选择的语体规范,就必须清楚词语的语体功能。例

---

① 老舍:《老舍文集》,北京:人民文学出版社 1981 年版,第 67 页。

如:吃饭—用餐—就餐、不带劲—难堪—尴尬、老婆—爱人—妻子—配偶、吓得慌—害怕—恐惧等,这些词语的理性意义没有太大的区别,但它们所使用的语体却不同,是否注重词语语体功能的差异,将直接影响表达的效果。例如:有一则新闻标题是"攥着现金不再放心,传统理财思维被改变",表达这一意义的还有"存""拿""握""捏"等等,作者为什么没有用呢?一方面,因为该报道是反映普通百姓生活的,用词应贴近百姓。"攥"是百姓口头使用频率很高的口语词,它较之"存"生活气息浓。另一方面,"攥"形象,较之"存""拿""握""捏"更能体现百姓对血汗钱的珍惜。[①] 词语的这种语体功能直接影响表达的准确和得体,同时影响表达的效果。公共主持话语表达主要涉及仪式典礼主持话语表达、商务会议主持话语表达和民俗活动主持话语表达三种类型。这三种类型的语体风格出入很大:仪式典礼主持的话语风格趋向于正式、简明和庄重;商务会议主持的话语风格趋向于简约、严谨;而民俗活动主持话语表达更趋向于明快、朴实。其中,每一种类型又因其内容的不同而呈现出不同的语体风格要求。例如:商务会议中的谈判和酒会的主持,其话语风格就有很大出入,还有同属于仪式典礼中的婚礼和葬礼的主持,其话语风格也有较大差异。因此,在进行公共主持话语表达时要注意通过词语的语体功能来体现活动本身所要求的语体风格。

总之,公共主持话语表达的生活化、通俗化和程式化特点以及文化的顺应性、表达的亲近性和词语语体功能的恰切性的语用要求都是由于其特定的活动类型、特定的受众和特定的语言传播环境决定的,同时也是通过与广播电视主持话语表达进行对比而得出的。

思考与练习

一、举例说明公共主持话语表达的特点。
二、结合实际,谈谈公共主持话语表达的要求。
三、如何理解文化的顺应性在公共话语主持表达中的地位和作用?
四、怎样实现公共主持话语表达的亲切性?

第二节 公共主持话语表达的类型

社会公共活动种类繁多,从不同的角度会呈现为许多不同的活动类型。这里主要依据公共活动的基本性质与目的,将常见的社会公共传播活动分为仪式性活动、会务性活动和社会民俗性活动。仪式性的活动形式多样、规模不一,但均强调活动的形式感,并需要遵守统一的程序性原则;会务性活动以各种类型的会议形式存在,主要包含以务实为主的业务型会议,以务虚为主的社交型会议,会议的形式与要求各不相同,以会议举办的目的为准[②];社会民俗性活动则指普通老百姓生活中必备的社会民俗习惯的文化活动。如婚、丧、寿、诞等。无论哪一种公共传播活动,要想通过主持的话语表达体系来实现语

---

① 陈汝东:《当代修辞学》,北京:北京大学出版社2009年版,第390页。
② 由于商务会务的类型较为常见,并具有相对统一的规律性,因此本节主要以商务会务主持话语表达为主。

言传播的功能,都应该从话语表达传受双方的角色定位、话语内容信息、传接过程以及最终的传播效果几个基本要素来进行考察。

一、仪式典礼主持话语表达

(一) 仪式典礼

仪式,通常是指人们在社会活动、人际交往中,特别是在一些比较盛大、庄严、隆重、热烈的正式场合里,为了激发起出席者的某种情感,或者为了引起其重视,而郑重其事地参照合乎规范与惯例的程序,按部就班地举行的某种活动的具体形式。典礼,是比较隆重的仪式,比仪式的程序化行为程度更深一些。一些常规化、制度化的隆重仪式即可称为典礼,如开学典礼、毕业典礼、结婚典礼、颁奖典礼等。

严格来说,仪式或典礼是人类社会特有的单纯的程序性行为,没有明确的实际意义或目的,或者说仪式本身就是目的。通常在仪式或典礼举行的过程中,已经达到引起重视、引发共鸣、加深印象、隆重其事的目的。随着现代社会的进步与发展,在商务活动、公共传播等社会活动中,我们常常以仪式或典礼的举行作为载体,借用其特有的程序性行为,来达到扩大社会影响,深化传播效果的目的。同时,由于某些仪式化的程序性形式一般都带有一定的象征意义,因此也被人们以惯例的形式保留下来,作为同类仪式的象征性标记。

依据活动发生的不同阶段和活动性质,可以把各种类型的仪式典礼活动大致分为开业性的仪式典礼、交往沟通性的仪式典礼以及各类庆典性的仪式典礼。开业性的仪式典礼,是各类政治、经济、文化活动的开幕、开业等众多始发性仪式礼仪的一个统称。一般是指某一公共社会活动在正式开始之初,为了体现活动的重要性,并引起广泛的社会或业界关注所举行的表示正式开始的仪式或典礼,每当开幕仪式举行之后,活动主体如企业、学校、展会组委会等将正式开始或进入运营。开幕仪式可长可短,在不同的适用场合,可以使用不同的名称。依照常规,主要包括开幕(剪彩)仪式、开工仪式、奠基仪式、破土仪式、竣工仪式、下水仪式、通车(航)仪式等等。交往沟通性的仪式典礼,通常是在商务或公共合作项目中,有关各方之间在协商、交流、沟通的基础上达成一定共识,为表示双方的重视,突显合作交流意愿而举行的推进双方关系或事业发展的仪式或典礼,主要包括签约仪式、交接(换)馈赠仪式。庆典性仪式典礼,是指专门表达喜庆祝贺的庆祝仪式,比较多见的有周年庆典,一般在逢五、逢十,以五周年或十周年的倍数为一个周期举行。荣获某项荣誉或取得重大成果的庆典,如单位获得某种荣誉称号、奖项、突破某项记录等;取得阶段性发展成果,如建立集团、分公司(或连锁)成立、确立新的合作伙伴、成功上市等。

(二) 仪式典礼主持

仪式典礼主持,是指在仪式或典礼类型的公共传播活动情境中,通过交谈性言语交际行为,以直接平等的交流方式,完成仪式典礼郑重其事的既定程序,达到仪式性活动目的,体现活动意图的过程。

仪式典礼活动属于公共文化传播活动的一种,这类活动的主持具有一些鲜明的特点:

第一,严密的程序性议程设置。仪式典礼活动的整个过程是以特定形式的象征性仪式组成的,因此整个仪式的议程设置就具有了不可随意更改、调整、相对严密的礼仪程式和既定设置。例如:开幕仪式的致辞与祝贺、通航仪式中掷瓶礼的程序等,在主持过程中必须严格按既定设置进行。

第二,隆重的仪式感。仪式或典礼活动本身是以形式化的程序性行为来体现郑重要求的,那么在主持的整个过程中就必须要突出体现这种严谨、庄重、郑重其事的仪式感。从主持人的形象设计、体态语表达到主持辞的语言风格、表达方式等都需要着重表现出仪式本身的庄重感。

第三,鲜明的礼仪性。无论采取哪一种仪式或典礼形式,这种仪式行为本身都承载着特定的文化内涵,如奠基仪式寓意根基稳固、开工大吉,一般要求使用圆铲表示圆满,象征吉利。又如:商务签约仪式中一般以国际惯例的"以右为上"来安排旗位与座次。这些具有文化象征性和礼仪性的仪式要求都必须在主持过程中予以表现。主持人不仅是活动的主导者,也必须以礼仪的代言人、主导者出现,这也是一些活动中直接用"司仪"来指代称呼仪式典礼主持人的原因。

(三) 仪式典礼主持话语表达及其特点

仪式典礼主持的话语表达,是指在仪式或典礼类型的公共传播活动语境下,主持人为了完成仪式典礼郑重其事的既定程序,达到仪式性活动目的的言语交际活动。下面从话语角色、话语信息、传递接收和表达效果几个方面分析仪式典礼主持话语表达的特点:

1. 话语角色

话语角色,是言语行为方面具有社会规范特征的社会角色,是社会角色在言语交际领域的中的具体化。话语角色是建立在社会角色基础上的,在言语行为方面具有社会规范等特征的社会角色,叫做话语角色或言语行为角色。对言语交际行为中社会角色的正确把握就是对话语角色的认知。它主要包含三个方面:一是自我角色认知;二是他人角色认知;三是交际双方的话语角色关系认知。

作为集多个角色于一身的仪式典礼活动的主持人话语角色具有礼仪性、代言性、主导性的特点。首先,作为仪式化的活动司仪,仪式典礼活动的主持人本身要对特定仪式的表现形式、实施程序、礼仪要求及其功能作用等熟悉掌握,才能指导活动的参与者按图索骥。其次,仪式典礼活动的主持人本身就是主办单位与活动主题的代言人,仪式典礼活动的举办必定源于主办单位的务实性需求,因此,作为活动的主持人本身已具备主办单位此项活动的代言人角色功能,其主持活动及效果的达成前提是满足主办单位的活动预设需求。最后,作为主导仪式程序、主控活动全场的主持人是仪式典礼活动成败的主导性角色。

参加仪式典礼活动的话语接受方,类似媒体节目主持的受众,是仪式典礼活动话语信息接收反馈的群体。但他们又与媒体受众不同,作为某一个仪式或典礼活动特定的受众群体,他们必定是或参加或关注或相关的活动参与者,与仪式主题、仪式组织、主办单位有着内在的联系,他们对于仪式典礼的举办目的、效果评价有着相对专业、统一的态度和标准,甚至是特定的要求和预期。因此,其角色不仅是话语信息的接收方、反馈方,也可能是活动参与者、评价者。有时候鉴于仪式典礼的举办目的,话语表达的受众群体甚至是影响活动主持方向的决定性因素。因此,在主持的话语表达中一定要依据不同的仪式典礼情境对话语接收的特定群体进行有的放矢的语言表达。

2. 话语信息

话语信息,是指发话人传递给受话人的以语言为载体的语音信息内容。其一般的信息结构是"已知信息+未知信息"的模式。这种先说旧信息再说新信息的模式符合人类的认知规律。仪式典礼需要郑重其事地参照合乎规范与惯例的程序,不同类型的仪式或典礼均有一套约定俗成或合乎规范的固定程序以及标准要求。不同类型的仪式典礼的程序一般是大众所熟知的,而具体的举办形式与表现特点则各不相同,这就构成了仪式典礼活动的话语信息结构。

一般来说,仪式典礼活动的主持话语信息内容可以分为两个范畴:一是关于仪式典礼活动本身所需完成的仪式性程序内容。例如:奠基程序、剪裁礼仪、揭幕程序等,这些信息是既定的、已知的、务实的主持话语信息内容。二是关于活动举办的目的、作用、氛围、评论等影响活动举办效果的评论性话语内容。例如:主持人的祝贺言论、现场调控话语等,这些是属于即兴的、未知的、务虚的主持话语信息内容。

仪式典礼活动中的开业性仪式典礼、交往沟通性仪式典礼以及庆典性仪式典礼的主持话语表达信息虽然有一些细微的差别,但主要内容大致相同,主要包括:

开场语,主要为仪式典礼正式开始的宣布,引起关注。

介绍语,主要是对主题背景、重要来宾、仪式典礼背景的介绍、解释。

串联语,依照不同形式的仪式或典礼程序,逐项串联、执行仪式要求。

祝贺语,对活动的评价、祝贺性话语,目的是营造热烈氛围。

结束语,仪式结束时宣布、总结仪式活动的话语。

需要注意的是,对于主持人来说,仪式典礼活动的程序性已知话语信息是既定和相对稳定的,而另外一部分的评论性话语信息,则是需要主持人充分发挥语言功力的部分。满足活动主办要求、适应活动举办功能、营造活动喜庆氛围以及现场掌控都是体现主持人话语表达功力的话语信息空间。

3. 传递与接收

话语信息的传递与接收是两个直接影响话语信息效果的动态过程。仪式典礼活动主持话语信息的传递者即主持人依据主办单位的意图与要求结合礼仪规则进行编码、发送,传递给活动受众群体。活动受众的一方接收到主持人的话语信息后,经过译码、理解,进而给予一定的反馈。这个传递与接收的过程直接影响仪式典礼活动主持话语表达的最终效果。

在仪式典礼类活动中,主持人话语信息的传递应该满足以下几个要求:

第一,话语信息传递的明晰性。无论是哪一种仪式典礼活动,一般都是在某个行业或专业活动的背景之下,为达到某一个实际目的而举行的。主持人话语表达的组织一定要事先对相关信息、背景知识等进行准确无误的审定,并结合具体语境进行适口悦耳的口语化编码。如果在表达过程中,出现信息的缺失、冗余或歧义,就无法保证活动的话语表达效果。

第二,要遵循仪式典礼特定仪式的程序性。仪式、典礼是社会日常生活中或业界行业内约定俗成的仪式化形式,是为了郑重其事地强调其重要性而专门举行的。这就要求其话语表达要严格遵循相关礼仪风俗的要求,强调顺序性、仪式感,这是仪式典礼主持话语表达区别于其他几种公共主持话语表达类型的标志。

第三,要凸显仪式典礼活动特有的庄重感。仪式或典礼主持话语表达在言语基调的选择上应以庄重、严肃为主,话语表达中应带有庆贺喜悦之情,发音清晰自然,富于感染力。在开场介绍语时应以喜悦、庆贺语气为主,语速适中,言语流畅。仪式进行过程中的话语表述应庄重严肃,语速可稍慢以示突出强调。在仪式结束时,选用高兴、祝贺的语气。主持人话语信息的传递应该适当运用一些话语表达策略来提高话语表达的质量。

4. 表达效果

表达效果是指言语交际过程中,话语表达完成交际活动需求所达到的程度与结果。要评价仪式典礼活动的主持话语表达效果应该从两个维度出发:一方面是活动主办单位所预期达到的宣传推广、郑重强调、扩大交流等方面的功能性效果;另一方面是活动本身,主持人在话语表达过程中所预期的言语交际效果。

仪式典礼活动主持话语表达要产生既定的效果需要注意以下几点:

第一,表达主体定位准确,恰当合理。仪式典礼活动的主持首先要明确自己的话语角色定位,组织好语言的信息与表达的方式。从主持人角色出发,选择适当的交流语体与主持语气。从主办代言人出发,维护好主办方的活动意图,满足主办要求。从礼仪主导者出发,完成仪式与典礼的执行形式要求,完成程序步骤,体现庄重正式感。适当运用一定的话语角色策略来体现角色认知的交际功能。

第二,表达内容完整准确,符合程序。在表达内容方面,仪式典礼活动的要求很明确,步骤也相对固定,具有严密的逻辑性与仪式感。因此,主持人的话语表达应充分体现活动仪式的准确性,背景信息的功能性。使仪式与典礼的举行能够充分完成其功能性要求。

第三,表达方式得体有效,庄重适当。在仪式化的活动中,主持人的话语表达方式应该充分体现其交际主体的得体性原则。"得体"的意思不仅指仪容、服饰、举止应与身份相称,而且还包含了言语举止的恰到好处、恰如其分。多种口语表达方式的运用能够灵活、恰当,变化丰富。

第四,要善于运用增强语言表达感染力的声韵技巧。为了提高仪式典礼主持话语表达的效果,在语言表达上主持人应该善用停连、重音、语气、节奏等主持语言技巧来突出其专业性特点。如在活动开始时,可以先以较高的语调起势,稍慢的语速作为开场,引起参与者注意;介绍活动发言者时,以重音、停顿的方式凸显隆重感;介绍性的话语可较之稍加快语速,并在关键性专业术语、关键数字等方面适当运用停顿技巧来引起注意。所有的仪式典礼性活动均应该在愉快、和谐、喜庆的氛围中进行,这类活动主持的内在语言表达应该是祝贺、高兴、礼貌的。因此,在表述时多运用上扬的语调、高亢的语气来突显现场的祝贺性氛围。

二、商务会议主持话语表达

(一) 商务会议

会议,又称集会或聚会。有两种含义:一是指有组织有领导地商议事情的集会,比如全国人民代表大会、党委会、办公会等;二是指一种经常商议并处理重要事务的常设机构或组织,比如中国人民政治协商会议等。这里讲的会议是指前一种。现代社会中会议是人们从事各类有组织的活动的一种重要方式。在一般情况下,会议至少包含四个要素:一是有组织;二是有领导;三是有明确主题内容;四是集会。四个要素缺一不可,否则就不成其为会议。

依照会议的具体性质进行分类,会议大致可以分为如下四种类型:第一,行政型会议,是各个单位所召开的工作性、执行性的会议,如行政会、董事会等。第二,业务型会议,是业界有关单位所召开的专业性、技术性会议,如展览会、供货会等。第三,群体型会议,是业界各单位内部的群众团体或群众组织所召开的非行政性、非业务性的会议,旨在争取群体权利,反映群体意愿,如职代会、团代会等。第四,社交型会议,是各单位以扩大本单位的交际面为目的而举行的会议,如茶话会、联欢会等。以上四种类型的会议常见于商界,除群体型会议外,均与业界各单位的经营、管理直接相关,统称为商务会议。行政型会议和群体型会议主持一般由相关部门具有一定职位的人担任,而需要专设一个会议主持角色的则多见于业务型会议和社交型会议。

商务会议主持主要涉及两大类:第一,业务型会议,是业界的有关单位所召开的专业性、技术性会议。最为常见的类型有展会、洽谈会、发布会等,其他一些会议虽名称各异,但大部分会议的核心功能均与以上三种类似,即起到对新产品或新项目进行推广介绍,或进行商务洽谈以及信息发布等作用。第二,社交型会议,通常以气氛轻松、提供交际平台为特点,往往以餐、饮、娱等方式为载体,具有对外联络、招待,对内沟通、凝聚的社交功能。与其他类型的会议相比,业务色彩较为淡薄,相比务实的业务型会议,这一类伴有餐饮、娱乐项目的综合化会议更加"务虚"一些,却又是公务或商务活动中不可缺少的一类会议活动。

(二) 商务会议主持

商务会议的主持,是指在有组织有领导的主题集会语境下,主持人为了达到会议目的,结合会议主题,完成会议议程串联,解决会议预设问题的过程。它主要涉及公共传播与演讲、会务、行业规则等方面的相关知识。商务会议是企业或单位管理工作的重要内容,开好每一个会议事关企业或公司的生产和经营。一次成功的商务会议,除了会议主办者的组织、准备工作做的完善外,主持人的出色主持也至关重要。商务会议的主持具有行业的内部专业性、会务的议程功能性以及明确的目的性。一般来说,商务会议主持需要经过以下几个阶段:

一是会议进入程序的开头阶段。主持人是否受到与会者欢迎、主持风格是否符合会议基调、会议总体效率等都取决于开场阶段与会者的初步印象。开场应直奔主题,出奇制胜。要明确地说明这次会议所要讨论的主题或要解决的问题。

二是会议推进过程中的问题解决阶段。会议的进程和讨论的主导是商务会议主持需要重点完成的任务。在推进议程的过程中，会议主持需要适时地引导发言、引起讨论、提示方向、适时总结，以保证会议决议的达成，提高会议效率，完成会议目的。

三是会议的总结阶段。主持人需要作出适当总结，交代会议议程讨论结果以及决议结论。通常能够把结束部分完成得较好的会议主持能够起到篇末点题、升华思想的作用，为商务会议的召开带来完整、精彩的结尾。

（三）商务会议主持话语表达及其特点

商务会议主持话语表达，是指在有组织有领导的主题集会语境下，主持人为了达到会议组织传播目的，结合会议主题，完成会议主题议程串联的言语交际活动。下面从话语角色、话语信息、接受传递和表达效果几个方面分析商务主持话语表达的特点：

1. 话语角色

主持人在不同类型的商务会议中所承担的话语角色定位各有不同。具体来说，业务型会议中的展会以推广、介绍为主要功能，主持人话语角色中就包含展出方的代言人、展示物品的推广人、展会活动的主导者等角度。洽谈会，是以商务谈判或业务洽谈为目的的，洽谈会议主持人的话语角色独立于谈判双方之外，中立存在，负责洽谈的程序串联及谈话的协调与推进。发布会则主要以首次发布、信息传播为主要目的，所涉及的话语角色有发布方、媒体方以及受众。发布会的主持人角色是需要为言论负责的发言人、代言人、推广人与答疑者。社交型会议多以交际、沟通、联络为主要功能，会议的主要特点是提供交流平台，不作实质性业务事务。因此，所涉及的话语角色主要是会议举办方、会议中进行言语交际的言语双方。主持人以会议举办方的代言人、社交指导、会议活动主导等角色出现，主要起促进交流、增进感情、营造氛围的作用。

无论是哪一种会议类型，商务会议的主持人话语角色都具有专业性、功能性、主导性、人际性的特点。首先，商务会议的主持人本身应该对所主持会议涉及的专业知识、业务背景有专业到位的认识与了解。其次，商务会议的主持人在会议中是不可缺少的具有实质性功能的角色设置。无论是务实性还是务虚性的会议，都有具体议程的预设目的，或完成讨论得出结论，或通过投票得出决议，或畅所欲言引起交流，或增进沟通缓解关系。无论哪一个议程，最终都需要主持人来切实完成，并得出结论。再次，主持人角色在商务会议中是主导，他是把握会议节奏、掌控会议进程、宣布会议议项的主导角色。最后，商务会议的主持角色应充分体现人际交流的互动性角色功能。适时刺激发言、恰当总结反馈、仔细倾听交流、尊重与会人员等都是人际化特点在主持人这一话语角色身上所需要体现的。

2. 话语信息

由于务实与务虚的功能性要求不同，因此商务会议主持话语表达的信息也各有不同。

业务型会议，是有具体会议目标，具体业务议项，且要得出会议结论的务实性的商务会议类型。展会，是为了展示产品和技术、拓展渠道、促进销售、传播品牌而进行的一种宣传活动。在实际应用中，展会名称繁复多样，有展览会、博览会、展销会、看样订货会、展示会、展评会、交易会等。现代社会中，一般把博览会作为较高层次展览会的形式。其商务性质体现在以最短的时间、最小的空间，用最少的成本产生最大的效益。因此，其主持话语力求简洁明了,信息含量高。一般来说,各种类型的展会主持均包含以下几个基本话语信息:一是开幕词,展会开幕,宣布展览开始,吸引参与者关注。二是推介语,结合不同的展示形式,对主要展品或项目进行说明介绍,是展会的重点话语表达内容,力求新颖独特,落实商业效益。三是结束语,展会结束,作展示总结。

洽谈会,是围绕利益而进行的会议,有关各方为了争取或维护自己的切身利益,在双方愿意沟通交流的基础上,在正式的沟通交流中运用适当的谈判策略和技巧,共同走出僵局,推进事态的发展。在这类会议中,主持人的话语表达涉及三个方面的内容:一是洽谈内容方面,主要包括洽谈双方的背景、谈判主题、争论焦点、相关法律条文等内容。二是洽谈程序方面,主要包括会议议程安排、谈判发言的基本程序与步骤、谈判的迎送、接待等。三是洽谈礼仪方面,包含谈判仪表、洽谈场地(座次)、发言顺序排列、发言时长等。

会晤中话语表达信息包括:一是开场语,介绍背景、议项与谈判双方,要求简洁明了,清晰明确。二是谈判主持语,引导各方按照谈判礼仪各抒己见,其间可介入提醒、适时打断、引导继续,推进洽谈的顺利进行。三是结束语,总结洽谈结果,见证结果落实。

发布,原来表示思想、观点、文章和意见等通过报纸、书刊或者公众演讲等形式公之于众的公共传播行为,如新闻发布会。现在多指主体单位运用多种形式来向社会公众宣布、介绍、推广新信息、新产品、新技术等内容的会议。如记者招待会、时装发布会、新品推介会等。发布会的特点主要体现为正规隆重、传播面广、沟通活跃并且反馈迅速。由于这一类型的发布会具有传播面广、迅速扩散的优势,是利用媒体优势、扩大社会影响、取得社会效益的有效手段,因此,一旦主持失误也会以最迅速、最广泛的方式传播到社会各界,导致不良后果。其主持话语表达信息包括:一是开场语,宣布开始,介绍发布会议举办背景及主题。二是发布语,包括对所发布信息或事物进行正式发布、说明、宣传和推广。三是结束语,宣布会议结束。

社交型会议,一般是伴有餐饮、娱乐项目的综合化会议,属于联络老朋友、结交新朋友的具有对外联络和进行招待性质的社交性集会,即意在借此机会与社会各界沟通信息、交流观点、听取批评、增进联络、创造良好的内外部环境。目前,已经成为国内业务交流、增进效益的一种最常见的社交性活动。由于较少涉及核心利益关系,气氛较为轻松优雅,相对随意。社交型会议主持的话语表达信息主要包括:一是开场语,宣布会议开始,简要介绍与会者及会议主题。二是发言串联语,引导、鼓励与会者就会议主题自由发言。为了确保与会者直言不讳,畅所欲言,通常事先不作发言顺序的指定、排序和时间限制,因此,要求主持人即兴引导、鼓励发言。三是总结语,针对大家的发言做最后总结并宣布会议结束。在这类会议上,主持人更重要的作用是对现场审时度势,因势利导地引导、鼓励与会者的发言,并且控制会议的全局。例如:大家争相发言时,主持人决定先后顺序;没有人发言时,主持人引出新的话题或者恳请某位人士发言;会场发生争执时,主持人要出面协调等。

3. 传递与接收

商务会议主持话语表达的传递与接收有以下几个特点:

第一,议项设置特点。商务会议主持话语中核心的内容亦即对会议议程、讨论议项的提前编辑与设置,明确的议项内容和预先的设置组织是会议主持话语内容的核心结构信息。如果缺乏议项的话语设置,会议主持的话语信息就无据可依。会议议项设置清晰,才能明确传达会议意图,达到会议目的。

第二,求同存异特点。一般来说,商务会议举办的目的是信息、情感的分享与沟通,即便是激烈的商务谈判会议,在传递与接收话语信息的过程中,话语信息的合作与交流是有限度的。其目的不是达成完全的一致,而是求大同存小异。因此,在主持话语表达的过程中,需要注意语言的适时与适度,以便鼓励各方畅所欲言,充分交流,以求最终实现双赢的目的。

第三,虚实结合特点。在商务会议主持的话语表达中,无论是"务虚"的会议还是"务实"的会议,其话语都既需要业务功能的"实词",也必须有串场修饰的"虚词"。要达到预期的会议目的与效果,主持人必须拿捏好"实词"与"虚词"之间的分寸感,在信息传递的精简准确、氛围的营造上多下工夫,恰当地运用言语交际策略,锤炼语言功力。

4. 表达效果

商务会议主持话语表达要产生既定的效果需要注意以下几点:

第一,主持话语的表达要切合会议的主题。无论业务会议、洽谈会议还是社交会议,对主持话语表达中的专业性、关联性、适切性均有所要求,也是衡量其表达效果的一个首要标准。

第二,商务会议主持的话语表达要准确简洁、逻辑鲜明。会议语言是需要信息准确到位,逻辑明确合理的,主持人更应该在主持过程中以身作则,体现简洁有力的语言风格,使会议的举行高效、和谐。

第三,语言表达要具有和谐交流的美感。商务会议活动是本着平等尊重、促进交流的原则举行的,因此,优秀的会议主持人要能够熟练运用语言表达技巧,运用符合社交礼仪的语言规范来促进相互尊重的平等交流,成为与会者言语行为的示范者。

三、民俗活动主持话语表达

(一) 民俗活动

民俗,即民间风俗,是指一个国家或民族中广大民众所创造、享用和传承的生活文化与习惯。民俗在特定的民族、时代和地域中不断形成、扩大和演变,为民众的日常生活服务。民俗活动是一种普遍见于民众社会生活,传承民族文化,为日常生活服务的,富有文化特色的社会大众活动。民俗学一般把民俗活动分为三大类:一是物质生活民俗,如生产民俗、工商业民俗、生活民俗;二是社会生活民俗,如社会组织民俗、岁时节日民俗、人生礼俗;三是精神生活民俗,如游艺民俗、民俗观念。

民俗活动的根本属性是集体性与模式化。民俗是生活文化,而不是典籍文化,它没有一个文本权威,主要靠耳濡目染、言传身教的途径在人际和代际传承。这就是民俗活动与仪式典礼活动的本质区别。仪式典礼是长期的历史文化积累后留存的固定化的按图索骥式的形式化活动;而民俗活动则是在不断变化的生活情境中不断变异的、丰富的群体社会活动。民俗活动可以是仪式典礼形式的,但并不是所有的仪式典礼活动都是民俗活动。这就决定了民俗活动的主持,既需要明确所表达的模式化文化价值内涵,又需要在具体表现形式上不断求新、求变。

（二）民俗活动主持

对于具有历史性、广泛性和厚重文化底蕴的民俗活动来说，主持人角色的功能至关重要，它不仅是大众民俗文化的传承者，也是民俗活动创新形式的发展者。

社会生活中最常见的民俗活动，包含人生礼俗活动、节庆礼俗活动和祭祀民俗活动。其中最常用的又是人生礼俗活动，它是依据个体人生发展历程的不同阶段所举行的仪式化纪念、庆祝性质的活动，也是离我们社会生活个体最近、最广泛的一种民俗活动。其中，又以结婚典礼、丧事吊唁和寿诞庆祝活动最为重要。人生礼俗活动是人人都会经历的，它既是社会大众的模式化常规活动，又是个体个性化要求的集中体现。因此，这一类活动的主持，要体现大众价值的普适性，同时关照个体的特殊性。一方面，这些民俗活动的主持要充分尊重活动参与者在社会价值观方面的期望与认同，采取符合大众文化程度和文化习俗的主持方式，体现传统文化的继承意义。另一方面，在具体的主持形式和表达方式上，应力求创新，体现个性，才能体现民俗活动不断发展的生命力。

（三）民俗活动主持话语表达及其特点

民俗活动主持中的主要话语角色一般也称为司仪。在《现代汉语词典》中，司仪就是举行典礼或召开大会时报告进行程序的人。在《辞海》中司仪有两个含义：(1) 官名，《周礼秋官》有司仪提任迎接宾客；北齐、隋、唐、明都有司仪署，主管典礼之事。(2) 举行典礼时的赞礼人。实际上，古代"司仪"角色即现代主持人角色的前身，但其一般仅分为报幕式司仪和角色式司仪两种，即只负责报告进程或直接以角色扮演形象出现。其角色功能与主持人有相似之处，但主持人角色更强调语言表达能力和现场掌控能力，突出组织、主导的功能。不过，在民俗活动的主持过程中，主持人这一话语角色的定位常出现角色重叠，具体表现为：

婚礼司仪，是集婚礼主持、主婚、表演于一身的综合化话语角色。主持过程中既要主导完成结婚礼仪的正式仪式，又要在婚俗文化、嫁娶礼仪方面担任司仪工作，同时也是婚庆舞台上的具有演艺因素的表演者之一。丧事吊唁活动的主持人，一方面作为丧葬仪式的司仪，主导完成吊唁的相关仪式程序；另一方面，也在一定程度上承担丧葬事务主办方的对外代言工作，在主丧家属情绪悲痛、无法完成仪式时，负责组织相关事务。寿诞庆祝活动的主持人，则一般是在一定规模的诞生庆贺活动中承担庆祝活动主导、体现隆重与祝贺意味的司仪。在寿诞活动中，主持人通常是活动司仪、是后继晚辈、是恭贺者；而在庆生活动中，主持人则依据生日主人的年龄、身份、社会地位等，扮演不同角色定位的庆贺者。

民俗活动主持的话语表达信息主要包含两个层面：一是民俗活动约定俗成的仪式化程序语言，具有较强的仪式感、礼仪性，并且是民俗活动中不可缺少的主体部分。二是民俗活动不同主题的交际话语表达内容，具有口语化程度高、民俗文化性强、互动交流内容多的特点，是影响民俗活动主持效果的重要内容。

按照活动进行的不同阶段，民俗活动主持的话语表达信息一般包含以下几个部分：一是开场辞，即活动开始的宣布。二是自我介绍，民俗活动中需要对主持人的角色功能做明确的介绍。三是礼仪及程序性主持词，依据不同民俗活动的模式化程序、步骤进行主持的话语信息。四是活动结语，对活动的总体评价与寄语。

与之前的仪式典礼活动和商务会议活动相比，民俗活动话语表达过程中，言语双方的互动性更强，话语接收方的参与度更深。而且在民俗文化价值观的统一基础上，一方面，主持人在信息的编辑与表达上必须遵循大众文化规范和审美取向，才能确保大部分受众的认同与共鸣。例如：在丧礼的吊唁活动中，活动的基调是严肃、沉痛的，这是我国社会大众所一致认同的文化情感，主持人必须在话语表达的基调风格上与此保持统一。而在一些国家的丧礼文化中，则认为丧礼是庆贺逝者解脱的喜庆活动，这就需要主持人深入把握不同地域文化风俗的内涵，进行得体的话语表达。另一方面，要准确地突出活动中所蕴含的特点，确保受众接收时产生深刻独特的认知印象，通过精心的话语组织以突出活动的特色。如葬礼的主持，逝者的身份、个性，家属的愿望、要求等都需要蕴含在主持人的话语信息编辑以及表达方式中，这样才能确保信息准确无误地传递，同时产生良好的接收效果。

衡量一个社会民俗活动主持的话语表达是否达到预期效果，获得受众好评的标准有以下几个：

第一，是否符合不同社会风俗习惯的相关要求。无论哪一种社会民俗活动的举办一定是遵循着某一地区民众生活的固定风俗习惯要求的，它虽然不是文本典籍，却有着约定俗成的礼节要求，在话语表达过程中必须遵循相关的禁忌与习惯，体现地方大众的价值观与人文精神。例如在祝寿活动中，虽是祝贺寿诞，却不可强化"老"字，以免引起尴尬。

第二，是否符合特定活动的风格基调。主持人的话语表达方式必须与特定活动的风格相适应。例如：祝寿活动的主持话语一般都是营造喜庆、祝贺的气氛，但为了体现敬老美德，轻松语气中不可失掉稳重，愉快氛围里不能显得轻佻，在语气、语调上要注意适度，才能与主题相呼应，增强表达效果。

第三，是否具有独特性与个性化的表现方式。民俗活动的举办是鼓励在统一文化内涵基础上对个性化的不断追求，这样才能丰富民俗活动的多种形式。在主持话语表达中切忌千篇一律的模板式主持话语。要因人、因事、因地恰当地变换风格。尤其在即兴口语表达中要能够随机应变、高雅幽默。例如：在婚礼的主持中，婚礼司仪的话语表达就需要善于运用即兴的借题发挥。有一次，当证婚人宣读结婚证书时，司仪发现新娘的名字中有个"燕"字，而正好新郎的名字中有个"英"字，就索性即席赋诗一首祝福新人："爆竹声中比翼飞，莺（英）歌燕舞紧相随。进步征程互勉励，双双携得捷报归。"顿时获得全场掌声。主持话语表达的效果应含蓄、文雅，意味深长，切忌低俗和无聊的插科打诨。

思考与练习

一、公共主持话语表达可以分为哪些类型？
二、仪式典礼主持话语表达的特点有哪些？
三、举例说明商务话语表达的特点。
四、结合实际，谈谈民俗活动话语表达要注意哪些问题。

第三节　公共主持话语表达训练

一、仪式典礼主持话语表达训练

仪式典礼主持话语表达的基本要求：

第一，对于仪式典礼中的主持来说，对象感的概念是真实而活跃的，因为播讲的对象就在主持人的面前，主持人并不需要在中间加入任何某种传播媒介就可以直接与对象交流。另外，他们是一个群体，并且是有着共同参与目的的群体，因此主持人说服传播的针对性就可以更加清晰准确。需要注意的是，在具体播讲内容信息流通过程中，由于仪式典礼主持属于一种特殊的单向性极强的传播模式，交流的活跃程度更多体现在主持人对对方需要、态度等方面的揣摩，而非双向互动。因此，主持人应积极利用这种现场直接交流的模式，提高自己的播讲愿望，不断揣摩和判断播讲对象的心理状态，及时调整自己的表达方式去吸引对象的注意力，从而说服人、打动人。

第二，仪式典礼是一种具有宗教或者传统象征意义的活动，即使是商业性质的仪式也旨在完成商业上的某种象征意义，因此，仪式典礼往往具有严肃性，但又由于其所适用的有不同目的的场合而在基调上各有不同。主持人应当基于具体的仪式典礼的目的，包括背景情况、性质、规格和意义等，采用相应的播讲基调，才能达到更好的播讲效果。

第三，仪式典礼在时间上是一个具有一定跨度的概念，即仪式典礼必须经过一定的程序或步骤、跨过一定的时间阶段才能完成。在这一段流动的时间内，要想更好地掌控全场的气氛，就必须根据不同的仪式典礼风格，熟悉流程，熟练掌控程序的节奏、高潮阶段和前后铺叙的轻重缓急，甚至情感表达的快慢强弱，以此掌控调节全场氛围。

训练材料一　《第25届哈尔滨之夏音乐会开幕式主持词》[①]

各位领导、各位来宾，女士们、先生们：

盛世兴文，歌满龙江。按照江泽民总书记关于"三个代表"的要求，带着哈尔滨人民的热望，由中华人民共和国文化部和哈尔滨市政府共同主办的第25届中国·哈尔滨之夏音乐会即将在这里拉开帷幕。

哈尔滨之夏音乐会已走过了39个春秋，载誉24届历程，为展示哈尔滨的风采，繁荣文化艺术，丰富人民生活，培养优秀音乐人才起到了巨大的作用。特别是从23届由国家文化部与我市共同主办以来，哈尔滨之夏音乐会更是盛况空前，享誉中外，它使改革开放的哈尔滨在歌声中走向了世界，走向更加辉煌灿烂的明天。让我们向第25届中国·哈尔滨之夏音乐会胜利召开表示最热烈的祝贺！

参加今天开幕式的领导有：

全国政协副主席×××；国家文化部常务副部长×××；国家经贸委副主任×××；

[①] 主持词节选改编自"蚂蚁论文网"，http://www.csmayi.cn/yjzc/hyzc/201007/25263.html。

中国音乐家协会名誉主席×××;中国音乐家协会主席×××;中共黑龙江省省委书记、省人大常委会主任×××;省长×××;省政协主席×××;省委副书记×××以及黑龙江省和哈尔滨市的领导,部分离退休的老领导、老同志。在国内外享有盛名的12家优秀音乐舞蹈艺术团组、各友好城市的领导及各位嘉宾和新闻界的朋友们也应邀出席了今天的开幕式,让我们对他们的光临表示热烈的欢迎和诚挚的谢意!

现在,请本届哈尔滨之夏音乐会组委会主任、中共黑龙江省委常委、哈尔滨市委书记、市长×××同志致欢迎词。(致辞阶段)

请文化部常务副部长×××同志致开幕词。(致辞阶段)

同志们,朋友们,新的时代,新的乐章,让歌声伴随着我们共同铸造新世纪的辉煌!祝第25届中国·哈尔滨之夏音乐会圆满成功。

【训练提示】

哈尔滨之夏音乐会是一个历史悠久的全国性的音乐会,与"上海之春"音乐会、"羊城音乐花会"并称中国三大音乐节。从第23届起,音乐会由国家文化部与哈尔滨市共同主办,哈尔滨之夏音乐会从一个省市级文化活动提升为国家级的文化活动,成为哈尔滨乃至中国的一扇对外开放之窗。第25届哈尔滨之夏音乐会于2000年8月6日开幕,除了国内顶级乐团的参演之外,来自美国、日本和我国台湾的音乐家们及旅居国外的华裔歌唱家都作了精彩的演出。举办于世纪伊始的第25届哈尔滨之夏音乐会更是代表了新世纪、新起点、新开端、新风貌,以更加欣欣向荣的姿态迎接新世纪的大发展。哈尔滨之夏音乐会的参与者既包括来自全国顶级、世界多地的音乐家、华人华侨和音乐爱好者,他们参与其中的目的是来进行顶级音乐方面的欣赏、交流和学习。主持人应针对这些对象采用适当的措辞,以他们的情绪来调整自己的情绪进行主持。

哈尔滨之夏音乐会有两个基本定位,一个是为全国各地、世界各地音乐家或音乐爱好者提供交流的平台,另一个是作为哈尔滨这座城市的一张名片,为城市形象起到积极的对外宣传的作用。所以,主持基调应当饱含热情,喜庆欢乐,主持人的语言风格应与国际化接轨。

哈尔滨之夏音乐会开幕式主持词主体部分共九个自然段,可划分为四层意思或者称四个阶段:第一阶段由第1至第3自然段组成,作为开篇的主持词,旨在提出哈尔滨之夏音乐会的规格和意义,以及回顾过去、展望未来,这一阶段应该以饱满的热情来介绍,节奏应渐快;第二阶段由第4至第5自然段组成,主要介绍出席开幕式的嘉宾,并对各界朋友表示感谢,这一阶段是最严肃的阶段,节奏应适中,表现庄重的气氛;第三阶段由第6至第7自然段组成,其间穿插两位领导致辞内容,这一阶段是开业性仪式典礼中基本都含有的重要组成部分,是仪式中含有"启示"意义行为的关键部分之一,这一阶段中主持人的语言表达部分较少,只需以非常正式的方式提示讲话即可;最后阶段为第8自然段,预祝哈尔滨之夏音乐会圆满成功,并正式宣布开幕式开始,这一阶段是整个主持的高潮部分,应加强语势,将全场气氛尽快推升至最热烈的顶点。

其他开业性仪式典礼的主持人应注意现场观众的反应,适时调节现场气氛,可以使用幽默风趣的方式抓住观众的注意力,使观众不易疲劳,从而达到更好的现场效果。我们已经了解了哈尔滨之夏音乐会的规格和层次,它不适合直接用幽默风趣的语言来调动气氛,而应该充分运用声音的魅力,在声音的魅力中彰显一种热情洋溢、激情四射的情绪,从而感染观众,吸引并控制全场,收获良好效果。

训练材料二 《云计算和互联网数据中心产业园项目奠基开工仪式》

尊敬的各位领导、各位来宾,女士们、先生们、朋友们:

大家上午好!

在这春意盎然的美好日子里,我们迎来了云计算和互联网数据中心产业园项目开工奠基,标志着由省通信管理局和市政府共建的云计算和互联网数据中心产业园建设正式拉开了序幕。

今天,我们在这里隆重举行云计算和互联网数据中心产业园项目奠基仪式。首先,请允许我代表××有限公司向出席今天奠基仪式的领导和来宾表示衷心的感谢!出席今天奠基仪式的领导和来宾有:

省通信管理局局长×××先生;新区工委书记××女士;市委常委、市委秘书长×××先生;市政府副市长××女士;市政协副主席××先生;省通信管理局市场处副处长×××先生;市政府副秘书长××女士;区委书记、经济开发区工委书记×××先生;区委副书记××先生;区人大常委会主任×××先生;区政协主席××先生。

参加今天奠基仪式的来宾还有:

市发改委、工信局、科技局、规划局、土地局、环保局、文物局、公共事业局、财政局、商务局相关部门有关单位领导;市供电公司以及移动、电信、联通公司领导;区四大班子领导和区各有关单位负责人;部分企业家代表、项目设计、施工方代表以及新闻媒体界的朋友们。让我们以热烈的掌声对各单位领导和嘉宾表示诚挚欢迎!今天的仪式共有六项内容:

下面进行仪式第一项,请威志科创有限公司董事长×××先生介绍项目情况,大家欢迎!(×××介绍情况)

第二项,请区委副书记××先生致辞。大家欢迎!

第三项,请省通信管理局局长×××先生致辞,大家欢迎!

第四项,有请副市长××女士宣布项目开工。

第五项,请领导和嘉宾为项目开工培土奠基。

开工仪式到此结束。谢谢大家!祝云计算和互联网数据中心产业园事业兴旺发达!祝各位来宾工作顺利,万事如意。

【训练提示】

云计算和互联网数据中心产业园是由省通信管理局和市政府共建的,因此参与奠基

---

① 主持词节选改编自"百度文库",http://wenku.baidu.com/link?url=B2OMBDx013es-cf5talNNIxPKidA2-Hgin1XsfYOQIdy2kzC2xNnPwNQBQ-MT9poYbG6sR4YTTx8XVCUKeotsekJcOQiCyBuz3bIpsPoe。

开工仪式的人群是由项目相关的各界领导、工作人员构成,播讲对象不是来参观看热闹的普通群众,因此要针对这一项目任务进行较为严肃的主持。

云计算和互联网数据中心产业园是在国家对信息产业领域的政策性指导下,由省通信管理局和市政府共建,同时注入民间资本的一个省级重点项目,是城市建设和城市经济技术发展的一项重要举措,因此既具有经济意义,又具有政治意义。开工奠基仪式中除了喜庆的基调之外尤其要注意严肃性。这也是政府参与项目的开幕或竣工仪式上主持人应该把握的基调。

节奏感:云计算和互联网数据中心产业园项目开工奠基仪式的主持词一共分为四个阶段。第一阶段为1至3自然段,是仪式开篇,引出整个仪式;第二阶段为4至7自然段,是对领导和来宾的介绍,这部分由于项目政治属性的要求,主持人尤其应注意政府领导的介绍及致辞排序要按照固定的规格来进行;第三阶段为领导致辞阶段,也是仪式的核心部分,该阶段中主持人同样要注意按照一定的致辞顺序——引导领导或嘉宾进行致辞。第四阶段为最后一个自然段,宣布仪式结束。类似的开幕奠基仪式中,作为仪式的核心——程序部分被突出到首要位置,而其他的欢庆活动则被淡化,整个主持过程中应注意节奏均匀、语速适中。

训练材料三 《人饮工程竣工揭幕仪式主持词》[①]

尊敬的李×常委、县委×××书记、各位领导、各位来宾:

今天,我们欢聚一堂,在这里隆重举行我们白家营乡竹园村人饮工程竣工揭幕通水仪式。虽然今天的天气有点冷,北风拂面,但各位领导仍然亲临我们尧录村,使我们激情满怀。

我们白家营乡竹园村坐落在国家级梁野山自然保护区天马寨山下,是一个有318户1200多人口的行政村,长期以来,由于受交通及地形条件的限制,广大农户的生产、生活一直处于比较艰苦的状况,有一句当地话讲:牛压岭、牛压岭,想要睡觉上个岭,可见条件是十分艰苦,特别是处于山区,却一直喝不上卫生、干净水。去年以来,市委、县委高度重视竹园村的支部工作,市公安局下派×××同志担任竹园村第一书记,他到任后,积极带领村两委干部和广大群众,迅速对投资9.3万元、主供水管线路达3公里长,有309户农户受益的人饮工程项目进行了规划实施。特别是市委常委××在百忙之中给予了大力支持,甚至在参加十七大期间仍亲自打电话过问人饮工程进展情况,喝上卫生水了没有,到今天终于顺利通水了,使我们倍感温馨和感激。在此,谨让我代表白家营乡党委、政府以及竹园村1200多群众向尊敬的××常委、×××书记等领导表示最崇高的敬意和衷心的感谢!

参加今天竣工揭幕仪式的有市委常委、公安局局长、国家一级英模×××,中共江城县委书记×××,市公安政治部主任×××,装财处处长×××以及县、乡、村干部群众等100余人。

[①] 主持词节选改编自"21世纪秘书"网,http://www.1mishu.com/Article/yjzc/zc/200912/379370.html。

下面请尧录村第一书记×××介绍尧录村人饮工程建设有关情况。

下面请市委常委、公安局长徐金钟,中共武平县委×××书记为竹园村人饮工程揭幕通水。

竹园村人饮工程竣工通水仪式到此结束,鸣炮!

【训练提示】

参与人饮工程竣工揭幕仪式的主要是白家营乡竹园村村民,对于他们来说,人饮工程是一项政府的惠民利民工程,该工程解决了与他们生产生活息息相关的饮水问题,是对他们艰苦落后生活方式的一个极大改善。因此,在仪式进行过程中,主持人应抓住这种既有情绪,以情动人,才能获得良好的表达效果。

人饮工程的竣工将会使竹园村村民们的饮水用水问题得到极大的改善,主持人一方面在主持这个仪式,另一方面更是代表村民表达他们的感激之情,因此基调应保持深情而热烈,通过主持词的逻辑顺序和具体措辞流露充沛的感激和感动。

人饮工程竣工主持词分为三个部分。第一部分是第1至第2自然段,属于仪式开篇,其中第2自然段是在追溯人饮工程建设的原因和过程,感情和语气要加重加强,因为这里是表达感激感动之情最完整连贯的部分;第二部分是第3至第4自然段,介绍参与的领导和来宾,并引导领导致辞,该部分用正常语速即可;第三部分是最后两段,宣布人饮工程揭幕通水,这里是仪式的高潮部分,要注意将气氛由感激、感动推向欢乐热烈。

训练材料四 《清水洞隧道工程竣工通车仪式主持词》[①]

尊敬的各位领导、各位来宾、同志们、朋友们:

大家好!

在这漫山红遍、层林尽染的美好时节,在"十一"国庆节前夕,我市人民期盼已久的元勐线清水洞隧道工程在国家、省和普洱市有关部门的大力支持下,在设计单位、施工单位和全体工程建设者栉风沐雨、夜以继日的不懈努力下,今天终于胜利通车了!

清水洞隧道工程的竣工通车,将极大地改善勐啊的交通环境,提升勐啊区位优势,推动经济快速发展。清水洞隧道工程自开工建设以来,得到了上级领导及社会各界的大力支持,鼎力相助。

出席今天庆典仪式的省直有关部门和单位的领导有:

省交通厅副厅长×××,省交通厅原副厅级巡视员×××,省交通厅原总工程师×××,省交通厅原总工程师×××,国家开发银行普洱分行处长×××,省公路管理局书记×××,省运输管理局纪检书记×××,省公路工程造价管理站书记×××,省交通招标咨询中心书记×××,省路桥设计有限公司副董事长×××,省路桥设计有限公司总工程师×××,中铁十三局集团有限公司副总经理×××。

普洱市及市属有关部门的领导有:普洱市委书记×××,普洱市人大常委会主任×

[①] 主持词节选改编自"文秘114"网站,http://www.wenmi114.com/wenmi/yanjiang/qingdianzhici/2007-08-08/20070808111876.html。

×××、普洱市政协主席×××、普洱市人民政府市长××、普洱军分区副司令员×××、普洱市人民政府市长助理×××、市委副秘书长、办公室主任×××、普洱市人民政府副秘书长×××、普洱市纪检委常务副书记、监察局局长×××、普洱市发改委主任×××、普洱市交通局局长×××、普洱市国土资源局局长××、普洱市交通局原局长×××、普洱市交通局党委副书记×××、普洱市林业局副局长×××、普洱市发改委副主任×××、普洱市海事局局长×××、普洱市运管处处长×××、普洱市公路处书记×××以及普洱市五大班子领导和驻临中省直单位、军警部队的负责人,兄弟县(区)交通系统负责人,新闻单位的记者朋友们。

让我们以热烈的掌声对各位领导和来宾的光临,表示热烈的欢迎和衷心的感谢!

首先,请普洱市委副书记、市长××同志致辞。

下面,请普洱市委书记×××同志讲话。

下面,请省交通厅副厅长×××同志讲话。

下面,请施工企业代表,中铁十三局集团有限公司副总经理×××同志讲话。

请普洱市委书记、省交通厅副厅长、省交通厅原副厅级巡视员、普洱市委市政府高级顾问、国家开发银行长春分行处长、普洱市人大常委会主任、普洱市政协主席、普洱市政府副市长、普洱军分区副司令员、普洱市政府市长助理、普洱市委书记、中铁十三局集团有限公司副总经理等领导,为元勐线清水洞隧道工程通车剪彩!(奏乐、鸣放礼炮)。

通车庆典仪式到此结束,请各位领导、各位来宾到市贵宾楼用餐。

【训练提示】

公路隧道工程是一件惠民利民的重大工程项目,参与竣工通车的人群包括参与建设的各相关部门领导、嘉宾、社会群众,以及记者。他们的参与目的各不相同:项目是由国家政策指导,政府联合部队完成的,领导和嘉宾的参与体现的是该项目的严肃性和政治性;隧道工程的建设完工,改善了当地交通环境,提升了区位优势,为当地的经济发展注入强大的动力。社会群众参加,是因为他们是这个项目的具体受惠者,他们的心情是感激和激动的;记者媒体的到来,则是为了对这一事件进行详细了解,为相关报道搜集信息,以便宣传。所以,主持词应注意满足这三个方面的需求。

事件具有的三重性质,使得主持基调要以严肃为主,加入喜庆的内容,同时对工程进行的相关工作适时地加以宣传和赞扬。

清水洞隧道工程通车仪式分为四个阶段:第一阶段是第1至第3自然段,作为总起部分,这一阶段要用激昂的语气简练表达各界对于工程竣工的心情,并对参与建设的各界表示感谢;第二阶段是第4至第8自然段,这部分是对出席仪式的领导和来宾进行介绍;第三阶段是具体的仪式流程,包括领导讲话和剪彩,剪彩部分为仪式的高潮,主持人注意把握感情和语句节奏;最后一段是第四阶段,宣布仪式结束并引导领导和来宾就餐,这一部分用正常语速即可。

训练材料五 《湘乡工业园区××年入园项目签约仪式》

尊敬的各位嘉宾、各位领导：

今天,我们在这里隆重举行,湘乡工业园区××年入园项目签约仪式。

应邀参加签约仪式的客商代表有:太平洋建设集团法人代表×××先生;湖南锐强汽车制造有限公司法人代表×××先生;湘乡市奥顺机械制造有限公司法人代表×××先生;湖南湘乡五金产业园法人代表×××先生;湘乡市冠宇高压电器有限公司法人代表×××先生;湖南三民建机集团法人代表×××先生;湘乡市利华粘胶制品有限公司法人代表×××先生;湖南京湘磁业有限公司总经理×××先生;湖南珂扬鞋业有限公司总经理×××先生;

出席今天签约仪式的领导有:湘潭市人民政府湘潭市委、常务副市长×××;湘潭市人民政府副市长×××;湘潭市人民政府副巡视员×××;湘潭市委副秘书长×××;湘潭市园区办领导;湘潭市重点办领导;湘乡市委书记×××;湘乡市委副书记、代市长×××;湘乡市人大常委会主任×××;湘乡市政协主席×××;湘乡市委副书记×××;湘乡市委常委、常务副市长×××;湘乡市委常委、副市长×××;湘乡市委常委×××;湘乡市委常委、副市长×××;湘乡市人民政府副市长×××;新乡人民政府副市长×××;湘乡市委副调研员×××。

参加签约仪式的部门单位有:市委办、市政府办、市发改局、市经信局、市招商局、市商务局、市科技局、市政务中心、市环保局、市财政局、市国税局、市地税局、市电力局、市工商局、市公安局、市城管局、市规划局、市建设局、市国土局、湘乡工业园区管委会

参加签约仪式的媒体单位有:湖南卫视、湘潭日报社、湘潭电视台经济频道、新闻频道、湘乡电视台新闻频道、经济频道、中国湘乡网站。

下面,让我们以热烈的掌声,对各位领导和嘉宾在百忙中莅临签字仪式表示热烈的欢迎和衷心的感谢!

下面,请湖南湘乡工业园区负责人×××先生致辞!

现在,有请市委副书记、代市长×××先生讲话,大家欢迎!

今天签约的项目共有9个,分别是太平洋集团、锐强汽车、奥顺机械、五金产业园、冠宇电器、三民建机、利华胶带、京湘磁业、珂扬鞋业。让我们以热烈的掌声请出席今天签约仪式的湘潭市领导及湘乡四大家主要领导上台见证签约。

一、首先,进行太平洋建设集团公司签约仪式。

中国太平洋建设集团是一家以公路、市政、水利等基础设施投资与建设为核心产业的大型企业集团,是国内非公有制企业中唯一一家拥有国家公路、市政和水利工程多个总承包一级资质及若干专业一级资质的民营企业,公司注册资本金10500万元。跻身中国民营企业500强前10强,中国大企业集团1000强前50强。集团先后参加了多项国家、省重点工程项目建设,尤其是在国内首创并实践了BT模式,并以BT等形式直接参与国内300多个城市、500多个园区的投资与建设,工程项目遍布大江南北。

现在,让我们用热烈的掌声请中国太平洋建设集团×××先生、湘乡市委副书记、代

市长×××先生签约。(双方签字、交换文本、再签、握手、领导与来宾鼓掌,双方签字代表与台上各位领导握手致谢,到领导后排站立)让我们用热烈的掌声表示祝贺!

二、下面,进行湖南锐强汽车制造有限公司签约仪式。

湖北锐强农机制造有限公司是一家民营股份制企业,注册资金2500万元,主要从事汽车整车、多功能拖拉机制造。现与湘乡农用运输车有限责任公司合作,成立湖南锐强汽车制造有限公司,用"碧洲"牌部级汽车目录生产低速汽车。该项目计划用地100亩,总投资2个亿,分二期建设。项目第一期建成后,可生产整车1万台,实现销售产值2.5亿元,年创税收800万元,解决就业人员350人。

让我们用热烈的掌声请湖南锐强汽车制造有限公司×××先生、湖南湘乡工业园区负责人×××先生签约。(双方签字、交换文本、再签、握手、领导与来宾鼓掌,双方签字代表与台上各位领导握手致谢,到领导后排站立)让我们用热烈的掌声表示祝贺!

三、下面,进行湘乡市奥顺机械制造有限公司签约仪式。

湘乡市奥顺机械制造有限公司成立于2008年9月,是一家为长沙矿冶研究院生产科研设备及钟罩式智能可控气氛电阻炉系列成套设备的公司。该项目计划用地15亩,总投资2400万元,预计实现年产值6000万元,年创税收200万元,解决就业人员70人。

让我们用热烈的掌声请湘乡市奥顺机械制造有限公司法人代表×××先生、湖南湘乡工业园区负责人×××先生签约。(双方签字、交换文本、再签、握手、领导与来宾鼓掌,双方签字代表与台上各位领导握手致谢,到领导后排站立)让我们用热烈的掌声表示祝贺!

四、下面,进行湖南湘乡五金产业园签约仪式。

湖南湘乡五金产业园由湖南东海五金工具制造有限公司等3家邵东五金企业共同投资建设,生产手动五金工具系列。该项目计划用地150亩,总投资1.8亿元人民币,预计实现年产值3个亿,年创税收1000万元,解决就业500人。

让我们用热烈的掌声请湖南湘乡工业园区小五金产业园法人代表×××先生、湖南湘乡工业园区负责人×××先生签约。(双方签字、交换文本、再签、握手、领导与来宾鼓掌,双方签字代表与台上各位领导握手致谢,到领导后排站立)让我们用热烈的掌声表示祝贺!

五、下面,进行湘乡市冠宇高压电器有限公司签约仪式。

湘乡市冠宇电器有限公司成立于2006年4月,是一家制造、销售高、低压箱式变压器及成套产品的公司,现租赁园区厂房生产。该项目计划征地15亩,总投资2000万元,预计实现年产值6000万元,年创税收200万元,解决就业人员80人。

让我们用热烈的掌声请湘乡市冠宇电器有限公司法人代表×××先生、湖南湘乡工业园区负责人×××先生签约。(双方签字、交换文本、再签、握手、领导与来宾鼓掌,双方签字代表与台上各位领导握手致谢,到领导后排站立)让我们用热烈的掌声表示祝贺!

六、下面,进行湖南三民建机集团签约仪式。

湖南三民建机集团由三民建筑机械配件厂、山东新舟威海工业设备有限公司、娄底市三湘焊接材料厂、涟源市新兴机械有限公司等四家单位共同投资。四家企业的合作在资金、技术、市场、管理等方面具有很强的互补优势。主要为三一重工、中联重科生产混凝土输送泵、小型砂浆泵以及发泡机等。该项目计划用地50亩,总投资5000万元,预计年产值1.5亿元,年创税收600万元,解决就业人员150人。

让我们用热烈的掌声请湖南三民建机集团法人代表×××先生、湖南湘乡工业园区负责人×××先生签约。(双方签字、交换文本、再签、握手、领导与来宾鼓掌,双方签字代表与台上各位领导握手致谢,到领导后排站立)让我们用热烈的掌声表示祝贺!

七、下面,进行湘乡市利华粘胶制品有限公司签约仪式。

湘乡市利华粘胶制品有限公司成立于2005年3月,主要生产粘胶带制品、环保塑料制品、纸质包装材料。公司所生产的产品取得了国际SGS环保认证,得到了省内外多家知名企业的认可,产品主要供应步步高超市、深思电工、金子箱包等企业。该项目计划用地15亩,总投资2000万元,预计可实现年产值5000万元,年创税收180万元,解决就业人员60人。

让我们用热烈的掌声请湘乡市利华粘胶带制品有限公司法人代表×××先生、湖南湘乡工业园区负责人×××先生签约。(双方签字、交换文本、再签、握手、领导与来宾鼓掌,双方签字代表与台上各位领导握手致谢,到领导后排站立)让我们用热烈的掌声表示祝贺!

八、下面,进行湖南京湘磁业有限公司签约仪式。

永磁体广泛用于汽车附件、家用电器、动力设备、计算机外设、显示器、电子设备、工业设备等。该项目由北京钢铁研究院提供技术支持,建设年产1000吨高等级钕铁硼快淬微粉生产线。该项目计划用地40亩,总投资5800万元,预计实现年产值3个亿,年创税收1200万元,解决就业200人。

让我们用热烈的掌声请湖南京湘磁业有限公司总经理×××先生、湖南湘乡工业园区负责人×××先生签约。(双方签字、交换文本、再签、握手、领导与来宾鼓掌,双方签字代表与台上各位领导握手致谢,到领导后排站立)让我们用热烈的掌声表示祝贺!

九、下面,进行湖南珂扬鞋业有限公司签约仪式。

湖南珂扬鞋业有限公司,为三方投资的中外合作企业,旨在创立国内知名自主品牌,打造国内一流成品鞋生产企业,专业代理生产美国高档品牌运动鞋KissWiss和友义国际贸易有限公司代理的时尚女鞋Aegria。该项目总投资1.5亿元,项目计划用地100亩,项目建成预计年产值3.2亿元,年创税收1900万元,安排就业人员1500人。

让我们用热烈的掌声请湖南珂扬鞋业有限公司总经理×××先生、湖南湘乡工业园区负责人×××先生签约。(双方签字、交换文本、再签、握手、领导与来宾鼓掌,双方签字代表与台上各位领导握手致谢,到领导后排站立)让我们用热烈的掌声表示祝贺!

让我们共同举杯,对太平洋集团、锐强汽车、奥顺机械、五金产业园、冠宇电器、三民建机、利华胶带、京湘磁业、珂扬鞋业9个项目顺利签约表示热烈的祝贺!预祝这些项目实施顺利,双方合作圆满成功!(宾主碰杯,礼仪小姐收回酒杯)

下面,请出席签字仪式的领导和嘉宾合影留念。

最后,请出席签字仪式的领导和嘉宾参加湖南湘乡工业园区重点项目暨湖南雪豹电器有限公司开工仪式。(签字仪式结束后,邀请各位领导和各位来宾到雪豹电器建设现场出席该公司开工仪式。)

签字仪式到此结束,谢谢大家![1]

【训练提示】

签约在商务以及公务交往中被视为一项有关各方的相互关系取得了重大进展的标志,因此签约仪式一方面代表了双方合作的重大进展,另一方面更具有法律效应。参与签约仪式的是签约双方具有法律效应的最重要代表,签约仪式也正是宣布合约正式开始,因此参与者的目标极为明确,主持人也就可以明确针对签约的目的和意义来调整自己的表达。主持人应该让播讲对象对所签订的合约态度更加笃定。

签约仪式在各种仪式典礼中的严肃程度和细致程度最高,这也就要求主持人一定要严格按照应有的程序或步骤来推进仪式的进行。同时,签字仪式的公开举行,也意味着双方合作的顺利以及对此表示的祝贺,所以具体的签字环节结束后,一般都会有敬酒、合影等类似的庆祝举动,此时要求主持人一定要将观众从严肃的氛围中带出来,以喜庆的态度感染观众。

签约仪式的步骤严谨,分为五个部分:第一部分是开篇简要介绍项目情况,主持人语速渐快,情绪饱满;第二部分是介绍参与签约仪式的来宾,语速适中、态度严肃;第三部分是引导嘉宾进行项目介绍,使用陈述语气;第四部分是仪式最关键环节,即签约,主持人要严格遵守法律程序,在严肃之中略带喜庆恭祝的语气;第五部分是签约之后的举杯、合影部分,最后宣布仪式结束,这一部分主持人要注意礼貌果断地组织举杯、合影,提高效率,使之前签约时的良好氛围得以持续。

训练材料六 《珠江御景山庄钥匙交接仪式主持词》[2]

各位尊敬的来宾,大家上午好!

欢迎来到珠江御景山庄C1—C3栋钥匙交接仪式现场。珠江御景山庄是珠江地产进军江门的典范之作,项目位于江门未来的城市中心滨江新区启动区龙头位置,江山为伴,高尔夫为邻,是江门城市中心难以超越的上层生活社区,也是珠三角最美丽最有气质的豪宅楼盘。

今天,我们的全景高尔夫空中豪宅C1—C3栋已提前完美呈现,施工单位将把钥匙交给珠江地产,在这钥匙交接之际,邀请各位尊敬的业主欢聚一堂共同鉴证这一极具意义的时刻,共同迎接我们新家的到来。

在此,我先预告一下今天的精彩活动,除了舞队、乐队的精彩演出之外,还包括丰盛的自助下午茶,以及现场抽奖活动。

在这些精彩活动开始之前,让我们以热烈的掌声,有请今天的主办单位珠江地产的代表——珠江地产江门地区总经理田总上台致欢迎辞,有请。(珠江领导田总致辞)

谢谢田总。作为江门及周边地区唯一同时拥有一线西江江景和高尔夫球场景观的豪宅项目,随着滨江新区建设启动,为居住带来了更多附加值,御景山庄升值潜力由此可

---

[1] 主持词节选改编自"百度文库",http://wenku.baidu.com/view/79a7296c25c52cc58bd6bee5.html。
[2] 主持词节选改编自"道客巴巴"网站,http://www.doc88.com/p-906234429790.html。

见。下面,让我们掌声有请珠江工程总承包代表陈总上台致欢迎辞,有请。(工程领导致辞)

谢谢陈总。御景山庄洋房组团,居果岭之上,雍容大气,俯瞰一城繁华,作为江门首席高尔夫全景洋房,打造江门未曾有过的顶级豪宅交楼标准,其中工程承包单位的精工细作可谓功不可没。领袖豪宅就是这样,价值无限的地段加上完美的产品质量。

好,下面让我们轻松一下,欣赏一段激情澎湃的电子器乐表演,掌声有请。(乐队表演,紧接着舞蹈表演)

谢谢几位靓丽姑娘带给我们的精彩表演,此前,我早已听闻御景山庄的端庄大气,今天我有幸领略了御景山庄如画般的美景,就像是丹麦童话中的城堡,梦幻而又神秘,下面让我们跟随魔术师的带领,一同体验这梦幻神秘的感觉,不要眨眼,接下来便是见证奇迹的时刻。(魔术表演)

谢谢我们美丽的魔术师带来的精彩表演,并将本次交接仪式的主角"金钥匙"请到现场,金钥匙象征着一份责任,一份品质,一份尊贵的幸福生活,下面,再次有请田总和陈总上台进行钥匙交接仪式,共同开启御景山庄盛世生活。(领导交接仪式——合影——结束)

再次感谢田总,感谢陈总。很快,御景山庄便会迎来许多家庭,在这里开始新的幸福生活,在这神圣的一刻,让我们共同祝福我们的业主,生活开开心心,幸福美满。

在共同见证这历史性一刻后,让我们进入抽奖环节。本次活动一共分三轮抽奖,现在进行第一轮抽奖,将有20位幸运嘉宾获得精美茶具一份,获奖嘉宾请到兑奖处领取奖品。事不宜迟,第一轮抽奖开始。请田总上台为我们抽取第一轮幸运儿。(抽奖并宣读获奖名单)

恭喜以上获奖嘉宾,让我们稍微轻松一下,欣赏一段精彩的舞蹈表演,掌声有请。(舞蹈表演)

谢谢美丽的姑娘们。接下来进行第二轮抽奖,中奖者将获得长街1号西餐厅双人自助餐券,您可以携同您的爱人一起享受浪漫的烛光之夜。本轮共抽取15名,有请田总上台为我们抽取第二轮幸运嘉宾。(抽奖并宣读获奖名单)

恭喜以上获奖嘉宾。还记得刚才激情澎湃的器乐表演吗?是否还意犹未尽?看看接下来这些活泼的美少女们又将带来怎样的震撼,掌声有请。(乐队表演)

谢谢你们再次震撼了我们。下面进入本次活动的最后一轮抽奖。本轮将抽取幸运嘉宾10名,他们将获得私人高尔夫球培训的机会。有请徐总上台抽奖,看看是哪些幸运儿可以获得挥杆绿荫球场的机会。(抽奖并宣读获奖名单)

恭喜今天所有获奖者。欢乐的时光总是稍纵即逝,今天的活动到此已全部结束,很高兴能与各位尊贵的业主度过了一个愉快的下午。再次感谢各位的到来,谢谢珠江地产为我们举办如此精彩的活动,日后,让我们相约在珠江御景山庄的美好生活里,谢谢各位,再见!

【训练提示】

交接仪式属于交往沟通型的仪式,目的是为了庆贺合作双方交往合作的顺利进行,并对将来的发展寄予厚望,主持人同样需要按照惯例程序进行。本则训练中的仪式是楼盘钥匙的交接仪式,属于开发商与施工方之间的纯商业性质的交接仪式,在举办交接钥匙仪式的同时更希望达到企业营销宣传的目的,因此具有与传统仪式不同的特点,要求主持人具备更加丰富的应对能力。

该交接仪式中,参与者包括开发商、施工方和业主。钥匙交接仪式对于开发商和施工方来说是他们在项目合作上取得的阶段性重大成果,是有一定法律意义和纪念意义的。而业主的参与,一方面给楼盘对潜在业主的宣传提供了机会,另一方面也可以拉近已购房业主与楼盘之间的关系,使他们提前感受乔迁之喜。主持人应该把握好三方之间的关系,使整个交接仪式充满喜庆祥和、其乐融融的情绪。

该交接仪式的目的一是针对合作取得阶段性成果而举行仪式,二是对新老业主进行广告宣传,因此表现为在仪式过程中穿插了晚会或联欢会的内容,有许多节目表演贯穿其中,主持基调要保持喜庆热烈、欢乐祥和。这要求主持人既能控制仪式进程,又要有联欢会或晚会的活跃气氛、调动观众积极性的能力,并且在气氛热烈起来后,还能及时地将观众拉回交接仪式的主题上来。这对主持人的场控能力是非常大的考验。

珠江御景山庄钥匙交接仪式大致分为六个阶段:第一阶段是开场舞的暖场表演,主持人不登台;第二阶段为主持人开场,介绍仪式的目的并提示之后的内容,此时主持人应以饱满的热情开场;第三阶段请出开发商和施工方的领导进行致辞,主持人要保持热情;第四阶段是穿插的商业演出,主持人要把握好商演主持和交接仪式之间风格的转换;第五阶段是开发商和施工方领导的钥匙交接仪式,也是本仪式最关键的环节,主持人应当适度控制之前文艺演出时观众的激动热烈的情绪,逐渐调整稍微严肃庄重;第六阶段是具体仪式结束后的文艺表演以及抽奖活动,这一阶段基本属于文艺演出主持,主持人要努力调动全场气氛,积极进行场上场下的互动联欢,把整个仪式的氛围推向最热烈的高潮。

训练材料七 《"关爱老人·边疆行"捐赠仪式暨新闻发布会主持词》[①]

尊敬的×副省长、×副主任、×理事长,各位领导、各位来宾,同志们、朋友们:

在举国上下热烈庆祝伟大祖国成立61年、喜迎传统九九重阳佳节之际,昆明领峰商贸有限公司、北京三也亦礼科技发展有限公司通过中国老龄事业发展基金会华卫基金定向捐赠50万元,云南省福利彩票发行中心定向捐赠30万元,云南省老龄事业发展基金会定向捐赠20万元,总计100万元,用于组织开展"关爱老人·边疆行"走访慰问云南边疆、民族地区的老年人。同时,中国老龄事业发展基金会华卫基金还向云南部分中小学校捐赠价值30万元的孝亲敬老图书、光盘,捐赠20万元资助中国老年艺术团赴云南慰问演出;云南省福利彩票发行中心另外捐赠10万元,用于资助我省组织"敬老月"活动。

今天我们在这里隆重举行"关爱老人·边疆行"捐赠仪式。出席今天捐赠仪式的领导和嘉宾有:

云南省副省长、省老龄委主任×××同志;全国老龄办副主任×××同志;云南省人

---

① 主持词节选改编自"豆丁网",http://www.docin.com/p-528360356.html。

民政府副秘书长×××同志,中国老龄事业发展基金会常务副理事长×××同志,中国老龄事业发展基金会华卫基金管理委员会执行部主任×××同志,云南省教育厅党组成员、省委高校工委副书记×××同志,云南省民政厅党组成员、省老龄委专职副主任×××同志,昆明领峰商贸有限公司总裁、云南省贵州商会副会长×××同志,云南省老龄事业发展基金会副理事长、秘书长×××同志,云南省福利彩票发行中心副主任×××同志。

参加今天捐赠仪式还有省老龄委成员单位的领导,昆明市民政、教育、老龄部门的领导,老同志、中小学生代表和新闻界的朋友们。

今天捐赠仪式有七项议程,下面依次进行。

首先,请中国老龄事业发展基金会华卫基金管理委员会执行部主任×××同志致辞。(致辞阶段)

下面,请捐赠单位代表,昆明领峰商贸有限公司总裁、云南省贵州商会副会长×××女士发言。(发言阶段)

下面,请云南老龄办×××副主任致辞。(致辞阶段)

请中国老龄事业发展基金会华卫基金×××主任,云南省福利彩票发行中心、云南省老龄事业发展基金分别向云南边疆、民族地区老年人捐赠慰问金,请云南省老龄委专职副主任×××同志接收捐款。(上台捐赠与接收阶段)

请×××副主任、×××副理事长、中国老龄事业发展基金会华卫基金×××主任向我省中小学校捐赠孝亲敬老图书、光盘,请中小学生代表上台接受赠书。(上台捐赠与接收阶段)

请省教育厅领导致辞。(致辞阶段)

请云南省人民政府副省长、省老龄委主任×××致辞。(致辞阶段)

同志们,朋友们,今年10月1日至31日,是全国首次敬老月,10月16日又时逢云南省第23届敬老节。为扎实有效地组织今年的敬老月和敬老节活动,省老龄委及其办公室作了认真研究,于8月份下发通知作了全面安排部署。9月9日,联合中国老年报社在昆明举办了中华不老城(魅力·云南)中老年时尚风采展交流活动;9月中旬,牵头组织省内七个老年文体团队和部分书画、篆刻作品赴石家庄、呼和浩特、西安三地参加了全国第二届老年艺术节;9月29日,组织召开了敬老月活动安排情况通报会。

感谢中国老龄事业发展基金会、华卫基金管委会、昆明领峰商贸有限公司、北京三也亦礼科技发展有限公司、云南省福利彩票发行中心、云南省老龄事业发展基金会长期以来对云南边疆、民族地区老年人的厚爱,对我省老龄事业的关心支持。我们将按照中国老龄事业发展基金会的要求和捐赠单位的意见,加强对捐赠资金的管理,认真组织开展好三项活动,使捐赠资金发挥出最大的社会效益。

一是组织开展"关爱老人·边疆行"走访慰问活动。利用中国老龄事业发展基金会华卫基金捐赠的50万元和云南省福利彩票发行中心、云南省老龄事业发展基金会等单位出资的50万元,总计100万元,组织对云南省25个边境县、3个藏区县、昆明市寻甸县和曲靖市马龙县共30个县的1200名贫困老人、高龄老人、知名老人、老英模、老党员进行走访慰问,每县慰问40人,每人500元;同时将走访慰问昆明市3家,曲靖、玉溪市各2家,其他州市各1家共20家养老机构,每家20000元。

二是组织开展"关爱老人·边疆行"孝亲敬老图书、光盘捐赠活动。敬老月期间,将中国老龄事业发展基金会向我省捐赠30万元的孝亲敬老图书、光盘及时转赠到指定的中小学校。

三是开展"关爱老人·边疆行"慰问演出活动。10月16日,中国老龄事业发展基金会和云南省老龄工作委员会将在云南艺术学院展演中心,联合组织中国老年艺术团、云南省老年艺术团的知名老艺术家,开展"关爱老人·边疆行"慰问演出活动,大力宣传孝亲敬老的传统美德,充分展示老年人的精神风采。

敬老月期间,各级老龄办要加大老龄政策法规和孝亲敬老传统美德的宣传教育力度,组织开展走访慰问贫困老人、高龄老人活动;积极开展老年优待政策和有关涉老政策落实情况的检查,切实把各项惠老和老年优待政策落到实处;积极协调老龄委成员单位、养老机构、老年文体组织和志愿者组织,组织开展为老年人义诊、健康知识讲座、法律咨询、法律援助、家政、照料、护理、心理疏导等志愿服务和老年文体活动。通过开展这些活动,大力营造"关爱老人、共建和谐、共享和谐"的良好社会氛围,让广大老年人切身感受到党和政府以及社会各界的关心和爱护,共享改革开放、经济发展的成果。

"关爱老人·边疆行"捐赠仪式到此结束,祝领导和同志们身体健康、工作顺利!

【训练提示】

这则材料是源于全国敬老月而由省级部署举办的捐赠活动,政治性、福利性非常鲜明。参与人群包括省市级民政、教育、老龄部门领导,老同志、中小学生代表和新闻界的朋友,他们在整个活动中扮演不同角色。省市级领导代表的是组织这项活动的单位和部门,作为组织者他们是最辛苦的一群人,所以应当对他们的工作成果表示肯定;老年人是政策和活动的具体受惠者,主持人要代老年人表达出他们深切的感激之情;中小学生代表是这项活动附带的受惠者,也是关于孝亲观念的受教育者,主持人应当娓娓道来,用情感和语言体现活动的教育意义;而媒体记者则是为报道新闻、进行积极宣传而来,因此需要提供给记者们严肃准确的信息。

捐赠仪式具有政治性和福利性。政治性决定了活动的严肃性,主持风格也应当注意对这项自上而下惠民举措的肯定和支持;福利性则关乎于受惠者本身,主持过程中更应当代表老年人表达出他们的感激之情和对活动参与的喜爱之情。基调是肯定、较为严肃、感激、祥和。

"关爱老人·边疆行"捐赠仪式暨新闻发布会分为四个阶段:第一阶段是主持人开场,对这次活动进行总结式的介绍,主持人应当热情饱满。第二阶段是对领导和来宾的介绍,注意当介绍到老同志和中小学生代表时应着重强调。第三阶段是领导致辞和具体的捐赠程序,其中,中小学生代表参加的孝亲敬老图书、光盘捐赠活动,是对中华民族孝亲敬老美德传承的一种方式,加入了文化传承的意义在其中,因此,主持人一定要转换语气,从严肃、感激,转换到尊重与希望的感情色彩上来,音调适时上扬。第四阶段是对整个"关爱老人·边疆行"活动进行全面总结,这个阶段既要对活动工作进行肯定,又要给新闻媒体以翔实的信息和积极导向。

训练材料八 《丽水职业技术学院"十年行,百年情"校庆主持词》①

序幕:学生演出(电声乐队、独唱、街舞等)。
开场:
男1:尊敬的各位领导
女1:各位嘉宾
男2:亲爱的校友们
女2:老师们、同学们
合:大家上午好!
男1:今天,我们在这里隆重集会,共同庆祝丽水职业技术学院高职教育十周年,办学一百周年华诞。
男1:一百年,一路风雨兼程的跋涉。
女1:一百年,一首催人奋进的诗篇。
男2:一百年,一幅震撼人心的画卷。
女2:一百年,一段继往开来的历史。
男1:一百年的奋斗铸就卓越品格。
女1:一百年的奉献孕育桃李芬芳。
男2:我们时刻牢记求真务实,自强不息。
女2:我们分秒不忘树木树人,行知并进。
合:母校,我亲爱的母校,在这欢声笑语簇拥的时刻,让我们祝您——生日快乐!(舞龙舞狮)
男1:下面有请丽水职业技术学院党委书记×××教授主持庆典大会(幕后音)。(以下由陈国锋书记主持)
尊敬的各位领导、各位来宾,各位校友、老师们、同学们:
大家上午好!在丽水人民热烈庆祝撤地设市十周年的大喜日子里,我们又满怀激情迎来了丽水职业技术学院高职教育十周年办学一百周年。在此,我代表全院师生员工向今天出席庆典的各位领导、来宾、校友表示热烈欢迎和衷心感谢!
现在,我宣布:庆祝丽水职业技术学院高职教育十周年办学一百周年庆典大会开始!
请全体起立,奏唱《中华人民共和国国歌》。
请坐。
现在,我向大家介绍出席庆祝大会的主要领导和嘉宾。
在嘉宾席前排就座的领导有:……
出席庆祝大会的有:多所省内外高校、科研院所以及中职学校的领导、嘉宾。还有丽水市及9个县(市、区)有关部委、办、局负责人。

---

① 主持词节选改编自"百度文库",http://wenku.baidu.com/link?url=ADwVzwfPCA2fagYZEyLCATduyc7gUJJsHg3UzdYHhpcO_C24DVUSEMtluWGS8C5X7T4aHBDMdXA6LpaP5tYSqebmV7qsVRjATfc2UPUbyO。

让我们对他们的到来表示欢迎!

学院的长足发展得益于国家改革开放和科教兴国的伟大实践,得益于省委省政府的正确决策。在我院高职教育十周年办学一百周年之际,省委书记×××、省长×××、教育部办公厅、国家林业局人事司等发来贺信,对我院高职教育十周年办学一百周年表示祝贺,并提出殷切希望。现在请工作人员宣读省委书记×××、省长×××、教育部办公厅、国家林业局人事司贺信。(工作人员宣读贺信)

谢谢工作人员。让我们再次对省委书记×××、省长×××、教育部办公厅、国家林业局人事司对我院改革发展的鼓励和支持表示感谢!

现在,请丽水职业技术学院院长×××教授致辞。(×××教授致辞)

谢谢×院长。

现在我们请浙江省人大常委会副主任×××同志讲话。(×××同志讲话)

谢谢×××副主任。

丽水职业技术学院根植于丽水。其改革发展一直得到市委、市政府和社会各界的大力支持。下面,我们请中共丽水市委书记×××同志讲话。(×××同志讲话)

谢谢×××书记。

"十一五"以来,学院坚持开放办学,与国外20多所高校、科研院所及100多家企业建立了友好合作关系,极大地促进了学院的改革发展。下面,请××代表友好合作院校讲话。(××同志讲话)

谢谢。

在我院高职教育十周年办学一百周年之际,美国加州大学、加拿大×××大学及国内兄弟院校也发来了贺信、贺电。它们是:……

谢谢它们。

下面请主持人上场。

文艺演出(主持词略)

结束:

男1:飞扬的歌声,吟唱难忘的岁月,凝聚心头不变的情节。

女1:动人的旋律,洋溢时代的跳跃,回荡恒久不变的真情。

男2:过去的百年,不是平凡的百年。丽职院,你昂首走来,我为你自豪。

女2:未来的岁月,充满希望。丽职院,你梦想执著,我为你骄傲。

男合:告别今天,我们又回到新的起跑线。

女合:展望未来,我们将用奋斗创造更加辉煌的业绩!

合:让我们共同祝愿,丽职院的明天更美好!

女1:丽水职业技术学院校庆庆典大会暨文艺演出到此结束。祝各位领导、各位嘉宾朋友,各位校友、老师们、同学们身体健康、生活愉快!

男1:请全体师生合唱《丽职院之歌》欢送到场嘉宾。

【训练提示】

校庆是常见的一种重大庆典仪式。有别于商业庆典仪式的是,校庆所覆盖的人员类型更广、严肃性更强、内容更加丰富,时长也更长。

校庆的参与人员一般由学校领导、省市级领导、师生、校友等组成,对校庆充满热情期待,主持人应当领会这种精神或心理,让整个校庆氛围能够喜庆热烈。

情绪高昂、喜庆欢乐、气氛热烈。要注意的是,校庆除了庆祝仪式之外,还有最重要的一部分是文艺演出,此时的主持风格应与正式晚会的风格相近,但是也不尽相同:联欢晚会的目的一般是欢庆,会有许多舞台上下的互动来增加欢乐气氛;校庆的文艺演出则仪式性更强,目的是为了传承学校本身的文化。由此,主持人应当兼顾严肃性和开放性。

丽水职业技术学院"十年行,百年情"校庆活动大致分为五个阶段:第一阶段是序幕演出暖场,主持人不出场。第二阶段是主持人开场,这一部分的主持词以祝福性的诗歌形态为主,因此主持中更应加入朗诵的技巧,让校庆从一开场就进入一个热烈喜庆的气氛中。第三阶段是校庆的仪式阶段,这个阶段包括奏唱国歌、领导讲话、学校介绍,在领导讲话、致辞的过程中,可能会由专门的主持人来主持,也可能由学校某位领导来主持,由于角色的不同,主持的风格也会各异。第四阶段是文艺演出部分,主持由领导换回专门的主持人,这个阶段除了文艺演出主持必须有的激情热烈之外,还要加强与场下的互动,感染更多的播讲对象加入其中。最后一个阶段是与开场阶段呼应的结尾,常由诗歌形式组成,同样要把朗诵的技巧加入其中。

二、商务会议主持话语表达训练

商务会议主持话语表达的基本要求:

第一,此类主持活动一般以现场主持为主,主持人直接与现场观众交流,而且观众群体特征划分相对明确,因此要求主持人事先了解或现场观察观众的群体特点,同时知悉他们的喜好,揣摩他们的心理,从而能够在表达时选择使用符合对象群体特点的表达方式与风格。此外,无论哪种类型的商务会议主持,主持人的举止与谈吐都必须与主题吻合,不至于使现场观众产生心理上的反感。

第二,商务会议主持的情感基调总体可分为严肃沉稳、欢快激情、抒情柔美三类,由于不同类型商务会议的主持基调不尽相同,因此要求主持人在主持商务会议前按会议活动的性质、规格、环境、参与者等元素细分会议活动的类型,通过分类精准地把握该类型主持活动的基调。

第三,主持人在明确商务会议类型后,应针对不同类型的会议使用相应的话语表达节奏技巧。一般来说在主持较为严肃的业务性会议时,主持人要尽量保证节奏平稳和缓,减少语势与语气的变化;而在主持较为轻松的社交型会议时,则需要根据会议内容适时调整话语表达节奏,突出声音抑扬顿挫、轻重缓疾的对比。

训练材料一 《西安国际车展路虎品牌新品推介会》[①]

男:各位来宾,上午好!欢迎各位光临西安国际汽车展,捷豹路虎展台,我是主持人

---

① 主持词节选改编自豆丁网,http://www.docin.com/p-473143305.html,2012.9.2。

大伟。

女：大家好，我是主持人××，今天我和大伟将为各位来宾介绍路虎这个充满传奇的英伦汽车品牌，同时数款凝聚了最新设计灵感以及最尖端科技的新款车型也将第一次呈现在大家面前。

男：今天除了为大家展示路虎最新款车型外，我们也为大家准备了精美礼品。稍后将有现场问答环节，想要得到丰厚礼品的朋友们，请一定要关注我们的活动，特别要注意我们的讲解，因为答案就在讲解之中。

女：没错，大家千万别错过赢取路虎精美礼品的机会。

（路虎品牌的介绍与推广）

男：全球奢华顶级品牌路虎（Land Rover）自1948年诞生之日起，始终致力于打造能够卓越应对各种路况的全地形汽车。经过六十余年的发展历程，路虎已经成长为拥有全系车款、备受全球尊崇的奢华SUV领导者，其轻松驾驭各种路况的强大性能卓尔不群，享誉业界，销售屡屡刷新纪录。下面就让我们有请路虎Land Rover靓丽的模特们登场……

女：大伟，我注意到大家的目光齐刷刷地投向了展台中央。

男：没错，在咱们美丽的模特身旁的正是本次捷豹路虎车展上的重量级作品：Land Rover路虎新一代高科技全能车型——揽胜极光（EVOQUE）。作为路虎揽胜系列中姿态最轻盈、体型最精巧、燃油效率最高的车型，揽胜极光EVOQUE不仅为揽胜注入了新的活力，也忠实再现了揽胜的极致奢华与卓越性能，开创了全新的精致型豪华SUV细分市场。

女：首先请各位来宾将注意力集中在揽胜极光EVOQUE具有突破性设计的外观上，揽胜极光EVOQUE完全继承了LRX概念车振奋人心的开创精神和突破性的设计理念，并对揽胜经典设计元素进行了全新的阐释。

（现场对新车型进行展示）

男：而在引人注目的外表下，揽胜极光EVOQUE延续了揽胜内饰一贯的高品质选材与优雅设计，风格方面更显现代时尚与运动气质。

女：因为全车使用了轻量化的车身以及尖端科技的动力总成系统，揽胜极光EVOQUE实现了每百公里仅需8.7升的出色燃油经济性。下面有请路虎揽胜极光EVOQUE的设计师宋克阳先生出场，为各位来宾详细地介绍这款全球瞩目的SUV新车型。

男：在欣赏、了解完全球SUV车型中的极致精品路虎揽胜极光EVOQUE后，接下来我们请出另一组路虎模特为我们演绎路虎旗下的高端SUV品牌：Range Rover揽胜。

（模特上场，现场播放视频短片，主持人开始介绍产品）

男：路虎是全世界最久负盛名的顶级四驱SUV品牌，揽胜则是路虎的旗舰之作……

（现场互动环节，进行有奖竞猜活动）

女：今天咱们路虎集团为前来参加本次车展活动的朋友们准备了10份精美的礼品，每一份礼品都是独一无二的。

男：是的，在场的来宾、朋友们在下面的问答环节中只要您答对一题便可以得到由路虎送出的时尚礼品，当然礼品只奖励回答出问题的那位一位朋友。

女：不要再吊大家的胃口了，下面，咱们马上启动有奖竞猜环节。第一题："揽胜极光EVOQUE秉承了揽胜的精髓，请问它配备了路虎独有的什么能力？"……

（现场有奖问答环节结束，活动进入尾声）

男：随着紧张的有奖问答环节的结束，本次西安国际车展路虎品牌新品推介会也接近尾声了，感谢各位来宾、朋友们的支持，稍后您可以自由鉴赏本次路虎品牌的全系精品新车。

女：如果您在鉴赏中遇到任何疑问，我们的销售顾问都将乐于为您一一解答。

【训练提示】

品牌推介会的主持对象一般为企业邀请的嘉宾以及自发前往参与的观众，一般说来都是对该品牌比较感兴趣的群体，因此主持人的话语表达风格必须要与品牌的气质相符，在此训练材料中，路虎公司是专门生产豪华越野车的汽车企业，其国际品牌的形象高贵、奢华、充满力量，为了能引起主持对象的共鸣，主持人需要通过对感情基调的精准把握将路虎的品牌气质凸现出来。

要把握厂商产品推介会的主持基调就必须分析厂商品牌与产品的本身特点，此训练材料中的路虎汽车为新上市的高端产品，同时，新设计的汽车引领了汽车设计的时尚潮流，因此其感情基调以激昂、欢乐为主，所以主持人需要营造出隆重但不刻板，欢乐但不媚俗的氛围，同时需要注意主持内容需与厂商和其产品的特质紧密相连，语言凝练，表达有明确的指向。

推介会主持词大致分为三个部分。第一部分的自然拉开推介会的帷幕，因此在进行主持时应保持平常语速，但可以加强语势的变化突出层次感。第二部分为整场推介会主持的核心，因为此类品牌推介会旨在推广新产品与宣传企业品牌，因此在介绍企业品牌、产品时需要在隆重的基调上彰显出声音的张力与韵律感。而在处理与主持对象互动的第三部分时，则要通过加快主持节奏调动现场气氛，避免话语表达节奏缓慢拖沓。

训练材料二 《××县招商引资项目推介会》①

各位领导、各位来宾、女士们、先生们：

在这个丹桂飘香、秋风送爽的美好日子里，承蒙各位来宾朋友的厚爱，作为××县首届中国汉代文化推广旅游节压轴戏的招商引资项目推介会正式召开。今天到会的，有不辞辛劳、亲临指导的省市部门领导，有多年远在异乡、踊跃报效桑梓的赤子华侨，有远道而来、专程投资创业的企业精英。这是一次高朋满座、群英荟萃的盛会，一次巩固形象、再创辉煌的盛会，也是一次见证武城县经济社会蓬勃发展的盛会。在这振奋人心的时刻，请允许我代表中共武城县委、武城县人民政府和全县12万人民，向各位领导、海内外来宾和各界人士表示热烈的欢迎和衷心的感谢！

首先，向大家介绍一下参加本次招商引资推介会并在主席台就座的领导及代表，他们是……（宣读领导及代表名单）

今天的招商引资项目推介会共有六项议程，一是县委书记×××致欢迎词；二是宣

---

① 主持词节选改编自中国作文网，http://www.98523.com/fanwen/lingdaojianghua/zhaoshangyinzijiangh/201112/110161.html，2011.11.29。

读贺电;三是县长×××作我县投资环境介绍和项目推介;四是省市部门领导讲话;五是投资商代表发言;六是签约仪式。

下面,我们进行招商引资推介会的第一项议程,请中共武城县委书记×××同志致欢迎辞,大家欢迎。(领导致辞)

武城县经济社会的发展尤其是招商引资工作的开展,牵动着各级领导、海内外侨胞侨属、社会各界的心。他们纷纷电贺武城县招商引资取得有目共睹的佳绩,期望武城经济更快、更强、更高发展,我来宣读其中的几封。(宣读贺电)

在这里,我代表武城县政府以及武城县人民,对各级领导多年来一如既往地关心支持武城县发展建设,对社会各界长期以来对武城县的鼎力相助表示最衷心的感谢。

下面,请中共武城县县委副书记、县人民政府县长王志忠介绍武城县的有关情况,大家欢迎。

下面,让我们以热烈的掌声欢迎省(市)部门领导×××书记讲话。

下面有请投资商代表鑫龙实业有限公司代表吴中云先生发言。(领导,嘉宾发言)

接下来,我高兴地宣布本次招商引资推介会截至目前共有12个企业与武城县或咱们当地企业达成了投资合作意向,他们投资的项目有:武城云天游乐园工程,环湖公路修筑工程,县区街道亮化工程等12个合作项目,协议投资总额超亿元人民币。

下面,首先进行项目的签约仪式。(分别介绍每一项目的主要内容)

请鑫龙实业有限公司总经理×××先生、武城县县委书记×××上台签约。

请大家以热烈的掌声为签约双方达成开发协议表示庆贺,真诚祝愿双方合作顺利,合作愉快。

来宾们、朋友们,经济全球化和利益集团化的发展态势已经在召唤着我们务必整合经济力量,主动接轨强势地区,融入区域经济协作格局。面对新的机遇,新的挑战,武城县人民豪情满怀、意气风发,享受着互助的力量和合作的成功;武城县物华天宝,生机盎然,自然景观和人文景观正逐步呈现出强盛的经济辐射力,已形成的经济技术合作关系正向纵深拓展。雄关漫道真如铁,而今迈步从头越!让我们所有武城人,同所有关心支持武城县发展的海内外各界人士一道,手牵手,肩并肩,心连心,协同共进,实现武城县经济的跨越式发展,众志成城携手共创武城县更加美好的未来!

今天的项目推介会全部议程已圆满完成,会议到此结束,谢谢各位领导、各位来宾和各位朋友!

【训练提示】

参与此类会议的主持对象通常为政界及商界人士,级别较高,因此主持人需要特别注意把握情绪的表达,应当沉稳有当,忌浮夸搞笑或与现场观众拉关系、讲家常,同时可以适当地在心理及言语上与主持对象保持一定的距离以示尊重。

招商引资项目推介会(简称"招介会")属于业务性的会议,"招介会"规格较高且时常带有一定的政治性,因此此类会议的主持基调较为严肃庄重,要求主持人的主持风格大方沉稳,忌花哨轻浮,在致谢阶段则需要通过言语表达出真情实意,同时还应注意感谢词与敬语的使用。

推介会主持词可分为三个部分。第一部分所表达的情绪较为饱满,表达要先抑后扬,将喜庆隆重的感觉通过话语节奏的变化表达出来。由于"招介会"程序性较强,要求主持人必须依照事先给定的程序逐步完成主持工作的每一个环节,因此在处理第二部分时,主持人话语表达的节奏应当缓而有序,在领导或嘉宾发言完毕后需要做出简短的总结,承前启后,而在宣读签约商家总数、投资总额时则需调整节奏突出重音,语势也应高昂、振奋。第三部分旨在总结会议内容的同时升华本次会议的主题,表达时要理解主持词中所引用的古诗词的含意,进而通过声音的抑扬顿挫表达出意境,最后语势上扬,宣布整场会议圆满结束。

训练材料三 《2012ACI 第十二届国际职业模特大赛中国区赛事启动新闻发布会主持词》

各位嘉宾、新闻界的朋友们:

下午好!

我是主持人××,今天由我主持 2012 第十二届国际职业模特大赛中国区赛事启动新闻发布会。本次新闻发布会由中国礼仪联盟、腾讯微博、澳门《旅游视野》杂志联合主办,张家界市工商联、张家界市礼仪协会联合承办。

首先,为大家介绍今天到会,并在主席台上就座的嘉宾,他们是……欢迎你们的到来!

此外,参加本次新闻发布会的还有来自湖北、哈尔滨、上海等地的文化运营商。同样欢迎你们的到来!

参加今天新闻发布会的媒体有《人民日报》、新华社、中央人民广播电台……欢迎你们!

引进世界顶级国际职业模特大赛,繁荣发展湖南时尚文化事业,是提升湖南文化竞争力和影响力的重要内容。今天我们很高兴看到 2012 第十二届国际职业模特大赛中国区赛事在这里正式启动,也很高兴看到湖南省的文化品牌企业,代理运营国际品牌赛事活动。

在新闻发布会正式举行以前,我们请新闻发布会的主要承办单位、张家界市工商业联合会党组书记李大同先生,宣读 ACI 国际职业模特大赛亚太区执行主席胡中华先生发来的贺信,以及上海韵烁文化传播有限公司为第 12 届国际职业模特大赛中国区赛事启动新闻发布会发来的贺信。(承办方宣读贺信贺电)

下面,我们有请 2012 第十二届国际职业模特大赛首席执行官××女士发布活动新闻。(首席执行官发言)

听了××女士的新闻发布,让我们对 2012 第十二届国际职业模特大赛充满了期待。我们期待着第十二届国际职业模特大赛在全国各分赛区隆重举办,也期待着选出最优秀

---

① 主持词节选改编自《2012ACI 第十二届国际职业模特大赛中国区赛事启动新闻发布会主持词》,http://www.zjjmodel.com/T-About.asp? BigClassID=53&SmallClassID=199,2012.4.24.

的职业模特参加在张家界举办的中国总决赛。在接受媒体记者提问以前,我们先请主席台上的各位领导和嘉宾共同开启水晶球。预示着2012第十二届国际职业模特大赛中国区赛事从今天起正式启动。(职业模特走秀亮相)

让我们在轻松的气氛中,一睹职业模特的风采。首先请国际职业模特张家界分赛区的前三甲及历届获奖选手出场,为大家展示晚礼服走秀的风采。

最后出场的是我们中国名模、第十一届国际职业模特大赛中国赛区冠军张万君小姐,为我们展示国际职业模特的迷人风采。

下面是记者提问时间,有请记者就各自关心的问题提问,请服务员递上话筒。(答记者问环节)

2012ACI第十二届国际职业模特大赛开启了时尚的盛典,选手们的靓丽身影将不仅仅闪现于舞台之上,他们青春的气息与时尚的态度也将感染张家界这座瑰丽的城市,今天的新闻发布会至此结束,谢谢大家的光临。

【训练提示】

新闻发布会是业务性会议中场面较为宏大的一类会议,其传播面广,受关注度极高并且现场反馈直接。

模特赛事新闻发布会的到场观众一般都是时尚业从业人员或对时尚信息感兴趣的群体,此类群体对于主持人的要求往往很高,练习时要特别注意对声音形象的把握,一定要将国际赛事大气与时尚的感觉表现出来,以此迎合主持对象的心理需求。

国际级模特大赛级别较高且富有娱乐性,同时也是时尚产业中的经常性赛事,此类赛事的新闻发布会散发着强烈的时尚气息,隆重又富有娱乐元素,因此,主持人的话语表达要突显出时尚感与现代感,烘托出活动本身的张力。

主持词大致可以分为三个部分。在处理第一部分时,要注意重读标志性词汇或语句,如本次赛事的名称等。第二部分的重点在于请出新闻发言人发布活动新闻,主持人不可喧宾夺主,话语表达节奏需平稳,但遇到关键性词汇或语句时,需要上扬语势烘托气氛。发布会存在事先难以控制的第三阶段,即提问环节,因此主持人需要调控提问环节的节奏,必要时要巧妙地化解可能出现的尴尬场面,同时要合理分配和掌控媒体的提问时间。

训练材料四 《中国××保险公司"××上市七周年福禄金尊新产品上市"新闻发布会》[①]

尊敬的各位来宾,女士们、先生们:

大家上午好!

首先,要对在百忙之中来到我们新闻发布会现场的朋友表示热烈的欢迎与衷心的感谢,我是主持人××,非常荣幸能够主持本次中国××保险公司"××上市七周年福禄金

---

① 主持词节选改编自"智库文档",http://doc.mbalib.com/view/d63d7cb235e429740c016df4371665ed.html, 2012.12.21。

尊新产品上市新闻发布会"。

大家知道,在市场经济中保险业在完善经济保障、优化经济发展、增进社会和谐等方面能够发挥重要而独特的作用。而中国××保险公司一直以担当社会责任为己任。在完善经济保障方面,在优化经济发展方面,在增进社会和谐方面,中国××保险公司通过构建风险分担机制来为国分忧,通过对历次的受灾群众进行经济补偿来协调社会矛盾冲突,同时通过承担社会道义责任来推动建设一个负责任的社会。

时值"××"海外上市七周年,中国××保险公司在"十二五"规划建议全文发布第一时间与国同呼吸同命运,热烈响应政府的号召,把全民创富的责任再次承担下来以新产品"福禄金尊两全保险"为依托为民创富。

下面我宣布,中国××保险公司"××上市七周年福禄金尊新产品"上市!(介绍嘉宾)

让我们用热烈的掌声欢迎参加此次发布会的领导和各位来宾,他们是……,以及来自财经界各主流媒体的朋友们,感谢大家莅临,欢迎各位。

首先有请中国××保险股份有限公司×××先生致辞。(×××先生致辞)

的确,正如×先生所说的,中国××保险股份有限公司从成立伊始至今都将每一位客户的利益摆在首位,所有员工都会站在客户的立场进行思考,把客户投入的每一分钱当作是自己投入的一般,所以这也就能解释为何新产品"福禄金樽"还未上市就得到了社会各界朋友的支持与关注,今天我们非常荣幸地请到了原保监会主席××先生,下面有请××先生致辞。(××先生致辞)

刚才××先生提到,任何一种保险理财产品,都有一条最根本的原则,那就是要保障投保人的投资利益,要能为老百姓谋利。"福禄金樽"这款保险理财产品的内涵正是秉承了这样的原则。那么此次××上市七周年推出的回馈客户的"福禄金尊两全保险"产品有什么特色?又因何而开发?下面我们有请中国××保险公司保险股份有限公司产品开发部××先生向大家做相关的介绍,有请。(××先生讲话)

经过前面相关领导、嘉宾的一系列讲解和叙述,大家应该对这款全新的理财保险产品有了不少认识,下面我们进入媒体问答时间,大家有什么感兴趣的问题或需要进一步了解的可以踊跃提问。(媒体问答开始)

"积极响应国家号召,××上市七周年回馈客户"是福禄金尊推出的目的。这款新产品可以满足多方需求,相信福禄金尊是资产保值增值的最佳选择,能最大程度地为老百姓提供切实有效的帮助。本发布会到此就要圆满结束了,最后再次感谢各位来宾朋友给予本次活动的支持,衷心祝愿大家身体健康、老有所为、老有所乐,谢谢各位,再见!

【训练提示】

新闻发布会所发布的保险产品与老百姓生活息息相关,所以在表达时要在脑海中时刻勾勒出老百姓的形象,语言表达的风格要亲切,诚恳,仿佛与普通朋友交流一般,但同时要注意现场的嘉宾有来自保险行业的同行或媒体从业人员,因此在话语表达方面仍需要注意严谨性,体现出专业性。

本例中的新闻发布会侧重新产品的推广,该款产品规格较高且企业已享有很高的知名度,因此总的基调应为正式且隆重,但需注意的是:在主持词中有很大的篇幅是在介绍该保险公司一直以来对于社会所做出的贡献,在叙述这部分内容时感情基调要以真诚感人和朴实亲切为主。

在主持词中,第一部分是对保险公司的社会担当进行陈述,声音要明亮畅达,气息保持平稳,语势平中略扬。第二部分结合了领导致辞与介绍产品两个环节,主持人在处理总结式的主持词时依然要表现出情真意切,声音可以略有起伏。第三部分为提问环节,主持人需要控制提问的节奏,必要时要巧妙化解出现的尴尬场面,同时要合理分配媒体的提问时间。

训练材料五 《"××市公共文化建设"新闻发布会》[①]

尊敬的各位来宾、女士们、先生们、来自新闻媒体的朋友们:

上午好!

欢迎各位来参加"××市公共文化建设"新闻发布会。

加强公共文化建设,是繁荣发展社会主义先进文化、构建社会主义和谐社会的必然要求,是实现好、维护好、发展好人民群众基本文化权益的主要途径,对于促进人的全面发展、提高全省各族人民的思想道德和科学文化素质、建设富强民主文明和谐的新兰陵市,具有重大意义。

温家宝总理在十一届全国人大四次会议上作政府工作报告时说,要增强公共文化产品供给和服务能力,重点加强中西部地区和城乡基层的文化基础设施建设,继续实施文化惠民工程。"十一五"期间,在省委、省政府的高度重视下,我省公共文化体系建设进入快速发展的新阶段,公共文化服务体系建设取得了显著的成效。"十二五"时期,文化建设又面临着新的形势和任务,加强公共文化服务体系建设、增强公共文化产品供给和服务能力成为我省经济社会发展的一项长期战略任务。今天召开的这个新闻发布会,就是向社会公布我省公共文化建设方面采取的措施、取得的成效以及未来的发展重点。

下面我来介绍一下今天来到我们新闻发布会现场的各位领导:发布人——省文化新闻出版厅副厅长×××同志。成员有——省委宣传部秘书长×××同志、省旅游局副局长×××同志。参加今天新闻发布会的新闻媒体有:人民日报、新华社兰陵市分社、兰陵市电视台、省广播电台、《兰陵市日报》《西海都市报》等新闻媒体的记者。让我们以热烈的掌声欢迎各位领导和新闻媒体的记者朋友。

下面有请×××同志发布新闻。(发布新闻)

下面我们进入答记者问环节,请各新闻媒体的记者朋友提问。(记者问答)

记者朋友们,由于时间有限,现场提问就到此结束。

各位来宾、女士们、先生们、来自新闻媒体的朋友们,非常感谢社会各界对××市公共文化建设的关注与支持,我们将继续围绕建设"文明新××市"的目标,大力发展多元、

[①] 主持词节选改编自"百度文库",http://wenku.baidu.com/link?url=okixg2adT2O7W2isvgp5CHIqePx5kv-ke40Jgq80hkXaW5lgvCuWRTqEknxnk8Y-Ei-tgg-la8GYyF8DwJIvo3ROVVmGDv8kRgQyff8dve,2012.6.14。

融合、开放、包容、有特色的现代兰陵市公共文化,使现代文化服务于××市各族人民,并凝聚起各族群众的共同意志,促进××市经济社会的全面发展。

新闻发布会到此结束,谢谢大家!

【训练提示】

本例中发布新闻的主体是政府,这意味着与会嘉宾多为领导与媒体记者,因此主持人必须要注意表词达意的规范性与严肃性。

本例中新闻发布会的政治意味较浓,主持风格要稳健,不亢不卑,语调庄重,忌言语表述娱乐化或语言组织结构松散化。

第一部分的主持词结合××市公共文化建设的实际情况援引了大量的党和政府的方针、政策、路线,在处理此部分内容时要特别注意抓准重音,把握好停连,保证表情达意的有序,减少节奏变化,声音要平稳有力。第二部分是本次发布会的核心环节,主持人需对流程的先后顺序有明确的认识,除了在表达对与会者的谢意时语调提升、语势上扬外,其他部分均以和缓平稳的节奏为主。在处理第三部分主持词时,要留意文本中的标点符号,把握好停连、重读与弱读,语音先抑后扬。此外,主持人的结束语应以主办方的身份对发布会的主题内容进行总括并提出美好祝愿。

训练材料六 《××房地产开发公司妇女节茶话会》[①]

尊敬的各位领导,亲爱的女同胞们:

大家下午好!

朋友们,今天是国际妇女斗争的纪念日,是所有女性为之欢欣的日子,也是所有男性应该铭记的一天。新时代的女性朋友们,在此之际,我们公司这个大家庭代表所有的朋友向您祝福,祝所有女同胞节日快乐,带着你们灿烂的心情,带着你们欢庆的笑脸,带上你们甜美的歌声,欢聚一堂,同喜同乐,共度这一刻。

冰心有句名言:世界上若没有女人,这世界至少要失去十分之五的"真"、十分之六的"善"、十分之七的"美"。柔柔的亲情和绵绵的思念是女人的寄托,浪漫情感则带着女人的宽容和温柔。

当然弹奏完锅碗瓢盆协奏曲之后,女人也要撑起属于她的一片蓝天!作为现代有觉悟的女性,应该懂得今天的愉快不是生活的满足,而是明天生活进取的加油站。因为成功从来都是在暴风雨中的搏斗,而不是风花雪月的浪漫。让我们为了明天的幸福和快乐,勇敢去努力!为我们必胜干杯!

接下来请让我介绍一下今天来到我们会场的领导……(介绍嘉宾略),同时也欢迎所有参加我们今天茶话会的男士们。(领导致辞,女性员工代表发言)

首先有请××房地产开发公司副总经理×××先生为我们今天的茶话会致辞……

再有请公司服务部的女士代表×××小姐谈谈今天的感受……

---

① 主持词节选改编自"三联阅读"网站,http://www.3lian.com/21/2014/02-26/202663.html,2014.2.26。

最后,有请后勤财务部×××女士代表公司的女性同胞们和大家聊聊在公司工作的故事……

我想,刚才×××女士所说的那些工作中发生在女性身上的风趣幽默的小故事的确戳中了咱们的笑点,既然话匣子已经打开了,那么接下来请大家一边品尝我们桌子上的点心糖果,一边互动讨论一下咱们今天的主题——关于成功女人。请大家注意,所有参与讨论的女同胞们都可以参与到最后的抽奖环节中,顺便透露一下,礼品相当丰厚啊。

随着社会的进步和发展,女性也渐渐地走到了舞台的中间,女性的才能与智慧得到了社会的认可,走在大街上我们到处都可以看到亮丽又充满自信的独立女性,在这里我们就来讨论一下"关于成功女人",这个话题,我想邀请一位一直以来让我非常敬佩的女士来谈,这位女士就是我们的财务总监××小姐,掌声有请××小姐。(围绕主题进行互动讨论)

(抽奖环节)

在咱们女同胞们畅所欲言之后,自由讨论交流环节就结束了,果然是妙语连珠,字字珠玑啊。下面一个环节是抽奖环节,咱们在座的女同胞们就更要加油了,好运送给你们,大奖送给你们。

(抽奖环节)

有男人说:女人是男人眼里的月亮,恬静又美丽,女人是男人心里的传说,温馨又神秘,男人的一半是女人。没有女人的相伴,你的人生也不是一个完整的人生

有女人说:我的生命不完全属于我自己,我是母亲、妻子、姐妹、女儿,我的责任和天性就是无私的奉献,对自己钟爱的人将永不改变,我只希望自己的爱人永远遵守诺言,好好地爱我。

其实无论当代女性在工作生活中的角色是怎样的,女性的坚韧、温柔、聪慧永远是社会生活中不可缺少的优秀品质,祝愿所有的女同胞们节日快乐!今天的茶话会到此结束,谢谢大家。

【训练提示】

茶话会属于商务会议中的社交性会议,相较于之前业务性会议来说,社交性会议能够给予主持人更多的自由发挥的空间。

茶话会一般多由某一个部门或单位举办,参与者基本都是本部门或单位的职工,所谈论的话题也相对轻松,因此表达时需要将与会者当作自己的朋友,表露出亲切友爱的感觉。在话语表达方式上则要简单易懂,同时要注意进行场面控制,以防与会者之间因为熟络交谈而注意力分散,导致场面混乱。

茶话会主题比较明确,环节也比较确定,此类活动的主持基调是由茶话会的主题所决定的,训练时要首先对主题进行精当的分析,依据主题的性质与特点把握主持基调。本例的主持基调以深情、轻松、亲切、诙谐为主。

主持词大体可以分为四个部分。第一部分与第四部分需要主持人真诚地赞美女性,所以应当放缓节奏,增强声音的起伏感。第二、三部分属于互动环节,主持人可以视情况将语调变得轻松、轻快,营造出平易近人的感觉,同时注意在抽奖环节中,加快语速并充

分利用声音的抑扬顿挫营造出紧张、兴奋的氛围。

训练材料七 《××医药公司新年答谢会》

男：尊敬的各位领导、各位来宾

女：亲爱的××医药公司的同事们、朋友们

合：大家新年好！

男：2012是收获的一年，是感动的一年，在各位领导的带领和支持下，在××医药公司所有员工的努力下，我们在过去的一年里取得了令人瞩目的成就。

女：2012是成长的一年，是喜悦的一年，我们同舟共济，我们迎风踏浪，我们收获辉煌。

男：我们知道，××医药公司自创立之日起就专注于医疗健康领域，致力于打造一个有担当的健康服务机构，这正是××医药公司人不变的梦想与追求。

女：是的，正是这种执著与努力，××医药公司在短短几年的时间里创造了一个又一个奇迹，在这里，我们也衷心祝愿公司在新年里能够更上一层楼。

男：也衷心地祝愿××医药公司所有的朋友们在新年里身体健康，顺利幸福。

男：今晚我们欢聚一堂，一同讴歌如火岁月。

女：今夜我们欢歌笑语，携手展望美好明天。

男：××医药公司2012新年答谢会现在开始，让我们首先以热烈的掌声有请××医药公司总经理致开场辞。

（总经理致开场辞）

男：感谢×××总经理包含热情的致辞。的确，正如李总所说的，咱们公司能够有这样的业绩这第一功臣绝对不是领导，而是每日将公司视为自己家庭的员工。

女：正因为员工将公司当作自己家，所以每个人都不遗余力地想为这个大家庭做出贡献，于是我们看到奋战在第一线的医药代表、加班毫无怨言的仓储后勤人员、成为大家坚强后盾的行政人员、辛勤付出的保洁人员以及其他。

男：所以在今天的答谢会上，我们要说：××公司正是因为有一批"最美"的员工，才能创造出"最美"的业绩，也才能够迈出"最美"的每一步。

（节目表演环节）

女：看大家的样子，听相声都还没过瘾呢！

男：嗯，不过接下来这个环节更给力，请大家仔细看一下票根是否还在手中，我们的抽奖环节马上就开始啦！

女：是的，公司可是为大家提供了丰厚的奖品，现在让我们用热烈的掌声欢迎×××副总经理为我们抽取三等奖。

（抽三等奖）

男：恭喜中奖的朋友，看来你在新年真是好运当头啊。没有抽中的朋友不要气馁，我

---

① 主持词节选改编自"道客巴巴"网站，http://www.doc88.com/p-07732481989.html，2011.3.27。

们还有更丰厚的奖品等着你们。

女：你平时喜欢旅行吗？

男：喜欢，我最向往的地方就是一望无际的草原，有成群的牛羊，美味的奶茶，还有蔚蓝的天空。

女：牛羊如云落边陲，想象一下茫茫草原上牧羊姑娘悠然歌唱，挥舞着皮鞭赶牛羊。

男：真是一道美丽的风景，可是你想象过草原上万马奔腾的景象吗？那一定是草原上的另一道美景，无比的壮观。下面请大家欣赏民族舞《万马奔腾》。

（民族舞《万马奔腾》）

女：好了。亲爱的朋友们，在欣赏完优美的舞蹈之后呢，又到了令人兴奋的时刻了。

男：现在我们将要抽出的是二等奖，有请×××副总经理为我们抽取大奖。

女：恭喜这几位朋友，希望你在2013年好运连连。

女：鸿雁于飞，肃肃其羽，酒喝干，再斟满，今夜不醉不归还。

男：今天大家难得欢聚一堂，让我们一起说出心中的祝福。

（节目表演）

女：今天的大奖马上就要揭晓，这份厚礼会花落谁家呢？请大家再次看到手中的号码，有请×××董事长为我们抽取大奖。

男：134号，恭喜！有请这位幸运的朋友上台。

女：我们来采访他一下，听听他获奖感言好不好？

（采访略）

女：紧张兴奋的大奖环节让在座的每一位朋友都兴高采烈啊。

男：是呀，那我们在这里祝福所有××医药公司的员工朋友们新年行大运，财源滚滚来。

（《同一首歌》响起）

男：今夜，良辰美景，我们在欢声笑语中放松心情。

女：今宵，长乐未央，我们在动人旋律中放飞梦想。

男：今天的员工答谢会就要和大家说再见了，让我们来年再会！

【训练提示】

答谢会是社交性会议的一种，其主要目的是增进主办单位与应邀与会嘉宾的感情，密切彼此之间的关系，由于时常有正式节目穿插于会议之中，其规格高于茶话会。

主持人首先应弄清答谢会的答谢对象是谁。本训练材料中，其答谢对象为公司内部员工，主要是感谢他们对公司发展做出的贡献。因此，表达时要紧紧抓住感恩、奉献、激励这几个关键词，通过主持词的串联表达出浓浓的谢意，使与会者感到温暖，受到鼓舞。

根据其答谢环节的设置与串场节目的特点，整场答谢会的感情基调主要以昂扬、悠扬为主，但由于穿插有抽奖互动环节，主持人还应当在相应的环节中表达出轻松、诙谐的感觉。

第一部分与第四部分分别为答谢会的开场与谢幕部分，对主持词中富有感情色彩的词语及语句的处理要注意语气与语势的配合，着力表现出声音中的感情色彩与分量。第三部分为领导致辞阶段,其中主持人需要对领导的讲话进行串联,此时的主持节奏应当适当放缓。第四部分是串联答谢会中的数个演艺节目,训练时要对节目内容的定位有较为清晰的了解,在把握好主持词感情基调的基础上,调整话语表达节奏。

三、民俗活动主持话语表达

民俗活动主持话语表达的基本要求:

第一,中国民俗活动形式多样,蕴含了浓厚的民族文化情结,许多活动具有浓郁的地方特色。民俗活动的主持一般是面向普通百姓且当面沟通交流的环节较多,因此主持人表达措辞与风格应亲切温暖,同时针对不同的民俗活动还应及时调整主持风格以贴近主持对象。此外,还需考虑他们的民族特点或生活所在地的民俗特点,避免使用容易引起主持对象反感的言语。

第二,民俗活动的感情基调大致可归纳为两类:一类是喜庆隆重、热闹非凡,如婚礼晚宴、百岁酒宴等;而另外一类则是深情肃穆并带有些许敬畏之意的,如葬礼、纪念会等。主持人在主持此类活动前需广泛收集不同民俗文化活动的资料并掌握不同类型民俗活动中各自固有的活动模式、流程以及特点,要正确把握相应的感情基调,充分体现出民族文化传统,同时又能在具体操作环节与表现形式上创新,从而体现出自己的主持风格与特点。

第三,依据不同的民俗活动类型,主持人在正确把握主持基调的基础上还要能精准地把握话语表达的节奏感,要把控好语势、语态、语气的转换,并能够正确处理声音的抑扬顿挫,语流的轻重缓急,做到加强对比,控纵有节,张弛有度。

此外主持人还需积累大量民俗知识、礼仪、用语等,在主持民俗活动时做到礼节到位,用语准确,避免误用民俗传统中的忌讳用语。

训练材料一 《中式传统婚礼主持词》

各位来宾、各位朋友:

大家好!

阳光明媚,歌声飞扬,欢声笑语,天降吉祥。在这美好的日子里,在这盛夏的大好时光,我们迎来了××先生和×××小姐幸福的结合。在这里首先请允许我代表二位新人以及他们的家人对各位来宾的光临表示衷心的感谢和热烈的欢迎!接下来我宣布新婚庆典仪式现在开始。请奏乐!(中式喜庆背景音乐)

让我们大家以最热烈的掌声有请二位新人登场!

新郎新娘跨越火盆(跨越火盆),寓意新婚生活红红火火,蒸蒸日上!

各位亲朋好友,今天是新郎××和新娘×××的大喜之日,自古道"缘定终身",早在十一年前,冥冥之中的一根红线便将二人牵在一起。

这正是,才子配佳人,织女配牛郎,花好月圆,地久天长!

新郎新娘拜天地:一拜天地之灵气,三生石上有姻缘。一拜!二拜日月之精华,万物生长全靠她。再拜!三拜春夏和秋冬,风调雨顺五谷丰。三拜!

水有源,树有根,儿女不忘养育恩,今朝结婚成家业,尊老敬贤白发双亲,接下来是二拜高堂:一拜父母养我身。一拜!再拜爹娘教我心。再拜!尊老爱幼当铭记,和睦黄土变成金。三拜!

接下来是夫妻对拜。二位新人向左向右转,在咱们这里有这么一个风俗,夫妻对拜的时候啊,谁鞠躬鞠得越深说明谁爱对方爱得越深。一拜有福同享,有难同当;白头偕老,风雨同舟。一拜,苦乐同担!二拜夫妻恩爱,相敬如宾;早生贵子,光耀门庭。再拜,白头偕老!三拜勤俭持家,同工同酬;志同道合,尊老爱幼。三拜,永结同心!

接下来就有请我们的二位新人以夫妻的身份向在座的所有来宾行新婚大礼。请新郎新娘向各位来宾深深的三鞠躬!首先是我们这边的朋友,一鞠躬;中间的朋友,再鞠躬;这边的朋友,三鞠躬!朋友们,掌声代表回敬啊!谢谢!

秤杆金秤杆亮,秤杆一抬挑吉祥。来新郎,用这秤杆上十六颗如意星,挑出花堂的璀璨之星,挑出自己的幸福之星!左一挑吉祥富贵,右一挑称心如意,中间一挑挑出个金玉满堂!(新郎跟随主持词的节奏挑盖头)

请夫妻入席沃盥,(夫妻牵手走向几案,将牵手花放于案前地上,然后相互行揖礼让座,相对跪坐,伴郎伴娘端盛水的铜盆敬上,夫妇二人分别洗手白巾拭干。)

请夫妻行同牢礼!(洗完手后,新人男西女东对席而坐)

请夫妻双方行合卺而饮之礼!(新人喝交杯酒)

请夫妻双方行结发礼(新人分别剪下一小撮头发并放入同一个布囊)

执子之手,与子共箸。执子之手,与子同食。执子之手,与子同归,执子之手,与子同眠。执子之手,与子相悦。执子之手,与子偕老。执子之手,夫复何求!

礼毕!

下面,请新郎父母代表致辞。

下面,请新娘父母代表致辞。

下面,请新郎向各位来宾朋友致答谢词。

下面,请新娘向各位来宾朋友致答谢词。

礼毕!

喜宴开始,上菜,新郎新娘入席敬酒!

【训练提示】

中式婚礼的播讲对象主要有新人、新人父母、来宾。对于新人和新人的父母来说,主持人的播讲是在舞台上对他们的一些指示性或提示性的交流,目的是为了按照一定的仪式程序来进行婚礼,所以主持人应当在热烈喜庆的气氛之中不忘仪式的正式严肃性。而对于场下的宾客朋友来说,他们都是来庆祝、喝喜酒的,因此主持人要懂得把握他们的情绪,带动宾客朋友将气氛烘托得更加融洽喜悦。

中式婚礼最重要的两个特征是喜庆的气氛和仪式的严谨。作为中国传统文化最重要内容的"红白喜事"之一,结婚是大喜事,所以中式婚礼尤其要注重喜庆热闹的氛围;另外,仪式的每一个环节也都是几千年传承下来的,分别有特殊的含义,不得随意增减。主持词应注重喜庆热闹,可以多一些诙谐幽默以增强轻松感。

中式传统婚礼分为四个阶段。第一部分是仪式的开场,主持人以最热烈和充沛的感情宣布结婚典礼开始;第二部分由主持人语言新人按照传统礼仪行礼,主持人除了感情饱满热烈之外,一定要把仪式的程序完整无误地走下来,因为中式传统婚礼中的每一个环节都有其特殊的意义。第三部分是新人和新人父母致辞,主持人注意在这个阶段内尽量少说话,否则会有一种喧宾夺主的意味。最后一部分是宣布喜宴开始,主持人一定要在这个阶段把全场气氛推向最高潮。

训练材料二 《西式婚礼》[①]

主持人:我们每个人都生长在同一个蔚蓝的星球;我们每个人都是从平坦或不平坦的一端开始,但不同的两个人终会因缘分而相互走近对方,而灵魂则在爱的吸引力下交汇于一点。男人和女人的世界是浪漫的,有趣的,刹那间化作永恒。爱情是什么?爱情就是悬崖峭壁上的玫瑰,摘取它,你要获得十足的勇气,还有信念。而有一对相爱的人,今天将要实现他们自己的梦想,摘到那支鲜艳欲滴的红玫瑰。

(音乐转换《婚礼进行曲》)

主持人:听,婚礼的钟声敲响了,一个神圣的时刻到来了!××先生和××小姐,你们的婚礼庆典圣台就在你们的面前,请问,此时此刻,登上圣台,就意味着你们将成为对方的另一半,你们的肩头就自然会担起沉甸甸的责任,从今往后相守一生、相伴一生、共同去面对生活中的一切。你们准备好了吗?

主持人:好,请把掌声送给一对亲密爱人,我们请一对新人登上典礼台。

主持人:在爱的圣坛上,没有谎言,这里只有淳朴的心意和真爱的表白。请问××先生,你是否愿意接受你身边的这位女孩××为妻,并且呵护她、珍惜她,用你的生命的所有力量建筑这个家庭,无论富贵贫贱生老病死,矢志不渝?

(新郎表态)

主持人:请问××小姐,你是否愿意嫁给××先生,并且爱护他、珍惜他,用你生命的所有热情浇灌这个家庭,无论富贵贫贱,生老病死,矢志不渝?

(新娘表态)

主持人:此时的圣台五彩纷呈,此时的圣台金碧辉煌。我们请一对新人互换婚戒,在海天间,诠释你们彼此真挚的情感。

(新人交换婚戒)

主持人:爱的誓言已经表白,让我们用掌声祝贺他们,也愿你们的誓言长青不老。现在,请新郎紧紧地拥抱住新娘,献上深情之吻,这个吻代表了一生不离不弃的承诺,代表了从此相互依偎的誓言。

(新人拥吻)

主持人:喜庆的时候少不了一样东西,就是香槟美酒,我们的新郎将开启甜美的香槟

[①] 主持词节选改编自"道客巴巴"网站,http://www.doc88.com/p-687738324702.html,2011.8.7。

酒，共同浇筑属于他们自己的幸福生活。

（新人共同浇筑幸福荧光香槟塔）

主持人：从一个人的精彩到两个人的世界，在今晚，晶莹的香槟美酒在水晶宝塔之间缓缓流淌，就像我们两位新人把他们的心，把他们的情，交于对方。在今天，在这么一个喜气洋洋的日子里，让我们深深地祝愿你们，祝福你们，用你们的双手，勤劳的双手，去共筑一个浓情蜜意的爱巢，去开创一片洁净而又美好的天地。

（倒香槟进行中）

主持人：在这喜庆的日子里，新郎和新娘将共同分享洁白的百年好合婚礼大蛋糕，这象征着他们对爱情永恒的宣誓和为未来美好新生活剪彩，也预祝他们的爱情永远纯洁美好。

（切婚礼蛋糕）

主持人：请新郎，新娘将甜美的蛋糕分给在座的贵宾，让他们也能感受到你们爱情的甜蜜，让我们祝愿这对新人恩爱幸福到永久！

【训练提示】

无论是西式婚礼还是中式婚礼，到场的宾客都为新人的亲戚朋友，关系较为亲密，表达时首先要拉近与主持对象的心理距离，消除双方的紧张感或拘束感，通过对感情基调的正确把握以及对声音的控制去感动、感染现场宾客。此外，纯正西式婚礼深受基督教宗教仪式的影响，宗教色彩浓厚，因此主持人在主持前需要了解主持对象是否需要这样的宗教仪式，如在本例中，主持人就淡化了宗教色彩，转而制造浪漫的氛围。

与中式婚礼不同的是，西式婚礼更注重浪漫情怀与温馨感人的气氛，而非一味烘托热闹喜庆的气氛，感情基调要以深情、真切为主。

主持词第一部分的文字表述深情浪漫，文字的色彩感浓重，需特别注意把控好语势的抑扬与语音轻重的对比，通过话语表达的节奏对比将主持词还原为一幕幕瑰丽动人的场景。主持的第二阶段是本次婚礼的核心环节，在处理邀请新人上台、交换戒指、发表婚礼感言等环节时主持人需要上扬语势，隆重但不严肃。第三阶段主持工作的重心是要以隽永情深的语言对整场婚礼仪式做出总结。这个阶段，主持人要迅速改变话语的表达节奏，语势要由扬转抑，节奏稍稍放缓，营造出意犹未尽的感觉。

训练材料三　《双生宝宝满月酒主持词》[①]

各位亲朋好友，女士们、先生们：

大家中午好！

今天是两位可爱宝宝的满月，是一个无比美好的日子，在今天这样一个特殊的日子里，我们欢聚一堂，共同祝福两个可爱宝宝的平安降生及健康成长。我是大喜礼仪公司的金牌主持人阿明，今天我将和大家一起分享两个宝宝带给我们的快乐。

---

① 主持词节选改编自"唯有爱"网站，http://marriage.onlylove.hk/QuWen/32622.html。

花萼相辉开并蒂,埙篪齐奏叶双声。

朋友们,对于我们的普通家庭来说,生养一个聪明健康的宝宝是我们共同的期盼,有谁敢奢望一胎得到两个聪明可爱的宝宝呢?××先生不同凡响,一个月前的今天,他喜得双子。据说当日的天边凸现彩虹,长达两个小时,虽经证实乃天气现象,但仍然堪称奇观。真可谓人算不如天算!凌晨破水,下午顺剖;母子平安,普天同庆。

时光飞逝,月嫂道别。一转眼,从两个宝宝平安着陆到现在已经健健康康度过了一个月。我们为他们欢呼,我们为他们祝福。我们共同祝愿两个小宝宝平安、幸福、健康、快乐。

下面有请幸福的妈妈、快乐的爸爸,以及他们可爱的双生宝宝隆重登场!

有请双生宝宝的爷爷为双生宝宝的满月致词。(致词阶段)

原本以为双胞胎的长辈们会告诉别人,养育两个孩子的辛苦与劳累。可是,听着他们幸福而又乐观的述说,我的心中也涌起了一股暖流,是啊!幸福有时候就是那么简单,无关安逸与金钱,爱是最大的理由。

上天同时赐予你们两个小宝宝,是因为你们的善良,是因为你们的慈爱,是因为你们有能力来供养他们,是因为你们有常人所缺少的包容心。恭喜你们,祝贺你们。你们会有比别人更多的精彩,你们会有比别人更多的欢乐,我们为你们感到自豪。

现在,我们要现场采访一下宝宝们的爸爸妈妈,请问妈妈,你感到幸福吗?

(妈妈讲述幸福感言)

说得真好啊!幸福是什么?其实,幸福就是快乐,幸福就是付出,幸福就是甜美的笑声,幸福就是没人的时候偷着乐。

请问爸爸,你认为幸福爸爸的标准是什么?

(爸爸讲述幸福感言)

多么宽容的父亲,多么善良的母亲,双生宝宝有这样的双亲,一定会幸福成长!

之前听爸爸说,现在最愁的是两个宝宝的名字还没有起好,我来之前,查到很多双子的名字可供选择,比如:大宝二宝,龙龙虎虎,正正好好,欢欢乐乐,左之右之,可瑜可瑾,思齐思源,可可乐乐,聪聪智智,乐山乐水……

(大家一致表示让爷爷拿主意)

(爷爷:我觉得左之右之不错。左边一个,右边一个,少了哪一个都不行。还有相得益彰的意思,有圆满的意思。这个名字还有出处,《诗经》记载:"左之左之,君子宜之;右之右之,君子有之。")

还是爷爷有学问。左之、右之,又好听、又好记、又特别,还很有意义。让我们鼓鼓掌,为宝宝们名字的诞生祝贺祝贺。

妙手送去健康,爱心迎接生命。朋友们,今天参加宴会的贵客之中,有一位特殊的客人,她就是给双生宝宝接生的我省著名妇产科主任医师××女士,掌声有请××女士讲话。

(××女士讲话)

革命尚未成功,同志仍需努力。今天的满月酒祝福仪式到此结束,请朋友们用餐。

【训练提示】

满月酒也是中国传统习俗的一个部分,孩子满月代表传统文化中延绵子孙的价值观和欣欣向荣的家庭观。

满月酒酒席的主角看似是满月孩子,实际上应该是父母,因为孩子满月是一个家庭欣欣向荣的表现,更是父母的功劳,再加上孩子满月时还很年幼,所以满月酒酒席的主要互动对象是孩子的父母和其他亲人以及到场的来宾。亲人的情感是充满希望的,来宾是来庆祝的,所以主持人要注意这两类人群的情绪。

满月酒的主持词一定要抓住中国人热切希望子孙满堂、家庭欣欣向荣的基调,以展望未来而非总结过去的视角加以表达。注意酒筵虽然是为孩子满月而设,深层含义应当是对父母、长辈、家庭的殷切希望,遣词造句的过程中应将家庭放在首要位置,以孩子满月喻家庭幸福美满。

双生宝宝满月酒分为三个阶段:第一阶段是开场,热烈欢迎来宾,并且介绍宝宝情况,主持人要急缓结合,讲述故事的时候稍缓,祝福的时候热烈;第二阶段是宝宝的爷爷、父母以及见证宝宝降生的医生进行致辞,主持人要合理串词,还要与台上的宝宝的亲人们频频互动。第三阶段是宣布仪式结束,酒宴开始,这一阶段要把气氛推向高潮。

训练材料四 《六十岁寿诞主持词》[①]

尊贵的各位朋友、嘉宾:

大家晚上好!

六十年风风雨雨,六十个春夏秋冬,六十载含辛茹苦,终于迎来了今天——2011年9月13日。这是个吉祥而又美好的日子,我们相聚在这里,隆重地庆祝×××先生的六十岁生日。此情此景真可谓:天增岁月人增寿,春满乾坤喜满门!

我叫××,是×××电视台主持人,今天受我的好哥们、好朋友、我的同学、×××的儿子×××的委托,做此次寿宴的主持人,感到十分荣幸。

按照中国的习俗十全为满,满则招损,故男不做十,过生日则是男过虚、女过实。民间传统为老人祝寿的习俗由来已久。古代按天干地支纪年,60年一个花甲,人到60岁,称为花甲之年。民间传统习俗把60岁作为正式祝寿的起点,民间有"不到花甲不庆寿"的说法,60岁祝寿称为"大庆"。60岁之后的每年称作"寿",每十年称作"大寿"。祝寿按虚岁,即提前一年,59岁做60大寿。祝寿作为一种古老的习俗,表达了人们的美好愿望,增进了长辈与晚辈的感情,体现出浓浓的亲情和中华民族的传统美德。

恭祝×××先生福如东海,日月昌明;春秋不老,松鹤长青;欢乐远长,古稀重新。同时也祝愿每一位来宾幸福安康,万事如意,心想事成!希望在今天这个艳阳高照,喜气满堂的日子里,各位来宾能吃得舒心,玩得开心,留下一个美好回忆。

现在,我隆重地宣布:生日宴会,正式开始!

有请我们今天的主角——老寿星×××致欢迎词!

[①] 主持词节选改编自"道客巴巴"网站,http://www.doc88.com/p-090909794458.html。

（寿星致辞）

爆竹声声,喜庆花甲之年;乐声阵阵,更添生日祝福。让我们用鲜花和掌声向寿星表示最美好的祝福!

春华秋实,花开并蒂。鲜花的盛开孕育着丰硕的果实,60 年的同甘共苦,阅尽人间沧桑,品足生活酸甜,结下了累累硕果,积累了宝贵的财富,那就是寿星×××的品格:宽厚待人的处世之道! 严爱有加的朴实家风! 相敬相爱永相厮守的真挚感情! 请看大屏幕,我们一起随着一张张照片走入他的人生旅程。

（投影仪大屏幕播放 PPT）

请儿女们献上最诚挚的祝福。

有请老寿星点燃生日蜡烛,唱起生日歌,共同祝愿×叔叔增寿增富贵,添光添彩添吉祥!

这不是一支寻常的蜡烛,它是生命之火,幸福之光,燃尽了心酸的岁月,照亮了美好的前程。×叔叔,对着这神圣的蜡烛许个愿吧! 愿您心想事成,美梦成真!

注视着蜡烛的火焰,就好像生命的旋律在轻声地吟唱,又像人生的长河,曲折蜿蜒,愿您怀着一份对晚年的美好憧憬和希望,带着一份对人生的执著与向往,在每逢生日蜡烛点燃的时刻,祝您永远拥有开心的一刻,快乐的一天,平安的一生,幸福的一生。

现在请我们的寿星老×叔叔吹蜡烛。

在幸福,欢乐的乐曲声中,吹灭了象征人生历程的烛光,也默默地许下了心愿,那就是:祝各位嘉宾天天有个好心情,笑口常开;月月有个好收入,四季发财;年年有个好身体,青春常在;终生有个好家庭,夫妻恩爱。同时也祝我们×氏家族子子孙孙团结一心,家庭和睦,财源广进,幸福安康到永远!

（儿女:尊敬的各位来宾,亲朋好友,让我们共同举杯,祝愿我们的父亲母亲健康长寿,福如东海,寿比南山。同时,送各位来宾一件外套,前面是平安,后面是幸福,吉祥是领子,如意是袖子,快乐是扣子,口袋里满是温暖。我代表我们全家,把祝福和希望,送给你满年的丰硕与芬芳,伴你生活每一天!）

各位长辈、各位朋友、各位来宾,宴会庆典仪式到此结束,有请各位入席,同大家共进寿宴。谢谢大家的光临,宴会正式开始,请大家用餐!

【训练提示】

本则训练材料中,主持人的角色颇为特殊,是寿星的儿女的好友,在平日生活中早已对寿星有所了解,因此与其他主持人有着不同的角度和情感,主持词也相应能够更加丰富别致。

祝寿是喜庆的事情,但是由于主角之"寿"蕴含着一种深沉而丰富的人生积淀,因此在热情的同时把握住矜持的度,凸显内敛的热情。

六十岁寿诞分为三个部分:第一部分是开场,介绍"祝寿"的一些相关文化知识,并且由此引出整个祝寿仪式。主持人在这个阶段注意介绍知识的时候不可呆板,要娓娓道来、颇具趣味;第二部分是祝寿的仪式过程,主持人既要与场上的寿星充分交流,更要与场下来宾频繁互动,使得气氛热闹而欢乐;第三部分是宣布宴席开始,注意语速语调的升高。

训练材料五 《×××同志追悼会》[①]

　　昨日音容在眼前,今宵已是两重天。追忆往事心挂念,香缕清风魂归天。瑟瑟的风声诉说着伤感,低回婉转的哀乐道不尽深深地思念,今天我们怀着遗憾、悲伤的心情齐聚到这间灵堂,共同追思悼念×××同志。

　　现在,我宣布追悼会正式开始。

　　首先,请允许我介绍一下参加今天追悼会的各位来宾:前来吊唁和出席追悼会的领导有……;祭悼并敬献花圈的单位有……;发来唁电的有……

　　接下来请全体来宾向逝者遗像三鞠躬。

　　下面,请奏哀乐,全体来宾默哀三分钟。

　　(全体人员默哀)

　　哀毕。

　　接下来,由我代表×××同志全家感谢各位领导、同事、亲友,在寒风中、在低温下,辗转奔忙,为了最后看一眼自己尊敬的朋友,看一眼自己敬爱的长辈和亲人。感谢您与我们共同分担悲伤、送老人最后一程。敬爱的×××同志,您八十年的人生旅程归宿圆满,无憾而别,带着亲朋好友的不舍和祝福,请您一路走好!

　　下面,请×××同志生前所在单位×××同志致悼词……

　　接下来,请×××同志的家属代表致悼词……

　　最后,请亲属朋友瞻仰遗容并向遗体告别。

附悼词:

　　母亲×××于19××年×月××日出生于××××,于2012年2月15日上午8点45分,油尽灯灭,终其天年,享年八十岁。母亲静静地走到了生命的尽头,将最后一点光和热留给了人间,便划入了茫茫天际。

　　母亲出生在××一个贫穷家庭,辛劳是其一生的缩影。回顾老人家坎坷走过的一生,真可谓"可歌可泣"!不管是在世事艰辛的旧社会、风云激荡的新中国,还是在日新月异的新世纪,数十年来,老人家始终不失纯朴、善良、勤劳、仁爱的本色。母亲为人一生要强,乐于奉献,而耻于索求。在独立抚养儿子的艰难里,从没有被苦难压倒,像所有勤劳、善良、坚韧的中国妇女一样,把一切的苦痛和泪水都咽进肚子里,默默地顽强地扛起了生活的重担,独自一个人撑起了这个家。饮水思源,今天我们的日子一天比一天幸福,我们又怎会忘记母亲当年承受的那些苦痛,又怎会忘记她当年默默流下的那些汗水?又怎会忘记,母亲曾经为这个家族做出了多么巨大而无私的牺牲?她平凡的一生,是善良正直、勤俭节约的一生,更是经受磨砺、艰苦奋斗的一生。虽然母亲大人不爱言辞,不爱张扬,却在家人心中树起一座丰碑。

　　母亲,无尽地怀念与您在一起的点点滴滴,如今您去了,再没机会守候在您的身边、

[①] 主持词改编自"百度文库",http://wenku.baidu.com/link?url=IfKk8bOAbEI126N4CUGcsPVFm74agMnV4H_iigzPgGdiTif-hTScvNLDJDIFwdRBJBlcW3LQthUmJjy7ajy8JNBHmr7qSRVqdx6tcyW1ZvC,2012.3.1。

再听不到您慈爱的叮嘱……但我相信,您的灵魂还在另一个世界慈爱地看着我们,像您在世的时候一样,永远保佑、呵护着我们一家子。

不舍之情,难以言表。我们永远想念您!我们永远爱您,请您安息!

最后再次感谢各位亲朋好友出席我母亲的告别会,有了大家的祈福,我母亲会含笑走往天堂。母亲在天堂也会祝福各位健康长寿。

【训练提示】

受邀参加追悼会的宾客一般都为逝者生前的亲朋好友或是单位同事,在表达时一定要考虑到宾客以及其亲属在失去亲人后的心理感受,在已经沉痛万分的宾客前,主持人应当肃穆庄重,但不应过分渲染悲伤的气氛,要清楚自己在追悼会中扮演的角色,应以敬重的心态与主持对象交流。

主持人首先要明确追悼会属于丧礼类型的民俗活动,用以悼念、追思逝者,追悼会的感情基调是深沉、凝重的,因此主持人必须精当地把握这种基调进行主持。为了保证追悼活动的顺利进行,主持人自己不可陷入沉痛、抑郁的氛围中。

在训练时特别要注意对音色、音量的控制,主持节奏应当沉缓而富有深情,在表现第一阶段内容时,主持人要精准地控制声音做到抑扬有致,顿挫合理,同时特别注意通过停连与轻重来加深主持词的情感表达。第二阶段是向逝者致悼词,此环节一般由直系亲属或单位同事完成,主持人一般不参与,但个别情况下如果需要主持人致悼词,则需要主持人认真分析每一个段落群,在语势的高低、节奏的和缓对比中表达出浓浓的哀思。此外,主持人还需了解在不同地区生活的或有宗教信仰的人对于追悼会规格、主持词、流程的不同要求。

训练材料六 《见义勇为英雄追思会》[①]

男:尊敬的各位领导

女:观众朋友们

合:大家好!

男:2009年10月24日,两位少年落入长江荆州宝塔河段,长江大学十五名大学生和三位市民结成人梯,挽救了这两朵即将凋谢的花朵。×××、×××、××等三位大一新生,却把生命永远定格在了青春年代!

女:西风漫卷,古城肃穆,英雄的壮举照亮了人心,温暖了社会。

男:白云悠悠,江水滔滔,英雄的精神树立起爱的大旗,召唤着更多人加入到爱心奉献的队伍。

女:英雄已逝,丰碑永存。三名大学生用生命弘扬了正义和友爱。

男:他们热爱祖国、视人民利益高于一切的崇高精神感染着我们;他们不怕牺牲、挺身而出的英雄气概激励着我们;他们众志成城、团结互助的高尚情操鼓舞着我们;他们勇担时代使命与社会责任的可贵品格鞭策着我们。

[①] 主持词节选改编自"潜江人"网站,http://www.qjren.com/read-tid-126601.html。

女：今天,是三位英雄牺牲35天的纪念日,按照江汉平原民间习俗,"五七"之际,要追忆逝者风范,继承逝者精神。为此,我们举办了这次追思会。

男：观众朋友们,请全体起立,默哀1分钟。

男：天地有大爱,爱在无言间。

女："十八人梯"的爱是春日的和风,是夏日的绿荫,秋日的天空,是冬日的暖阳,在无声无息中给人间带来美好。请欣赏女声四重唱《爱在天地间》。

女：×××、×××、×××,你们在天堂还好吗?同学们想念你们,父母亲想念你们,我们都在想念你们。你们离我们很远,可你们又分明在我们身边!你们用生命谱写成的壮歌,将永远在我们的人生中激荡!请欣赏由市无偿献血志愿者服务队创作的诗歌《生命之歌》。

男：当江水即将吞没两位少年的时候,他们的天空一片灰暗,他们的家庭也将陷入灰暗。孩子,别怕!一架生命的长梯已经为你们架起,有一缕光亮就要穿透黑暗,将你们带回新的一天!女生独唱《天亮了》。

男：十八双手构筑成一道生命的屏障,十八颗心传递着一个信念:当生命受到威胁时,只要有一线希望,就要付出百倍努力。生死不离,血脉能创造奇迹!下面请听《生死不离》。

女：他们无意成为英雄,青春的花朵才刚刚绽开;他们并不会想到那些高尚的字眼,身后的那些荣誉与他们自身已毫无关联。但是,他们近乎本能的营救行为,却闪耀着最人性的光辉,展示着最真实的英雄风采。请欣赏女声独唱《英雄》。

男：众志成城,大爱无疆,这是一种民族精神。有了这种精神,我们的社会将更和谐,我们的祖国将拥有更辉煌的明天!

女：学习英雄、爱心奉献不是一句空话,要从现在做起,从身边的事做起,从关爱生命做起。

合：今晚的追思会到此结束,谢谢大家!

【训练提示】

英雄追思会与追悼会不同,其追忆的逝者是为了义举而付出鲜活生命,因此在场的主持对象对逝世的英雄都怀有崇高的敬意与深深的缅怀之情,表达时要把握住主持对象群体的特点,烘托正面形象,表达无尽怀念。

本训练材料中三名大学生因为营救落水少年而牺牲,因此追思会的重点除了追忆、感恩逝者,更是要通过追思会向社会传递正面的力量与大爱的能量,主持人需要拿捏准深情、高昂的感情基调。

进行训练时要饱含深情,声音应当饱满有力,尤其注意在处理主持词的不同段落时,要依据其内容适时调整声音的感情色彩。在处理第一部分时,主持人可以娓娓道来,注意最后语势要上扬。第二、三部分掀起追思会的高潮,每一句主持词都能迸发出强烈的情感,在弘扬正义与爱心时,语气应当坚肯,语势高昂,声音富有激情,将语句间所蕴含的巨大能量释放出来,而在回忆逝者生平与亲友悲痛时,则应低沉婉转,表现出对逝者依依不舍的思念。第四部分为高潮结束后的收尾阶段,主持人在处理时需要先扬后抑,平顺地结束整场追思会。

第五章　双语双言播音主持话语表达

第一节　双语播音主持话语表达

双语播音主持是指在广播、电视、网络等有声媒体中,播音员、主持人在不同的节目或同一个节目中运用两种语言面向受众传达信息的言语活动。从1980年12月1日中央电视台开播的《英语讲座》开始,我国拉开了以双语进行播音主持的序幕,之后越来越多的双语播音主持的节目出现在我国的信息传播媒体中,交互运用汉英、汉法、汉韩等汉语与不同国家民族语言进行播音主持的节目纷纷出现,如中央电视台的《希望英语》、中国国际广播电台的《轻松调频》等。此外,我国还出现了运用汉语与我国少数民族语言进行播音主持的节目,如新疆、西藏、内蒙古等自治区的广播电台乃至一些地级市少数民族的广播电台都出现了民汉双语广播,如汉藏广播、汉维新闻等。

一、双语播音主持话语表达的特点

与运用单一语言进行的单语播音主持相比,双语播音主持在话语表达方面具有四个方面的特点:

（一）语言的多样性

语言的多样性是指播音员、主持人在节目中运用了两种不同的有声语言,摆脱了运用一种语言进行播音主持带来的单一性,是不同民族、不同文化背景的语言在节目中的交流、碰撞与融合。

语言是人们传播和交流思想的工具,是一种文化传统和文明的载体。双语播音主持中,播音员和主持人运用不同的语言使得不同的思想、文化在节目中得以呈现,不但扩大了受众面,而且也有利于增强节目的影响力。双语播音主持所具有的这种语言多样性,满足了不同文化背景的受众对信息的需求,有利于信息传播全球化的发展。

在运用汉语与其他国家的民族语言进行双语播音主持的节目中,最为常见的当属汉英播音主持的节目,如北京电视台的汉英双语谈话节目《国际双行线》、中国国际广播电台创办的《金曲调频》《欢乐调频》等汉英双语音乐节目,都以双语播音主持的形式向受众传递信息,改变了单语播音主持的单一格局,利用语言的多样性吸引了更多的受众。除此之外,运用汉韩双语进行播音主持的节目也越来越多地在中国出现,如自1999年起中国中央电视台和韩国KBS电视台联合推出的中韩歌会以及于同年创办的Mnet亚洲音乐盛典都采用了汉韩双语主持的形式,扩大了这些文艺盛事的影响力。

除了运用汉语与其他国家的民族语言进行的双语播音主持,双语播音主持话语表达的语言的多样性还表现在运用汉语与我国少数民族语言进行的双语播音主持的节目中。中国是一个多民族的国家,全国56个民族共使用百余种语言,分别属于汉藏语系、阿尔泰语系、南岛语系、南亚语系和印欧语系。民汉双语播音主持在加强对少数民族地区宣传力度的同时,充分彰显了传媒语言的多样性,使得多元文化在节目中得到融合与传递,大大加强了少数民族与外界的交流和互动,是我国坚持民族平等、民族团结和各民族共同繁荣原则的充分体现。例如:云南楚雄彝族自治州广播电台除了开办用汉语播报的《全州新闻联播》《彝州新闻》等新闻节目外,还专门开设了针对当地彝族人的《彝语新闻》;怒江傈僳族自治州广播电台分别用汉语和傈僳语播报《怒江新闻》;大理白族自治州剑川县1988年开办了白汉双语兼播的广播电台,普洱市澜沧拉祜族自治县广播电台推行了汉语和拉祜语并行的双语广播。

(二) 风格的一致性

对于双语播音主持节目来说,如何自然地进行双语的转换和衔接,使播音主持话语表达符合节目的主题和宗旨,这就是风格的一致性问题。双语播音主持风格的一致性,是指播音员、主持人运用的双语在形式上具有整体性,共同为同一主题服务,从而两种语言在节目中得到有机融合,并且与节目的风格相统一。

首先,话语表达风格的一致性表现在双语播音主持节目中运用的双语为同一主题服务。无论是运用哪种语言,表现什么内容,每个双语播音主持的节目都拥有自己的主题,都是围绕着主题展开的,节目中双语的使用也必须围绕着主题,使运用的语言与节目的整体风格相互统一。虽然两种不同的语言承载的是两种不同的文化和思想,在运用的过程中常常会由于差异造成冲击和碰撞,但只要朝着节目的主题展开播音主持,两种不同的语言就能够从冲击走向融合,逐渐形成一个整体,有效地推动节目的进行。例如:凤凰卫视著名的谈话性节目《鲁豫有约》在2012年9月14日播出的主题为"走进BBC 走进英国传媒"的节目中,主持人陈鲁豫运用英汉双语推动了这一期节目的进行。鲁豫用英语同英国的传媒人进行交流,然后又将与主题有关的内容用中文向节目的观众传达,她并没有把英国传媒文化介绍人的每一句话都进行翻译,而是围绕着主题,运用符合于节目整体风格的英语和汉语,向观众传达他们所关心的内容。鲁豫在向我们展示她极强的双语能力的同时也使得节目在两种不同语言的交互使用中朝着同一主题的方向发展。

其次,话语表达风格的一致性还表现为双语表达方式的相互统一。对于双语播音主持的节目而言,要将节目完整地呈现,更好地展现节目的内容,体现节目的风格,双语在表达方式上就必须相互协调、和谐统一。例如:2007年中央电视台推出的"山庄月·中华情"中秋晚会,两岸三地的主持人就在汉英双语的出色配合中为观众送上了一场精彩的视听盛宴。与春晚相比,中秋晚会更注重温馨浪漫的民族特质和人文情怀;与普通的文艺晚会相比,中秋晚会显得更为正式和庄重。因此,在此次中秋晚会中,中央电视台的主持人季小军在运用汉语传递浓浓情感的同时,又用英语表达了对全球华人最真挚的祝福,汉语和英语的交互运用都重在抒发情感。同时,主持人十分注重语速的控制和两种语言的衔接和转换,最终使汉语和英语在表达上达到了统一,使中秋晚会在成为全球华人遥寄亲情的情感依托的同时,也让中华传统文化在汉英双语的自然衔接中传遍世界各地。

(三) 语境的跨文化性

语境的跨文化性是指双语播音主持处于两种语言所承载的不同的文化语境中。与单语播音主持相比,双语播音主持节目中不同文化的差异和碰撞显得更为突出和明显,这也就意味着在运用双语进行交流的过程中,主持人、播音员常常需要兼顾两种文化语境,考虑到双语中渗透的不同的文化和思想。

在运用双语进行播音主持的节目中,认识和把握双语所属的不同文化语境及其社会背景是运用好双语的基础。例如:在《国际双行线》的一期节目《边走边唱》中,主持人姚长盛和张蔚运用英汉双语同来自中、美、英、法四个国家的来宾进行了交流。节目开场后,两位主持人用英语询问了几位外国嘉宾的年龄,来自美国的 Ted 先生和来自英国的 Mathel 先生都直接地回答了这个问题,而来自法国 50 岁左右的维珊女士却没有直接回答,而是采用了一种巧妙的回答方式,告诉主持人自己属龙,主持人意识到维珊女士婉拒回答问题后马上用汉语开玩笑说维珊女士今年 24 岁,不但避免了嘉宾拒绝回答问题的尴尬,还起到了活跃现场气氛的效果。在这里,主持人意识到了亚洲人和欧洲人、美洲人对于年龄问题的不同看法,特别是欧洲、美洲的女士对年龄问题的忌讳,才及时化解尴尬并将其转换为节目的出彩之处。

所以,当面对来自不同国家、不同文化背景的访谈嘉宾时,一定要清楚什么问题是大家都愿意谈的,什么问题是某个国家的人所忌讳的。特别是在节目中同时邀请来自两个不同国家的嘉宾时,即便是同一个问题,也会出现有人愿意开口而有人却缄口不言的情况,就算涉及受众非常想要了解的信息,在播音主持的过程中,播音员、主持人应首先考虑来自不同文化背景的嘉宾的感受,站在嘉宾的立场考虑问题,使之符合嘉宾所属群体在语言、行为、心理上的集体习惯,也就是说要兼顾双语语境,注重交流对象,进行有针对性的跨文化表述。

(四)双语转换的规范性

单语播音主持运用的只是一种语言,因此在使用的过程中只需考虑单一语言的规范性,而双语播音主持由于交互使用了两种语言,在使用上就显得更为复杂,不但要同时兼顾两种语言的使用规范,还要能够自如地进行双语转换并把握好双语使用的比例,使双语的转换符合一定的标准,具有一定的规范性。

首先,双语播音主持中使用的两种语言都必须同时符合各自的规范。在使用双语的节目中,无论你用的是什么语言,其语音、词汇和语法都必须具有规范性,转换为其他语言时亦是如此,使用汉语就必须符合汉语的标准,使用英语就必须遵守英语的规范。我国许多港台综艺节目的主持人常常会使用大量汉语夹杂着英语的句子,如《大学生了没》《康熙来了》等综艺节目中经常出现汉语中夹杂个别英语单词或直接运用流行英语句子的情况,如"Oh my god""Get out""Bingo"等,但这类节目并不是双语播音主持节目,因为这些语言既不符合汉语的规范也不符合英语的规范,更没有遵守双语相互转换时应符合的标准。真正符合双语转换规范的节目,是主持人在遵守语言运用规范的前提下既能够熟练地使用汉语,也能够自如地运用其他语言,并使得两种语言自然地衔接和转换。例如:中央电视台《国际双行线》中《如日东升》这期节目,主持人顾宜凡运用流利的汉语、英语分别同江苏省如东县的县委书记周铁根和英国利物浦市的议会议长布拉德利进行交谈,并把关键的部分分别用汉语和英语向嘉宾和观众传达,使播音主持运用的语言在汉语和英语的使用中实现自然的转换,将信息准确地传达给受众。

其次,双语转换的规范性还表现在对双语比例的把握上。双语播音主持并不等同于交替传译或同声传译,不是将一种语言逐字逐句地翻译为另一种语言,而是在节目中自然地、巧妙地交互使用两种语言,两种语言的相互转换是有针对性和选择性的,因此双语使用的比例必须符合一定的规范。当然,双语播音主持的节目中两种语言孰轻孰重,往往取决于节目的核心受众。如果节目主要针对的是本国的受众,那么节目中应较多地使用本国的语言再辅以其他语言,如北京卫视的《国际双行线》、中央电视台国际频道的《让世界了解你》、中央电视台的《对话》等,虽然这些节目常常邀请国外的嘉宾,但这些嘉宾往往来自不同的领域,并不固定在政界或商业界,因此这类节目能够吸引国内普通大众的注意,主持人运用的语言主要是汉语,英语主要在与嘉宾交谈时使用。与之相反,如果节目的嘉宾主要是政府首脑和各国元首,如中央电视台新闻频道的《高端访问》,其面向的受众主要是知识水平较高的群体或国外的受众,主持人水均益在与嘉宾的交流过程中主要运用的是英语,英语使用的比例就比汉语使用的比例要高得多。但是,无论双语在节目中使用的比例如何,双语的交互使用都要围绕主题展开,涉及主要内容和受众关心的信息时,播音员、主持人需用两种语言分别予以传达,而对于次要的内容则不必再用两种语言分别进行表述。双语播音主持的话语表达应根据具体的情况处理好双语的使用比例,有深有浅、有主有次地使用双语,增加节目的完整性和连贯性,使节目显得更为紧凑。

二、双语播音主持话语表达的要求

双语播音主持与单语播音主持不同,存在着双语转换的问题;与日常生活中的双语交际也不同,存在着明显的艺术创造性。因此,双语播音主持在话语表达方面对主持人提出了更高的要求。具体表现为以下几个方面:

(一)语言本体的规范性

在传播语境的全球化的时代背景下,双语播音主持不仅肩负着信息传播的使命,同时还承载着文化传播和语言传播多重使命。这要求双语播音员主持人应该树立规范使用双语的语言观念,使语言发挥示范作用,进而提升节目的质量。

1. 双语播音中的语音规范

"传播"与"接受"始终贯穿于播音主持过程中,播音员主持人的语音问题即成为传播的首要问题。就拿一次双语谈话节目来说,节目往往追求更真实、更直接的直播形式,很大程度上依靠主持人一次性完成,这就对播音员主持人的语音提出了更高的要求。

成功的双语播音主持话语表达在语音方面应做到:准确规范,清晰流畅,圆润明朗,朴实亲切。语音规范是双语播音主持话语表达必备的基本要求,这不仅要求双语播音员和主持人在说母语时,必须符合母语发音的规范,还包括当播音员主持人转说第二语言时,必须遵守第二语言的语音规范。例如:一些英汉双语教学节目,往往由英语教师来担任节目主持人。有的主持人用带有浓重乡音的汉语进行讲解,转说英语时却显得比较标准。这种现象势必会影响到整个节目的质量。同时,播音员和主持人的吐字要力求清晰、圆润、饱满;言语风格自然流畅,活泼明朗,能使受众产生愉悦感;话语态度要亲切平实,力求拉近与受众的距离,形成轻松自如的交流氛围。

2. 双语播音中的词汇规范

作为大众传媒的信息发出者,双语播音主持话语表达不同于日常生活的双语交际,不能是纯粹的口语;即使是临场发挥、即兴讲说,播音员和主持人的语言也必须具有书面语的规整性,比日常生活中的语言更精练、更贴切、更恰当、更准确,既要生动上口,也要通俗易懂,不能令受众感到费解或产生歧义。因此,选择恰当的词语,是双语播音主持能否准确清晰地传递信息、顺利沟通的关键。

一般说来,成功的双语播音主持话语表达在用词方面应做到:第一,准确把握所使用语言词汇的固有意义、色彩意义以及词性,避免用错词语,避免搭配不和谐。第二,避免使用受众难以理解的生造词语、生僻词语,确保词语语义的明晰性。第三,避免滥用不规范的缩略语、方言词语、外来词语等,以免造成受众的理解障碍。

3. 双语播音中的语法规范

双语播音主持话语表达的语言具有多样性,但这并不意味着可以泛用、滥用或夹杂混用不同语言的表达形式。如台湾综艺节目《康熙来了》就经常出现英汉词语混杂使用的情况。在王治平、陶喆、关诗敏师徒三人做客《康熙来了》的一期节目中,大量出现了"很 super 的感觉""我有那个 ABC 的 Look""没有任何的 feeling"等句子,不仅影响受众对话语信息的接受和理解,而且也不符合汉语和英语各自的语法规范。

与日常生活中的双语交际相比,双语播音主持话语表达属于更有条理、更合逻辑、更有深度、更为完美的艺术性表达,它源于生活而高于生活。因此,成功的双语播音主持的话语表达在语法方面应做到:将平实而精巧的生活口语与规范的语法要求有机地结合,使其既具有生活口语的灵活性,又具有书面语的严谨性,这样才能进行有效的传播。

(二)语言运用的得体性

从语用态度上看,双语播音主持话语表达要取得理想效果,要注意以下几个方面的问题:

1. 与受众形成良好的双向互动

双语播音主持话语表达要想在双语语境中得体、有效地完成交际任务,就必须做到:一是要积极投入交际,展现热情和亲和力。二是要灵活维护交际,把控双语转换的时机,避免突然出现的交流空白,坚守话题不中断。如在中央电视台《对话·告诉你一个当代的中国》这期节目中,主持人沈冰在与一位英国观众进行互动式交流时,由于这位外国观众的同声传译耳机发生延迟,现场的中国观众已经有了热烈回应,而这位外国观众却迟迟没有反应。这时,主持人沈冰马上转用英语与之进行交流,成功救场,确保了现场交流的热烈气氛。三是要准确地进行表达,规范用语,避免歧义与晦涩,充分考虑受众的需要。

2. 对受众采取尊重和包容的态度

首先,双语播音主持的话语表达不是要体现一种文化比另一种文化优越,更不是要让一种语言取代另一种语言。面对不同受众,播音员和主持人都应该持一种尊重、平等的传播心态,充分考虑受众的文化背景、语言能力、生活经历、处境心情等各方面特点,分析哪些是受众易于接受的,哪些是受众不易接受的,根据受众适时地进行双语转换,以达到理想的传播效果。例如:在《国际双行线》双语节目《边走边唱》中的第三个部分,中国音乐人高晓松和英国驻华大使馆的工作人员马修因音乐方面的共鸣,用英语交流得十分投机,而主持人张蔚这时并没有充分考虑到观众的英语接受水平,也大量使用英语与嘉宾进行交流,时间长达十几分钟。这档节目的受众定位是国内普通观众,结果却孤立了目标观众,出现"曲高和寡"的局面。因此,双语化不能演变为双语的泛化,而是应该依据目标受众和节目定位来调控双语的比例。

其次,双语播音员和主持人应以豁达开阔的胸襟,积极包容文化的多元与差异。"跨文化交流是来自不同文化背景的人们相互交流的一种情境。它的重要和独特之处在于文化的不同,交流者固有的背景经历和假定的差异,都会使交流异常艰难,有时甚至根本无法展开。"[①]因此,双语播音员和主持人要抛去意识形态的成见,既要能欣赏文化的相似性,又要能接受文化的相异性,逾越因文化差异而产生的理解与交流的鸿沟,实现真正意义上的跨文化交流。同时,积极引导不同文化的受众理解彼此,最终实现文化融合。

3. 注意对语境的顺应性

双语播音主持话语表达要符合时间、场合、话题等方面的要求,并且切合受众的需要。因此,对于播音员和主持人而言,语境是话语表达的基础;对于节目受众而言,语境是话语理解的依据。例如:著名表演艺术家孙道临先生应邀担任第一届上海国际电影节开幕式的主持人,在场的一些外国朋友称他为"Mr. 临"。由于"临"与"林"语音相同,难以区分,故而孙道临先生在开场白中说道:"大家只叫我'孙'就行了。Sun,英语是'天上的太阳',那么,朋友,当你们光临电影节的时候,有一颗东方的太阳在拥抱你们……"孙道临先生汉英双语的灵活转换,不仅切题而且切境,使整个开幕式现场涌动着亲切而活跃的热流。

三、双语播音主持话语表达训练

根据不同节目话语表达的要求,使用普通话和其他民族语言完成下列话语表达训练。

(一)新闻播报训练

通常,新闻播报可以使用宣读式和播读式两种不同的方式。用宣读式播报时,要做到庄重大方、朴实明快、严谨规范;要求吐字有力,归音到位,气息沉稳,声音坚实洪亮。用播读式播报时,做到报告新闻的新鲜感、准确、简洁,同时熟练运用自然语式进行播报,重音准确、得当。

新闻播报应注意在理解正确的前提下,运用停连达到语意清晰、准确;熟练运用停连的表达方式,组织好句子,使内容完整连贯。停连的把握和表达的重点应放在以下几个方面:第一,长句子的区分和连接。第二,小层次间的区分。第三,整篇稿件连贯、完整、停而不断,连而不乱。第四,设想节目播出时间、样态、受众群体。第五,想象受众收听或收看的接受心理,注意与受众的呼应与交流。

请用宣读式和播读式两种不同的方式播报下列新闻。

---

① 〔美〕拉里·A. 萨默瓦,理查德·E. 波特:《跨文化传播》,北京:中国人民大学出版社2004年版,第4页。

稿件一

6月29日上午,西藏自治区藏药审评认证中心在拉萨正式挂牌成立。

区人大常委会副主任新杂·单增曲扎,区政协副主席刘庆慧出席揭牌仪式,并为认证中心揭牌。自治区副主席德吉出席仪式并讲话。

德吉在讲话中指出,自治区藏药审评认证中心挂牌成立,对于提升西藏藏药审评和药品认证水平,强化食品药品安全监管,保障人民群众身体健康和生命安全,促进医药经济又好又快发展,具有深远的历史意义。

她要求,自治区食品药品监管局一定要从改革发展和稳定的大局出发,深刻认识做好藏药审评认证工作的重要性和紧迫性,切实增强责任感和使命感,抓住发展机遇,以此为契机,建立健全与西藏区情相适应的科学有效的藏药审评和药品认证体系,扎实做好藏药审评和药品认证工作,不断强化食品药品安全监管,保障公众饮食用药安全,有力推动西藏食品药品监管事业跨越式发展。

她强调,自治区食品药品监管局要切实承担起职责,充分利用藏医药发源地的区位优势和国家赋予的优惠政策,切实把自治区藏药审评认证中心建设成为指导藏药新药研发、注册的权威机构。充分发挥藏药审评认证机构在行政监督、技术监督中的重要作用,正确引导和支持企业加大藏药研发力度,加快藏药新品种研发、二次开发和剂型改革,促进产业升级和产品结构调整。同时,要切实加强藏药审评认证队伍建设。加大人才培养力度,充实藏药审评专家队伍,充分发挥藏药专家的作用,进一步做好藏药审评工作。[①]

稿件二

6月25日至27日,省新闻出版局验收检查组到瑞丽市勐卯乡勐卯村、芒市遮放镇南见村等地对德宏州2012年"农家书屋"建设情况进行实地检查。

验收检查组成员们对德宏的"农家书屋"建设予以充分肯定,认为德宏州农家书屋建设各项配套设施很全面,工作中呈现4个亮点:组织领导更加有力;书屋选点科学合理;书屋管理规范有序;书屋作用发挥较好。农家书屋为喜欢看书的农民朋友搭建了一个学习科技、陶冶情操、丰富精神文化生活的好平台。

就如何更好地发挥农家书屋的作用和需整改的问题,验收检查组希望德宏州继续重视文化新闻出版事业发展,进一步发挥"农家书屋"的作用,做好书屋的更新和流转,多开展活动,最大限度地为地方经济社会发展做好服务,让农家书屋能最大程度地发挥德政工程、民心工程的作用。

2012年,德宏州建设农家书屋19个,目前均已全部完成,此次检查验收比例40%,验收数量7个,复查以往建成农家书屋3个,抽查数字卫星农家书屋2个,验收的7个农家书屋平均分97.5分,全部达到农家书屋建设标准,评估意见为优秀。[②]

[①] 稿件来源:人民网 http://xz.people.com.cn/n/2012/0630/c138901-17193395.html,2012.06.30。
[②] 稿件来源:孔雀之乡网 http://www.dehong.gov.cn/news/dhnews/2012/0629/news-69152.html,2012.06.29。

稿件三

　　云南省商务厅近日公布,去年关闭的泰国果蔬产品云南进口通道即将重新开通。

　　据介绍,2008年3月,为确保奥运进口食品安全,中国停止了泰国水果从陆路口岸过境第三国输往中国,云南也停止了对泰国果蔬的进口。随着今年7月广西陆路口岸重启泰国果蔬产品进口通道,云南省磨憨、打洛口岸及湄公河关累码头对泰国果蔬进口"开禁"也提上了议事日程。

　　据悉,为尽快促成此事,云南商务厅专门与泰国驻昆明总领馆、云南出入境检验检疫局进行了协商。泰国驻昆明总领馆表示,愿意积极配合云南省有关部门促成重新开通通道进口泰国果蔬产品。

　　目前国家检验检疫局正与泰国农业部就磨憨口岸、关累码头过境进口泰国果蔬技术层面论证做准备。

　　业内人士普遍认为,云南重启泰国果蔬进口通道后,由于运输成本大为降低,云南及全国市场上的泰国果蔬价格也将大幅下降。[1]

（二）解说词配音训练

　　在进行解说词配音时,应细致分析稿件,把稿件所叙述、描写的一切当作亲眼所见、亲耳所闻、亲身经历的事情,努力获得现场感,做到情景再现,积极调动思想感情。

　　训练前,首先要根据解说词内容判断节目风格,然后再按照节目风格对解说词进行配音。

　　根据下列稿件,完成配音练习。具体要求为:第一,设计一个合适的栏目。第二,设想节目播出时间、样态、受众群体。第三,想象受众收听或收看的接受心理,注意与受众的呼应与交流。

稿件一

景颇族的目瑙纵歌

　　1983年,经德宏傣族景颇族自治州人民代表大会常委会讨论通过,确立目瑙纵歌为德宏州法定的民族节日,时间为每年的正月十五、十六日。2006年5月20日,目瑙纵歌经国务院批准列入第一批国家级非物质文化遗产名录。如今,目瑙纵歌已经成为展示德宏边疆各族人民精神风貌和景颇族风情的综合性歌舞盛会。

　　"目瑙纵歌",景颇语为"集众歌舞"的意思。每年初春的农历正月月圆之期,是景颇族人民一年一度的目瑙纵歌节庆时日。节日期间,美丽富饶、百花争艳的景颇山上,这山、那山、东山、西山、南山、北山、山山寨寨,人山人海,整个山乡在歌舞,整个民族在欢唱。欢快地舞啊,尽情地唱,"哦啦"声声震荡在山间。他们用祖传的歌舞,来体现整个民族的追求与向往。歌舞场面盛大而热烈,堪称万人集体舞之最。

---

[1] 稿件来源:腾讯网 http://news.qq.com/a/20090920/000578.htm,2009.09.20。

目瑙纵歌盛会历史悠久,源于一个美丽动人的传说故事:相传远古时候,只有太阳宫里的太阳子女才会跳目瑙纵歌。有一次,太阳神邀请天地万物去参加他举办的目瑙纵歌盛会,地上的万物便派遣所有的鸟雀前往参加那个盛会。

鸟雀们肩负重任,飞出森林野地,飞过高山河流,飞越目拽圣亚山坡,终于抵达太阳宫,与太阳子女们同歌共舞,其乐无穷。

太阳宫里的目瑙纵歌结束后,鸟雀们告别了太阳神,启程返回大地的途中,来到一棵大青树上歇息的时候,看见树上结满了熟透的果子,于是他们学着太阳子女的样子,举行了大地上的首次鸟类目瑙纵歌舞会,来庆贺果子的成熟及满足它们寻食充饥的渴望。目瑙纵歌就这样传到大地上来了。

景颇族的祖先恰巧碰见了鸟雀歌舞盛会,顿时被百鸟热烈而优美的歌舞场面所吸引和陶醉,并与它们一起沉浸在一片欢乐歌舞之中。

鸟雀歌舞盛会结束后,景颇族的祖先总结了鸟雀目瑙纵歌盛会的经验,决定将目瑙纵歌移植到人间,并在羌星央枯这个地方首次举行人类庆丰收的目瑙纵歌盛会。为了感谢太阳神为人类带来歌舞与欢乐,在舞场正中央竖起了目瑙纵歌日月神塔,在中间两棵最高的雄柱上画上了太阳和螺旋形等舞蹈图案;在两边的雌柱上画上了月亮与蕨叶花及宝石花图案;在两根横杆上画上了五谷六畜等图案;正中交叉着刀剑,体现了景颇族的生生不息及英勇果敢精神,寄托着全民族的理想之魂。

正月十五日这一天,八山九十寨的所有人兴高采烈,穿上节日盛装,鼓乐齐奏,鸣枪放炮,从四面八方汇集到羌星央枯目瑙纵歌舞场,跟着头上插满美丽鸟羽等饰物帽子的领舞总头后面,千万人踩在一个鼓点的节奏上,齐歌共舞。人数众多,规模盛大,鼓乐齐鸣,气势壮阔,歌舞相谐,节奏明快,队形变换有序,舞步刚健不乱,男人们手中的长刀亮光闪闪,犹如出征的勇士和凯旋的战将;女人们身上的银袍恰似孔雀开屏,她们手中的彩帕和花扇,又像彩蝶在花丛中尽情翻飞。雄浑的鼓声震人心弦,嘹亮歌声响遍舞场,所有人踩着欢快的节拍翩翩起舞,放声高歌,纵情欢跳。所有的景颇人都像喝足了香醇的糯米酒,从内心倾吐酣畅的欢笑。

从此,景颇人民的生活五谷丰登,人畜兴旺,幸福快乐。所以,人们把目瑙纵歌与理想连在一起,一代接一代,接过来传下去,一直传到了今天。①

稿件二

建水文笔塔

在建水县城西南4公里的拜佛山顶上,一座造型独特的巨塔映入眼帘,这便是清道光八年(1828年)建成的文笔塔。文笔塔塔体以青石实心砌筑而成,形状为八面体,下部呈四方八棱形,中部方形,顶端呈扁状,塔身不分级,通体无檐,无装饰。整座塔由塔基、塔体和塔顶3个部分构成。这文笔塔在中外塔林中别具一格,塔身由底向上逐渐收缩,

---

① 稿件来自:孔雀之乡网 http://www.dehong.gov.cn/travel/style/2010/0224/travel-32546.html,2010.02.24。

顶部较小,呈长条状,似笔头,远远望去,凌空拔地而起,犹如一支巨大的笔挺立于天地之间的巨型青石砌筑塔,1993年被列为云南省重点文物保护单位。

若从山麓仰望,塔似一支直立于天地间的神笔,孤高迷离,那种伟岸,显现出了一种撕裂长空的非凡气度;若在建水城边的平坝之中举目远眺,笔杆巍巍凌空而起,挺拔俊秀,笔尖戟指苍穹,塔身隐在烟波雾霭之中,恰似一枚欲奔太空的火箭,大有一触即发之势。

文笔塔隐藏着这样一些千古不解之谜,首先是塔基周长与塔高完全相等,都是31.4米,为圆周率数值。这牵涉到一个平衡或者平等的问题,还是讲求一种平和,一种知足与进取的平和?而基于文笔塔拄地犁天这样一种造型来说,与佛塔没有丝毫相同之处,外表无檐、无柱、无门、无窗,顶上也没有华盖和相轮、宝珠之类的刹形制,与中国传统文化的老庄思想很不相符,倒是有些跟西方的长河问天哲学体系相近。从这个意义上来讲,建水文笔塔是一种中西文化的交融,是一种中西精神的结合。

在交通闭塞、交流困难朝代的云南人的手里建成,却和西方的精神、意志塔柱相似。这不是雷同也不是巧合,而是一种必然,对人的生命、价值、处境以及观念、理想在实质上的沟通,对人的必然即实质在形体和精神上认识的吻合。也可以说是一种思考和永远无法想清楚的迷惑。无数的疑问,几千年来人类的一切困惑,都向着青天指去,仰天长问。

文笔塔所建地名为拜佛山,然而整座山上并无一座寺庙,也从来没有善男信女到此山拜佛。唯一的解释是心,就是宗教。所以一切心里想做的、想得到的,都以一种神圣的姿态出现。"文章本天成,妙手偶得之。"建水也毫不例外,文笔塔建立在了拜佛山山顶上,人们相信佛祖是万能的。建立在具有一定高度的拜佛山山顶上的文笔塔,更接近佛祖,佛祖能够庇佑学子们考取功名、光宗耀祖。

小小的一座塔,已经把设计者的心灵世界容纳其中,把整个世界容纳其中了。塔指青天,天被容纳进来;塔发大地,地被吸纳其中;塔因人而造、为人所造,人也成了塔的一部分。塔是天、地、人的合体。而人又是塔的主体,塔以人为中心。而人又是天、地的附属,在天地之间,承天而立地。所以塔也就是人的化身,由人的意志而生,像人一样存在。

遥望文笔塔,就是聆听一种思想,学习一种人生智慧。

据文史资料记载:文笔塔建造的缘由———和已倒塌的天柱塔同为补山水形胜之缺的风水塔,有"重教兴文""修文偃武"之意,是出于"以文压武",以息古时当地常有的械斗之风,同时也是"尊孔崇文""儒佛归一"的绝妙例证。原国家文物研究所所长罗哲文考察后认为,这种现代派风格造型的古塔"在全国是独一无二的",是"中国塔业史上的一个奇迹",因为它"形式奇特,其他地方没有"。罗老还欣然题诗赞曰:"精工巧构擎天表,文笔为名形制殊。不似浮屠胜浮屠,中华宝塔古今无。"①

---

① 稿件来源:中国红河网 http://www.hh.cn/hhlocal_1/zq02/201105/t20110504_352239.html,2011.05.04。

稿件三

风雨望江楼

在澜沧江上幸存的古桥中，像云龙县境内的飞龙桥"望江楼"这样的古建筑已经不多见了。随着功果桥电站下闸蓄水发电，飞龙桥遗址将随之淹没，而飞龙西岸的"望江楼"也已经拆除，并就地迁移复修，保留一份珍贵的文物古迹。

提起"望江楼"，就不得不提及"飞龙桥"。

这是一座历史之桥。澜沧江流经云龙县境百余公里，并将县域切割成了两半，古代澜沧江西岸产的大米等物产，需要供到江东的广大山区，而江东诺邓等八大盐井生产的食盐，又要经过澜沧江远销到腾冲、保山、缅甸等地，因此在澜沧江修建一座桥梁，就显得很重要了。清同治辛亥（1863）年，滇西农民起义军领袖杜文秀派大翼长李玉树总镇云龙，就起了倡修桥梁之念。在当时的生产力条件下，要在澜沧江上修建一座桥梁，不是件简单的事情，通过筹资投劳，铁链桥历经三年建成，西岸还同时建成了望江楼，杜文秀赐名"飞龙桥"，表达利济苍生之意。

这是一座文化之桥。飞龙桥是云龙县境内横跨澜沧江的第一座铁链桥，也是澜沧江上继霁虹桥之后建成的又一座铁链桥，西岸的望江楼为上下两层楼阁，长宽各8米，高11米，重檐歇山顶，斗拱架叠，气势雄伟，正门上悬挂着"兰津胜览"牌匾，正门联气势磅礴："浪骇惊涛万里马蹄冲雪过，云兴雨作半空龙影破江飞"。大门两旁还悬有清举人尹陈谟作的飞龙桥长联，上下联各为87字，只比大观楼长联少了三个字，其文笔酣畅，对仗工整，这里摘录其中片断以作品味：截三崇之险，扼吭西陲。直比金沙淘浪，荡射日光，潞水急湍，轰鸣雷鼓；耸五云而遥，回翔彩凤。更饶蒲甸朝霞，挂穿画栋，苏溪月夜，涌到朱栏。

这是一座沧桑之桥。飞龙桥与望江楼的修建除与杜文秀有关联外，还与其他历史人物和历史事件牵连，留下了神奇的传说。1927年秋，盘踞在云龙的土匪头目萧鸣梧，见平息匪患的大兵压境，已难以抵挡，就想逃往泸水，土匪经过澜沧江后，害怕追兵追来，就放火烧掉了飞龙桥，造成了食盐和大米运输的暂时中断，第二年匪患平息后修复了飞龙桥；1949年，滇桂黔边区纵队两个支队在副司令员朱家璧率领下，挺进滇西，为断国民党军队西逃线路，将飞龙桥斩断，1950年云龙县人民政府投资修复；1956年，澜沧江暴涨，冲毁了飞龙桥桥墩，铁链坠入江中，县人民政府重新选址，并在上游两公里处投资新修了一座吊桥；目前飞龙桥的遗址就要被功果桥电站库区回水所淹没，县上及时争取资金，对望江楼实施整体迁移，同时，在飞龙桥遗址上方重新建设一座现代化吊桥，桥名就叫"飞龙桥"。

"望江楼"依旧复建在澜沧江西岸，成为风雨之中的一道风景。①

---

① 稿件来源：大理日报新闻网 http://dalidaily.com/santawenshi/20111228/095518.html，2011.12.28。

（三）节目主持训练

1. 日常节目主持训练

在日常节目主持时，要注意镜头前、话筒前的对象感，要注意与受众的交流，不能一味地读稿件，要通过稿件激发内心的播讲、交流欲望，将稿件内容变成自己的话语表达出来。主持人应该参与到节目的策划中，根据节目的形态，调整自己的主持状态及语言表达样态，语言具有一定感染力。

根据下列稿件，分别制作一档民汉双语节目。具体要求为：第一，节目类型不限。第二，分别用少数民族语和汉语普通话主持。第三，时间不超过5分钟。

稿件一

喝酥油茶，吃糌粑

在西藏，藏族同胞大部分时间以酥油糌粑为主食。但是，同样是酥油茶和糌粑，也有不同的打制方法和吃法。打酥油茶，一定要用新鲜的、金黄的、牦牛奶酥油，茶叶最好用雅安压制的砖茶或云南出产的沱茶。茶叶熬煮到适当程度，放点土碱催茶色，再倒进茶桶，放入晶盐，最好添一些牛奶或奶粉，打进一个鸡蛋，上下提拉一百次左右，打制出的酥油茶一定清香温润，十分可口。糌粑也要选用新鲜洁白的上品，抓糌粑时，先在碗里或称为"唐古"的小羊皮袋里，倒进热茶，放一两片酥油，细碎奶渣，适量的白糖，再放进糌粑，左手托住碗底，右手的食指和中指按顺时针方向转动，使上面的糌粑面和下面的茶水互相掺相，直至成为泥巴状，捏成一个个小食团送进嘴里，称为抓糌粑。这样抓出来的糌粑，酥松香脆，最为可口。

还有两三种吃糌粑的方法，在拉萨城乡十分流行，一种吃法称为"糌岗"，意思是舔干糌粑，用小铜匙将干糌粑倒进口里，再喝一口热茶吞下。这种吃大大多用于早餐。吞干糌粑需要技巧，也需要较长时间的训练，才能把一匙糌粑端端的倒进口中，也能舒舒服服地落进肚里。另一种吃法叫"强多达"，意思是吃糌粑糊糊，就是一碗糌粑，上面搁一块鸡蛋大小的酥油，酥油周围撒两把新鲜奶渣，提过一壶滚烫的茶，先冲了大半碗，用匙子搅拌趁热吃下。一边吃，一边用热茶冲着，不到半个时辰，一大碗糌粑就能吃光了。吃完后有着说不出的痛快，精神和体力重新振作起来。有人说，吃糌粑糊糊还能治感冒哩！

还有一种吃法，叫"糌吐"，也可以叫糌粑糊糊，或者糌粑粥。人们在陶罐里，放上油脂、碎骨、奶渣、麦片、萝卜丝、霍麻叶子，放在炉火上煮熟之后，一边撒糌粑，再撒一些盐巴和干葱末，一边用木棍不停地搅动，直到糌粑和陶罐里的菜肉调和成糊状，便用勺子舀进每个人的碗里，让大家享用。糌吐既咸、又辣、又热乎又解馋，吃了驱寒解气经饿，最为舒服。①

---

① 稿件来源：中国西藏旅游网 http://www.china69.com.cn/News/HTML/14148.html，2010.11.10。

稿件二

哈尼族的蘑菇房

传说远古时,哈尼人住的是山洞,山高路陡,出门劳作很不方便。后来他们迁徙到一个名叫"惹罗"的地方时,看到满山遍野生长着大朵大朵的蘑菇。它们不怕风吹雨打,还能让蚂蚁和小虫在下面做窝栖息,他们就比着样子盖起了蘑菇房。

哈尼族的蘑菇房状如蘑菇,由土基墙、竹木架和茅草顶构成。屋顶为四个斜坡面。房子分层:底层关牛马堆放家具等;中层用木板铺设,隔成左、中、右三间,中间设有一个常年烟火不断的方形火塘;顶层则用泥土覆盖,既有防火,又可堆放物品。客人来,热情的主人就会请你围坐在火塘边,让你吸上一阵长长的水烟筒,饮上一杯热腾腾的"糯米香茶",喝上一碗香喷喷的"闷锅酒"。趁着酒兴,主人敞开嗓子,向你展示哈尼人像哀牢山的竹子一样有枝有节有根的歌声,并祝愿宾客吉祥如意、情深谊长。

蘑菇房玲珑美观,独具一格。即使是寒气袭人的严冬,屋里也是暖融融的;而赤日炎炎的夏天,屋里却十分凉爽。以哈尼族最大的村寨红河州元阳县麻栗寨最为典型。

有史以来,哈尼人迁徙到哪里,蘑菇房就盖到哪里,遍布哈尼山乡。并经长期的发展与改进,使之既有传统特色又日臻完善,与巍峨的山峰、迷人的云海、多姿的梯田,构成了一幅奇妙的哀牢山壮景。①

稿件三

少数民族的舞蹈

"阿哩哩"是纳西族的一种传统歌舞,其基调欢快轻松,逢节日和高兴之事,你都能看到纳西族围成圆圈,跳这种传统的民族歌舞。"阿哩哩"跳法简单,跳舞者手拉着手,一人领唱,众人相和,边跳边唱。"阿哩哩"曲调固定,歌词内容则即兴创作,多是表达人的欢乐心情,一般纳西族的村寨广场和古城四方街及新城红太阳广场常能看到纳西族围成一围,即兴跳"阿哩哩",你可随意加入其中,亲自体验这种古老的民族歌舞。②

盅碗舞是蒙古舞的一种,一般为女性独舞,具有古典舞蹈的风格。舞者头顶瓷碗,手持双盅,在音乐伴奏下,按盅子碰击的节奏,两臂不断地舒展屈收,身体或前进或后退,意在表现蒙古族妇女端庄娴静、柔中有刚的性格气质。舞蹈利用富有蒙古舞风格特点的"软手""抖肩""碎步"等舞蹈语汇,表现盅碗舞典雅、含蓄的风格。兴安盟民间流传的盅碗舞,舞姿质朴简单,没有严格的规律动作。③

傣族的象脚鼓舞是自娱性兼表演性的男性舞蹈。象脚鼓是根据鼓的形状而取的名称,傣族一般统称"嘎光",但对长、中、小三种象脚鼓又各有名称。这种舞蹈以击象脚鼓

---

① 稿件来源:茶城网 http://www.pecc.cn/Html/2008-4/2008415144958.html,2008.04.15。
② 稿件来源:腾讯旅游 http://www.itravelqq.com/2009/0522/3726.html,2009.05.22。
③ 稿件来源:互动百科 http://www.baike.com/wiki/%E8%92%99%E5%8F%A4%E8%88%9E,2012.07.07。

舞蹈为主,用铓、镲伴奏,也可鼓、镲对舞。①

2. 晚会节目主持训练

在主持晚会类节目时,应注意主持词与晚会主题的一致性,遣词造句要具有一定的艺术特色。节目与节目的衔接,以及主持人之间话语的衔接,应做到衔接流畅、语义连贯。主持人之间应具有一定的默契,相互帮助,共同完成主持。同时,主持人的发音应饱满圆润,话语表达应亲切自如,副语言运用得当,台风自然大方。

请策划一个少数民族节日晚会,撰写晚会主持词,并进行模拟主持。具体要求为:第一,内容、形式不限。第二,使用少数民族语和汉语普通话。第三,时间不超过10分钟。

第二节 方言播音主持话语表达

一、方言播音主持话语表达的特点

广播电视媒体是我国推广普通话的重要宣传示范窗口。2001年颁布的《中华人民共和国国家通用语言文字法》首次以法律的形式明确规定了包括广播、电影、电视在内的五种情形下用语用字应当以国家通用语言文字(即普通话和规范汉字)为基本的用语用字。然而,我国是一个多语种、多方言的国家,汉语方言在传承地域文化、维系乡土亲情等方面的作用也是不能忽略的。因此,《中华人民共和国国家通用语言文字法》第十六条规定:"经国务院广播电视部门或省级广播电视部门批准的播音用语"和"戏曲、影视等艺术形式中需要使用"等情形下可以使用方言。从2000年以来,汉语方言节目、双言(普通话和汉语方言)节目如雨后春笋般在广播电视媒体中不断涌现,并以其独特的语言魅力和传播效果满足了广大受众对普通话和方言和谐共存的语用需求。本节主要讨论以汉语方言为传播媒介的播音主持话语表达及其相关问题。

就总体情况而言,国内的方言节目大致有三种类型:一是汉语方言新闻播报节目,如浙江杭州话节目《阿六头说新闻》、云南昆明话节目《大口马牙》等。二是汉语方言专题节目,如四川电视台的《天府食坊》、山西电视台的《老西儿撇事儿》等。三是方言综艺节目,如湖南卫视的《越策越开心》等。这些方言节目在播音主持话语表达方面具有以下特点:

(一)表达对象的分众化

与普通话播音主持话语表达以推广国家通用语言文字为目的不同,方言节目从特定汉语方言区受众的需求出发,依据其相似或相同的语言生活背景、语言文化认同等,进行选择性和区别化的话语传播活动。由于这种话语传播模式往往具有显著的指向性、针对性和区域性,因而导致其受话人形成了一定的群体区分性和相对固定性。这就是表达对象的分众化。

例如:以闽南语为播音主持语言的广播电视节目,除了福建厦、漳、泉三市,浙江温州、广东潮汕、江西一些地方,以及台、港、澳地区外,东南亚一些闽南语系华裔的受众群

---

① 稿件来源:杂志网 http://www.bianjibu.net/edu/zuowen/qingjing/52796.html,2012.08.03。

体也能接受并认同。而上海某广播节目则由于主持人同时使用普通话和上海话进行表达,就有长期收听该节目的外地听众打电话到电台,要求主持人不要使用上海话播音,甚至还由此引发了关于地域文化冲突的讨论。

当然,方言播音主持话语表达对象的分众化也是可以进一步细化分类、逐级进行分析的。例如:同样是方言的新闻节目,杭州电视台的《阿六头说新闻》选用的是普及和接受程度较广的杭州方言话;而同台的《我和你说》则选用的是具有绍兴莲花落特色的萧绍方言,更具有地方曲艺的文化特色。目前杭州本地的青少年已经很少能说地道的杭州方言,而具有传统曲艺特色的萧绍方言的收视受众就大多集中为一些对老杭州话、绍兴方言熟悉的中老年观众、愿意了解学习老杭州话的青年人和外地观众。

在方言综艺节目中比较突出的湖南卫视《越策越开心》栏目,主持人用湖南方言和普通话来进行脱口秀或小品台词的搞笑演绎,由于湖南方言五里不同音、十里不同调的特点,主持人的湖南方言表达中常有意识地加入湖南不同地区的地方口音表达,如长沙口音的"屋头"(家),湘潭口音的"耍"(玩儿),湘乡口音的"炖钵"(碗)等,方音本身较为夸张的发音不仅成为很好的现场脱口秀材料,也很好地满足了不同方言地区受众的亲切感需求。可以说,这种分众化特点的细化能够更大程度地满足受众对大众传媒可亲近性的要求,也在一定意义上增强了上情下达、信息沟通的广度。

(二) 表达内容生活化

中国地域辽阔,自古就有方言的分歧。现代汉语方言是现代汉语的地域变体,不同地域的现代汉语方言在长期的历史发展过程中所形成的各种不同程度的差异,便构成了七大方言区,即北方方言、吴方言、湘方言、粤方言、闽方言、客家方言、赣方言等。对于大众传播来说,其最为重要的功能之一便是信息的传递。新中国成立之后,尤其是改革开放以来,由于政治、经济、文化、社会生活的高度统一和快速发展,跨方言交际变得更为频繁,方言的局限性也日趋明显。对于播音主持人来说,使用普通话传递话语信息,可以缩小分歧、减少差异,保证交际的顺利进行,但植根于地方文化土壤中的汉语方言仍然是传递地方文化信息的重要交际工具,在沟通和协调社区内部各种关系等方面具有一定的作用。因此,方言播音主持话语表达的内容总是能够真实地反映出特定区域的现实生活、精神内涵的状态。

例如:吉林卫视的方言综艺节目《英子逗逗逗》是以女主持人幽默搞笑的东北味儿说学逗唱为主的方言脱口秀节目。主持人英子的语言表达总是围绕着东北方言的生活化细节来进行的,如果脱离了东北人豪迈爽直的生活化气息,就无法达到节目的预期效果:

电视机前天南的海北的亚洲非洲欧美的,高的矮的胖的瘦的男的女的老的幼的,看着我就美得冒泡儿的,看不着我就急得乱跳的逗友铁子们,你们好啊!

忽悠忽悠,忽忽悠悠地这期节目就快要到头儿啦!来吧,开忽呗!

鼓掌的朋友送给你两个字!——讲究!

不鼓掌的朋友送给你四个字!——你干哈呢?

想当初我坐在联合国内部大炕上,和十六国的首脑对着侃大山,我都没怕过呀!

当梳着两个小辫儿,穿着自以为流行的闪亮滑稽衣服,盘腿坐在炕上的主持人英子用豪迈的语气、夸张的声调、飞快的语速和略显沙哑的嗓音和观众说笑的时候,浓厚的东北生活气息已经完全进入观众的视觉与听觉了。英子吆喝的"开忽呗!""讲究!""你干哈呢?"都是东北老百姓们的生活语言,观众听起来入耳入心,亲切感十足。

即使是民生新闻的方言节目,也常通过老百姓们最直接的接受方式来使新闻的内容凸显现实生活状态。例如:

> 大中午呢,太阳光火辣辣呢,看的这些顶的阳光坐的呢,人要不是头上戴的顶帽子,不说是中暑么,至少也会晒黑的呢!你说这个大中午呢,哪个不想在家里收躲的?哪个不想找个阴凉呢地方呆得起?但是么,这个舞台上发生呢事情又是大事情,管他晒不晒黑的么都要来参加呢!……

(云南卫视《大口马牙》,2011-06-04)

这段新闻配片内容为昆明市某本土表演组合室外为春蕾计划失学女童进行募捐筹款的表演。新闻的口播稿没有从新闻本身出发,而是随着镜头的切换,从观众的角度出发来组织表达语言。从观众们的热情与积极参与来引出室外舞台上的表演与捐款活动,配合"马普"口头表达的方言特色,完全抛弃了精英文化的价值取向,显得更加贴切、真实,具有民生底层的生活气息。

由此可见,相对于普通话播音主持话语表达而言,方言播音主持话语表达显得更加平易近人、贴近生活。它通过受众熟悉程度较高的话语来表达老百姓的日常生活和原生态事件,符合本地受众的心理趋同性需求,容易得到人们的欢迎和推崇。这也正是我国各地方言民生新闻节目保持较高收视率的重要原因之一。

(三) 表达方式本土化

现代汉语各地方言同中有异,异中有同。大致说来,方言差异较大、情况较复杂的地区多集中在长江以南各省,特别是江苏、浙江、湖南、江西、安徽(皖南地区)、福建、广东、广西等地;长江以北地区,尤其是华北、东北等地,方言的一致性要比南方大得多。但现代汉语方言这些差异的背后,隐藏的是特定地域历史悠久、内涵丰富的文化特色。成功的方言播音主持话语表达总是能够深入挖掘其中的文化背景、风俗习惯、生活特性以及理解习惯等要求,从而为其话语表达穿上一件恰当、精妙的本土化"外衣",让本土受众从汉语方言中找到情感共鸣,产生文化认同感。

例如:云南电视台收视较高的方言新闻节目《大口马牙》,节目名称本身就是以云南方言词汇来命名。"大口马牙"在老昆明方言中是指一个人说话不考虑实际而盲目地夸大事物,类似普通话中"吹牛""浮夸"的意思。这里用以指代对民生新闻事件的趣味评点,意在表达无关精英,不说大事的市井新闻特色。不仅如此,节目主持人以及新闻小电影的主要演员,也分别以市民熟悉的方言词汇来命名,如"小米渣""甜咪西""小鸣噜"等。主持人的话语表达中最常使用的就是"哦吼""买买三三""板扎"等老昆明话中的特有表述;从形象塑造到表情动作,从口语表达到拟声方音,都以"昆明市民的邻家男女"为塑造标准,务求使观众全方位地感到随和、亲近、心领神会。

(三) 表达主体平民化

所谓"表达主体平民化",是指方言播音主持话语表达所呈现出的去明星化、草根化的平民特色。与普通话播音主持话语表达不同,方言播音主持话语表达的语用主体并不是以示范性的通用语言文字代言人形象出现的,而是从一开始就要以一种平民化的传播态度,立足于本地受众的收视(听)需求,以同乡、近邻的话语角色定位进行信息的传播。因此,其主持人的言语风格、形象塑造、语用特点、主持方式等,都必须具备特定的地域性色彩和民众亲和力。

例如:与普通话播音员主持人的专业性、标准性、精英形象不同的,方言节目的播音员主持人常是"半路出家"、兼职转行出身,如南京卫视《老吴韶韶》的主持人吴晓平原为新闻记者;四川卫视《小刚刚刚好》的罗小刚原为话剧演员出身,在电台打工时临危受命做主持人;云南卫视《大口马牙》的"小米渣"江钰婷原来也是学习表演的。方言主持是凭借着他们对本地区文化的深厚情感与深刻了解,并把它以独特的方式融入方言的特色表达中才能脱颖而出。吴晓平曾说:"小时候住在老城南夫子庙,回忆以前觉得很幸福,可以在贡院街上打羽毛球、躲猫猫,在城墙边上找蛐蛐。夏天,下午把门板拿下来,扔到秦淮河里游泳,晚上,捞起门板放到路牙子上睡觉。"了解本土的平民生活,对本土文化有认同感与继承意识,愿意以平民代表身份出现的方言表达主体才是能够获得受众认可的方言播音员主持人。

另一方面,方言节目话语表达的主体多半以广大民众最喜闻乐见的形象出现,如前所述的"英子"是随处可见的东北大妞形象;"小刚"是光头戴眼镜的话唠青年;"天师""羽毛"是老昆明社区的邻家男女;"阿六头"周志华是身着中式唐装杭州中老年人形象;调侃的语调、熟悉的表达再加上平实的衣着,无不体现着生活化平民化的亲和力。

方言节目中除了播音员主持人,节目的参与者、新闻的当事人等也是不容忽视的方言话语表达主体。他们的话语表达本身也是方言话语表达平民化特色体现。

二、汉语方言播音主持话语表达的要求

方言是一种以社会化或地域化为标志的某种语言的变体,它由特殊类型的句子结构、语汇及发音所组成。这就对汉语方言播音主持话语表达提出了具体的要求。

(一)语音表述的亲切感

首先,要选取一种方言作为主持的基础方言。汉语方言同中有异,异中有同,各方言之间相似的程度和互异的程度不尽相同。汉语方言类节目主要是针对当地群众的一种区域化传播、分众化传播,不可能使用所有方言来进行传播,也不能随意选择方言来主持。因此,在进行方言类节目的播音主持中,要根据当地的群众进行区分,寻找一种当地的、大众接受的方言作为基础方言来进行播音主持。例如:在云南省,省会城市昆明的方言和各地州、县市的方言都属于北方方言区中的西南官话。但各个城市之间的方言在语音上又有一定的差异。在选择方言时可以根据话语接收者的占有率来进行选择,如昆明的广播电视台可以用昆明方言作为基础方言来主持,成都的广播电视台可以用成都话来主持,重庆的广播电视台可以用重庆话来主持。虽然每个地区的话语接收者不可能全部都使用节目主持中的基础方言,但是由于地域的特点,一方面语音上接近,可以听得懂,另一方面外来的话语接收者为了更好地融入本地,也会自觉不自觉地去接受当地的方言表达。

其次,注意汉语方言的发音部位和发音方法。使用汉语方言进行播音主持的特点就是亲切,让人听起来有家乡的味道,在发音时尽量使用具有鲜明地方特色的发音部位和发音方法。例如:昆明方言在发音时声调较低,阴平一般为33调。云南红河方言,在发音时部分词语将升调读作降调,如"飘柔"的"柔"和"狗熊"的"熊"由35调变为了51调。另外,在适当的时候,还可以增加一些具有地方特色的语气词来增添方言的感觉,如云南方言中的"该",新疆方言中的"萨",四川方言中的"哈"等。

(二) 词语使用的地域性

方言在很多方面具有普通话不可比拟的生动性,同时也是汉语新词汇的一个重要来源。钱乃荣教授认为,"方言因为历史悠久又活在人们的心中","积聚了异常丰富生动的土层民间用语,在生活用语和反映民间情感等方面的词语自然要比只主要来自于白话文的普通话丰富。"普通话在"动作的细微区分、事物的性状描绘"等方面都逊色于方言[①]。因此在节目中使用方言有着其独特的韵味及意义。

汉语方言节目可以通过各种具有地方特色的词汇来增加节目的内涵和特色。这些词汇在形成的过程中,融入了地方的经济、文化、历史,是每个地方所独有的标志性事物。例如:粤方言称"手套"为"手袜",湖北有的地方叫"手笼子";"萤火虫",吴方言叫"游火虫",赣方言叫"夜火虫",客家方言叫"火蓝虫",闽方言叫"火金姑"(厦门)、"火夜姑"(潮州)、"蓝尾星"(福州)等等。这些汉语方言词汇都带有浓郁的地方色彩和味道,是各地独有的,是地方文化的瑰宝。

有的时候,汉语方言节目的播音主持还可以用方言词汇代替普通话词汇。这样,一方面可以促进、带动文化的发展,也更能产生文化认同感,特别是对身处异地的外乡人、漂泊海外的华人华侨来说,更有一种家乡的亲切感。值得注意的是,很多主持人在主持汉语方言类节目时只注重娱乐性和亲切感,觉得哪些词语好玩就用哪些词语,哪些词语好用就用哪些词语,甚至还会把同时属于几种方言的词汇杂糅在一种方言中使用。这就不值得提倡了。主持人在使用汉语方言词语时,要注意:一是要选择大众接受度较高的词语,以便大家能听得懂;二是要注意方言的地道和味道,尽量使用同一种语言的方言词汇。

(三) 语法结构的独特性

虽然普通话与方言在语法上的差别比较小,但决不能因此而忽视语法上的差别,否则播音员和主持人表述出来的方言就没有其独特的个性了。例如:有些方言区的人在说普通话时,很容易说出"你走先""我有看""你讲少两句"等句子来。这些句子的结构都不合乎普通话语法规范。在汉语方言播音主持的语法规范中,我们特别需要注意语法使用的不同。

首先,普通话的语序是有明确规定的,但不同的方言却与之不同。例如:普通话的"我打不过他",在粤、闽、湘、客家方言中却要说成"我打他得过""我打得他过"等。这种语法结构形式在普通话中属于病句,但在方言中却符合其语法规则。

其次,普通话数量词的表达与汉语方言不同。例如:普通话说"距离他的生日还有一

[①] 钱乃荣:《论语言的多样性和"规范化"》,载《语言教学与研究》2005年第2期。

个多月",有的方言却表达为"距离他的生日还有月把天";普通话说"我有一百一十八块钱",有的方言却表达为"我有百一八块钱";普通话说"这大米有一千三百公斤",有的方言却表达为"这大米有千三公斤"等等。

总之,汉语方言节目中语法结构的独特性要求播讲者在话语表达中注意使用有方言特色的语法表达,但是需要以语法表达使用的普遍性和大众的接受度为使用的依据。

(四)语用的得体与适度

在区域传媒中使用汉语方言主持节目必须把握一个恰当的"度",必须区分哪些形式或节目适合使用汉语方言,哪些必须使用普通话。汉语方言节目有一定的空间,但绝不能过多过滥。以四川电视台经济频道为例,方言节目与普通话节目的比例大致为3:7,否则会从整体上影响普通话的推广普及,影响国家语言文字法律和政策大政方针的贯彻。在我国传媒领域使用普通话是主流、主调,在重大新闻、信息播报、官方晚会转播以及教育、宣传、公务活动等节目中必须使用普通话。在民生新闻播报、电视剧、电影中可以使用汉语方言。汉语方言是在一定范围内允许存在并要适当保护的民间文化,在区域传媒中具有无法替代的作用,因此,二者需要协调处理,按各自区域的特性确定一个比例,既要给予方言以发展空间,又要避免冲击普通话的主流地位。

汉语方言的使用,是为了拉近与观众之间的心理距离,得到话语接收者的认同。作为原生态的艺术表现形式,汉语方言节目播音主持必须坚持文化品位的提升和超越生活的艺术再现。新闻、生活服务类节目定位要平民化。娱乐类节目要有一定的文化内涵和艺术水准。主持者要有责任感,把传播地方文化的精髓当作一种使命,把握语言使用的"雅俗共赏"。例如,四川话里就有大量诸如"老子""龟儿子"之类的词语不适合出现在传媒语言中。

可以说,语言风格的"雅"与"俗"直接体现节目风格的"雅"与"俗"。只有做到"雅俗共赏",才能产生和谐的传播效果。因此,在汉语方言节目的播音主持中,要辩证地吸收方言语言精华,多吸收方言中广为使用的、广为流传的语言成分;多吸收方言中生动形象、幽默风趣的语言成分。这样才能使地域语言文化和语言资源得到很好的利用和传播。

三、方言播音主持话语表达训练

(一)方言新闻播报训练

用方言播报下列新闻,并进行短评。播报时注意使用讲述式播报方式,同时,设想节目播出时间、样态、受众群体,想象受众收听或收看的接受心理,注意与受众的呼应与交流,短评应做到思路清晰、表达简明扼要。注意停连、重音、恰当自如。语言要做到灵活自然、轻松自如、贴近受众。

稿件一

云南日报报业集团6月29日召开纪念建党91周年暨创先争优表彰大会,92岁的丁维炯老人在会上跟数十名中青年新党员一起举起右手进行入党宣誓。广大党员对这样一位高龄老人积极加入党组织,都感动得心潮澎湃,并报之以长时间热烈的掌声。

丁维炯被编入云南日报报业集团离休党支部。这个党支部有36名党员,其中29人已是80岁以上,平均党龄56.3年。虽已步入耄耋之年,但他们的理想信念始终不变。丁维炯说:"在离休干部里我是年纪最大的,但是比党龄,我是最年轻的,我以后要多学习,也请老党员多帮助我。"

在中国共产党成立91周年之际,这位九旬老人实现了跨世纪的追求。他说,自己虽然出身于封建大家庭,但中学时代一心向往延安。云南解放前夕,参加了云南地下党外围组织"新民主主义联盟",并第一次写了入党申请,由于入党介绍人调离,入党的愿望暂时搁置下来。新中国成立后,他曾做过云南日报记者,还担任过云南日报第三印刷厂副厂长。后来,在特殊年代,受到了不公正的对待,1986年获得平反落实政策时,这年61岁,已经离休了。

"到了暮年,我入党的想法不但没有改变,而且更为迫切。"丁维炯说。他写的入党申请书情真意切,近40000字,工工整整。

"丁维炯老人对党的深情,对理想信念的追求,值得我们学习。"老党员钟山由衷敬佩。[1]

稿件二

今年高考语文科考试时,山西省临汾市临汾二中考点因工作人员失误,发生部分考生答题卡迟发的情况,引发社会关注。临汾市尧都区有关部门29日公布对相关责任人的处理结果,共有14名责任人受到处理。

事件发生后,尧都区委区政府高度重视,及时与相关的考生家长进行了沟通、交流,启动应急预案,采取了一系列紧急补救措施,确保了随后的考试工作正常顺利进行,同时上报山西省招生考试管理中心,并按相关规定给予处置。

此外,尧都区委区政府立即派工作组进驻临汾二中考点展开调查,通过向考点主考、副主考、考务组工作人员及监考人员、监检人员了解,回放监控录像,就有关情况进行了认真核实。根据调查,6月7日上午,语文科目考试时,应为228考场(228考场系尾数考场,只有23名考生,其他考场为30名考生)的答题卡错发至217考场,导致217考场7名考生(其中1名考生缺考)答题卡迟发十余分钟,最后1名考生领到答题卡的时间为"9时18分30秒"。

根据相关规定,尧都区有关部门对造成这一高考发题延误事故的相关责任人予以严肃处理。[2]

稿件三

据报道,就读于深圳罗湖区清水河"为民幼儿园"的一名5岁小女孩,因为午睡时与几名小朋友聊天,被幼儿园老师发现了,老师便用剪刀剪小孩的手脚。昨日,家长知道此事后异常气愤。事发后,涉事老师并没有来上班,对于老师的做法,幼儿园负责人沈园长

---

[1] 稿件来源:腾讯新闻 http://news.qq.com/a/20120701/000633.htm,2012.07.01。
[2] 稿件来源:新华网 http://news.xinhuanet.com/edu/2012-06/29/c_112323015.htm,2012.06.29。

向家长表示道歉。

据小孩的家长苏女士介绍,她的女儿今年才 5 岁,叫靓芝,在为民幼儿园读大三班。前日下午,苏女士去接女儿回家时,女儿指着手脚上的伤口告诉她,学校的老师用剪刀剪她的手脚。她说,据女儿称,前日中午,幼儿园准备午睡,而她没有睡觉,跟几名小朋友一起讲"小话",当时被班主任刘老师发现了,刘老师就走过来,拿着剪刀剪伤她的手脚。

靓芝告诉苏女士,她的手脚被老师剪后,流了不少血,而同时被老师剪刀弄伤的,还有与她讲话的另外两名女同学。苏女士气愤地向记者表示,女儿被老师弄伤后,学校并没有为其包扎,直到女儿回家后,她才急忙为孩子伤口做处理。而在晚上给小孩冲凉时,孩子还不停地喊疼。苏女士说,女儿脚踝处被老师用剪刀剪开的口子约 1.2 厘米长,脚两面均留有多道痕迹。①

(二) 方言节目主持训练

请根据下列材料的内容,制作方言节目,并主持。具体要求为:第一,内容、形式不限;第二,设想节目播出时间、样态、受众群体;第三,想象受众收听或收看的接受心理,注意与受众的呼应与交流,第四,时间不超过 5 分钟。

材料一

1. 夏季失水多,应多喝水,而且是温水比较好,每天要喝七八杯白开水。身体要随时保持水分和补充水分,水在人体内起着至关重要的作明,维持着人体正常的生理功能。水是人体不可缺少的重要组成部分,器官、肌肉、血液、头发、骨骼、牙齿都含有水分,夏季失水会比较多,若不及时补水就会严重影响健康,易使皮肤干燥,皱纹增多,加速人体衰老。另外,矿泉水、冷茶、牛奶、苹果汁是理想的解渴饮料。②

2. 夏天离不开饮料,首选的既非各种冷饮制品,也不是啤酒或咖啡,而是极普通的热茶。茶叶中富含钾元素(每 100 克茶水中钾的平均含量分别为绿茶 10.7 毫克,红茶 24.1 毫克),既解渴又解乏。据英国专家的试验表明,热茶的降温能力大大超过冷饮制品,乃是消暑饮品中的佼佼者。③

3. 用微波炉做菜时,首先要用调料将原料浸透。这是因为微波烹饪过程快,若不浸润透很难入味,且葱、姜、蒜等增香的作用也难以发挥。④

材料二

"Pizza",即比萨饼是意大利的著名食品。凡到过意大利的人,一定要品尝一下比萨饼。刚从红彤彤的炉膛里烤出的比萨饼,色鲜、味浓、外焦里嫩、香气诱人。关于比萨饼的来历,人们一般认为它于公元 1600 年诞生在那不勒斯。传说,当地有一位母亲,因家里贫困,只剩下一点点面粉,正在为给孩子做点什么东西吃而发愁。邻居们得知后,凑来

---

① 稿件来源:网易新闻中心 http://news.163.com/12/0630/03/857F1KNU00011229.html,2012.06.30。
② 稿件来源:好研网 http://res.hersp.com/content/1784823,2012.06.27。
③ 稿件来源:西祠胡同 http://www.xici.net/d94579436.htm,2009.07.15。
④ 稿件来源:民心网 http://www.mxwz.com/comp/view_xx.aspx?ID=337098,2009.11.11。

了一点西红柿和水牛奶酪。这位母亲就将面粉和成面团烙成饼,将西红柿切碎涂在上面,再把水牛奶酪弄碎撒上,然后放在火上烤,就成了香喷喷的比萨饼。如今比萨饼为世人所喜爱,并走进了中国。①

材料三

海南鹿回头公园坐落在三亚西南端鹿回头半岛内,1989年建成开放,总面积82.88公顷,有大小五座山峰。公园三面环海,一面毗邻三亚市区,是登高望海和观看日出日落的制高点,也是俯瞰三亚市全景的唯一佳处。

相传,很久很久以前,有一个残暴的峒主,想取一副名贵的鹿茸,强迫黎族青年阿黑上山打鹿。有一次阿黑上山打猎时,看见了一只美丽的花鹿,正被一只斑豹紧追,阿黑用箭射死了斑豹,然后对花鹿穷追不舍,一直追了九天九夜,翻过了九十九座山,追到三亚湾南边的珊瑚崖上,花鹿面对烟波浩瀚的南海,前无去路。此时,青年猎手正欲搭箭射猎,花鹿突然回头含情凝望,变成一位美丽的少女向他走来,于是他们结为夫妻。鹿姑娘请来了一帮鹿兄弟,打败了峒主,他们便在石崖上定居,男耕女织,经过子孙繁衍,便把这座珊瑚崖建成了美丽的庄园。此山因而被称为"鹿回头"。根据这个美丽爱情传说而建造的海南全岛最高雕塑"鹿回头"已成为三亚的城雕,三亚市也因此得名"鹿城"。②

(三) 方言情景剧训练

在方言情景剧表演前,应撰写情景剧剧本,熟悉人物角色性格特征。语言表达应做到生动、幽默,与人物形象相符。表演时,应具有一定舞台表现力,人物动作设计符合角色特点。

根据方言情景剧的特点进行方言情景剧的表演训练,具体要求为,第一,分小组,进行小型方言情景小品表演;第二,内容题材不限;第三,时间控制在10分钟以内。

---

① 稿件来源:予众传媒网 http://www.yucm.com/show.aspx? topid=1048,2007.01.26。
② 稿件来源:百度百科 http://baike.baidu.com/view/50661.htm,2014.06.20。

第六章　播音主持话语表达案例分析

第一节　广播电视播音主持话语表达案例分析

一、新闻与资讯类

（一）时政财经新闻

1. 示例：《北京有个总理也是你的亲人》（新疆人民广播电台，2003年3月29日）

　　2003年2月24号，新疆巴楚—伽师发生了导致四千多人伤亡的强烈地震。地震后，党和国家领导人时刻心系灾区。3月29号，刚刚就任国务院总理的中共中央政治局常委温家宝就来到地震灾区，视察灾情、慰问灾民，并特意前往巴楚县琼库尔恰克乡，看望6村党支部书记达吾提·阿西木。

　　同期声（达吾提·阿西木）：谢谢，谢谢总理来看望我。

　　同期声（温家宝）：你不要哭，我听过你的事迹。在这场大的地震灾害面前，你是个好党员，好支部书记。你一家6口人，遇难了5口，但是你还带领群众抗震救灾，党员干部都要向你学习。这次地震很大，但是震不倒共产党员和干部的意志。地震震垮了房屋，但是撞不倒我们干部党员的脊梁。有党在、有政府在、有党员干部在、有群众在，我们一定能把家乡建设好。

　　地震发生时，作为6村主心骨的达吾提·阿西木，顾不上从倒塌的房屋里抢救自己的亲人，冒着余震和村里的党员抢救被压在废墟里的乡亲。无情的灾害夺去了达吾提·阿西木的妻子、儿子和另外3位至亲的生命。然而，悲痛中的达吾提·阿西木想得更多的还是乡亲们，他失去了5位亲人，却拥有了更多的亲人。

　　同期声（温家宝）：全村的乡亲都是你的亲人，我也是。你记着，北京有个总理也是你的亲人。

　　同期声（达吾提·阿西木）：谢谢！谢谢！

2. 示例分析

（1）文本分析

　　《北京有个总理也是你的亲人》属于民生时政新闻。2003年2月24日，新疆巴楚—伽师发生的强烈地震导致4000多人伤亡。地震发生后，党和国家领导人第一时间来到地震第一线，视察灾情、慰问灾民。消息的主题是要突出党和国家领导人时刻心系灾区，鼓舞灾区人民重建家园的信心。节目播出的目的是要激发灾区人民战胜灾难、生产自救的斗志。温家宝总理对灾区群众的亲切慰问和深切关怀，使新疆各族人民进一步坚定了各民族兄弟团结一心、克服困难的信心和决心，并由此掀起了一场学英雄、做贡献的热潮。

　　该消息层次分明，导语部分揭示价值、确定基调；主体部分由达吾提·阿西木和总理的同期声构成,突出主题;背景情况的交代语气明朗充满感情,使事件的意义更加凸显;结尾再次使用达吾提·阿西木和总理的同期声,自然收尾。这条消息属于录音报道,其中使用了大量的音响材料,音响运用得当,在音响和串联语的相互配合中呈现出导语、主体、背景和结尾的结构特征,让音响再现现场表达主题。整条消息角度小、意义大,短小精悍,播报规范顺畅、清晰自然。文稿以鼓舞的基调播出。

(2) 表达分析

在突如其来的地震面前,达吾提·阿西木强忍着五位至亲罹难的巨大悲痛,团结带领村民奋起抗震救灾、重建家园,在最危难的时刻树起了一座共产党员不倒的丰碑。消息在温家宝总理专门慰问抗震英雄达吾提·阿西木这一特定场景里展开,"全村的乡亲都是你的亲人,我也是。""你记着,北京有个总理也是你的亲人!"等质朴的言语表现了温家宝亲民爱民、和蔼可亲的总理形象,更体现了党和政府对灾区人民的深切关怀和执政为民的工作作风。播音员在文稿的播报中,通过情景再现的方式深切地体会达吾提·阿西木顾不上从倒塌的房屋里抢救自己的亲人,冒着余震和村里的党员抢救被压在废墟里的乡亲,因而失去亲人的巨大痛苦,在情感的处理上既有刚毅坚卓的一面,又有悲痛隐忍的一面,自然得当地把一个党员的形象塑造得高大伟岸,使消息的播出达到了良好的社会效果。

另外,直接信息表达和间接信息表达的配合运用也是这条消息的一大亮点。在这条录音报道中,主人公的对话同期声已经将主题和宣传目的清晰地展现出来了,在会面现场,记者完整地采录到了达吾提·阿西木看见总理时失声痛哭的感人画面,强烈的视觉、听觉效果充分把电视新闻声画结合现场感强的特点体现出来,尤其抓住了"你是个好党员,好支部书记,党员干部都要向你学习""你记着,北京有个总理也是你的亲人"等总理对达吾提·阿西木肯定、关心的感人细节。后期编辑在处理这件作品时除了加了些达吾提·阿西木的背景资料外,大量运用了现场,使作品更加生动感人。这些都属于消息的直接信息,但是播音员没有满足于这些直接信息,而是将自己对主题的认识和深切的情感注入仅有的叙述语言(间接信息)中,使这则消息报道的舆论引导力更强,情感体现更加深厚,报道也更为鲜活,起到了以小见大的报道效果。

在这条消息的播报中,对重音的准确把握使得文稿的播读没有仅仅停留在浅层次的流畅上,体现出播音员在了解新闻背景和舆论导向的前提下对消息内涵的深层次呈现。以导语为例,重音落在了"心系灾区""视察灾情""慰问灾民"等处,突出了新闻的价值。同时消息的内在语对语气的导向作用也很直接,比如导语部分的内在语是"党和政府是人民的坚强后盾",语气中融进了深深的关切,语气重心也落在了后半部分,整个播报过程中的语速也处理得较为合理。

(二) 社会新闻

1. 示例:《劳模楼里无劳模》(辽宁人民广播电台,2003年12月6日)

鞍钢集团矿业公司为劳动模范建造的劳模楼日前终于竣工。可是令人不解的是:在张榜公布的分房名单上,竟然没有一位劳动模范的名字。昨天记者来到劳模楼时,看到新住户们正在忙着装修。

住户:我是一百五十二平吧,这属于三室一厅两卫。

记者：你是按劳模分呢，还是按处长分的？

住户：对，就是正处级。我这个楼有一个是技校的教育副校长，我楼下姓赵叫赵新，他是七选厂的党委书记，对门是高树清，他是生活服务公司的副经理。

说话的是矿业公司清欠办主任张贾林，他说劳模楼共有34套住房，面积都在140到150平方米，这些住房全都分给了公司的处级干部。劳模楼已经变成了"处长楼"，那为什么还要叫劳模楼呢？在矿业公司，记者看到了一份该公司建劳模楼的申请报告，报告中写道："鞍山市计委：我公司现有50多位省级劳动模范，他们大部分还居住在原来老结构的房子里。为改善他们的住房条件，拟建一栋住宅楼。"

对于这份报告，矿业公司副经理石伟解释说：我给上级报告，说我要建劳模楼，批的时候要顺利点。石经理说，近几年来，市中心区域建楼审批越来越严格，用劳模楼的名义向市里申请立项会容易得多。果然，这个立项得到了批准。

眼看着劳模楼变成了处长楼，鞍山矿业公司的职工们十分气愤：

职工甲：既然盖劳模楼，为什么名不副实呢？你挂羊头卖狗肉干什么？

职工乙：劳模们做了那么大贡献，这房子本应该分给劳模的，现在处长们都挤了进去，算怎么回事？

就在昨天，公司的"全国五一劳动奖章"获得者、省特等劳动模范韩玉喜，由于家中住房实在紧张，搬进了儿女为他租的一套35平方米的单间。

韩玉喜：科级干部也不能像咱们住房那么紧张、生活条件这么差，他们只能说利用劳模这个光环和这个荣誉，他们盖完了自己享用，咱们还有啥办法呢，咱什么办法也没有。

2．示例分析

（1）文本分析

《劳模楼里无劳模》的主题为揭露鞍钢集团矿业公司打着劳模旗号建楼却没有真正在该楼安置劳模的不正常行为，其目的是对这种现象进行社会监督与批评。

这则新闻稿可以划分为四个层次：第一个层次是报道当前怪现象：劳模楼变成了"处长楼"；第二个层次的内容是劳模楼变成"处长楼"的原因；第三个层次是报道职工群众对此现象的不满；最后一个层次的内容是公司的"全国五一劳动奖章"获得者、省特等劳动模范韩玉喜目前住房的困难和窘迫。文稿播出的基调是批评、监督。重点落在第二个层次。

（2）表达分析

从消息播报的情况看，播音员很好地把握了这则新闻文稿的主题、层次和基调，对整个新闻稿真正做到了心中有数，有的放矢，因此能够使听众在听完这则新闻之后，形成鲜明的批评态度。

在这则新闻稿的播报中，播音员在深入把握新闻的主题和逻辑层次之后，以现场采访的记者身份出现，在整个播报中始终使自己能够"亲临"现场，设身处地地获得现场感，并把这种"我在场"的真切感受很好地传递给了听众。例如：播音员在播到眼看着劳模楼变成了处长楼，鞍山矿业公司的职工们十分气愤以及劳模韩玉喜的窘境时，受众能够从中感受到播音员面对此种现象的愤慨之情和同情之心，并与之形成共鸣。

这篇新闻稿的宣传目的是引发社会对此现象的监督和批评，因此播音员在整篇文稿播报中采用的是一种客观的"冷处理"的语气,在平淡中传递给听众独到的讽刺意味,引发听众对此类现象的深思,以及对其他领域是否存在同样现象的联想和思考。同时,在一些细节处理方面,配合重音、停连的使用又有讽刺、气愤、同情的语气,多种语气配合和文中不同的身份对象,使得全稿的播报富有丰富的层次感和意蕴。例如:文中"可是令人不解的是:∧在张榜公布的分房名单上,∧竟然没有一位劳动模范的名字。"这里的几个停顿意在引起人们对此种怪现象的关注,属于以标点符号为依据的停连,又如:文中"劳模楼∧已经变成了∧'处长楼',∧那为什么还要叫劳模楼呢?"在这一句中,前两处虽然没有标点符号,但播音员在此处做了停顿,意在表达讽刺之义,属于根据文义和情感表达的需要来确定的停连。重音方面,例如:"劳模楼里∧无劳模"首先是在"劳模楼"后面用了一个停顿,引发注意,然后"无"字作了重音处理,引出此种现象之"怪",一方面激发听众的收听兴趣和欲望,一方面和正文要突出的问题产生呼应。又如:"劳模楼已经变成了'处长楼',那为什么还要叫劳模楼呢?"这一句里出现了三个重音,主要是为了形成一种鲜明的反衬,突出讽刺意味。

(三) 科教文卫新闻

1. 示例:《三峡发电啦》(湖北人民广播电台,2003年6月26日)

  各位听众,今天晚上7点30分,三峡电厂2号机组开始并网调试。开工十年的三峡工程第一次发出的强大电流,正源源不断地送入华中电网。
  中国长江三峡开发总公司副总经理杨清:"三峡工程十年建设,十年投入,现在终于发电啦,可以回报全国人民了。"
  三峡2号机组随后还将进行72小时连续试运行,然后正式投产。在目前135米蓄水水位情况下,它运行的最大负荷是54万千瓦,月发电大约4亿千瓦时。首台机组发电比原计划提前了46天,这将缓解目前华中、华东电网紧张的供电形势。
  制造、安装三峡2号机组的分别是VGS集团和中国水电八局。VGS集团运行调试总代表奥托先生:"这是世界上最大的水轮发电机组,它的并网调试成功,不仅是中国的奇迹,更是世界水电业的成功,这标志着世界水轮发电机组的制造、安装水平又达到了一个新的高度。"

2. 示例分析

(1) 文本分析

《三峡发电啦》是用广播短消息反映重大题材的一篇新闻。作品篇幅虽然短小,但信息量却很大。长江三峡枢纽工程建设,历经十年,终于在2003年先后实现了蓄水、通航、发电,而发电是三峡工程建设中最具里程碑意义的事件。《三峡发电啦!》这则短消息的主题就是要突出三峡首台机组发电这一举世瞩目的事的重大意义和贡献。

作品用1分15秒的简短篇幅,对三峡首台机组发电的意义、背景、对全国供电形势的影响、对世界水电业的贡献等,进行了充分的反映。导语是很简短的两句话,把时间、地点、事件交代得清楚明白。第二部分交待新闻的背景。第三部分是新闻主体部分,也是信息最密集的部分。作者只用了将近100个字,介绍了首台机组试运行和投产情况、发电时的水位、最大负荷、单机月发电量、提前多少天发电以及对全国供电形势的影响等。

消息的结尾部分点出三峡首台机组制造安装、调试发电和并网的成功对世界水电业的贡献。整篇消息的重点放在第三部分,基调是激越的。

（2）表达分析

《三峡发电啦》在短短的一分多钟的时间里,向听众提供了大量有效信息,不仅要让听众听清楚,还要让听众知晓这件事情的重大意义,这就对播音员的话语表达提出了很高的要求。从文稿的播报看,播音员准确地把握了三峡发电的背景、意义,能恰当把握重心,同时对情感态度的处理也较为到位。三峡发电是一件让全国人民都很自豪的大事,新闻播报时也应该是充满自豪和振奋的,但新闻要求客观、公正,因此播音员在表达感情时不能过度,而是要求恰当控制感情,有分寸地把握有声语言的表达。在这篇文稿的播报中,播音员在表达自豪感时,没有出现过热和冲动的情绪,更多激越的情感表达则是巧妙地运用和文字本身蕴涵的意蕴来表达的,如标题文字晓畅、朴实、并富有感情色彩。长江三峡开发总公司副总经理杨清短短一句话:"三峡工程十年建设,十年投入,现在终于发电啦,可以回报全国人民了"把三峡建设者的自豪感和喜悦之情表达得淋漓尽致。外国专家的评价,"不仅是中国的奇迹,更是世界水电业的成功"进一步深化了主题、增强了作品的权威性和说服力,整个播报通过客观叙述保持了新闻的客观性。

这种"冷静客观"的语气表达结合播音员恰当的停连、重音很好地完成了文本的表达。以第一段播报为例,重音放在了"并网调试""十年""第一次"等处,这样就把三峡开始发电这样一件令人自豪的事情带给人们的振奋的感情色彩一下子点染出来了。再比如第二段中,在每次关键数字出现前都有一个小小的停顿,其他部分自然连接,这样,一方面是引起人们对关键信息的注意,另一方面也是让人们深刻地体会到三峡发电的重大意义,突出报道的重点。

二、综艺与娱乐类

（一）游戏益智节目

1. 示例:《闯关到12》第13期(中央电视台法制与社会频道,2012年7月28日)

撒:青春不孤单,一起闯天下。大家好,欢迎收看中央电视台《社会与法》频道为您带来的暑期特别节目——《闯关到12》。今天,我们请到了几位专家。他们是:"全国青年联合会"委员——"新东方"执行总裁陈向东,欢迎您。青少年教育专家夏东豪,欢迎您。天津市律师协会未成年人保护专业委员会副主任于娟娟,欢迎您。今天来到我们场上的两支队伍,都是来自哪一所学校?他们的同学,又有着怎样的特点?我们先通过大屏幕来认识第一支队伍。

（介绍视频）

撒:掌声欢迎我们的三位来自天津的同学。这上来就把篮球带着了。打篮球打了多久了?

王:从六年级就开始打篮球了。

撒:六年级?打到现在?

王:嗯。

撒:给我们展示一下你的篮球技巧。来！掌声鼓励一下。

(王展示篮球技巧)

撒:我试试,来!(转球……掉落……)哈哈……来!你的(丢球给枫),这是他们队的。你应该算是前锋吧?

枫:嗯,前锋。

撒:打小前锋?

枫:嗯。

撒:速度快?

枫:对!

撒:原来是在学校练田径的?

枫:对!

撒:100米的速度能到多少?

枫:11秒吧。

撒:11秒?!哟,那相当专业了。

(枫点头)

撒:100米能跑到10秒的那基本上能参加国际比赛了。

枫:嗯。

撒:你呢?

丹:我怎么了?

撒:你是他们俩的拉拉队?

丹:对!

撒:荣幸地给大家介绍,他们的拉拉队就一个人……你也喜欢打篮球?

丹:喜欢,但不会。

撒:(玩球中,突然停顿)这个回答太出乎我意料了。(模仿女孩子)我喜欢打篮球……但不会。

丹:正在学,正在学。

撒:正在学啊?好!接下来,进入我们今天比赛的第一环节:急速竞答!

第一环节

撒:好,观众朋友们。欢迎回到我们的现场,现在我们要进行的是今天比赛的第一个环节——急速竞答。做好准备了吗?

王:加油啊。

撒:来!预备!开跑!

(三人开跑)

撒:好!亮了一盏。两盏,三盏,好!竹子都是空心的,对吗?

王:(上气不接下气)对!

撒:错!

撒:如果被甲鱼咬到手应该卡住甲鱼的脖子,对吗?

王:对!

撒:错!

撒：在足球比赛中香蕉球就是弧线球，对吗？

王：对！

撒：正确！

撒：通常我们开启矿泉水瓶的时候通常都要顺时针方向拧，对吗？

王：对！

撒：错！

撒：用手机拨打110报警电话要加区号，对吗？

王：不行儿！

撒：正确！

撒：荧光灯比白炽灯更节能，对吗？

王：不对！

撒：错！

撒：家用电器放在卧室里好吗？

王：不好！

撒：正确！

撒：在潮湿的场所使用电吹风会有危险，对吗？

王：会！

撒：正确！

2. 示例分析

（1）文本分析

《闯关到12》是中央电视台社会与法制频道2012年为暑期特别推出的一档游戏益智类节目，来自全国11个城市的48支参赛队的144名青少年选手参与了节目，它以"平安成长"为主题，将青少年普法与娱乐节目相结合，通过"急速竞答""一飞冲天""终极救援"三个游戏环节的激烈比拼，综合考验青少年的智力、毅力和体力。节目的目的是使参与节目的孩子们，从体能、智力和团队等各个方面接受全方位的考验，既学到了实用法律和防范知识，同时又增强了自我保护能力，锻炼并提高在各类社会关系中的合作和应变能力。节目共24集，每期节目由王小丫、撒贝宁、王筱磊、路一鸣轮流主持。

本期节目由撒贝宁主持，先由主持人亮相演播室，喊出节目口号，介绍节目嘉宾，然后通过小视频分别介绍参赛的第一支队伍，之后对队员进行演播室现场采访，紧接着进入第一个游戏益智环节"急速竞答"，三个参赛队员站到跑步机上开始跑步，达到一定速度指示灯亮，参赛队长开始回答主持人提问，回答期间指示灯不能熄灭。之后第二支队伍登场，重复以上程序。"急速竞答"环节后是第二个比赛"一飞冲天"，参赛队伍有120秒的闯关时间，两位队员要从悬挂的15个标识中挑出5个正确的标识，由悬挂保护绳的第三个队员从站台一端飞到另一端将标识挂在指定位置。第三个环节"终级救援"，两队选手根据一个小视频进行抢答。最后根据三个环节累计得分选出优胜队。节目的基调是紧张的。

(2) 表达分析

游戏益智类娱乐节目往往集知识性和竞技性为一体,因此除了要求主持人具备相关知识外,还能够较好地掌控现场。主持人要根据游戏预设环节,在自然推进节目向前发展的同时在现场随时抓取可以发挥的内容,即兴采访并当好裁判,在纪实性的过程中既营造娱乐氛围,又体现出充分的竞技色彩。

因此,这一类节目的主持人需要具有全方位的综合素质、较强的应变力和恰当的话语表达能力。在这一期节目中,撒贝宁的话语表达主要有三种形式:串联介绍、竞技环节互动和演播室舞台主持。在串联介绍中,撒贝宁的语言表达清晰、停连得当,通过重音的恰当处理使要表达的内容层次分明,有亲和力,具有一定的表现力和现场调动力。在竞技环节互动中,撒贝宁语言表达的特点是节奏急缓有序,突出参与感、互动性和竞技的现场感,对参赛队员关注度高,体验在其中,与参与者和现场观众融为一体。在演播室舞台主持中,撒贝宁对参赛队员的采访、互动亲切活泼,有幽默感和亲和力,使整个节目的其他众多环节可以很好地和演播室舞台现场融合在一起,同时还很好地运用了重音强调、语言停顿、语调夸张等表达技巧来凸显娱乐特色。

就总体而言,节目主持采用的是一种激越的语气,但在一些细节处理方面,又使用亲切、鼓励等语气,多种语气配合节目中不同的环节,使得节目紧张有序、活泼流畅。

(二) 电视晚会节目

1. 示例:《芜湖月·中华情》节选(中央电视台1套中秋晚会,2010年9月22日)

(开场歌舞《爱在中秋》)

鲁:尊敬的各位领导、各位嘉宾

梦:现场亲爱的观众朋友们

聂:电视机前的观众朋友们

张:全球的华人华侨朋友们

季:芜湖的父老乡亲

曾:大家

合:中秋快乐!

鲁:海上生明月,天涯共此时。此时此刻,我们是在中国安徽省的芜湖市为您现场直播《芜湖月·中华情》中央电视台2010年中秋文艺晚会,我是来自中央电视台的节目主持人鲁健。

梦:大家好!我是梦桐。

聂:晚上好!我是来自台湾的聂云。

张:我是张杨果儿。

季:我是季小军。

曾:我是曾宝仪。

鲁:今晚,我们真得感谢头顶上的这轮圆月,是它一泻千里的温暖清辉,将你我邀约,让全球华人的心在今宵、在此刻紧紧相连。

梦:月圆中秋,又是一年秋风浩荡守望圆月的美好夜晚,面对似乎同样的一轮圆月,今晚,您的心情是否一如往昔?那些美好的记忆是否还在?您是否还会对着明月遥寄祝福?

聂:今月曾经照古人,古人也曾望今月。正是这轮圆月让我们的心在岁月流逝之后依旧澎湃,潜在血脉里的故事逐一复苏,相信今晚,会给予我们新的感受和新的感动!

张:是的,今晚,我们在"皖江明珠、创新之城"的安徽芜湖,在湖光山色、风光绮丽的阳光半岛,在久远而又清新的徽风皖韵里,守望同一轮月亮。

季:芜湖是一座古老而又年轻的城市,地处长江下游南岸,早在两千五百年前,就因"湖网纵横、鸠鸟云集"而得名"鸠兹"。今晚,当粼粼的月光随着滔滔的江水随风荡漾,更将我们的祝福载向远方。

曾:今晚的圆月是博大的,能容得下所有的祝福和思念;今晚的圆月是多情的,无论您是在他乡还是正在旅途,披在身上的月光都是亲人温暖的目光

鲁:今晚,就让我们在中秋圆月下尽情歌舞,唱出我们今天的和谐与美好,唱出我们心中永远的

合:中华情!

(节目:《但愿人长久》《荷塘月色》《我记得我爱过》)

鲁:中秋的月光属于中国,也属于世界,此时此刻,第41届世博会正在上海举办,今日繁华的东方明珠正吸引了来自全球的目光。

梦:曾几何时,十里洋场既演绎过无数的悲欢离合,更承载过一代海外游子的故乡情怀。正是因为如此,今晚,我们特意选择了记忆深处的一组老上海风情歌曲,熟悉的旋律响起,一定会唤起海内外华人心中共同的回忆,更会让人感受到今日国际化大都市的强劲时代脉搏,为今天的中国喝彩。

(节目:《玫瑰玫瑰我爱你》《夜来香》《一年又一年》)

聂:听到这些熟悉的旋律,我们似乎又走进了时光隧道,又感受到了过去过中秋的那份珍贵记忆。每当天上月圆,地上人圆,我们总会合家团聚在融融月光下共享天伦之乐,共同思念梦中的故乡和远方的亲人。中秋节,这是中国人祖祖辈辈的一个古老约定,虽然,我们似乎重复的是吃月饼、看花灯、吃团圆饭、赏月的习俗,但更像践行一种爱的约定、传承着一份和谐美好的承诺。

张:接下来我们将共同感受到的是我国少数民族欢度中秋的欢乐场景。月光之下,此时此刻,无论是天山南北还是黄河上下,到处都是被月光点燃的激情,到处都是被月光照亮的脸庞。

聂:其实,全世界的月亮都是一样圆,一样明,却唯有在中华儿女的眼睛里,此时此刻会看见一轮全然不同的月亮。因为这轮思乡的月、象征着团圆的月早已刻上了每个炎黄子孙的民族胎记和悠久的文化命脉。

张:激情的旋律已经响起,让我们一起来感受这团圆的喜悦和温暖。

(节目:《次仁拉索》《月亮》《掀起你的盖头来》《你》《奔》)

季:中秋的月亮是看得见的,是我们头顶的这一轮圆满,是此刻华夏大地无处不在的月光。

曾:中秋的月亮又是看不见的,升在血脉里、传承中,将我们的生命普照。有很

多的时候,我经常不在家无法和家人一起过中秋,但每到这个时刻,只要能看得见月亮,或者看见中秋节的花灯,我就感觉到自己正和家人在一起,不会感觉到孤单。

  季:所以说赤子之心恋家园,游子心中永远有一枚中国的圆月。无论是身居何处,无论此刻的天空是晴朗还是雨声淅沥,都会有一轮散发着月饼的芳香和闪烁着花灯的温暖的月亮在心灵深处徐徐升起,将生活照亮,感受到一份牵引和来自故乡亲人的呼唤。

  曾:中秋的月亮其实就是你、是我、是他,是我们心中珍爱的那个人,心里想念、爱慕、相思的那人就在月亮里,有着皎洁而又美丽的脸庞。

  季:所以说中秋月的每一缕光线都是诗,诗里写满了相思;中秋月的每一缕光线都是歌,每一个音符里都充满爱恋。

  (节目:《最远的你是我最近的爱》《在我生命中的每一天》)

2. 示例分析

(1) 文本分析

  2010年9月22日晚,中央电视台综合频道、中文国际频道成功向全球观众直播了"芜湖月·中华情"中秋晚会。晚会融合歌曲、舞蹈、器乐演奏、戏曲等多种艺术形态,表达欢度中秋、思乡念亲、民族团结和盛世和谐的主题。晚会秉承了系列"秋晚""中国风"的创作理念,主打生态、环保的绿色文化品牌,结合徽文化的历史人文内涵,诗意地展示芜湖的生态自然环境。

  芜湖拥有厚重的文化底蕴,也是徽文化的重要腹地,这座历史悠久而又生机勃勃的江南名城充满了无穷的魅力。从2004年至今,每年"中华情"中秋晚会的举办地都选择在当代中国最具发展特色的城市。

  "芜湖月·中华情"中秋晚会舞美设计以传统的中国古典美学意境为主,目的是对徽派建筑的底蕴进行深度挖掘,结合芜湖的城市形象符号,将芜湖的标志性建筑"鸠兹广场""芜湖长江大桥"以及极富徽州风情的牌坊、青砖黛瓦马头墙等元素融入其中,彰显出"芜湖月"辉映下别样的"中华情",晚会由三个篇章组成,为全球华人营造了"秋水映徽州,月色浸芜湖"的特殊意蕴。基调是欢快的。

(2) 表达分析

  晚会是电视屏幕上一种很常见的综艺娱乐节目。每年的中秋,央视都要举办大型的中秋晚会,这已成为人们中秋赏月、吃月饼之外的第三个重要活动。

  晚会类的节目主持在话语表达方面要求主持人准确把握晚会的主题和基调,语言使用得体、声音优美、语言表达有节奏。这一档晚会由多名主持人共同主持,相互配合和谐,在语言表达上主要有以下几个特点:第一,基调和情感把握准确,把中秋晚会欢度中秋、思乡念亲、民族团结、盛世和谐的主题和"秋水映徽州,月色浸芜湖"的特殊意蕴表达得很充分。第二,用声通达圆美,语言表达有节律和美感。晚会类节目主持一般主持词都是事先写好的,除了现场采访的语言外,一般具有诗意的美感,特别是诸如中秋这一类具有特殊意义的晚会更是如此。在"芜湖月·中华情"中秋晚会中,主持人的用声配合典雅的文稿内容非常具有诗化特色,通过恰当的停连、重音的处理和语气、节律的把握来突出诗化特色,与晚会的整体氛围很契合。第三,语体把握适宜。这台晚会采用了朗诵体和讲述体。两种语体的恰当运用与晚会主持的内容、语境及形式配合得很好。朗诵体具有整齐的句式、抒情的内涵,主持人在这档具有特殊意义的晚会上没有把朗诵体处理为一般的散文句,而是配合晚会的特殊要求加入了交流的表达方式,极大地调动了观众的现场情绪,共同融入到中秋月夜的特定情绪之中。在介绍芜湖这个城市和演出节目及表演者时,主持人采用的则是讲述体,这些讲述加深了节目的内涵,突出了晚会的主题,并且还大大增加了晚会的信息含量。第四,语言表达有节奏,在把无声文稿转化为有声语言时,这台晚会主持人的语言转化自然、大方,语言的表达有节律感,相互之间的配合得当。

(三) 脱口秀

1. 示例:《天天向上·梅派艺术传承人梅葆玖追忆父亲畅谈艺术》节选(湖南电视台,2011年5月6日)

田源:欢迎梅先生!

汪涵:呦!

田源:哎哟,太时尚了。

(梅葆玖比 V 字手势)

汪涵:说实话刚开始一听说要录梅先生这期节目大家都挺紧张的……

众:是。

汪涵:但是没想到梅先生一上场这样的一个动作,哎哟!我们的疑虑都打消了。

众:感觉太亲切了。

汪涵:对!刚才在后台的时候梅先生跟我们见面都是拱手。

欧弟:对!

汪涵:今儿一上场对着我们现场所有年轻的观众来这个。(比 V 字手势)我们所有的朋友也还个礼,一、二、三……

……

汪涵:在"梅党"当中特别有名的人,多了去了呀。

梅葆玖:因为我父亲当时认识很多名人雅士,给我父亲写剧本的,当时叫齐如山。

汪涵:对,齐先生,两个齐,还有一个就是我们湖南的……

梅葆玖:齐白石。

众:齐白石先生。

汪涵:白石老人。

梅葆玖:还有徐悲鸿啊,张大千啊,吴湖帆啊,好多好多名画家,因为我父亲喜欢画画。

汪涵:对。

梅葆玖:他喜欢画画,也喜欢写字,所以这些名人雅士,既是朋友,又亦师亦友。

汪涵:其实我要告诉大家,就是梅先生当时结识的这些画家,那些画都老贵了。

梅葆玖:我父亲他是自己保留的,保留很多名家的画,当我父亲过世以后,我母亲就觉得,这些名家的画,应该交给国家保存。

欧弟:哇!

田源:涵哥的心啊。

欧弟:别激动!

汪涵:没有,没有,我不能这样,交给国家是对啊。

田源:大气嘛!

汪涵:我们就是小家子气了,觉得这是自己家里的,这留在家里也是个念想啊。

梅葆玖:因为你如果交给孩子们,这一代保存,到底下这一代就淡一点了,再到底下又淡一点了,很难把它保存得那么全。

汪涵:这就是大家风范。

欧弟:所以涵哥,你是不是也决定把你家的都捐出来呢?

田源:你要不捐到我们家?

汪涵:下一代就淡了。

田源:下一代又淡了。

梅葆玖:所以都交到了文化部了,一共三万多件文物。

汪涵:三万多件啊!

梅葆玖:三万多件,有画,有诗,还有书,还有古版的剧本,还有名家穿过的戏装。因为他几十年一直保存嘛,所以这个文化部,最后就决定,来我父亲的故居成立"梅兰芳纪念馆",把这所有的材料,都在那儿,然后轮番展览,让大家去看。

汪涵:我听说这个张大千先生,最后的一张画就是送给了您。

……

汪涵:当时啊听说,梅先生有一绰号,叫"梅半城"。

欧弟:你说事情没办成还是什么?

汪涵:什么叫事情没办成,没有办不成的事。

欧弟:是啊,那为什么叫"梅半城"?

汪涵:梅半城就是说,富有啊,北京城能买下半个城。

梅葆玖:其实我父亲,那个时候年轻,确实挣了很多钱,卖五块大洋十块大洋一张票,那就相当于咱们现在的是五千,八千,一万。那是叫包银嘛。他们说的一麻袋,一麻袋的这个。

汪涵:我要跟大家讲,当时梅先生是在上海天蟾大舞台演戏,我就算里面可以做一千人吧。

梅葆玖:三千人。

汪涵:各位,均价五块,三五一万五,一万五的大洋,梅先生当时到上海演出,一个月演四十场,我们就算三十场,一个月四十五万大洋。什么概念,当时在北京买一四合院,那个梅先生应该知道,大概是……

梅葆玖:大概是几百大洋就能买到很好的。

众:几百大洋就能买到好的四合院,一个月收入四十五万大洋。

欧弟:涵哥,不愧是"梅半城"啊!

汪涵:这只是一个月。

梅葆玖:他也没把这些钱留下,作为已有啊,去炒股票啊。

汪涵:那时候也没有股票啊。

梅葆玖:他也没去做生意,他就把这钱拿来请名家给我写剧本,再请名家给我设计舞台,再请名家帮我考虑我排戏的艺术资料那些事。另外,过年过节,同行有困难,他都拿钱周济。

田源:好人!

梅葆玖:那时候是这样的。

汪涵:这一点是大气,是京剧界有目共睹的。甭管是谁,戏曲行的,只要是小灾小难的,只要一到梅府,最起码五到十大洋。老妇人就是包上银元,拿去。

梅葆玖:逢年过节,都是"窝窝头",就是给每一家送银元、大洋,让你去买米买面包饺子。到京剧工会去领。后来抗战的时候,我父亲在上海不在北京了。每个春节,他还从上海寄钱到北京,周济同行过年过节。

钱枫:慈善家。

2. 示例分析

(1) 文本分析

《天天向上》是2008年8月湖南卫视开播的一档大型综艺娱乐脱口秀节目,节目的目的是让受众在娱乐之余,充分感受中华传统美德的精髓并借此发扬光大。节目采用歌舞、访谈、情景戏等多种多样的形式,传播作为千年礼仪之邦的中国礼仪文化。随着节目题材范围的拓宽,节目核心主题是青春励志,并将把"青春励志"和"传统礼仪"作为节目的一个制作目标,基调定位为轻松欢快。节目自开播之后获得了空前的成功,收视率在全国综艺娱乐节目中扶摇直上。

《天天向上》的主持形式在主持群主持方式中可谓是一枝独秀。它大胆地采用了四人及四人以上的主持群方式,最多的时候曾达到过七到八人。并且所有的主持人都是清一色的男性,皆为综艺界颇有名气的明星。同时,节目主持人分别来自中国大陆、台湾、韩国和日本,他们在节目中组成相亲相爱的"天天兄弟",从成员、人数和阵容上看,堪称内地主持超豪华阵容,外籍演员的加入使得节目更具国际化。多位主持人通过即兴采访、解说、现场谈话等多种话语形式,把倾听和表达、彰显与收敛、主动与配合、烘托与陪衬调试得很到位。

(2) 表达分析

《天天向上》成功的原因是多方面的,比如节目选题的新颖、表现元素的丰富、策划的独到、音乐舞蹈等辅助元素的展现、主持风格等等。这里主要是从节目主持人话语表达的角度进行分析。

首先是节目主持群的即兴表达。这是一档脱口秀节目,因此即兴的成分占了很大比例。即兴口语表达是指离开稿件的即席发挥、节目现场触发的口头表达、即兴点评或直播的临场应变以及采访或谈话节目中的非事先设计的问答,它具有临场发挥、灵活多变等特点,在表达上占有反应快捷、生动、自然的优势,但由于表达必须一次性完成,这给主持工作增加了难度,是对主持人在语言运用方面的一种挑战,它考验了主持人的临场应变能力、思维的敏捷和观察的敏锐度。这成为《天天向上》的一个亮点。

其次,主持群话语表达的幽默诙谐。幽默诙谐的语言是综艺娱乐节目话语表达的一个重要特质,通过幽默诙谐的语言使观众从中得到快乐,也使现场的气氛轻松愉悦。在这一期节目中,主持群的幽默诙谐无处不在。

再次,主持群的话语互动。多人主持的形式更容易营造热烈、欢快的气氛,在调动观众参与热情和调节节目现场气氛方面具有明显优势。多人主持的核心在于话语的互动。在《天天向上》主持群中,每个主持人都根据自己的特点有一定的分工偏斜,汪涵是主人群的领班大哥,由于他本人的组织能力、应变能力和控场能力比较强,所以一般由他来引出话题、实现话题转换和主导话题走向。欧弟是这个节目中的亮点人物,他来自台湾,之前在台湾已经小有名气,做过主持人、歌星还拍过电影,能说能跳能唱,善于模仿。他的临场发挥、机敏以及和汪涵的配合都很好,他充当的角色是配合汪涵共同推进节目。另外的几个主持人如田源,他在调动气氛、协调现场方面有自己的一套,他在节目中是欧弟的左膀右臂。钱枫毕业于上海戏剧学院,有一定的舞台经验和表演功底,他在主持群中年龄最小,他经常充当被开玩笑的角色,辅助和协调节目。在本期节目中,各个主持人基本上是按照上述的角色分工形成话语互动,共同完成自己在节目主持群中的任务,一起推动节目进程的。

最后,话语表达的留白,即倾听。主持人不但要善于表达、交流和提问,同时也要学会倾听。这一期节目是梅葆玖追忆父亲畅谈梅派艺术,作为梅派的第一传承人,他和父亲梅兰芳在一起生活多年,深谙父亲的旧事、人格和艺术,所以很多和梅兰芳相关的事经由他口中完整地说出,更具有吸引力和赢得更好的传播效果。主持人在这个过程中要学会倾听,因为投入情感的倾听方式,是一种鼓励采访对象说下去的最好办法。比如节目中梅葆玖先生谈父亲抗日的故事,主持人的倾听使梅葆玖的讲述更加完整,讲出了一些鲜为人知的细节。

三、生活与服务类

(一) 旅游节目

1. 示例:《世界那么大——泰国普吉岛》节选(台湾三立都会电视台,2009年4月24日)

  主持人:青翠丛林环绕湛蓝深海,金灿阳光撒在洁白沙滩,普吉岛天然的美景吸引上百万的观光客驻足,更是多部好莱坞电影拍摄的取景地点。岛上生产的橡胶,每年替泰国赚进千亿外汇。媲美黄金身价的野生燕窝,品质世界第一。丰富的物产,让普吉岛成为泰国最赚钱的岛屿。它是散落在安达曼海的璀璨珍珠。

  ……

主持人:小豫儿现在是在整个巴东海岸最热闹的一条街,这地方林立着很多Pub,而且有很多外国观光客在这里。

  萨瓦迪卡(你好)!

这里的人穿着很特别,看他们戴的帽子,这些帽子是哪里的帽子?阿卡族。阿卡族是泰国北部的一个族,在北部清迈那边的山区,那里很多都是泰国少数民族的东西。……这些是我们清迈少数民族的饰品。我来戴一下看看是什么样子,这是阿卡族的帽子,好像魔术师戴的帽子。……这个是"青蛙",这个多少钱?两百块。两百块,这么贵?卖给老外两百块那你卖给我多少钱?他说你买的话给你优惠,一百五十块就卖给你。真的吗?OK,好,那我们跟他买一只"青蛙"好了。

……

主持人:夜晚的普吉岛是安达曼海域上的不夜城,沿着海滩的巴东夜市,是观光客消磨时光的寻欢地,难怪全泰国不分种族都想挤进这块黄金地段做生意,小豫儿身后还有前面呢,有一大堆的外国观光客坐在这里,这里是巴东海滩的海鲜大排档。在普吉岛想要填饱肚子就一定要来这里,因为在这里可以吃到各式各样的不同海货,而且小豫儿不用出海捕鱼就可以吃到今天最新鲜的海鲜。到底有多好吃呢?赶快来!

你好!你会讲中文?一点点?太好了。那你会用中文帮我们介绍这个鱼吗?有鱼,有鳗,有螃蟹,这是活着的,你看它还在动,有没有看见。赶快把它放下去,小心被咬。还有,我看到这里各式各样不同的鱼,那是虹鱼吗?我没有吃过虹鱼,这个好吃,炒辣椒。不要太辣。这是大龙虾吗?对,大龙虾,这是今天刚捕到的吗?昨天捕到刚刚送过来的。在这边是不是就算是最大的龙虾?你看他的那个好漂亮哦,这个怎么卖?每公斤是两千泰铢,我看,两公斤重,四千块泰铢,这算贵还是便宜,摄影师?在台湾吃得到吗?吃不到吧。吃不到吗?那我们就吃。今天既然来到了普吉岛巴东海岸,吃!好,就是这只了。要价一万台币的七彩龙虾在这里只卖四千泰铢,这全都是因为普吉岛四面环海,地处印度洋的安达曼海域上。温暖的洋流带来丰富的鱼群,各类生猛海鲜是这里最天然的宝物。

价钱自然很让人心动。有没有看到小豫儿面前丰盛的海鲜。尤其是这只大龙虾。有不同的料理方式,小豫儿一定要先从这只龙虾吃起。因为真的很大,你知道吗?刚刚我们的摄影师说,他上次在台湾吃这么大一只龙虾大概要一万多块。这一只呢,我们刚刚杀价杀到三千多泰铢,是不是很便宜呢?开动,很好吃,它的肉很有韧性,而且用蒜炒肉一点也不老,很好吃,而且他的蒜好香哦。这个是刚刚我们说的那个鬼鱼,也就是虹鱼,它长得很恐怖。可刚刚使用炸的料理,所以吃起来不知道是什么味道。这里不知道是它的哪个部位,是尾巴吗?还是比较接近尾巴的地方?跟我想象的完全不一样,我以为它的皮是很硬的。它是有一点点咬不动,但是它的肉质是细的。我刚刚看它长得那个样子,我会觉得它可能就是硬硬的,老老的,像龟甲一样。可它的肉质是细的。皮有一点点弹性,带韧性的。最重要的是用黑胡椒的料理来烹饪,吃起来完全没有腥味。好吃!好吃!

2. 示例分析

(1) 文本分析

随着社会生活水平的不断提高,旅游成了中国人的时尚话题和越来越多人的生活需求,而电视旅游节目也如同雨后春笋般地出现在各大电视台的屏幕上,如北京电视台的《好山好水好心情》、新疆电视台的《走进新疆》、中央电视台的《世界遗产之中国档案》等。

旅游类节目一般有两种类型。一种是历史文化纪录片类型的,采用的是精美的实景拍摄外加具有浑厚文化意蕴的解说词,诗意盎然而又富有哲思的解说使逝去的历史与抽象的文化呈现在受众面前。第二种就是外景主持人充当导游,一路走,一路说,介绍旅游景点、旅游路线和旅游常识,是一种体验式的样式,虽然这种类型不如第一种精致,但因为对现实旅游的指导性更强,趣味性更浓,所以观众群体也相对多一些。

《世界那么大》是我国台湾旅游观光类综艺节目,由台湾三立都会电视台制作,节目的目的是带领受众周游世界,体验世界各地不同的风土人情,展示不同的自然、人文景观魅力。节目由相对固定的主持人采用参与式、体验式的方式进行主持,足迹从四川、云南、日本、越南到印度、土耳其、埃及、荷兰、比利时……每一期都带领观众到不同的地方。节目的重点部分落在对自然人文景观的体验上,节目整体的基调是轻松、欢快的。这一期节目观光游览的地方的是泰国的普吉岛,节目的主题是通过体验普吉岛的风土人情,展现普吉岛的魅力。

(2)表达分析

每一类节目的话语表达方式都要视节目的宗旨、主题和目的来定,旅游类节目播出的目的可以是普及旅游知识、指导现实中的旅游、改变惯性的旅游观念、传达旅游的乐趣、展示健康的生活方式等。

《世界那么大》这个节目的目的主要是要普及旅游知识、指导现实中的旅游、传达旅游的乐趣,所以在话语表达上很活泼。这也是它为什么采用主持人参与式、体验式的方式主持节目的原因。因此在这期节目中,主持人说话的节奏较快,语言很密。语势上扬明显,语调多变,活泼欢快。吐字发音虽然带有浓厚的台湾腔,但总体上接近日常说话,交流感非常强。与那种采用诗意盎然富有哲思的解说展现逝去的历史与抽象文化的历史文化纪录片类型的旅游类节目相比,这种类型的旅游类节目在语言表达上具有很强的渲染性,情绪的流露也非常明显。例如,节目中类似的表达很多,"小豫儿不用出海捕鱼就可以吃到今天最新鲜的海鲜。到底有多好吃呢?赶快来!"这是一种邀约的语气,主持人的状态是轻松自然的,语气轻快活泼,传达出一种明显的快乐情感和欢快情绪,能调动起观众的兴奋感和参与感。又如,"最重要的是用黑胡椒的料理来烹饪,吃起来完全没有腥味。好吃!好吃!"语气带有很强的现场感和体验性。主持人在停连和重音的处理上也相应配合了这种语气和基调,虽然有时候略显夸张但总体上是和谐的。

(二)美食节目

1. 示例:《舌尖上的中国·自然的馈赠》节选(中央电视台纪录频道,2012年5月14日)

中国拥有众多的人口,也拥有世界上最丰富多元的自然景观——高原、山林、湖泊、海岸线。这种地理和气候的跨度,有助于物种的形成和保存,任何一个国家都没有这样多潜在的食物原材料。人们采集、捡拾、挖掘、捕捞,为的是得到这份自然的馈赠。穿越四季,我们即将看到美味背后人和自然的故事。

云南香格里拉,被雪山环抱的原始森林,雨季里空气阴凉。在松树和栎树自然混交林中,想尽可能地跟上单珍卓玛的脚步,不是一件容易的事情。卓玛和妈妈正在寻找一种精灵般的食物。卓玛在松针下找到的是松茸——一种珍贵的食用菌,这种菌子只能在没有污染的高海拔山地中才能存活。这只松茸的伞盖已经打开,品质不好。松茸属于野生菌中的贵族,在大城市的餐厅里,一份碳烤松茸价格能达到

1600元。松茸的香味浓烈袭人,稍经炙烤就会被热力逼出一种矿物质的馥香,这令远离自然的人,将此物视若珍宝。

吉迪村是香格里拉松茸产地的中心。凌晨3点,这里已经变成一个空村,所有有能力上山的人,都已经出门去寻找那种神奇的菌子。穿过村庄,母女俩要步行走进20公里之外的原始森林。即使对于熟悉森林的村民,捡拾松茸也是一项凭运气的劳动,品质高的松茸都隐藏在土层之下。妈妈找寻着两天前亲手掩藏过的菌坑,沙壤土层中果然又长出了新的松茸,可惜今年雨水不足,松茸太小。

酥油煎松茸,在松茸产地更常见。用黑陶土锅溶化酥油,放上切好的松茸生片,油温使松茸表面的水分迅速消失,香气毕现。高端的食材往往只需要采用最朴素的烹饪方式。以前藏族人都不爱吃松茸,嫌它的味儿怪。原来的松茸也就几毛钱一斤,可是这几年,松茸身价飞升。一个夏天上万元的收入,使牧民在雨季里变得异常辛苦。松茸收购恪守严格的等级制度,48个不同的级别,从第一手的产地就要严格区分。松茸保鲜的极限是三天,商人们以最快的速度对松茸进行精致的加工。这样一只松茸在产地的收购价是80元,6个小时之后,它就会以700元的价格出现在东京的超级市场中。

卓玛挤在人群中,上午捡来的松茸品质一般,她心里很着急。刚刚过去的一天,卓玛和妈妈走了11个小时的山路,但是换回的钱很少。错过雨季的这一个月,松茸就会消失得无影无踪。全家人期待明天的好运气。

云南只有两个季节——旱季和雨季。从每年的11月开始,干燥而温暖的风浩浩荡荡地吹上半年,等到5月底,雨水才抵达迪庆藏族自治州的香格里拉。大雨让原始森林里的各种野生菌都迅速疯长出来,但是杂菌不能引起卓玛和妈妈的兴趣。大雨是自然给的礼物。在相同付出的时候,好的运气带给卓玛更多的收获。松茸出土后,卓玛立刻用地上的松针把菌坑掩盖好,只有这样,菌丝才不被破坏。为了延续自然的馈赠,村民们遵守着山林的规矩。

松茸的味道虽然独特,但是流行在餐桌上不过30年。在中国的传统食谱中,还有另外一种来自山林的极品美味。取最新鲜的冬笋切寸段,下重油,加各种调味料,即成为江浙一带最常见的家常菜。

在中国,有很多人依靠竹林生活,他们也是了解竹笋的高手。老包是浙江人,他的毛竹林里,长出过遂昌最大的一个冬笋。冬笋藏在土层的下面,从竹林的表面上看,什么也没有。老包只需要看一下竹梢的颜色,就能知道笋的准确位置。

在这一片了无生机的土层之下,正有冬笋萌发。冬笋时令性极强又难以保存,一棵冬笋去掉笋衣之后,可用的部分所剩无几。中国厨师爱它,也是因为笋的质地单纯,极易吸收搭配食物的滋味,尤其是与肥腻的肉类脂肪可以形成美妙的平衡。

浙江的老包找笋,先找到4年生的竹子,顺着竹鞭挖,找到笋之后轻刨轻取,不伤根。笋取出来,要盖好土,就地利用自然可以保鲜两周以上。

在中国东部的浙江一路向西南1500公里,就走进柳州盛夏的竹林。阿亮是广西人,他的竹林里生长的是大头甜笋。通常而言竹笋破土而出见风则硬,如果不及时采挖就会苦涩变老。阿亮家的笋属于夏天生的鞭笋,口感远不如冬笋鲜嫩,但这种笋正是用来制作柳州酸笋的原料。

2. 示例分析

（1）文本分析

2012年5月，酝酿和筹备了一年多的《舌尖上的中国》在央视综合频道播出，凝聚了无数创作人员心血的片子终于得到了丰厚的回报。这是一部被称为美食版"动物世界"的美食类纪录片，摄影师走遍了中国南北的众多市镇，其中不乏很多偏远的山区，用细腻的镜头记录了中国的万千美食。

全片共七集，每一集都有不同的主题，它一反同类纪录片重在介绍美食的创作思路，把食物的话题延伸出去，以食物为主线，谈人文，谈历史，谈人类与美食的各种渊源、谈人与社会的关系，将观众带入对于美食、家乡、年迈的父母、温馨的家庭的回味或回忆。同时，在串联中国各地各种美食的过程中，也把中华民族饮食背后的文化核心，中国的传统文化，中国人的价值观、审美追求、生活哲学等深层次的内容挖掘和表现得韵味十足。纪录片讲到上海美食说："上海的南货店，'就是上海这样一个移民城市的一座座的味觉纪念馆'"，这句话概括得很好，美食、味觉代表了一座城市的文化性格和历史轨迹，编织出了埋藏在城市肌肤深层的文化底蕴。正如片子的总导演陈晓卿总结的那样："《舌尖上的中国》以美食引出传统文化，再延伸到中国人的生活价值观，这是节目的精髓"。中国传媒大学中国纪录片研究中心主任何苏六在评价节目时说道："题材的选择让该片几乎没有'文化折扣'。主创从'吃'入手，展现了独具特色的中国本土文化。"

作为节目的第一集，《自然的馈赠》通过美味背后人和自然的故事所要表达的主题是：当我们远离自然享受美食的时候，最应该感谢的是这些付出劳动和智慧的人们，而大自然则以她的慷慨和守信，作为对人类的回报和奖赏。节目的目的是激起广大受众对劳动者的敬意。这一期节目由几个紧扣主题的和美食有关的劳动者的故事组合而成，几个部分之间是平行关系，共同为展现主题服务。节目的重点放在展现美食背后劳动人民辛勤劳动的故事上，整体的基调是平实的。

（2）表达分析

《自然的馈赠》的解说采用的是一种真诚、平实的话语表达风格，感情丰厚，语意深广，追求的是一种深沉、朴实、含蓄的美感，带给受众无尽的回味与思索，让受众在情感共鸣中达到审美愉悦。

情感表达方面，真诚地、有节制地、适度地调控自己的情绪，营造真挚的抒情氛围。《自然的馈赠》的主题是大自然慷慨回报人类，当我们享受美食的时候，要对那些付出劳动和智慧的人们心存感激。李立宏在处理这段解说时，情绪不夸张、不造作，在平和客观中饱含了深沉的情感，感情沉稳、克制，适度，把对从事艰苦劳作的劳动者的深深敬意体现出来。因此，在这一段声音和画面的有机结合中，受众内心会有一种涌动，平时餐桌上这种普通得不能再普通的食材让我们突然间觉得很神圣，每一片洁白的藕片下面让我们感受到了它的来之不易。

语气运用方面，客观、含蓄、自然。《舌尖上的中国》是一部以美食为主线，展现人与食物、与自然、与社会关系的纪录片。真实美、意蕴美、思辨美是其创作的审美追求。在展现这种审美追求中，语气的恰当运用是很重要的。它和故事片的语气运用不一样，很注重在记录过程中展示真实的美,在和画面的配合中展示意韵的美,在客观的观察中展示思辨的美。

节奏方面,平稳中又不乏细致、丰富的变化。片中六个故事是呈线性来叙述的,每个故事的分量基本平均,共同讲述着大自然馈赠的故事和主题,整体的节奏是舒缓平和的,但在每个故事中,当主人公面对困难、紧张或有心理波动时,播讲者跟随主人公的内心感受也会产生相同的感受,体现在节奏上就有了一些细致丰富的变化,出现了辅助节奏。除了以上所分析的主导节奏和辅助节奏配合,体现细致丰富的节奏变化之外,《自然的馈赠》中还采用了一种在对比中体现节奏变化的方式,包括欲扬先抑、欲抑先扬、欲重先轻、欲轻先重、欲停先连、欲连先停、欲快先慢、欲慢先快等。在语流中把鲜明对比的声音形式用转换和交替的方法演绎出来,使受众感受到色彩变化、语流起伏和疾缓相间的变化。

(三)健康节目

1. 示例:《中华医药·癌症可能吃出来》节选(中央电视台4套,2012年8月1日)

  主持人:珍爱生命,关注健康。观众朋友,您好!欢迎收看这一期的《中华医药》。社会不断发展,生活逐渐改善,大家的饮食习惯也悄悄发生着变化。我们身在其中,感觉不到有什么不同,但是当疾病突然来临,回头再看,才发现很多跟"吃"有关的内容和习惯,原来是很大的健康隐患。本期节目,咱们就讲几个这样发人深省的故事。

  解说:2008年6月,退休在家的天津市民董女士,经常感到肚子莫名其妙地难受。

  董女士:……

  解说:反反复复的肚子疼,让董女士忍受了1个月,后来她在卫生间里又遇到了麻烦。

  董女士:……

  解说:董女士终于走进了医院的诊室,但是那次不得已的体检,结果却是个晴天霹雳。

  董女士:……

  解说:检查的结果非常清楚,一直不愿意去医院的董女士,已经患上了结肠癌。住进医院等待手术期间,她依然没有从癌症的打击中回过神来。

  董女士:……

  董女士的丈夫:……

  天津市肿瘤医院结直肠肿瘤科主任医师柳建中主任医师:……

  解说:那么,董女士又有什么样的饮食习惯呢。

  董女士:……

  解说:几十年来,无论多忙多晚,董女士也要赶回家吃饭,因为她觉得丈夫做的菜是最好吃的,可是为什么自己家的菜这么好吃呢?董女士的丈夫对此心知肚明。

  董女士:……

  董女士的丈夫:……

  解说:逢菜必过油,二三十年来天天如此,董女士的丈夫说,一顿饭做下来油的消耗是相当大的,到底用了多少油呢?他给我们大致估算了一下,把自己做一顿饭用的油倒进量杯里,居然将近380毫升。

天津市肿瘤医院结直肠肿瘤科主任医师柳建中:……

解说:美国波士顿大学曾经做过这样的试验,给三组大白鼠的饲料中加入相同剂量的致癌物,第一组加入了大量的植物油,第二组加入大量的动物性脂肪,第三组给的是低脂肪饮食。喂养一段时间之后,摄取大量植物油的大白鼠发现100%发生了肠癌;摄取了大量动物脂肪的第二组大白鼠85%发生了肠癌;而第三组给了低脂肪饮食的大白鼠却只有50%发生了肠癌。可见油脂摄入过量会增加患肠癌的风险,对董女士来说,吃油太多再加上她的另一个饮食习惯,这个风险就更大了。

董女士:……

解说:多油、多肉,董女士家的餐桌上,蔬菜水果之类很难见到。

董女士:……

解说:就这样,也不记得从什么时候开始,董女士还添了新的烦恼。

董女士:……

天津市肿瘤医院结直肠肿瘤科主任医师柳建中:……

主持人:董女士家曾经每做一顿饭,要用掉380毫升的油,如果要是一家三口的话,平均每个人就接近130毫升,就算是吃进了三分之一,那也是40多毫升,而营养学家建议的食用油量,是每人每天不超过25毫升,您看她如此的食用油量,当然会导致营养失衡了,甚至会有致癌的风险。但是,如果要是身体经过代谢,能够把这些油脂排出去的话,同样也会降低风险,而我们看到董女士的饮食结构当中,是缺乏蔬菜水果和粗粮的,所以导致她长期便秘,这个便秘就会让粪便中的致癌物质,与肠粘膜接触的时间增加,这样一来就有利于大肠癌的发生了,而如果癌细胞已经形成,依然食用大量的油,那就更加助长了它的势力。所以说,食油量过大再加上便秘,很可能就是董女士患大肠癌的原因,但是当把这些弄明白之后,她已经因为癌症不得不住院等待手术了。

董女士的丈夫:……

解说:董女士现在油吃得少了,特意多吃含膳食纤维多的食品,还学会了一道解油、通便、还抗癌的养生粥,名字叫做茯苓薏仁红薯粥。来看看这道茯苓薏仁红薯粥都用了哪些原料:茯苓15克、薏仁50克、红薯50—100克、茄子50克,长茄子、圆茄子都可以,粳米100克、陈皮10克。首先她要做一下准备工作,把红薯去皮切成小丁,接着把茄子也切成小丁备用。对于油脂摄入过多还伴有便秘的人群来说,这道药膳是非常适合的。

北京中医药大学李峰教授:……

解说:那么这道药膳里解油腻的另一个秘诀——"通",又是哪些原料起到的功效呢?

北京中医药大学李峰教授:……

解说:来看做法。原料准备好之后,把洗净的薏仁、粳米放进砂锅里,加入适量的开水,用大火煮开,煮到粳米和薏仁半熟的时候,把红薯丁、茄子丁、茯苓和陈皮全都倒进去,然后改成中火,煮40分钟,一直煮到粥成黏稠状,就做好了。董女士终于领悟到,对自己好不是一味随心所欲,让身体尽量处于一种平衡的状态,才是真正善待自己。

董女士:……

主持人:据了解,包括结肠癌在内的大肠癌,发病率是呈逐年上升趋势的,而且经济越发达的地区发病率越高,城市高于农村,大城市又高于中小城市。不难推测,这可能和食用油摄入量等饮食方面的因素有关系。据研究人员分析,男性大肠癌患者当中,大约有50%的发病因素和饮食有关,而女性大肠癌患者当中,大约有67%的发病因素和饮食有关。董女士患病之后,同样是高油脂摄入者的丈夫,深受震动,现在也非常注意饮食的平衡。中医讲"饮食有节",吃什么都要有个度,另外为了健康,您还可以记住这句话"爱吃的东西不多吃,不爱吃的东西不少吃"。还有,就是怎么吃也应该注意,因为吃的方式方法不当,也同样有致病的风险。

2. 示例分析

(1) 文本分析

健康类电视节目是以普及健康知识、介绍诊疗保健方法、倡导健康理念等为主要服务内容的电视服务节目形态。《中华医药》栏目于1998年6月在中央电视台国际频道正式开播,2002年9月进行全面改版后栏目扩版为每期节目时长50分钟。栏目以"关爱生命健康,服务全球华人"为主旨,目的是向海内外观众传播中华传统医药文化,提供权威健康服务。

作为中央电视台唯一向海内外传播中医药文化的大型健康栏目,《中华医药》以高品位的文化气质和独特的人文关怀,致力于中国传统医药文化和权威健康资讯的传播。该栏目体现了各类观众不同的兴趣和需要,涉及了中国传统医学、生活习惯和伦理道德等内容。节目由几个板块构成:《健康话题》关注健康热点、倡导科学的生活方式;《医药名家》聚焦中华名医、人格化展示中华医药的文化内涵;《洪涛信箱》为海外观众寻医问药提供健康向导;《专科门诊》探讨解除患者疾病痛苦的良方;《养生有道》传播中华养生文化等。

《中华医药》主要采用跟老百姓聊天儿、拉家常的方式,通过发生在观众身边的故事来集中说一个主题。本期节目《癌症可能吃出来》以三个平常人的故事来说明癌症可能是由于不良饮食习惯导致的。节目的重点放在主持人采访对问题的解决方法上,通过专家指导,分析病症产生的原因,然后对症下药。整个节目的基调是平和、亲切的。

(2) 表达分析

健康类节目的总体目标是针对健康问题进行解释,提供给受众切实的帮助和相应的指导,节目的针对性非常强。所以这一类节目对节目主持和解说的整体要求是:体现服务性,彰显实用性,展现人文关怀。《癌症可能吃出来》解说的交流感是很强的,体现在语气的表现形式上,就是亲切和谐的色彩,播读时虚实结合,平中有变,就像在和受众面对面话家常。节目总体的节奏是舒缓的,声音略高但不着力,语势有跌宕,多舒展,语速适中。

由于要切实为受众解决健康问题,在实用性方面体现服务性节目的宗旨,节目主持人在专家指导之后进行的一些总结性解说的知识性较强。在这一期节目中,总结性的解说放在每一个案例讲完之后来进行,这一段话语表达的特点是:清楚明白,让人一听就知道应该怎么做;口语化,让人听起来自然晓畅;用数字说话,有权威性和说服力;结合观众身边的故事来小结,交流感强。

四、科技与社教类

(一) 自然科学

1. 示例:《见证·发现之旅之"人造头骨"》节选(中央电视台科技频道,2005 年 5 月 26 日)

(字幕:病人姓名:金林 年龄:六岁 入院时间:1999 年 4 月 入院原因:车祸 头部受损几小时后)

手术一切顺利,小病人金林保住了性命。然而,主治大夫却完全不是一副手术后的轻松模样,因为对金林来说,他将面临的手术才刚刚开始。这是金林手术后所拍的 X 光片,车祸使他的头骨粉碎性破裂,主治大夫不得不取下他所有的头骨碎片,最终留下了这样一个窟窿,这就意味着在大约三十立方厘米的面积里,金林的头颅完全没有头骨的保护,作为生命中枢的大脑仅仅被一层脑膜覆盖着,几乎等同于暴露在任何危险之下。对金林的主治大夫来说,补好他头颅上的窟窿,让他还原完好如初的状态,才算是成功的做完手术。然而,他清楚地知道,这是一个世界性医学难题,不仅自己没有办法完满地结束手术,即便是世界顶尖的外科大夫,也只能用一些弊端重重的办法勉强解决问题。这一年金林才刚刚六岁,等待着他的,到底是怎样的命运?

这里是上海市第九人民医院的动物试验室,也就是在 1999 年的 4 月,一个极少人知道的试验开始了。这只被全身麻醉的小狗,正在等待的手术就是修补颅骨缺损的手术,主刀大夫正在做着准备工作。他叫曹谊林,在第九人民医院整形外科,他可以说是第一把刀。就在这个简陋的试验室里,曹谊林将使用一种前所未有的方法——人造头骨来填补小狗头骨上的缺损,这是他已经筹备了七年的计划。七年来他一直着力于一项理论的研究,到现在,如果他的人造头骨试验成功,就将成为那个理论发挥实际效用的第一个标志,那是一个名叫组织工程学的理论。

(采访曹谊林:我们的组织和器官都是由细胞构成的,我们现在也能够用科学的方法把这些细胞给它分离,然后在体外给他培养扩增得到大量的组织细胞,我们能不能把这些细胞再回植到我们肌体,来达到修复组织器官缺损的目的呢?)

组织工程学正是这样一种理论,它试图解决如何用细胞修复器官缺损的问题。1992 年曹谊林在美国刚刚接触到这个理论的时候,那还仅仅是一个有一定基础的构想,即便是美国科学家瓦康迪也万万没有想到,一个来自中国的整形大夫竟然把这个构想活生生地展示在世人面前。那就是 1994 年轰动美国的人耳鼠试验。曹谊林用一种特殊材料做成耳朵的形状把活体干细胞培植其中,然后安置在老鼠背上,经过细胞的生长,耳朵最终成为老鼠身体的一部分,这就是组织工程学最生动的图解。七年后,曹谊林在狗的身上做起了更具有实际意义的试验。他的目的十分明确,要做人造头骨,通过培植活体干细胞,制造出能和原来的头骨融为一体的骨片。这是一个和人耳鼠不可同日而语的试验,老鼠背上长出人耳只是万里长征走出的第一步,接下来就是怎么把这个试验进一步向临床医用靠近,所以我们必须要在大动物身上做同样的试验,我们就选择了狗、羊、猪这些大动物,因为只有这些大动物才有免疫功能。一旦曹谊林在具备免疫功能的狗身上做的人造头骨的试验成功,修补人类颅骨缺损这个临床上的世界难题或许就将有一个相对完美的解决方案。然而这个试验将面临怎样的困难,设想的每一个步骤是否行得通,最终能不能发挥预期的效用,所有的疑问即便是已经成功做完人耳鼠试验的曹谊林在一开始也根本无从想象。

(字幕:金林车祸后一个月)

金林已经在医院里度过了整整一个月时间,他知道自己还要等待一个手术来补好头上的窟窿,然而事情似乎非常麻烦,尽管主治大夫经常回来看他,却始终没有提起那到底会是一个什么样的手术,又将会在何时进行。父亲和母亲也总是一副忧心忡忡的模样,他们常常跟在主治大夫身后走出病房,似乎总有问不完的问题,那个手术到底有多么困难,像这样的拖延还会持续多久呢?在曹谊林的试验室里,小狗将要面临的颅骨修补,并不只是一次手术那么简单,那将是一项繁复而缜密的医学工程,抽取骨髓,可以说是这个试验最基本的一个步骤。用以修补颅骨所需要的组织干细胞,就将从骨髓当中提取出来,这样一管小小的骨髓含有的组织干细胞微乎其微,而曹谊林就是要用这一点点的组织干细胞作为原料生出一整块颅骨组织。听起来那简直像天方夜谭一样的神奇,然而曹谊林必须这么做,这是一项针对临床治疗的试验,将来要面对的病人不可能任由医院抽取无限量的骨髓,所以曹谊林必须做到用少量骨髓就能发挥效用。

在曹谊林的组织工程试验室里,小狗的骨髓将经历一系列复杂精密的处理过程,曹谊林在做着离心骨髓的准备,这也是一个经历过成百上千次摸索的步骤。加入离心液的比例、离心机所选择的转速等等因素都十分讲究。一切都是未知,一旦在某个细微的环节出现意外,就有可能全盘皆输,从头再来。而这样的反复在临床上是根本经受不起的。

(字幕:金林车祸后一个半月)

金林的手术方案终于初步确定,主治大夫请来了金林的父母。关于即将要发生的手术,许多地方都需要详细解释。

2. 示例分析

(1) 文本分析

《见证·发现之旅》是中央电视台《见证》栏目每周五固定播出的一档节目。栏目的宗旨是以科学的态度和视角揭示科学领域中各种各样的问题。之所以冠名为"发现",是因为节目力图通过深入地挖掘事物表象背后的科学意义,让受众真正了解到该类科学问题的实质和意义,从中体会到发现的魅力。发现本身应该是一个过程,因此栏目打破了一般意义上传统的科教片只注重传达科学结果的思路,改用生动的、真实纪录加再现的方式,用讲故事的手法把抽象的科学问题附着在具体的可经历的故事上,让观众在感受中追寻、在追寻中探索、在探索中体会探知未知世界秘密的乐趣。栏目的讲述和拍摄过程实际上就是一次带领观众进行科学揭秘的旅程。

《人造头骨》带领观众去探秘的是一项当下医学界的顶尖技术——组织工程学。这是一种试图解决如何用细胞修复器官缺损问题的理论，是一项繁复而缜密的医学工程，试验最基本的一个步骤是抽取骨髓，用来提取修补缺损骨头所需要的组织干细胞，然后再用组织干细胞作为原料，生出一块缺损的骨头。

节目把对组织工程学的探秘过程附着在一个让我们每个观众都非常容易跟随主人公的命运一起沉浮、一起经历悲欢的故事上：一个六岁的男孩金林不幸遭遇车祸，头骨受到严重损伤，手术虽然使他脱离了生命危险，但车祸中的重创使他的头骨上出现了一个30立方厘米的窟窿，完全没有头骨的保护。补好金林的头骨使之完好如初、能够正常生活是医学界一项世界顶尖的技术，而这种技术还在动物试验阶段，尚未进入临床医学。六岁的男孩将面临着一个未知的命运……

（2）表达分析

作为节目的重要组成部分——解说，这一期节目有声语言的运用是非常成功的，解说自始至终跟随节目的宗旨——"探秘""未知"，跟随小男孩的命运节点在进行，其中贯注了深厚的人文关怀的情感，把一起车祸背后的故事演绎得跌宕起伏，把一个抽象的医学技术阐释得深入具体。

首先，播音员对文稿的感受很到位。由于播音员对栏目总体的宗旨、本期栏目故事的主题、叙事线索以及故事发展过程中的节点把握很清晰，所以在播报时情感的控制和起伏十分到位。受众能够很快地穿梭于两条线索中，感受特定人物的焦虑、担心、痛苦、希望和艰难，并紧跟人物命运不间断地跟随节目进程。整个节目的宗旨是"未知""探秘"，故事的节点是每条线索中推动故事向前发展，决定事情成败、人物命运的点。两条线索交叉推进，互相影响。播音员的语气总体上是充满未知和悬念的，在总的基调下，语气的感情色彩和分量具有丰富的变化。另外，对文稿的把握通过"情景再现"对故事的开端、发展、高潮、结束进行必要的想象和联想，使自己变换多重角色，设身处地同故事中的人物一起去经历他们的悲伤与欢乐、困惑与明朗、成功与失败……并在这个过程中倾入特定的情感，通过特定的语气表达出来。在《人造头骨》这期节目中，文稿播音的成功还体现为播音员能够迅速地在医生、小患者金林、金林父母等多重角色中转换，运用恰当的语气来表达。

其次，播音员对文稿的节奏把握很到位。《人造头骨》中两条线索的节奏基本是一致的，即紧张和舒缓节奏的反复交替。在第一条线索中，开头是面对金林未来的命运不知是好是坏的紧张（这种紧张包括金林本人、金林父母、金林的主治医生在内），之后是些许舒缓，因为金林可以转院到头骨修复术进行得最好的上海市第九人民医院，金林的命运有了向好的方向发展的可能。然后又是紧张，原因是第九人民医院提供的治疗方案和转院前的治疗方案相比，没有更多的优势，金林的命运再次转向可能不好的预想。接下来又出现舒缓，在电梯里金林一家遇到了正在从事组织工程学试验的曹谊林大夫，他可能给处于危机中的这一家人带来生命的曙光。往下紧张再次到来：曹谊林的试验尚未进入临床，是否能够成功还是一个未知数。同样，在第二条线索中，伴随着曹谊林试验的开展,一系列成功与否的未知接连出现,紧张和舒缓的播音节奏也随之交替出现。

(二) 社会法律

1. 示例:《今日说法·不要抛弃我》节选(中央电视台1套,2011年6月29日)

主持人:各位好,这里是《今日说法》,欢迎您进入我们今天的节目。我们现在在大屏幕上看到的这个女孩子的名字叫小瑞,今年10岁了,面庞很清秀,但是也无法掩盖她身上严重的残疾。两岁的时候一次车祸导致她失去了右腿,而10岁的时候呢,她把自己的亲生父母告上了法庭并最终导致父亲锒铛入狱。事情的经过究竟是什么样的,我们来关注一下今天的记者调查。

解说:10岁的小瑞于2010年2月28日将父母告上了江苏省沭阳县人民法院,状告父母的小瑞现在在江苏省沭阳县沭南小学读三年级,她的班主任郑开权说,很长一段时间他对小瑞的身世都不太了解,只知道她住在福利院,身体有残疾。

对小瑞来说,2003年8月2日是一个黑暗的星期六,那一天改变了小瑞的一生。小瑞家的隔壁是一个汽车修理厂,那天中午,两岁的小瑞独自在家门口玩耍,却不料停在旁边的一辆大货车突然启动,从矮小的小瑞身上碾轧了过去。当时小瑞的父母都在自家的房间里,没有注意到孩子自己跑了出去,等听到外面有人叫喊赶忙跑了过去一看,此时的小瑞已经倒在了血泊中。来不及追究肇事司机的责任,父母就赶紧把小瑞送进了苏州儿童医院抢救。现任苏州儿童医院的副院长王晓东当时是小瑞的主治医生,对于小瑞的情况,王晓东医生至今记忆犹新……

……

解说:当年小瑞的父母刚从沭阳县农村老家来苏州半年,靠着亲戚的帮助,小瑞的父亲在吴中区木渎镇开了一家汽车修理铺,每月一千多块钱的收入也仅仅够维持一家三口的生计,却不料突然出现了这样的变故,当时有人给小瑞的父母提议不如放弃治疗。

……

解说:办理出院手续时却突然发现联系不上他们了,小瑞的父母像人间蒸发了一样毫无音讯。迫不得已,医院只好寻求警方帮忙寻找,可是小瑞的父母就是不肯把小瑞带回家。

……

主持人:我们今天请到演播室的嘉宾是北京师范大学壹基金公益研究院的尚晓援教授。尚老师当我们在讨论今天这个案子的时候,我们就发现案件的特殊性已经把这个事情推到了一个好像是死胡同那么一个位置。

嘉宾:我觉得在这个案件里,应该是保险公司来负担,因为这个车祸的肇事方应该承担这个费用。然后再其次呢,这个父母我觉得他应该是寻找法律救助,因为他那个交险没有拿到嘛,寻找法律救助他应该拿到这个权益。

主持人:对医院来说,一方面太心疼这个孩子了,觉得这个孩子太可怜太需要帮助,另外一方面又不能老在医院待着,医院再怎么帮也不能一辈子在医院住下去,这不是个长久之计啊,那么接下来孩子的命运又会发生什么样的变化。

解说:小瑞在苏州儿童医院住了11个月,前前后后医疗费总共花了14万多元,除了当初肇事司机和小瑞的父母交来的5万多块钱之外,剩下的9万多块钱都是由医院垫付的,但孩子长期住在医院必定不是长久之计,无奈之下医院只好把孩子送到了苏州社会福利院代养。

……

解说:2010年2月28日,小瑞将父母告上了法庭,因为小瑞的父亲一直在外面打工,所以直到今年的1月25号警方才在他的家里把他抓获,而随后她的母亲主动投案自首。

……

解说:2011年4月13日沭阳县人民法院以遗弃罪判处小瑞的父亲有期徒刑一年,考虑到两个年幼的孩子还需要人照顾,判处小瑞的母亲有期徒刑九个月缓刑一年。他的关键错误还是在于在自己没有能力救治的情况下没有积极寻求政府社会的帮助,而采取遗弃的方式。这是应当受到法律制裁的。直到追究了小瑞父母的刑事责任后,小瑞的妈妈才出现在女儿面前,然而女儿却始终对她不理不睬。

鉴于小瑞的父母已经被追究了刑事责任,为了让小瑞能够尽快得到妥善的照顾,方便将来的治疗,沭阳福利院提出申请,撤销小瑞父母的监护人资格,依法指定监护人。2011年5月9日下午,沭阳县人民法院依法作出了判决,撤销被申请人对小瑞监护人资格,指定沭阳县沭城镇社会福利院为小瑞的监护人。

主持人:现实生活当中,一些大病或者突然的伤害导致孩子面对着紧急的救助,这笔巨大的费用让很多家庭承受不了,那么在这种情况下,如果说要帮助这些家庭,您觉得应该是什么样的机制?

嘉宾:我觉得是两件事。第一件就是所有的儿童得到免费的医疗,在很多发达和不发达国家,儿童的医疗都是免费的。另外一个制度就是重残津贴。有重度残疾儿童的家庭,政府提供一定的经济支持,最重要的保障办法就是对这些五百万的残疾儿童家庭进行支持,一方面对他们提供康复和医疗的支持,另一方面对这些家庭要有一定的经济支持。

主持人:我们谴责小瑞父母的行为,并且现在他们已经为自己的行为付出了代价。在谴责他们的同时我们也要提示我们的制度设计者,在社会福利尤其是涉及儿童福利的结构上到底应该做一些什么,什么样的设定才能够避免或者减少类似悲剧的再次发生。

2. 示例分析

(1) 文本分析

从1985年电视荧屏第一次出现电视法制节目到现在,全国已有近200家电视台开辟了法制栏目。在众多的法制节目中,中央电视台1999年1月推出的《今日说法》备受关注,先后获得全国法制节目栏目类一等奖、全国社教节目栏目类一等奖。

《今日说法》以"点滴记录中国法制建设进程""为中国法制建设摇旗呐喊"为己任,在进行普法宣传的同时,时刻关注国家的法制建设,以促进立法,推动我国法律制度逐步走向完善。它采取以案说法、大众参与、专家评说的节目样式,即演播室访谈与专题片结合的方式,用平民化的视角讲述,夹叙夹议,叙事清楚,说理明白。在选题上,它贴近百姓,关注百姓生活,倾向于对民事案件的报道,着力从普遍生活当中的"小事件"里分析出有关法律的"大问题"来,以小见大,用以引导人们对人性的深刻反省和权利意识的真正觉悟。节目具有较强的评价功能,展示给观众的不仅是一个案例和相关的法律知识,同时也给观众提供了一个思考的平台。

本期节目《今日说法·不要抛弃我》讲述的是一个小女孩遭遇车祸,家人面对巨额医药费,最后选择了遗弃小女孩,女孩最终将父母告上法庭的案件。节目的目的,一方面是谴责小女孩的父母严重触犯法律的行为,告诫社会不要再重演这样的悲剧,一方面是提示制度设计者在社会福利尤其是涉及儿童福利的结构上应该做出的行动。节目的重点放在通过具体事例"说法"上,基调是客观、冷静的。

(2) 表达分析

《今日说法》的表现方式是选取典型案例,通过曲折生动的案例,层层剥笋,以理服人;通过具体生动的案例阐释法律知识,观点明晰,说理透彻。在这个过程中,案例的呈现过程十分关键,它关系到节目的成败。由于节目定位在平民视角,所以解说者一定要用老百姓听得懂、愿意听、喜欢听的方式来解说。这就要求播讲者在平日里关注百姓、深入生活,方能做到了解受众生活,接近受众心理,在播报上体现出"接近性"。在这一期节目中,解说员的话语表达语态平和,亲切感强,播出状态与受众心理相称。在语言形式上,以讲述式为主,疏密有致,突出与简略结合,语调自然舒缓,态度情绪明确。

解说节奏方面,《今日说法》是用讲述故事的方式来呈现案例的,讲故事包含开端、发展、高潮和结束,所以在本期节目中,随着故事发展的不同阶段,播讲者的解说节奏是有相应变化的。他依照基调,通过语气的对比变化来体现不同的节奏,有时是紧张的,有时是沉重的,有时又是舒缓的。

除了解说员,《今日说法》还设有一个主持人,作为节目总体风格的控制者和舆论的引导者。主持人要开启节目、采访专家、进行评论。在这一期节目中,主持人在不同环节的话语表达也是不同的。开启节目时,平实的语调中带有悬念,引发受众关注;采访专家抓住关键点,表达清楚,让受众短时间内抓住核心问题;评论总结精炼有启发性,引发受众进行深入思考。

(三) 心理教育

1. 示例:《小螺号·儿童上网》节选

　　主持人:收音机旁的小朋友们,大家好!欢迎收听我们今天的小螺号节目。我是晋华姐姐。这几天啊,晋华姐姐办公室的电话都成了小朋友拨打的热线了,为什么呢?因为同学们都想知道,在上周节目当中播出的那个失踪小男孩小伟的下落。出于要保护未成年人的考虑,所以呢,我们就把这个小朋友啊暂且叫小伟。在上个星期的节目当中,我们接到了小伟爸爸找孩子的电话。他告诉我们说,小伟今年上六年级,前些天呢他偷偷地拿了家里的八千多块钱离家出走,已经有四天没回家了。该找的地方都找了,就是没找着。节目播出以后啊,小伟的下落引起了许多人的关注。同学们都想知道小伟找到没有。在这儿呢,我要告诉关心小伟的小朋友们,小伟在三天之前,在110叔叔的帮助之下回家了。那么在他出走的六天当中他去哪儿了?又在干些什么呢?我们来听听采访录音吧!

（录音）

主持人：这六天你都是怎么过的呀？

小伟：我这六天，在网吧里面打电脑。

主持人：打电脑的钱你是哪里来的？

小伟：在爸爸那里偷的。

主持人：你在网上都看些什么？干些什么呢？

小伟：都在玩游戏。

主持人：是什么游戏呀？

小伟：就是《石器时代》还有《金庸》。

主持人：那么你这个六天都在网吧里的话，吃住怎么办？

小伟：吃就叫老板呗，叫一碗面或者馄饨。睡觉就拿着一个椅子躺一会儿。

主持人：上网对你来说是好还是不好啊？

小伟：有时候没劲的时候去打一打倒有劲的，增加智力。

主持人：你觉得打电脑游戏能够增加你的智力？

小伟：我也不知道。

主持人：在采访的过程当中啊，小伟好像对什么都无所谓，只有说到电脑游戏的时候他才显得很高兴。那网络对小朋友真的有这么大的吸引力吗？为此，我们随机采访了几位同学。

（采访）

同学1：平时我很喜欢上网，可以结交一些网友。可以多认识一些朋友，可以跟他们发 E-mail，可以跟他们聊天。

同学2：我平时非常喜欢上网。我比较喜欢在新浪网上与我的干爸干妈在网上聊天。因为他们在加拿大。网络让我能够看到他们，也能够听到他们讲话的声音。

同学3：也谈不上非常喜欢上网，就是平常看书看得非常紧张，还有学习非常紧张的时候可以上网玩一些游戏，看一些漫画，放松一下自己。

同学4：我平时上网在网上下载一些文件、图片放在自己的电脑里。比如说制作网站或者出小报的时候都可以用到这些图片。

主持人：看样子呀，同学们都很喜欢电脑。难怪有人说将来的社会不会电脑就好像是文盲一样。这么说可能有一些夸张。但是以后不会用电脑，不会上网，可真的不行。21世纪是一个网络时代。网络呢，正越来越快地进入我们的生活。比如说像看新闻，发 E-mail，网上购物，接受远程教育等等。可以说啊，将来不用出门，就可以利用网络来解决我们的吃、穿、住、行。有些同学可能会问了，网络这么好，可是为什么我们的爸爸妈妈还有老师会不让我们上网呢？我想啊，这大人肯定有大人的想法和理由，我们一块儿来听听一个爸爸的心声。

××爸爸：在我们身边，我经常也会看到一些孩子，为了上网啊，打游戏啊，整天泡在网吧里面，有的孩子可能连家都不回。那么像这种情况的话，对我们家长来说呢，也是刺激很大的，我们担心自己的孩子以后也会像他们那样。现在网吧很多，孩子啊，可能有一些零花钱的时候，就会瞒着我们说去买早饭吃，买学习用品，但是我们不一定会知道,他可能去上网了。所以我们做家长的对孩子上网真是很担心。

主持人:同学们在网吧上网,那网吧能不能让爸爸妈妈放心呢?我们来听听警察叔叔是怎么说的。

警察叔叔:小孩子呢,主要是一个好奇心大、玩心重,沉迷于网络的呢还是游戏,现在我在这个网吧里面,就发现打 CS 游戏的人特别多,就是那个反恐精英。小孩子一打就是一整天,一个晚上。

……

2. 示例分析

(1) 文本分析

社教类节目是广播、电视节目中对受众进行社会教育、文化教育、心理教育的一类节目样式。它寓教化于服务,寓宣传于信息、文化知识的传播之中,具有题材广泛、播出手法灵活等特点。社教类节目往往设置固定的专栏和节目主持人,注重与观众的交流,吸引观众参与节目,调动各种艺术手段,进行潜移默化的宣传教育。

少儿心理教育节目的受众群体是少年儿童,其题材内容和表现手段都与成人节目有很大的不同,一般都采取少年儿童喜闻乐见、容易接受的方式来制作,如讲故事、做游戏等,以达到寓教于乐的目的。

通常,这一类型的节目主持大致可以分为两类,一类是幼儿师长般的教育式主持,一种是孩子般的参与式主持。《小螺号·儿童上网》这档获得当年广播节目优秀奖的节目采用的是前一种主持方式,主持人以年长者的身份出现,以慈爱的长者心态对小听众们进行谆谆教导,循循善诱。本期节目的目的是引导儿童正确对待上网问题,利用网络真正为自己的学习和生活服务。节目的重点放在引导上,基调是亲切、平和的。本期节目的层次也很分明,先提出问题,然后通过采访不同年龄、层面和角色的人,让小朋友听众全面地认识上网的好处和坏处,层层递进地分析问题,引导小朋友们正确对待上网问题。

(2) 表达分析

少儿节目的受众明确而特殊,在少儿教育类节目中,成功的主持人首先是要建立对象感,用"蹲下来"的姿态,用和少儿平等交流的方式来组织话语。《小螺号·儿童上网》是一个广播节目,当播音员在广播间里面对话筒进行播音时,要自始至终保持饱满的情绪,必须要设想和感觉到少儿作为受众的存在,同时还要随时随地地想象他们可能有的反应,要从感觉上意识到少儿的心理、要求、愿望和情绪,并由此来调动自己的思想感情,使自己的情感表达始终处于运动而非静止的状态。

在这一期教育儿童正确对待上网问题的节目中,我们处处可以感受到一种亲切感、交流感,没有说教的成分。在组织话语时,主持人的声音轻快,多上扬,语气柔和亲切,自然生动、活跃。照顾到少儿收听的习惯和思维特点,主持人的语言通俗,语速稍慢,口语化明显,内容层次清楚。例如:"有些同学可能会问了,网络这么好,可是为什么我们的爸爸妈妈还有老师会不让我们上网呢?我想啊,这大人肯定有大人的想法和理由,我们一块儿来听听一个爸爸的心声。"这里的语气就完全是在模仿少儿,就像是一个充满委屈和疑惑的小孩儿。同时在这个例子中,我们还可以体会一下主持人对重音的处理,这里的重音放在"为什么""大人"上,主要是为了突出不同角色的不同看法,通过节目帮助小孩和大人进行沟通,达到不同人群交流的目的。

为了具有更强的说服力,节目还采用了多角度说理的方法,广泛地采访了家长、小朋友、警察等不同的人群,让他们来谈自己的看法,而不是把自己的观点生硬地表达出来,使小孩子易于接受,交流感体现得很好。例如:节目中为了告诉小朋友当他们在网吧上网时家长很担心,并不是采用直接说教的方式,而是用警察的口吻来说,"同学们在网吧上网,那网吧能不能让爸爸妈妈放心呢?我们来听听警察叔叔是怎么说的。"这种方式很符合这种类型的节目,是一种语重心长的平等交流。

第二节 公共主持话语表达案例分析

一、仪式典礼主持话语表达

示例一 公司开工庆典主持词[①]

各位领导、女士们、先生们、朋友们:

大家好!

在这层林尽染、金风送爽的季节,在这片火热赤诚、多情的热土,今天我们意气风发,每一张笑脸都像春天的彩霞;今天,我们喜气盈盈,每一面旗帜都展示着欢庆和快乐。我们的脉搏都跳动着同样的旋律:开发绿色环保型产品,繁荣地方经济,造福一方人民。为实现这一美好夙愿,我们怀着大展宏图、共创伟业的雄心聚在此,我们带着讲诚信、打造名牌闯市场共同的信念聚在此。我们相聚在这里为了今日的庆典,开工仪式为我们公司开工建设举行隆重而热烈的庆典。这项高科技绿色产品的开工建设,在我市是一项前所未有的好项目、好工程,市场前景十分广阔,对推动地区经济、安置职工就业、维护社会稳定,都将起到重要的作用。

参加今天庆典的投资商和嘉宾有……(略)

在此,我们对前来参加庆典的各位领导、各位朋友表示热烈的欢迎。同时,对支持、帮助和参与此项工程建设的各位朋友,表示诚挚的感谢。

女士们、先生们、朋友们,为这一天的早日来临,为这一天多一份自豪与激动。今日,就让我们在这片土地上真诚合作,共同放飞理想和智慧吧!看,彩旗已经飘起,秧歌已经扭起,鼓乐已经奏响,彩烟即将绽放。这是新事业、新生活的开始。共同的信念、共同的追求,共同播种、共同丰收。为来日,让我们共同努力!

下面,有请公司董事长李先生致欢迎词。

……

下面,有请东道主致答谢词。

……

今天,凝聚我们所有人智慧和心血的公司开工了。

[①] 方显辉:《商务公务活动主持词与方案大全》,北京:化学工业出版社2011年版,第2页。

这是一项标志性的工程,是我们的新形象,也是我们的新起点。从今天起,同志们都要忙起来,投入新的战斗。几百号兄弟都要起早摸黑,披星戴月。让我们在这片希望的土地上创造财富。同志们,我们要坚持说老实话,办老实事,做老实人,坚定不移地为顾客、员工及其家人的幸福不懈努力。

祝贺我们的项目胜利开工——干杯!

示例分析

1. 文本分析

开工庆典仪式是指社会各界为了庆祝各种工程项目的开工而举行的仪式或典礼。一般由开场、过程、结局三大环节构成。本案例开场经过一段声情并茂的铺垫,主持人邀请来宾就位,宣布仪式正式开始,介绍主要来宾,引入该开工庆典的对象。过程是开业仪式的核心内容。包括本单位负责人(董事长)讲话,来宾(东道主)代表致辞,最后由主持人宣布开工建设的正式启动。结尾则从宏观上总结该工程建设的前途和意义,从而达到鼓动和激励人心的作用。

开工庆典仪式场面隆重、气氛喜庆、情绪热烈,对主持人有较高的规范性和礼宾要求。隆重的场面,要求活动的组织者在开展活动的环境和规格上动脑筋,通过环境布置来体现隆重和喜庆,以引起公众的注意,扩大组织的社会影响。喜庆的气氛、热烈的情绪是由开工(或开业)庆典活动的内容决定的。开工庆典的主办方要把每一项具体活动都尽可能组织得热烈、欢快、隆重,体现出红火、热闹、欢愉、喜悦的气氛。只有这样,才能达到主办方塑造本单位的形象、显示本单位的实力、扩大本单位的影响的庆典宗旨。基调是欢乐、喜庆的。

2. 表达分析

在本案例中,为了达到预期的宣传目的和现场效果,主持人对开工仪式的程序安排有条不紊,引入正题干脆利落,不拖泥带水,也不乏必要的煽情和气氛酝酿,这样有利于仪式节奏重心的彰显,时间掌控得当。

控制和应用好节奏,增强语言的表达力和感染力,是开工仪式中主持人必须掌握的语言表达技能。主持人通过对节奏快慢、张弛的调控和对比,形成了具有变化起伏的主持风格。同时,重音的加强对于增强语言的表达力和感染力也发挥了作用。例如:对"好项目、好工程""新事业、新生活""新形象、新起点""说老实话、办老实事、做老实人"等词语进行重音处理,突显了该工程建设的价值。

示例二 在庆祝社区老年公寓入住剪彩仪式上的主持词[①]

各位领导、各位来宾,长城社区的老年朋友和区老年志愿者朋友们:

秋风送爽,金菊飘香。今天是我国的传统节日——重阳节和第十九个"九九"老人节。在这里,我们怀着无比喜悦的心情,隆重举行长城街道庆祝"九九"老人节暨

---

① 稿件来源:言小范文网 http://www.yxtvg.com/Arcticle/sss/qtsss/57774.html,2008.7.16。

社区老年公寓入住仪式。首先,我代表长城街道党工委、办事处向全街道广大老年人同志致以节日的祝贺和亲切的问候!对长城社区老年公寓的入住表示热烈的祝贺。同时,对各位领导和朋友们的到来表示热烈的欢迎和衷心的感谢!

出席今天剪彩仪式的领导同志有……出席今天仪式的还有……

让我们以热烈的掌声,再次向各位领导和同志们的到来表示热烈的欢迎和衷心的感谢!

随着"老龄化"社会的发展,老年人工作已经成为我们国家和各级各部门的一项重要任务。长城社区在这项工作中,不等不靠,开拓创新,自求发展。通过科学规划和精心运作,仅利用1年的时间就建成了高标准、高档次的老年公寓。应当说它的建成入住,不仅为全社区的老年人提供了老有所养、老有所医、老有所学、老有所乐的温馨家园,而且将进一步带动全街道乃至全区的老年人工作开创新的局面,进而在全社会进一步形成尊老爱老、人人有责的良好社会风尚。

下面大会进行第一项:请长城社区党支部书记、居委会主任××同志介绍老年公寓的有关情况,大家欢迎!

大会进行第二项,请社区老年人代表为社区两委会呈献锦旗,大家欢迎!

大会进行第三项,请街道党工委副书记、办事处主任×××同志致辞,大家欢迎!

大会进行第四项,请区政府副区长×××同志讲话,大家欢迎!

大会进行第五项,请各位领导为社区老年公寓入住剪彩!(鞭炮齐鸣,音乐奏响)

各位领导,各位来宾,今天的剪彩仪式到此结束。下面,请各位领导视察老年公寓。

最后,再次祝广大老年人精神抖擞、身体健康、阖家欢乐、节日愉快!

谢谢大家!

示例分析:

1. 文本分析

随着"老龄化"社会的发展,老年人工作已经成为我们国家和各级各部门的一项重要任务。一所高标准、高档次老年公寓的建成,不仅为全社区的老年人提供了老有所养、老有所医、老有所学、老有所乐的温馨家园,而且将进一步带动全街道乃至全区的老年人工作开创新的局面,进而在全社会形成尊老爱老、人人有责的良好社会风尚,因此具有典型的社会现实意义。

本案例的语言特点为:少用华丽的辞藻,多讲朴实易懂的词句。由于参与人、参观者的社会环境不同、教育水平不同、风俗习惯不同,如果为了追求热烈气氛而使用华丽夸张、言过其实的言辞,会让人听了有些失真,影响来宾的情绪。

2. 表达分析

语气不仅能够赋予语句以抑扬顿挫的特点,而且还能传达一定的思想感情,调动人的情感,造成某种意境,增强语言的表现力。声音是情感的产物,情感的多样性决定了声音的多样性与丰富性,包括高低升降、轻重缓急、明暗虚实等各方面的变化。

主持人在表达中充分注意到了文本表达的需求,将高亢的语调与平稳的陈述进行了有机结合,用声音的多样性变化表现了文本的层次性。例如,文本的第一段,主持人用充满激情的声音祝贺老年公寓的落成,祝老人们节日快乐,感谢到场的嘉宾。接下来,又用沉稳的语气表达了老年公寓建成的意义,整个表达层次分明,中心突出。

示例三　××师范大学×年冬季田径运动会开幕式

敬爱的领导、老师,亲爱的同学们:

上午好!

追逐十月的和风,沐浴金秋的阳光!今天,在滔滔长江畔,巍巍××山旁,我们迎来了一年一度的冬季田径运动会。

十月,风含情,水含笑,花儿更妖娆。百年名校的××师范大学,历经风雨沧桑,内强素质,外树形象,正迈着坚实的步伐,向着更高、更快、更强的目标迈进。

在这里,藏龙卧虎,人才辈出,群情激昂,英姿勃发。

本次运动会以文明、友谊、拼搏、向上为宗旨,共有53个代表队参加24个田径项目的角逐。他们将以拼搏奋进、勇攀高峰的精神和参与第一、健康第一、团结第一的比赛风尚,充分展示一中人拼搏进取的精神风貌。让我们共同祝愿运动会取得圆满成功。

接下来,请用掌声欢迎各队出场。

(国旗队出场)首先进入我们视线的是国旗护卫队。他们个个精神抖擞,意气风发!威仪又庄重,从他们炯炯有神的目光里我们看到了未来,看到了希望。

(会徽队出场)现在出现在我们眼前的是运动会会徽,它设计精美,内涵丰富,奔跑的气势、优雅的姿态体现了非常丰厚的体育文化。

(彩旗队出场)彩旗飘飘如一片彩色的海洋。让人欢欣鼓舞;衷心祝愿我们的运动会也像这飘扬的彩旗色彩纷呈,充满生机。

(鲜花队出场)送走彩旗队,我们迎来了鲜花队。他们穿着漂亮的校服,迈着整齐的步伐,挥舞着鲜花穿过我们的视线,多美的一道风景线!它让我们在泛黄的秋季里找到了春天的气息,芬芳而又沁人心脾的气息!

(花环队出场)现在我们迎来了五彩斑斓的世界,绚烂的生活、斑斓的前程需要让我们付出更多的汗水,更艰辛的努力,但我们坚信,明天会更好!

(裁判员队出场)接下来入场的是本次运动会的裁判员队伍。这是一支无私奉献的队伍,本次运动会将在他们的严谨、公正的执法中顺利进行。为使本次运动会成功开展,全体裁判将本着公平、公正、实事求是的态度和稳健、热情、大公无私的工作精神,统一尺度,秉公执法,全心全意为赛事护航。我们期待着在本次运动会中,我校体育成绩纪录能够再次突破;我们期待着在裁判员公正的执法中,运动会所有赛事圆满告捷。

(研究生队出场)现在走来的是迈着整齐步伐的研究生代表方队。精神抖擞,意气风发,他们是我校高技术人才的代表。他们刻苦钻研,努力创新,随时准备着为祖国贡献自己的力量;他们不但有灵活的头脑,更有强健的体魄,矫健的身姿,昂扬的斗志。在本次运动会中,他们决心赛出风格,赛出水平,展现我校研究生的风采。

(××学院出场)是雄鹰,就该搏击长空,让啸声响彻云霄;是蛟龙,就能畅游四海,惊涛骇浪任我逍遥。勇敢者,就应奔跑在运动场上,让年轻的心奋发激昂。真正的健儿,在那力竭之际,在那坎坷之时,在那荆棘丛中,决不会停止迈动的双脚,挥一把汗水,洒一腔热血,昂首迈出坚毅的步伐。我们奋斗,我们拼搏,即使在绿茵场上拼得头破血流。团结一致,奋力拼搏,自强不息,永争第一的精神在这里奔腾流淌。

(××学院出场)一群意气风发、精神抖擞的年轻人正向我们走来,整齐的步伐踏着他们的坚定,灿烂的微笑写着他们的热情,嘹亮的口号体现着他们的实力。就是这样一个由41人组成的团体,他们团结友爱,勤奋好学。他们用拼搏的汗水挥洒赛场,用晶莹的泪水拥抱胜利的辉煌。这就是他们,这就是永远的、激情飞扬的××学院。

(××学院出场)现在向我们走来的是××学院运动员代表队。这是一个年轻团结的集体,这是一个优秀的团队,这是一个朝气蓬勃、蒸蒸日上、亲密友爱的大家庭。他们来自祖国各地,一颗颗热情进取的心灵聚在一起,成就了学院一个又一个优异的战绩。校篮球赛第三名,拔河比赛第一名,无不凝聚了他们年轻执著的豪情!在大学这方热土上,他们将不断地起飞,胜利,挑战新的难题!海阔凭鱼跃,天高任鸟飞。祝愿××学院的全体运动健儿在本届运动会上取得更优异的成绩。让我们在运动场上一睹他们的风采吧!

示例分析:

1. 文本分析

开幕式是各种活动开始前的礼仪。通过开幕式,可以起到扩大社会影响、树立良好的社会形象的作用。

开幕式主持较之其他主持在要求与技巧上相对简单,但程序要求较为严格,不能随意更改,介绍领导更应注意排名的先后和具体称谓。贺词与致辞也有很大区别,致辞是本次仪式的主办方领导代表主办方介绍仪式的意义及对来宾的欢迎等,而贺词则是外单位领导对本次活动表示祝贺,主持人在使用时不能混用。

2. 表达分析

运动会开幕与其他一般开幕在主持人感情的投入、收控上具有明显差别。很多主持人自身既是开幕式的主持者,又是体育运动爱好者,所以在针对某些赛事的播音主持时难免干预过多或是感情失度,这一点尤其需要注意。

一次成功的开幕活动,从始至终,主持人的语言掌控技巧和协调艺术相当重要。一般说来,开场语、衔接语、应变语、终结语是整个活动语言协调的关键部分。

开场语是主持人在活动伊始所讲的话语。好的开场可以很快吸引受众对事件的注意,激发起受众的情绪,为整个活动确定基调。在本案例中,主持人使用的是极为典型的文学性语言。为了确保开场语精确和巧妙,主持人没有做过多的铺陈,而是很快把观众的注意力吸引到活动主题中去"追逐十月的和风,沐浴金秋的阳光!今天,在滔滔长江畔,巍巍××山旁,××师范大学迎来了一年一度的冬季田径运动会。"这样的开场语简单明了,具有开宗明义的作用。

话语表达者善于借景抒情,即借用与活动相关的环境景物,抒发情感,以此来调动受众的情感。例如:"十月的××山,风含情,水含笑,花儿更妖娆。百年名校的××师范大学,历经风雨沧桑,内强素质,外树形象,正迈着坚实的步伐,向着更高、更快、更强的目标迈进。"此外,主持人还借助一般事物或相关的事物引出第一个环节,而并不是一开始就用简洁的语言直奔活动主题。这样既能激发受众的兴趣,又能起到引人入胜、调动受众情绪的作用。例如:主持人先是按照入场顺序介绍出场队伍,然后又分别赋予国旗、校旗、校徽、彩旗、鲜花、花环等一定的寓意和象征。

本案例的话语表达还注重对词语的选择。例如(花环队出场)一段解说词:"现在我们迎来了五彩斑斓的世界,绚烂的生活,斑斓的前程需要让我们付出更多的汗水,更艰辛的努力.但我们坚信,明天会更好!"其中"五彩斑斓""绚烂""斑驳"等词传达出的是同一个意思,几个同义词的使用,起到了强调的作用。

示例四 ××八中2010届学生毕业典礼主持词

李:尊敬的各位领导、各位来宾

张:亲爱的老师们、同学们

合:大家上午好!

刘:今天我们怀着激动的心情欢聚一堂,在这里隆重举行"××八中2010届毕业典礼"。

陈:出席今天典礼的嘉宾有:崂山区教体局领导,王哥庄教育中心领导,各社区领导,××八中领导和部分教师以及来自我街道各小学的学校领导。

张:奏国歌!请全体起立!

(校长致辞,学生诗朗诵表演,颁发毕业证书)

刘:转瞬间,孩子们长大了,懂事了,你看那些莽莽撞撞的愣头青如今都成了知情懂礼的棒小伙。

陈:是啊,三年的成长,让他们走出了迷茫和懵懂,褪去了青涩和冲动,成为合格的初中毕业生。下面有请×××校长为2010届毕业生颁发毕业证书,请九年级各班代表到前台来。

(宣读决定,颁发优秀毕业生证书)

张:"三年励志求学,一朝鲲鹏展翅!"同学们风雨共度,奋发有为。从体育锻炼队的同学奋勇夺冠,到课本剧《暖冬》在青岛市中小学艺术节展演中再摘桂冠……一项又一项辉煌的成绩为母校增了光添了彩。接下来,有请×××校长宣读《关于表彰2010届优秀毕业生的决定》。

(刘校长宣读决定)

下面有请领导颁发优秀毕业生证书,并合影留念。(颁发证书)让我们向所有获奖的同学祝贺!

（学生代表致辞,毕业班向母校赠送纪念牌匾）

陈:此时此刻,难以忘怀,此情此景,永记心头。尤其对于即将毕业离校的九年级同学,他们为了给母校留下美好的回忆,自发地向母校赠送非常有意义的纪念牌匾!

（学生代表上台赠送牌匾）

请学校领导上台接收。在这里我代表学校感谢你们!

李:我们长大了,我们毕业了!我们完成了初中阶段的学习,即将跨入高一级学校的大门。此时此刻,在这激动人心的毕业典礼上,我们要向辛勤培育我们的母校、我们敬爱的老师、亲爱的父母说一声——（全体学生）感谢母校!感谢老师!感谢父母!

（学生向教师献花,配乐《每当我轻轻走过你窗前》）

张:有一种美妙的生物叫春蚕——春蚕到死丝方尽。

李:有一种崇高的精神叫红烛——蜡炬成灰泪始干。

张:三年来,亲爱的老师们为我们呕心沥血,却毫无怨言。

李:我知道,他们为的不是回报,而是给我们打开那一片湛蓝湛蓝的天。今天,让我们送上最美的鲜花,来感谢我们的老师们。

（教师代表上台,学生献花,教师代表发言）

陈:自己的学生要踏上新的征程,作为老师心中是十分感慨的。

刘:下面有请教师代表××老师向同学们说说心里话。掌声欢迎!

（歌曲联唱,献花给家长）

李:有人说"父爱如山",有人说"母爱如海"。

张:面对父亲深沉的感情,聆听母亲殷切的心愿。

李:但很多时候,我们习惯接受这种关爱,并且认为是理所当然。渐渐忘记了感恩,忘了说声谢谢。

张:下面请优秀毕业生上台为自己的父母献上感恩的光荣花!（家长代表致辞）

刘:它不一定是最美丽的,但一定是最多姿的;它不是最细腻的,但一定是最传神的。它就是我们特别的爱——亲情之爱!让我们掌声有请×××同学的妈妈代表所有毕业班学生的家长讲话。

（家长讲话略）

陈:亲爱的同学们,××领导今天也在百忙之中来到我们的身边,参加大家的毕业典礼,他给大家带来了祝福和期望,下面有请××领导讲话。

（领导发言略）

（字幕:教师寄语）

张:终于还是走到这一天,要奔向各自的世界。

李:一路我们曾携手并肩,用汗和泪写下永远。

张:毕业典礼已接近尾声了,但我们的师生情、同学情将永远不会结束。

李:让我们同唱"放心去飞",预祝同学们人生旅途一帆风顺!前途似锦!

刘：放心去飞，勇敢地去追，去追一切我们未完成的梦。

陈：放心去飞，勇敢地挥别，说好了这一次不掉眼泪。

刘：亲爱的同学们，无论再过多少年，无论今后你们走到哪里，学校都将是你们慈祥的母亲！每位同学都将是母校优秀的孩子！老师都因你们的点滴进步而自豪！

陈：希望同学们把学校的殷切期望，把老师的几多叮咛化为学习的动力，以骄人的成绩回报母校，回报家庭。

张：今天的我们为××八中骄傲！

李：明天的××八中为我们而感到骄傲！

学生（合）：××八中2010届毕业典礼到此结束！

刘：让我们共同祝愿各位领导、来宾，各位家长朋友们身体健康，工作顺利，万事如意。祝愿同学们学习进步，努力进取，勇攀高峰！

陈：同学们，再见！

示例分析：

1. 文本分析

中学时代是每个人人生历程中美好而纯真的一页，相信很多人对中学毕业典礼都有难以磨灭的深刻记忆。这既是对以往六年从孩童到成人一步步走向成熟的艰难历程的青涩回顾，更是对正式迈向象牙塔的美好憧憬的开端和序幕。因此，中学毕业典礼不仅是一项程式化的仪式活动，而且还充分体现了主持语言和情感的交融渗透。换言之，主持活动中的语言不仅仅是事先写在稿纸上的文字，而是主持人的全部理解和情感，主持人的理解与情感能与观众的情思融为一体，就能引起观众的强烈共鸣，收到很好的表达效果。

2. 表达分析

与电视节目主持人相比，仪式典礼主持更受时间、环境的严格限制。首先，典礼仪式主持人只能一次性实现主持工作，容不得重新思考、揣摩、修正，完全是一种在"现想即说"的状况中完成话语表达活动；其次，礼仪主持人既要有电视节目主持人的稳健大方，又须具备即兴施展、机动多变等特色。因此，礼仪主持人语言表达的素养显得极其重要。

本例的话语表达有以下几点值得注意：

第一，主持人与受众进行心灵与心灵的沟通尤为重要。一项主持活动，在准备之初都预备有完整的文案，主持人要准确把握文稿所要表达的主旨，并使用内在语来激活有声语言，切实地把文稿中设计的语言变为自己心里要说的话，然后传达给受众。

第二，依依惜别的终结语。成功的终结语不仅让受众知道活动已经结束，而且还能够让他们产生回味，让活动进行时所掀起的思想情感的波澜久久荡漾。离别是人生最易动情之时，主持人抓住恰当的时机向受众表达情感，能让受众在活动结束之后仍然延续这一宝贵情感和情结。

第三，主持人在主持时通常都会以"我"的身份出现，但这种"自我"的把握要有度。应该与受众构成如同朋友交谈一般的非常和谐的传播情境，平心静气、娓娓道来，亲切而自然、通俗而平白。

第四，在仪式典礼这一类严肃正规的话语表达中，话语主体应遵循正式、准确、适切和恰切的语用原则。其中适切即话语要切合语境。恰切即得体，是对该类主持话语表达的整体要求。

二、商务会议主持话语表达案例分析

示例一　商家夏季巡回促销活动现场主持词[①]

在2008年的烈烈夏日，感受浪漫，舒蕾四款新品沐浴露清凉上市，香气袭人，巡回全国5大城市——西安、济南、南京、福州、武汉，为追求美丽时尚的你带来更多的惊喜。大家可以看到在我们的舒蕾清透滋润沐浴新感受乐园里一直洋溢着一种欢乐的气氛，还有像施华洛世奇水晶吊坠、玫瑰风情沐浴四件套、浪漫花洒等精美的奖品等着您，而且只要您在卖场购物达到25元凭小票还可以换购到我们舒蕾今夏新品沐浴露，物超所值。当然，如果你自信是游戏高手，只要通过我们三款游戏考验，集齐三枚舒蕾印章，也可以获得换购舒蕾沐浴露新品的机会，并参与到舞台区的大抽奖中来哦。

（泡泡锐舞）

刚刚您欣赏到的是我们舒蕾乐园的主题舞蹈泡泡锐舞，清新自然的舞步散发出舒蕾新品沐浴露的独特味道。的确，今夏舒蕾为我们带来的四款沐浴露是款款独特，样样倾心。

那么，就让我来为大家介绍一下这四款舒蕾沐浴新宠。

首先为您介绍的是清衡晶莹沐浴凝露，她给您带来的是一种新的沐浴感受，这是一种丰富而且晶莹剔透的泡泡享受，不同于一般沐浴露的白色乳状泡沫，这种泡泡滋润肌肤的同时带来轻盈通透的肌肤体验。

第二款为您介绍的是水漾雪肌沐浴乳。她注入浓浓的天然植物美白精华，让您的肌肤全新闪耀雪般的白皙璀璨！天然雪茶浓缩提取液，沁润全身肌肤，水亮白皙透出来，银杏叶亮白调理精华，有助于提亮肤色，美白肌肤，长期使用，肌肤逐渐如雪般剔透明亮。

听我介绍了这么多，现在就考考大家的记忆力。我出几个简单的关于舒蕾的小问题，然后请4位观众上来回答，每轮回答问题最少者将被淘汰，坚持到最后的胜利者可以获得玫瑰风情卫浴四件套。

（主题歌曲演唱）

这么多的沐浴新选择，一定会让您在今年夏天得到不一样的清透滋润沐浴新感受，洗出水嫩好肌肤，洗出快乐好心情。下面请欣赏快乐主题曲。

在欣赏完如此活力四射的歌曲后，我们来活动一下筋骨，玩一个简单的小游戏。

（气球游戏对对碰）

[①] 稿件来源：个人简历网 http://www.gerenjianli.com/zhuchici/chuanci/gyy7k8wxjlk5.html，2008.5.20。

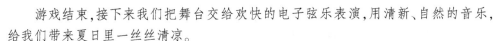

游戏结束,接下来我们把舞台交给欢快的电子弦乐表演,用清新、自然的音乐,给我们带来夏日里一丝丝清凉。

(电子弦乐表演)

刚刚我们介绍了两款舒蕾沐浴新品,接下来介绍的是凝脂润肌沐浴乳。最后一款为您介绍的是赋活新生沐浴乳。

现在,考验大家记忆力和灵活性的时刻又到了,我想请四名观众上台回答一些关于我刚刚介绍的有关舒蕾的一些简单小问题,每轮回答问题最少者被淘汰,坚持到最后的胜利者可以获得玫瑰风情卫浴四件套哦。

刚刚真的是动脑又动心,现在轮到我们的身体来做做运动了,音乐响起,让我们一起随着动感十足的舞步狂欢起来吧。

(动感舞蹈)

随着最后一个音符的收尾,我们的舞台活动也将暂时告一段落,但是欢乐的气氛依然不会散去,大家可以去我们的"乐文有约"继续体验快乐游戏,赢取超级大奖。我们的下一次舞台活动将在下午4点进行,继续为您带来更多的欢乐和奖品。

示例分析:

1. 文本分析

夏季巡回促销是很多商家一年中促销之必杀技。既然是营销手段,就需要有个合适的形式将这些针对性很强的消费目标群体组织起来,再通过一个有较强把控能力的主持人来串联全场,往往能取得事半功倍的效果。

正值炎炎夏日,感受浪漫,著名日化品牌舒蕾四款新品沐浴露清凉上市,展开激情四射的全国巡回促销攻略。面对浪漫时尚、香气袭人的商品,主办者选取了与气候相宜的劲歌热舞为吸引大众眼球的活动方式,再以颇令观众心动的施华洛世奇水晶吊坠、玫瑰风情沐浴四件套、浪漫花洒等"物超所值"的精美奖品为"诱饵",使此次促销成为2008年日化产品成功销售的典范。

本案例语言清新欢快有活力,能够唤起受众群体对于"舒蕾"品牌产品的通感体验,非常符合使用产品时清凉通透的感官特征。

现场主持流程步骤分明,有条不紊,干脆简单。促销过程不卑不亢,语言中充满对产品本身质量的由衷信任,旨在介绍产品功能和优越性,决不强买强卖或取悦观众。将产品的优越性和主持风格的独特性相结合,反而更提高商品的信誉度,增加观众的购买欲。

2. 表达分析

本案例的话语表达具有以下特点:

第一,善于烘托现场气氛。促销现场主持人的一个重要作用,就是要在现场形成一个双方互动的连接点。台上,向所有来参会的人员讲解产品的性价比和优越性,台下与到会的人员实行互动和沟通。同时,及时发现拉单过程中的闪光点,利用这些围观者要面子、从众心理等时机情况,有效进行宣传和传达,都可以很好地烘托现场气氛。

第二,语言表达口语化。由于被时尚演出活动所吸引来观看的人们大多数50岁左右的年纪,且为本地人,能用当地方言进行促销主持最好,可以拉近彼此之间的距离。倘若没有这样的人选,用普通话进行主持也是个不错的选择。毕竟公司作为一个官方性质的团体,需要在这样较为正式的场合用一种正式的方式出现。但在风格上不宜过度书面化,否则会拉开与到场观众客户及普通大众的距离,不利于沟通工作的开展。

示例二 大学校园活动赞助主持词[①]

女:西南××大学"阿依莲《依》路粉红风暴一路奖品不停",前卫的展示眼花缭乱、丰厚的奖品拿到手软,这里是"当代大学生"的色彩加油站,请大家不要走开,精彩节目马上开始!

女:掌声有请西南××大学街舞社团——混合风尚。

(节目1)

男:各位来宾,现场的同学们,大家上午好!您现在看到的是"阿依莲《依》路粉红风暴一路奖品不停"的活动现场,欢迎大家的光临,我是主持人××。

女:我是主持人××。

女:阿依莲,一个代表都市时尚品位的女装品牌,以其独特的设计风格,简洁流畅的线条,亮丽素雅的色彩,配以精致的剪裁、优雅及时尚的款式,融汇东西方文化之精华,演绎现代都市时尚女性典雅与自信,深受全国各地年轻消费者所喜爱。那么在这里呢,我要特别告诉大家的是,只要你组织你的同学们来到阿依莲的舞台现场,并说出你的愿望,就有大礼包等你来拿。

男:是的,谁组织的人数最多,谁就是这个学校的超级粉团长,并有机会一同赴北京参加粉色梦想终极PK盛大晚会。MP3、三星手机、联想笔记本、吉利熊猫汽车等限量奖品期待您的光临。在本次活动现场呢,我们还隆重邀请到我们西南××大学××学院的同学们,为大家带来××族文化展,向大家展示反映距今四五千年就拥有的青藏高原本土居民的审美情趣。好看的××族舞蹈,好听的××族音律,还有,让你眼花缭乱的服饰秀。让我们共同感受现代与民族的交融,美不胜收的力量。

女:好的,话不多说,让我们掌声有请雪云灯组合。

(节目2)

女:阿依莲,一个代表都市时尚品位的女装品牌,凭着良好的市场表现已成为我国休闲服装行业的后起之秀。由影视红星×××(大S)形象代言。阿依莲,以其独特的设计风格,简洁流畅的线条,亮丽素雅的色彩,配以精致的剪裁、优雅及时尚的款式,融汇东西方文化之精华,演绎现代都市时尚女性典雅与自信。接下来就让我们的MODEL们展示阿依莲的粉色魅力。

男:再次把我们的掌声献给我们的几位模特。一场服装盛宴过后,还是让我们来聆听一首好听的×族歌曲《××》,有请××。

[①] 稿件来源:搜狐博客:http://blog.sohu.com/people/ZG95dwvsowFuZo8zbzheLwNvbce = =/133418790.html,2010.4.26。

（节目3）

女：这里是西南××大学，"阿依莲《依》路粉红风暴一路奖品不停"的活动现场，有好看的节目，漂亮的服饰，丰厚的奖品，当然少不了我们劲爆的游戏。下面是互动时间，我来宣布游戏规则：其实很简单，比喝啤酒，我们现场有3瓶啤酒，我们也讲请上来3名嘉宾来喝啤酒，在最短时间内喝完的，就能得到我们的纪念品一份。

（节目4）

男：好了，游戏过后，还是让我们来细细品味一下来自××学院的同学们带来的×族风情舞蹈，表演者，××××等。

（节目5）

男：用色彩诠释年轻的含义，这就是我们，当红不让的"当代大学生"！接下来的节目让我们共同感受令人振奋的粉红力量。

（节目6）

女：感受阿依莲现代气息之后，我们还是不忘去探索来自雪域高原遥远的魅力，有请××××、××××带来的歌曲《邦金梅朵》。

男：看过阿依莲的品牌服饰，你是不是能够感受到我们现代年轻人的青春与活力呢？

女：那是当然的，那么接下来的这个节目啊，将会带领我们一起去那嵯峨峭拔的冰山雪岭，奔涌腾跃的激流大川。让我也想起了一首民歌："我虽不是拉萨人，拉萨装饰我知道，铜带系腰口琴吊，把珍珠冠头上罩。"

男：是的，日渐完善的×族服饰文化内涵丰富，同世界上许多民族一样，×族女子的服饰较男子复杂得多，也许各民族人民把对美的喜好，甚至家庭的富有与骄傲皆体现在妇女的服饰上，使妇女的服饰成为民族服饰特色与差异的主要表征之一。

女：有请我们的×族姑娘们。

男：有请。

（节目7）

女：今天真的是非常高兴，在美丽的西南××大学和这么多的美女帅哥共度了一段美好的时光。虽然短暂，但却让我们感受到现代魅力与民族交融是如此贴近。

男：到这里呢，我们"阿依莲《依》路粉红风暴一路奖品不停"的活动也将在这座美丽的校园告一段落，我们也很荣幸能与大家见证了一个完美的瞬间。

女：同学们，"阿依莲《依》路粉红风暴一路奖品不停"感谢大家的陪伴，同时也感谢西南××大学××学院的同学们带来的×文化展，让我们共同期待北京相聚。同学们，再见！

男：再见！

示例分析：

1. 文本分析

在现代社会中，赞助是社会慈善事业的重要组成部分之一。它不仅可以扶危济贫，向社会奉献自己的爱心，体现出自己对社会的高度责任感，而且也有助于提高自己在社会上的知名度、美誉度,为自己塑造良好的公众形象。

作为有一些独立意识和经济能力的高校大学生,近年来在流行商品消费区域中一直是支不可忽视的生力军。对于商家而言,只需花费数千至多上万元的投资推广经费就可以将自己的品牌深入人心,无疑有事半功倍的惊人效果。

本例中的主持人因地制宜,将赞助方"阿依莲"这个青春时尚品牌和举办方——西南××大学的少数民族异域风情之美结合到了极致,相得益彰,无懈可击。

2. 表达分析

要想成功举办一场赞助会,达到销售的目的,主持人应该和卖家一样善于引导和说服在场来宾。本例中的主持人的话语表达着力于三个方面:一方面使参加者确信自己的需求和兴趣同赞助方是一致的。因为有需求才会产生价值认同感,同时产生消费的欲望。另一方面,注重通过话语表达,把好的心情传递给参加者,让他们有足够的理由愿意坐在那里参加赞助会。话语交际是双向的,主持人作为话语的建构者,还应当站在话语理解者的角度考虑到话语理解者是不是能够正确理解和接受自己所要表达的意思,能否达到赞助活动所预计可行的促销效果。另外,在表达中始终将提示或灌输该赞助品牌的理念作为表达的重心,真正使品牌深入人心,走进校园,这样"阿依莲"这一品牌的文化和定位也就将分别在不同的片段中不失时机地得到诠释,可以说是"宣传和广告于无形"。

示例三　中国人寿"辉煌国寿、感恩有您"客户答谢会[①]

男:各位尊敬的嘉宾

女:各位亲爱的朋友

合:大家,上午好!

女:欢迎您参加中国人寿"辉煌国寿、感恩有您"客户答谢会。

男:我是来自中国人寿××支公司的××。

女:我是××。非常荣幸,本次会议由我们俩来担任司仪,在这样一个美好的上午,有缘结识在座的各位朋友,希望能和大家共同度过一个美好而愉快的上午。

男:在此,我们谨代表中国人寿××支公司的全体同仁对各位嘉宾的光临表示最热烈的欢迎和诚挚的问候。

女:各位嘉宾,中国人寿在走过的风雨60年里,离不开在座各位的支持与厚爱,因为有你们,中国人寿的发展可谓说如日中天,因为有你们,中国人寿才会有如此辉煌的今天!

男:在即将到来的虎年,为了亲自答谢各位嘉宾对我们公司一贯的抬爱和关照,我们以热烈的掌声有请中国人寿××支公司总经理××先生致欢迎词,掌声有请。

(领导上台致辞)

男:感谢×总的讲话!相信通过刚才的致辞,大家已经感受到了公司领导对各位的欢迎之情和感恩之心。

[①] 李自强:《活动与会议主持》,合肥:合肥工业大学出版社2010年版,第141页。

女：今天是个好日子，因为我们有这么多的朋友共同相聚在此。各位嘉宾朋友们把无悔的选择交给了中国人寿。您的每一笔保费，您的每一次关注，您的每一个建议，都让我们感动，促我们奋进。对您的期望我们不敢有丝毫懈怠，我们一直都不遗余力地努力着、回报着。事实证明，我们没有辜负大家的期望，60年的时间，中国人寿发生了翻天覆地的变化，取得了非凡的成绩。

男：今天我们共同相聚，回忆过去，展望未来！一起来回顾中国人寿60年的成长历程、一同来庆贺中国人寿60年的璀璨与辉煌。

男：建议大家把掌声送给中国人寿，让我们为中国人寿加油！

女：各位嘉宾，感恩的心感恩有您，正因为有你们的支持和厚爱，中国人寿才有今天。其实，我们常常也在思考，人这一生所追寻的幸福究竟是什么？当我们正值新婚时，享受着爱情甜蜜。

男：当我们拥有小孩时，享受着天伦之乐；当我们相守白头时，享受着相濡以沫。我们所追寻的幸福生活不过就是与所爱的人度过美满的一百年吗？

女：各位嘉宾，接下来就让我们一同坐上幸福的时光穿梭机，一同来体会我们的幸福一百年。

（插播视频）

男：各位嘉宾，从刚才的短片里，让我深深地体会到了什么是爱——爱就是不舍不弃，爱就是给我所爱的人一生保障！福禄双喜，是爱人永远的陪伴与呵护。

女：让您的爱一直延续，延续给您的父母，延续给您的爱人，延续给您的孩子，延续给您所爱的人。

男：今天，我们的会场也请到了一位特别的嘉宾××讲师，他将带我们一起延续那难得的情谊，请允许我为大家作个介绍，他是……

女：各位嘉宾，让我们用掌声有请××讲师！

（嘉宾××讲话）

男：谢谢××讲师。各位嘉宾，相信通过××讲师的讲解，我们能够体会到要给予我们所爱的人的幸福一生是需要从很多方面来做准备的。

女：当然，我相信这么有爱心的您，也一定会为您所爱的人去考虑他的一生。让我们的掌声再次响起，感谢××讲师。

男：今天，到我们会场里，一方面让各位朋友了解到更多的资讯，当然另一方面，在即将到来的虎年里，只要您愿意为您的家人选择福禄双喜，您将会得到特别的礼物。

女：为了庆祝中国人寿建立60周年，今天的会议还有多种尊贵奖品回馈到会嘉宾。

示例分析：

1. 文本分析

客户答谢会是企业为了答谢合作客户对其帮助与支持而举办的策划活动，其目的是：加强企业与客户之间的深入合作与良好沟通；提升企业在当地的品牌知名度以此带动销售,扩大企业的市场占有率并提高企业业绩;通过留住老客户的方式拓展业务源,开发新客户;推广新产品、新项目,给新老客户新鲜感;介绍企业的经营理念以及未来发展计划等。

客户答谢会的活动方式,可用公式表达为"联欢+娱乐+答谢+优惠政策",往往将整个会议与各种娱乐节目串联在一起,将优惠、促销、新品项目介绍等销售内容融入游戏环节,增加趣味同时又轻松地达成销售目的。这种寓教于乐的方式与单调的说教方式相比,更显得委婉识趣,也更容易让新老客户心平气和地接受企业的文化理念。

2. 表达分析

客户答谢会在现代商务会议中其实已成为变相的"新产品促销推介会",此种会议的主持人须具备强有力的说服力,这是良好的答谢主持所应具备的基本条件之一。为达到带动销售、拓展业务源、开发新客户的商业目的,主持人的话语表达需注意几点:

第一,阐明目的和任务,尽量不要给与会者"有事被隐瞒的感觉"。

第二,使与会者产生共鸣,确信你的需要和兴趣同他们很相似。

第三,让与会者认识到该会议阐述的核心问题或计划的重要性。

第四,把积极的状态传递给与会者,让听者持有足够的理由和兴趣参加自己主持的会议。

第五,注重会议的总结归纳。总结要逻辑清晰,可以提高声音提示和强调会议重点,一来可以让会议记录员方便核对,二来可以即时检查主持人和与会者之间有无沟通障碍,三是让所有与会者都清楚地知道各自要在会议后跟进什么事项,四是让与会者在会议结束时,能够回顾和确定本次会议强调的重要内容。

示例四　各界人士中秋茶话会①

女士们、先生们、朋友们:

正当全市人民在市委的坚强领导下,满怀信心,同心同德,奋发图强,不断取得新成绩的喜人形势下,我们又迎来了中华民族的传统节日——中秋佳节。今天,市委书记、市长和市四大班子领导以及各界人士代表欢聚一堂,畅谈大好形势,共议发展大计,共话祖国统一,共同欢度美好佳节。

出席今天茶话会的市领导同志还有……应邀出席茶话会的还有……让我们以热烈的掌声,对各位领导和各界人士代表表示欢迎。

每逢佳节倍思亲。在中秋佳节来临之际,我们更加思念台湾同胞和海外侨胞,更加期盼祖国的和平统一,也更加坚定了我们立足"置身沿海、借势京津、加快崛起"的发展定位,做好本职工作,大力推进"壮县、强市、富民"的城市建设计划,为实现祖国统一大业和中华民族伟大复兴作出贡献的决心。

(领导致开幕词)

今天的茶话会邀请的是各界人士代表,希望大家各抒己见,畅所欲言。

---

① 方显辉:《商务公务活动主持与方案大全》,北京:化学工业出版社2011年版,第578页。

首先请民主党派代表、市政协副主席、民进市委主委××同志致欢迎辞。
（领导致辞）
下面，请民营企业家代表、市政协委员、市工商联副会长、××地产投资有限公司总经理××同志发言。
（总经理致辞）
下面，请侨界代表、××归侨、××师范学院副教授××同志发言。
（副教授致辞）
下面，请市委书记××同志做重要讲话。
（市委书记×××讲话）
今天的茶话会开得很热烈、很圆满、很成功。大家怀着真挚的感情，热情颂扬了伟大祖国翻天覆地的变化，畅谈了我市在经济社会发展等方面取得的巨大成就，寄托了对台湾同胞、海外侨胞的深切思念，表达了在市委的领导下，按照"置身沿海、借势本市、加快崛起"的发展定位，加快推进城市建设的决心和信心。在此，我们再次对关心和支持我市发展的各界人士，表示衷心感谢。

市委领导在讲话中通报了我市各项建设事业特别是经济建设、社会发展情况，对各界人士在我市现代化建设、促进祖国和平统一和政协统战工作中做出的积极贡献给予了充分肯定，体现了市委、市政府对全市各界人士的重视与关怀，同时，也就各界人士进一步发挥作用、促进我市更好更快发展提出了希望和要求。

我们要紧密团结在党中央周围，以科学发展观为统领，深入贯彻落实省委建设沿海经济社会发展强省的战略部署。在市委领导下，进一步唱响"树正气、讲团结、求发展"主旋律，进一步明确"突出好、追求快，好中求快"的发展理念，进一步突出"全党抓经济，重点抓工业，集中精力上项目"这一工作重点，大力弘扬"求真、实干、创新"的工作作风，以优异的成绩迎接十八大的胜利召开。

下面，请大家观看文艺演出。今天我们邀请了音乐学院的同学们为大家表演精彩的文艺节目，以此祝愿大家中秋快乐，全家团圆幸福，祝愿我们的家乡更加繁荣昌盛。

示例分析：

1. 文本分析

通常，参加茶话会的人员可分为三类：一是本单位的人士。主要是邀请本单位的各方面代表参加，亦可邀请本单位的全体员工或某一部门、某一阶层的人士参加。二是社会上的知名人士。一般是在社会上拥有一定才能、德行与声望的各界人士，目的是加深对方对主办方的了解与好感，同时倾听社会各界对主办方直言不讳的意见或建议。三是合作伙伴。主要是指与主办方存在一定联系的单位或个人，目的是向与会者表达谢意，加深彼此之间的理解与信任。

茶话会可长可短，一般在一个小时至两个小时之内。茶话会的基本流程是：首先，主持人宣布茶话会正式开始，同时介绍主要的与会者。其次，主办方负责人讲话，阐明此次茶话会的主题和中心内容，并代表主办方对与会者表示欢迎与感谢。再次，与会者发言、交流。最后,主持人总结并宣布茶话会结束散会。

2. 表达分析

本例中主持人的话语表达具有以下几个特点:

第一,基调把握准确,充分表达中秋晚会的特殊意蕴。在节目主持中,主持词一般都是事先写好的,除了现场采访的语言外,往往具有诗意的美感,尤其是中秋这一类具有特殊意义的晚会更是如此。本案例中,主持人配合典雅的文稿内容,声音通达圆美,语言表达具有节律感和韵律感,诗意浓厚,与晚会的整体氛围相契合。

第二,表达方式把握适宜。根据茶话会的性质和内容,主持词一般使用朗诵体和讲述体两种表达方式。朗诵体句式整齐,情感饱满,配合晚会内容加入极富意境和听觉美感的中国传统古典诗词佳句,较好地调动参会者的情绪;讲述体内容真实,富有感染力,表达中心思想能和与会者产生情感共鸣,能更好地为晚会增添独特意味。在介绍总结政治工作意见时,主持人采用讲述体,加深了节目的内涵,突出了茶话会的主题,增加了信息含量。

第三,衔接语使用得当。诸如茶话会这一类型的会议具有较强的程序性,需要主持人把握好流程中各个环节的转换。本例中的主持人的话语表达注重了承上启下的自然转换,使活动的内容、形式、风格联系得紧密融洽,赋予了活动更多的光彩。

三、民俗活动主持话语表达案例分析

示例一　婚礼主持词[①]

　　幸福的花儿竞相绽放,比翼的鸟儿展翅翱翔,相爱的人携手前进,同步迈入婚礼的殿堂,××先生和××小姐新婚庆典仪式现在开始。各位来宾,响起你们热烈的掌声好吗?

　　尊敬的各位领导,各位来宾,女士们先生们,大家下午好!

　　今天是喜气的日子,是灿烂幸福的时光,请朋友们记住公元××年×月×日,非常高兴和朋友们欢聚在这里,为一对心心相印的恋人主持这场盛大而隆重的婚礼。接下来请允许我代表二位新人及他们的家人对各位来宾的光临表示衷心的感谢和热烈的欢迎!你们的到来将会给我们的婚礼现场增添喜庆的气氛,您们的热烈掌声是给一对新人送去的最美好的祝福,好的,朋友们接下来让我们把目光聚焦在美丽的花门下。

　　伴随着庄严而神圣的婚礼进行曲,一对新人正向我们款步走来。朋友们,再一次响起你们热烈的掌声,祝福这对新人,祝福他们相亲相爱相伴到永远。朋友们,我们的新人已经来到了我们婚礼的殿堂,来到了我们朋友的面前。来,请新人面对我们这边的好朋友们,拿出真心实意深深地鞠上一躬。谢谢你们的光临,谢谢你们美好的祝福。

---

① 李自强:《活动与会议主持》,合肥:合肥工业大学出版社2010年版,第66页。

亲爱的朋友们,烛光点亮代表着幸福,烛光燃起代表着甜蜜。下面有请我们的新人共同来到我们的百年花烛前,接下来小两口共同握起点火器,取爱神的火种,点燃象征百年幸福的花烛。在烛光的映照下,我们的新人是那么的浪漫,是那么的时尚。让我们把美好的祝福送给他们,也送给现场所有的朋友们。下面有请我们的新人在百年花烛前握住彼此的手,把你们的手握在一起,放在胸前,请你们闭上眼睛。下面的时刻,就请我们的新人默默地在我们的百年花烛前,许下你们终身无悔的誓言。即使她容颜老去,即使他满面创伤,记住握住彼此的手,一生一世不放开。

天下最伟大最无私的爱就是父爱和母爱,父母为了把我们养大成人真是操碎了心,流尽了泪。有一首耳熟能详的歌曲相信大家并不陌生,歌词是这样唱的:你上学的新书包有人给你拿,你雨中的花折伞有人为你打,你爱吃的三鲜馅有人为你包,你委屈的泪花有人为你擦。这就是世上最伟大最无私的父亲和母亲。今天我们新人的父亲、母亲也来到了我们的现场,让我们以最热烈的掌声有请伟大的父亲、母亲。

请我们的新人面对你们的父母,在你们面前就是辛辛苦苦养育了你们20多年的父亲母亲。就让我们以鞠躬的形式来感谢爸爸、妈妈对我们的关心和爱护。好,二位新人听口令:一鞠躬,感谢父母生育之恩,二鞠躬,感谢父母的养育之恩,再鞠躬,祝父母大人身体健康,万寿无疆。二位新人也借此机会走上前去和自己的父母深深地拥抱一下,释放你们的爱,释放你们的关怀!

朋友们,按照我们中国的习俗,下面的一个环节就是夫妻对拜了。请我们的新人面向对方,含情脉脉地看着彼此。在这个神圣的时刻,我们一定要将深深的爱意传递给对方。接下来,再请两位新人面向对方迈出幸福的第一步,新郎新娘一鞠躬。新郎新娘面对面再迈出第二步,头碰头,相濡以沫到白首。向前一大步,你的手应该顺势往前一搂,口对口,相亲相伴到永久。

我们中国有句古话叫做不喝交杯酒,不是小两口,喝了交杯酒,幸福甜蜜到永久。下面有请我们美丽的礼仪小姐把交杯酒呈上来。请新人一人端一杯,双臂交腕,整杯酒要一饮而尽,这象征着婚后的生活犹如这酒一般甜甜蜜蜜,幸福长久。

心与心的交换,爱与爱的交融,交织出一个美好的誓言,为了永远记住这一天,铭记这一刻,爱情花朵绽放的这一瞬间,我们两位新人将互换婚戒,以表示他们对爱情的忠贞不渝。请伴郎端上婚戒。让这两颗小小的同心圆将两颗深爱对方的心紧紧地联系在一起,朋友们,让我们由衷地祝愿两位新人,祝愿他们俩爱情恒久远,两心永相伴!

请我们的新人切百年好合蛋糕,也希望你们婚后的生活如同这层层蛋糕一般,事业有成。也有如这甜蜜的蛋糕一样,甜甜蜜蜜,幸福永远。

从一个人的精彩到两个人的世界,在今晚,新人共同畅想一曲"你最珍贵",晶莹的香槟美酒在水晶宝塔之间缓缓流淌,就像我们两位新人把你们的心,把你们的情,交与对方,混合交融。在这么一个喜气洋洋的日子里,让我们深深地祝愿你们俩,祝福你们俩,用你们的双手,勤劳的双手,去开创一片洁净美好的天地,用你们勤劳的双手去共筑一个浓情蜜意的爱巢,去开创美好的未来!

下面二位新人为大家敬上三杯酒,祝福大家心想事成,万事如意。一杯,二杯,三杯!

各位来宾,亲爱的朋友们,今天的新婚庆典仪式就暂时告一个段落。接下来请大家尽情享用这对新人的婚宴。祝愿在场的所有来宾们,东成西就,南通北达,左右逢源,上下皆宜,财源广进,生活幸福,家庭美满,身体健康,万事如意!

示例分析:

1. 文本分析

婚礼庆典活动是中国传统男女双方结为夫妻的一个重要仪式,它标志着人生步入一个崭新的时期。现代婚礼庆典活动,一般分为家庭婚礼庆典活动和集体婚礼庆典活动。婚礼庆典活动是亲人朋友对新人庆贺的最直接表达方式,它可以让男女双方认识彼此的亲戚朋友,扩大彼此的亲情范围。婚礼庆典活动强调热烈和喜庆的气氛。而婚礼庆典活动能否圆满成功,其决定因素之一,就是看有没有一个善于随机应变、口才出众的司仪。婚礼司仪是在婚礼上安排主持行礼时间、行礼过程、控制酒席开始时间的主持人。他必须适时带动全场气氛,并与总招待、总策划密切配合,掌握婚礼流程。因此,在隆重的婚礼仪式中,需要用简短的语言营造出欢乐祥和的氛围,让上百位来宾共同感受婚礼的热烈气氛。

2. 表达分析

在婚礼庆典活动中,一名好的婚礼司仪需要掌握以下话语表达技巧:

第一,善于借题发挥。例如:"各位来宾,请让我们共同举杯,首先祝新郎新娘结为百年之好;再祝夫妻比翼双飞,互敬互爱,相敬如宾,白头到老。为他们祝福,干杯!"这是司仪借助婚礼上的"酒"所创设的话语。在不设宴的婚礼上,司仪把香烟喜糖作为话头:"各位来宾,现在新郎新娘正怀着深深的敬意和谢意,把特别的爱献给特别的您。抽支烟,会带给您一份真诚的祝福;吃块糖,将祝愿您生活美满。"在婚礼进行的过程中,借题发挥的机会很多,只要注意寻找,动脑思考,便可拥有出彩的话语表达。

第二,语言幽默风趣,意味深长。司仪要使用幽默隽永的语言取代低级、无聊的玩笑,使婚礼在欢声笑语中充满高尚情趣。例如:如果新娘性格比较内向,而现场来宾过于兴奋,会问一些直露的问题,致使新娘下不了台,这时司仪就要善于调和,使尴尬变潇洒。这就要求司仪有敏捷的思维,机智的语言。

第三,注意情感的调度。要想别人感动首先得自己感动。有不少主持人总是片面要求"请来宾们给点掌声",这会让人厌烦。只有通过情感的调度或是新颖的形式,才能赢得来宾真诚的掌声。在情感调度时要尽情生活化,要多提炼生活中真诚的部分。婚礼中,双方父母出场的介绍、新人交换新婚戒指、共同切蛋糕、祷告和吹蜡烛的场面都是非常煽情的,主持人要把握好情感分寸,从而使整个会场既要热烈又要不失庄重。

第四,善于控制现场气氛。婚礼程序复杂、场面较大,难免出现意外,这就要求司仪要善于控制气氛,免得使新郎新娘感到尴尬和难堪。因此,主持人要能够做到思维敏捷,反映灵活,处变不惊,而这与主持人平时的知识积累、文化素养和语言材料的储备密切相关。通常,主持人可以采用以下三种方法调控现场:一是解说式。即主持人以现场介绍、解说的方式进行即兴主持,以活跃婚礼庆典活动气氛,推进婚礼庆典活动议程,创造理想效果。二是采访式。即通过对新郎新娘或来宾进行简短的现场采访,将自己的角色转换为记者,通过采访来实现婚礼庆典活动主持的功能。三是故事讲述式。即主持人假借来宾传来纸条即兴插话,推进婚礼庆典活动议程。五是游戏互动式。即通过主持人设计趣味游戏,让婚礼现场的来宾高度参与并进行互动交流,使得婚礼现场气氛轻松快乐。

示例二　×××同志追悼会主持词

各位领导、各位来宾,各位亲友:

今天,我们怀着无比沉痛的心情在这里悼念市文体局离休干部××同志的逝世,××同志因病经医治无效,不幸于××年×月×日下午×时×分与世长辞,享年××岁。

前来吊唁和出席追悼大会的领导有……;祭悼并敬献花圈的单位有……;发来唁电的有……

在此,我代表××同志治丧领导小组向××同志的逝世表示沉痛的哀悼;向前来悼念的领导和各单位表示诚挚的谢意;向为举办××同志丧事提供了人力、物力、财力的有关单位,戚族亲友、乐队、餐馆全体工作人员表示由衷的感谢;向××同志的孝眷表示亲切的慰问,请孝眷节哀顺变。

向××同志遗像默哀三分钟。

现在,请××领导致悼词。

(领导致辞)

××同志一生朴实、耿直,他热爱党、热爱祖国,对待工作勤勤恳恳、兢兢业业、尽职尽责,他的一生是奋斗的一生,战斗的一生,光荣的一生。他的逝世使我们失去了一位好党员、好干部、好同志,也使孩子们失去了一位好父亲、好爷爷、好外公。让我们化悲痛为力量,努力学习××同志的好思想、好品德、好作风,勤奋工作,不断开创教育工作的新局面。让他的精神代代相传,永垂不朽!

现在,向××同志遗像三鞠躬。一鞠躬,再鞠躬,三鞠躬。

现在,向××同志遗体告别。

示例分析:

1. 文本分析

葬礼是人死后由亲人、朋友等为此操办的一种哀悼、纪念的仪式,具有气氛悲怆的特点。

在葬礼、追悼会上,主持人要对死者的一生做出评价,勉励人们化悲痛为力量,学习死者的可贵精神和品德,让死者优良的作风激励着人们更好地生活。本文本内容涉及死者生前的身份、职务、逝世原因、时间、地点及享年;追述了死者的主要生平业绩,并做出恰如其分的评价;表达了对死者去世的悲痛惋惜的心情,激励生者化悲痛为力量,学习死者的品质和精神,继续前进。整个过程用严肃的语调来进行表达,言之有物,描述细致。委婉含蓄,激发生者的责任感和上进心,使生者受到更深的教育。

2. 表达分析

葬礼主持人在追悼会上要庄重严肃,真情流露,营造一种哀悼亲人或朋友的肃穆气氛,绝不能虚情假意,装腔作势,这不但是对死者的不敬,也会引起在场宾客的反感,受到人们的严厉谴责。因此,主持人应做到:

第一,语速缓慢、低沉,说话有力但不张扬。

第二,表情庄重、肃穆,以此流露出内心深处的悲伤之情。

第三,表达悼念,给逝去亲人的家属以精神上的安慰。

示例三 老人祝寿仪式①

女士们,先生们,各位来宾,各位亲朋好友:

下午好!

今天,我受老寿星的儿子——张×的委托,做本寿宴的主持人。首先,请允许我代表老寿星及其家属向今天前来祝寿的各位致以最热烈的欢迎和衷心的感谢。

接下来,我要送老寿星一件外套,前面是平安,后面是幸福,吉祥是领子,如意是袖子,快乐是扣子,口袋里装的是温暖,让大家用祝福的双手热烈欢迎今天的主角××老先生入场!愿好运像地雷一样,时常给您踩到,厄运像流星雨一样,永远淋不到您,送给您满年的丰硕与芬芳,可口可乐伴您一生。

看到我们的老寿星啊,矫健的步伐,春风般幸福的笑容,一身漂亮的礼服充满了年轻的朝气,我们祝福老寿星越活越年轻,越活越精彩!在这里,我谨代表所有的嘉宾祝愿老人家增福,增寿,增富贵,添光彩,添吉祥。

接下来,有请我们福禄小天使,老人的两个孙女为老人献上寿桃。寿桃是源于这样一个传说,孙膑18岁到千里之外拜师学习兵法,12年后正值母亲80大寿回家,他把师傅给他的一个桃子作为礼物送给母亲,母亲吃后就变得健康长寿了,大家纷纷效仿,于是就有了"寿桃"。小小的寿桃凝聚了儿女的孝心和他们深切的祝福,我们的老寿星也会变得越来越年轻!一拜,祝老寿星福如东海,寿比南山。二拜,祝老寿星日月昌明,松鹤长春。三拜,祝老寿星笑口常开,天伦永享。

有请老寿星的大女儿××,二女儿××上堂拜寿。一拜,祝老寿星身体健康,长命百岁。二拜,祝老寿星万事如意,晚年幸福。三拜,祝老寿星生日快乐,后福无疆。

最后请出老寿星的两个孙女××、××上堂拜寿。一拜,祝老寿星吉祥如意,富贵安康。二拜,祝老寿星寿比天高,福比海深。三拜,祝老寿星福星高照,岁岁有今朝。

那下面,××,××,××三兄妹给老人家拜个寿。一拜,天大地大,不如父亲养育之恩大。二拜,河深海深,不如父亲的教诲之情深。三拜,千好万好,不如兄弟姐妹手足情好。

(儿子、大女儿、二女儿致感谢词与祝福词)

---

① 李自强:《活动与会议主持》,合肥:合肥工业大学出版社2010年版,第79页。

这个场面感动天,感动着福禄寿三位神仙,也感动着我们在场的每一位,这正是喜看儿女站堂前,只愿家风代代传,一家人欢聚一堂,共享天伦之乐,共创美好未来,我们相信一定会心想事成,美梦成真。

　　最后,我祝愿前来祝寿的所有人及其家人一帆风顺,二龙戏珠,三阳开泰,四万进宝,五福临门,六六大顺,七星高照,八面威风,九九十成,百尺竿头,千言万语一句话,祝大家万事如意!

　　福禄天使与我们老寿星入席,那张老先生告诉我,他们一家人为老人准备了一个节目《相亲相爱一家人》,有请!

　　好!祝寿仪式结束,酒席开始,请大家尽情享用!

示例分析:

1. 文本分析

　　祝寿庆祝活动礼仪是晚辈为祝贺老人延年益寿而举办生日庆典的一种仪式。祝寿活动是尊敬老人、孝顺长辈的一种方式。老人辛苦了半辈子,吃了不少苦,全家人为他们庆祝生日,是尊敬老人的表现,得体的祝寿庆祝活动,会给老人带来精神上的满足。

2. 表达分析

　　祝寿庆祝活动既然是为了让过生日的老人感到高兴,因此主持人的一切表达方式和技巧都应围绕这一目的展开。一般来说,成功的寿庆仪式,在话语表达方面应注意以下几点:

　　第一,多说赞美和吉利祝愿的话语。老人高寿,大多喜欢听赞美的言辞。在他们生日之际,向他们表示真心的祝愿,希望老人幸福长寿等话语都会使他们开心。主持人应结合寿星的实际情况,选用真挚、恰当、热情的祝词。

　　第二,祝寿话语一般讲究文雅精练,同时还要兼顾文雅中不失幽默,使祝寿庆祝活动现场在欢声笑语中充满高尚的情趣。同时,注意要把握分寸,切忌过多使用华丽辞藻,让人听了感觉不真诚,口语化的言辞往往能起到锦上添花的作用。

　　第三,要善于处理意外事件。尽管祝寿庆祝活动属于喜庆场合,但有时也会出现意外,因此,主持人应具备对意外事件"化戾气为祥和"的能力,即较强的即兴口语表达的能力、临场应变能力等。

　　第四,表达方式灵活多变。一般来说,在为领导或德高望重的长辈祝寿时,祝寿词应尽量使用书面语言,文雅庄重;而在家庭宴会上,祝寿庆祝活动词最好口语化,真诚简洁,亲切易于接受。